U0060806

聖嚴法師年譜

2

林其賢 編著

北投，農禪寺

1989 年 4 月 11 日至 18 日，聖嚴法師於英國威爾斯主持禪七。中國法師或居士至英國傳播佛法、指導當地修行者，法師應為第一人。

1989 年 7 月，聖嚴法師與全度法師（左一）、今能長老（左三）、鑑心法師（右二）、方甯書教授（右一）等人，拍攝於剛覓得的金山道場，稱名為「法鼓山」。

1989 年 10 月 7 日，聖嚴法師於農禪寺護法會年會中，展示已找到的法鼓山原始地貌照片。

為了讓剛覓得的法鼓山，得到更好的規畫，在草莽叢林間，經常會看到聖嚴法師探勘巡視的身影，而山中的狗菩薩總是形影不離地當起護法。

1989 年 10 月 17 日至 11 月 1 日，聖嚴法師帶領八十位僧俗四眾弟子，前往印度及尼泊爾朝聖。圖為法師在靈鷲山頂佛陀說法台遺跡前，頂禮致敬。

1990 年 1 月 12 日，第一屆中華國際佛學會議於國立中央圖書館舉行。會議由中華佛研所主辦，聖嚴法師擔任會議總召集人。

1990 年 8 月，聖嚴法師展開各地護法信眾的關懷行，以期推動家家蓮社，戶戶禪堂。

1991 年 1 月 12 日，聖嚴法師代表中華佛研所與日本立正大學佛教學部三友健容教授（右）簽署學術交流合作契約。

1992 年 8 月 17 日，聖嚴法師於高雄鳳山國父紀念館進行演講，由鳳山佛教蓮社及法鼓山護法會高雄辦事處協辦，約有一千餘人與會聆聽。

1992 年 10 月 15 日，聖嚴法師於捷克弘法時，由性空法師（右一）帶領參觀東方研究所漢學研究部之魯迅圖書館。

1992 年 10 月 29 日，聖嚴法師至美國麻省理工學院演講。

1993 年 1 月 29 日，農禪寺舉辦「八十二年度環保新春園遊會」，邀請監察委員陳孟鈴（左二）、立法委員關中（右一）、臺北縣縣長尤清（左一）等三位貴賓聯合剪綵。

左圖：1993 年 6 月 4 日，聖嚴法師於紐約東初禪寺禪七圓滿日為英國約翰．克魯克博士舉行傳法儀式，成為臨濟宗第五十八世傳承者，法名：傳燈見諦。

下圖：1994 年 9 月 28 日，聖嚴法師於農禪寺主持首度舉行之「佛化聯合祝壽典禮」，來自全臺六十位六十歲整之壽星參加，一千餘位蓮友在場祝福。

1994 年 10 月 22 日，農禪寺首度舉辦「佛化聯合婚禮」，共有二十二對新人參加，由聖嚴法師擔任祝福人，近千位親友與蓮友觀禮。

1995 年 3 月 5 日，於農禪寺舉行「規畫與協調人才研習營」，聖嚴法師蒞會開示。法鼓山義工團成立於 1992 年，原稱為「萬行菩薩隊」，後來定名為「法鼓山義工團」。

1995 年 8 月 15 日，聖嚴法師在農禪寺的教師禪修營中指導大眾禪修。

1996 年 4 月 15 日，聖嚴法師陪同旅居美國之仁俊法師（右一），至新竹福嚴精舍拜見印順長老（中坐者），並由福嚴佛學院院長真華法師（左二）接待。

1996 年 4 月 22 日至 5 月 6 日，聖嚴法師帶領「一九九六法鼓山大陸佛教聖蹟巡禮團」，進行十五天之尋根探源。4 月 27 日上午前往焦山，參訪剃度恩師東初老人祖庭。巡禮團至祖師塔院，由方丈茗山長老與聖嚴法師共同主法，掃塔上供。

1996 年 10 月 6 日，法鼓山舉行奠基大典，地宮安寶儀式中，聖嚴法師手捧代表當代佛教的文物，至地宮中安放。

1997 年 10 月 8 日，聖嚴法師由我國駐教廷大使戴瑞明（右二）陪同，訪問梵蒂岡，晤見天主教教宗若望保祿二世（左一）。

1998 年 5 月 1 日至 3 日，聖嚴法師於美國紐約玫瑰廣場音樂廳，與達賴喇嘛共同主持「文殊菩薩智慧法門——漢藏佛教世紀大對談」。

1998 年 8 月 24 日至 9 月 4 日，聖嚴法師首度應邀至俄羅斯主持禪修。圖為法師於聖彼得堡近郊舊皇宮度假中心主持五日禪修。

1998 年 9 月 6 日，聖嚴法師參加於北京社會科學研究院舉行之「海峽兩岸佛教學術會議」，同時前往北京醫院探訪趙樸初老居士（中）。趙老居士已年高九十二歲，由夫人陪伴接待，相談甚歡。

1999 年 8 月 21 日，舉行「法行會」成立大會，聖嚴法師邀請政治大學校長鄭丁旺博士（右三）擔任第一屆會長。該會係由「社會菁英禪修營」歷屆參加會眾所成立之聯誼會。

1999 年 9 月 27 日，聖嚴法師拍攝「台灣，加油——我們知道，我們永遠在一起」公益廣告影片，陸續展開人心重建計畫。此係由臺北市廣告公會、公共廣告製作協會合力製作。

目 次

【第二冊】

第四卷 1989-1999 創建法鼓山

第四卷

1989～1999

創建法鼓山

民國七十八年／西元一九八九年

聖嚴法師六十歲

國內外重要大事

- 達賴喇嘛獲頒諾貝爾和平獎。
- 白聖法師圓寂。
- 周宣德居士在美往生。

法師大事

- 創建法鼓山，以「提昇人的品質，建設人間淨土」為理念。
- 首度至英國威爾斯指導禪七。
- 《法鼓》雜誌創刊。

一月六日、七日，接受美國德克薩斯州奧斯汀佛學會及中國同學會聯合邀請，由紐約南飛弘化，演講「禪與人生」並指導初級禪訓班。（〈以佛教會友．以禪法化眾　聖嚴法師紐約德州結法緣〉，《人生》，65 期，1989 年 1 月 15 日，版 1）

一月十日，返臺。

一月十二日至十四日，於農禪寺講解《四十二章經》。（〈聖嚴法師農禪寺中講經．接受訪問〉，《人生》，66 期，1989

年 2 月 15 日，版 1）

一月十四日，接受中華電視台《早安今天》訪問錄影。（〈聖嚴法師農禪寺中講經．接受訪問〉，《人生》，66 期，1989 年 2 月 15 日，版 1）

一月十五日，《人生》月刊刊出啟事，澄清近日喧騰宗教界之新興教派清海與農禪寺之關係。

由於靈山講堂刊出啟示，使得農禪寺也因清海而受教界關切。所以敬告如下：

清海於一九八三年秋，在臺北臨濟寺受戒，一九八四年春到農禪寺拜訪，三月底參加本寺佛七，因讀聖嚴師父英文著作《禪》及《佛心》，表示由衷崇敬。因她當時不懂中文，故隨師父至紐約道場，並在東初禪寺出版的英文《禪雜誌》一九八四年夏季號，發表文章，讚頌師父。

到一九八五年五月，其居留期滿，到離開時為止，師父雖知其修行方法有異，仍心存感化；清海對於師父的教法，也一向表示柔順愛戴。師父唯在後來知道，她離美之前而師父不在美國的數週期間，已開始向三、數人傳授從未屬於佛教的所謂「五句真言」，給人作「印心」的神祕加持，確係學自印度錫克教的旁支——申特馬瑜伽派。

她於一九八七年春，再到美國訪問時，師父發現她的思想舉止，帶有驕慢，又曲解《楞嚴經》，好言怪異經驗，師父立予糾正訓誡，可惜已無法喚她回頭。農禪寺敬啟（〈清海與農禪寺有關係嗎？〉，《人生》，65 期，1989 年 1 月 15 日，版 1）

一月十五日起至四月九日，每週日於農禪寺宣講《六祖壇經》。（〈農禪寺活動預告〉，《人生》，65 期，1989 年 1 月 15 日，版 4）

一月二十二日，於中華佛教文化館為信眾舉行佛化婚禮，此為法師首次在國內為婚禮祝福。

新郎新娘是陳伯昌、陳淑卿二位居士。當天到場觀禮的有文化館、農禪寺的常住法師、中華佛學研究所的師生、護法理事會委員、男女雙方家長、親友共約二百人。聖嚴法師為大家揭示佛化婚禮的意義與值得推廣的原因，進而為二位新人以及另五位求授皈依的居士說三皈依。師父表示要以佛法僧三寶作為一份尊貴的禮物來祝福這對學佛的青年。（〈推廣佛化婚禮　聖嚴法師於文化館首次為弟子福證〉，《人生》，66 期，1989 年 2 月 15 日，版 1）

一月二十六日至二月二日，於農禪寺主持第三十五期禪七。

一月二十七日上午，日本京都佛教大學校長水谷幸正博士，由正在日本攻讀博士學位之慧嚴法師陪同，到中華佛

學研究所拜訪法師。

同行的有該校中國文學科教授吉田富夫、文學部史學研究室平祐史教授、通信教育部學生課長館憲雄先生，以及中外日報駐臺灣特派員林寶璧女士。（〈京都佛教大學水谷幸正博士拜訪聖嚴法師〉，《人生》，66 期，1989 年 2 月 15 日，版 1）

二月七日，農曆正月初二，赴臺北市潮州街圓通學苑向白聖長老拜年。白老慰勉有加。（〈敬悼白聖長老〉，《悼念・遊化》，法鼓全集 3 輯 7 冊，法鼓文化，頁 97）

二月十一日，於中華佛研所召開第一屆中華國際佛學會議第一次籌備會議。會議預計於明年元月舉行，法師任總召集人，游祥洲博士為策畫聯絡人，佛研所祕書陳璽如居士為執行祕書。（〈第一屆中華國際佛學會議籌備會　假中華佛研所召開〉，《人生》，68 期，1989 年 4 月 15 日，版 1）

二月十三日下午，應天主教耶穌會之邀，偕同中華佛研所副所長李志夫教授、曹仕邦教授、陳玉蛟老師、巴博博士、方甯書教授與數名弟子、學生，訪問臺北市耕莘文教院。

此次拜會係緣於去年（一九八八）十一月二十八日，

天主教馬天賜神父與輔仁大學神學院院長房志榮神父等十八位耶穌會神父，至北投參觀中華佛研所及農禪寺。法師返國後，前往回訪。

首先會晤了耕莘文教院院長王敬弘神父、馬天賜神父、該院青年寫作會負責人陸達誠神父、利氏學社副社長趙儀文神父與多位服務於該院的神職人員。接著參觀耕莘青年寫作會，由陸神父親自介紹該會簡史，配合錄影帶的觀賞，使來訪者對該會的活動與精神有了概要的認識。之後又參觀了該院另一所屬單位利氏學社，該社社長是名漢學家法國籍的甘易逢神父，以專研東方宗教和哲學為主，致力促進東西文化和宗教思想的交流。參觀活動後，訪者一行與多位神父、修士進一步展開面對面或一對一的敘談。（〈聖嚴法師率佛研所師生弟子訪耕莘文教院輔仁大學神學院〉，《人生》，67 期，1989 年 3 月 15 日，版 1）

二月十五日，發表〈家家禪堂　戶戶蓮社〉於《人生》月刊，期將佛法著根於家庭。

多少年來，佛教徒們對於弘法的認識多半不夠明確。不但不主動向生人勸導以信佛學佛，即使對經常接觸的親友乃至自己的配偶、子女，也抱著所謂「信仰是個人自由，由個人自己選擇」的心態而不加以指引。

從教主釋迦世尊開始，雖不排斥外道，但是亦極力主張三寶弟子應促成佛化社會和佛化家庭的實現。我們不但不能放棄勸導家人親友信佛學佛的責任，還要盡可能地運用各種因緣時機，透過種種方式，使已信佛教的人認識更多，未信佛教的人萌發信心。不過，信仰的力量必須從實際的利益產生。為得這種利益，除應具備基本的佛學知識，更重要的是修持的活動，唯有修持才能得到身心的反應和感應。

我們主張把禪堂和蓮社在每一個佛教家庭裡建立起來。所謂家家禪堂、戶戶蓮社，並不是否定寺院的存在，也不是把寺院的弘化活動轉變為家庭的型態，而是使每一家庭都融入修學佛法的氣氛中。也就是把家庭做為修學佛法、佛化人間的基礎，而以寺院作為進修佛法的道場。

我們提倡家家禪堂、戶戶蓮社，把佛法的修學活動從寺院擴展到每一個家庭。（〈家家禪堂　戶戶蓮社〉，《人生》，66 期，1989 年 2 月 15 日，版 3；今收《明日的佛教》，法鼓全集 5 輯 6 冊，法鼓文化，頁 193-196）

即起於《人生》月刊連載「禪語釋疑」專欄，今刊出〈日日是好日〉。（〈禪語釋疑〉，《人生》，66 期，1989 年 2 月 15 日，版 3）

二月二十四日上午，再次應天主教邀請拜訪臺北新莊輔仁大學神學院，由該學院院長兼所長房志榮神父接待參觀。該學院占地三甲，藏書三萬餘冊，內設宗教學研

究所。該學院除提供天主教傳教士、修女養成教育，亦兼推動學術研究風氣。（〈聖嚴法師率佛研所師生弟子訪耕莘文教院　輔仁大學神學院〉，《人生》，67 期，1989 年 3 月 15 日，版 1）

二月十三日與二十四日兩度參觀天主教機構，除了解其布教施設外，對神職人員養成教育之過程特加考察。參觀後，法師更肯定禪修之必要、僧教育之必要。於農禪寺開示住眾云：

這一次訪問天主教耶穌會，有兩點疑問希得到解答：

一、神父、修士、修女們大多數從事世俗的工作，他們為什麼能夠不因為一天到晚做俗事、接觸俗人而還俗呢？

二、為什麼一般文化界會讚歎神父、修士、修女們的成就、貢獻？

他們說如果有靈修的體驗，自然而然不會因為接觸世俗，而被世俗捲走。這不是理性的問題，而是信心。天主教教士重視靈修，他們辦完工作回到住處之後，還要找出靈修時間。事情再忙，也一定要有兩個小時的靈修。

天主教的神職人員大都受過高等教育。特別是耶穌會會士，多半擁有一個乃至幾個博士學位。

佛教的僧教育，不能普遍提高，明天的佛教是不會樂觀的。僧教育中最重要的一環，乃在修證的方法和體驗。

我們看到天主教的神職人員重視靈修，大家則當提起道心，每天無論如何忙碌，也要打坐、拜佛、課誦、修持。如果我們每天能有四個小時的時間修持，幾年之後，心裡一定不會有大風大浪了。（〈靈修與俗化並重的天主教〉，《人生》，68 期，1989 年 4 月 15 日，版 3）

三月十日，晚上七點，應邀至臺北中和智光工商職校演講，講題為「佛法與人生」，全校師生約千人參加。（〈聖嚴法師國內留跡　說法皈依度引眾生〉，《人生》，69 期，1989 年 5 月 15 日，版 1）

三月十一日，籌議改變護法組織原有隨喜募款方式，為長期性、會員制方式。此係因關渡平原計畫，農禪寺遷建，面臨土地等經費問題。經施建昌居士建議提案，法師同意其於福慧念佛會中報告關渡平原計畫對農禪寺發展之影響，並就農禪寺、中華佛研所迫切需要土地情形，公開募集款項。施建昌報告後即率先捐出三十萬元表達對正信佛教與高等佛教教育之護持，引發念佛會成員熱烈響應，當即募得一百萬元資金。（〈二、人覓山山尋人〉，《金山有鑛》，法鼓全集 6 輯 4 冊，法鼓文化，頁 13）

同日，召開國際佛學會議第一次協辦單位、籌備委員、策畫委員聯席會議。確定會議名稱為「中華國際佛學會議」。今年為第一屆，計畫以後隔年舉行。「中華」

二字除表主辦單位中華佛研所，亦雙關此為中華民國創始之國際佛學會議；以中國佛教立場，放眼世界佛教，使中國、世界佛教溝通而融通。（〈記第一屆中華國際佛學會議〉，《人生》，78 期，1990 年 2 月 15 日，版 12）

三月十五日，接受《文殊》雜誌訪問，談推動佛教教育之困難，在於學生、師資、經費不足；而尤在於學術研究之必要性尚未被普遍認同。

問：佛學研究所需要佛教界提供的支援是什麼？

師：一般認為修行才是佛教徒的事，出家人需要高深的學問做什麼？在家人又需要研究佛教做什麼？佛教只要信仰就足夠，沒必要把它當作職業，所以很少鼓勵優秀青年來投考佛學研究所。

問：中華佛學研究所過去和現在所遭遇的困難和挫折是什麼？

師：我們遭遇的困難有三項：第一、優秀的佛教青年知道事先準備了來投考本所的還不多，因為我們沒有做宣傳；這個情形漸漸有好轉。第二、我們找不到足夠的老師，有些課程因此還不夠理想；因為國內的佛教語文或專攻佛學的高級人才為數不多，而且他們太忙，因此必須向國外聘請，這也是本所之要造就高級人才以從事教育的目標之一。第三、我們的經費還是相當困難，所以應該開發的事很多而目前能夠做到的卻還很少。（〈佛教明日的希望——聖嚴法師談佛教教育及中華佛學研究所〉，《教育．文化．文學》，法鼓全集 3 輯 3 冊，法鼓文化，頁 163-165）

同日，發表〈新春的慰勉〉，勉勵中華佛研所同學以培養道心為重。

今日的佛教，不論國內、國外，除了必須提倡教育、培養人才之外，也需要發揚、推廣佛教的修持方法和理念。

假如再沒有人推廣實際有用而很快受用的修持方法，佛教徒多半會被各式的外道，用種種的花招所吸引。而如果不提昇佛教徒的教育水準，佛教將會被民間信仰的迷信湮沒。

我既重視佛教徒教育水準的提昇，也重視修行方法的實踐，所以我要提示本所的同學和農禪寺的弟子說：「道心第一、健康第二、學問第三。」假如本所的同學在學的三年期中，沒有培養道心和公德心、菩提心，而僅僅努力於課堂的書本、圖書館資料的研讀和論文的撰寫，雖然對於文化的整理有所貢獻，但是他們不會對於廣大的佛教產生弘化的力量，也不會對他們本身的修證，得到實際的利益。你們都是人中的龍鳳，當不僅重視書本的功課，尤其要重視菩提心的培養。培養菩提心最好的方法，無過於禪修、課誦，以及對於老師的感恩，對本所贊助者的感謝，對於同學之間的關懷，對於本所工作的參與，養成公而忘私，捨己為人的崇高人格。（〈新春的慰勉——為中華佛學研究所全體同學、護法寫〉，《教育．文化．文學》，法鼓全集 3 輯 3 冊，法鼓文化，頁 181-182）

同日，發表〈把佛書推廣到社會〉，建議除書籍內容外，封面設計、印刷、裝訂、紙張，以及推銷方法均需加強。（〈把佛書推廣到社會〉，《人生》，1989 年 3 月 15 日，67 期，版 3；今收《明日的佛教》，法鼓全集 5 輯 6 冊，法鼓文化，頁 197-200）

三月十六日，應彰化縣羽田汽車公司董事長葉林昭月女士邀請，至該公司員林廠大禮堂為員工演講「信佛與學佛」，講後有數十位居士發心皈依。（〈聖嚴法師員林嘉義弘法〉，《人生》，68 期，1989 年 4 月 15 日，版 1）

三月十七、十八日，應嘉義力覺佛學社社長董芳雄與總幹事陳仲村邀請，於省立嘉義高商大禮堂作兩晚講演。講題為：「禪定與般若」、「緣起和無我」。由力覺佛學社導師宏印法師、臺南妙心寺傳道法師、嘉義高商校長何文琳及嘉義縣縣長何嘉雄分別致詞歡迎。每晚約到有聽眾二千數百人。（〈聖嚴法師員林嘉義弘法〉，《人生》，68 期，1989 年 4 月 15 日，版 1）

三月二十四日晚上，應邀赴臺北市臺灣工業技術學院講演，

講題為：「禪與纏」。參加師生有二百多位。（〈聖嚴法師國內留跡　說法皈依度引眾生〉，《人生》，69 期，1989 年 5 月 15 日，版 1）

三月二十五日，應邀於臺北市電信學佛會成立大會演講「佛法與人生」，約有八百多名聽眾，會後有一百三十五人發心皈依三寶。（〈聖嚴法師國內留跡　說法皈依度引眾生〉，《人生》，69 期，1989 年 5 月 15 日，版 1）

同日，福慧念佛會共修活動，經熊清良醫師建議，帶領僧俗四眾弟子共同持誦〈大悲咒〉二十一遍，祈求土地因緣感應。期望獲得安定、長久之道場用地。

八年以來，我為了要找一個比較有長久性、安定性和未來性的道場建築用地，看了許多地。但是因緣不具足，直到一九八九年三月底，市政府公布了都市計畫土地徵收重劃，臺北市北投區農禪寺所在的關渡平原，成為低密度住宅區，熊清良居士建議我領導僧俗四眾弟子共同持誦〈大悲咒〉二十一遍，祈求感應。一九八九年三月二十五日晚上的念佛會，當天到有一千人左右。（〈二、人覓山山尋人〉，《金山有鑛》，法鼓全集 6 輯 4 冊，法鼓文化，頁 13）

約當同時，全度法師亦由於道場法務推動不易，而於金山道場之觀音像前持誦〈大悲咒〉，祈願找到管理

寺務僧才。（〈從一張桌子一個人說起〉，《法鼓》，24 期，1991 年 12 月，頁 7）

三月二十六日，護法會籌備會於農禪寺齋堂舉行中華佛研所理事會召開改組會議，「法鼓山護法會」正式成立。會中公布護法會組織架構，以及初步募款辦法，並增設勸募會員和護持會員。仍由楊正居士出任會長。甫卸下念佛會會長職務之廖今榕（案：廖雲蓮）**，接受法師付託，協助楊正會長成立護法會組織，成為當時唯一辦事人員。當日出席之三百餘人，成為第一批勸募會員。**（〈第二章　擁抱金山的一片翠綠〉，《分享法鼓山》，胡麗桂編著，法鼓文化，2005 年 4 月初版一刷，頁 68-69）

法鼓山護法會是屬於一個獨立的護法組織，不屬於法鼓山中華佛學研究所，但它是為了法鼓山中華佛學研究所的籌建、經費的籌募以及基金的籌措而設置。它純粹是義務性質，只有募款的責任，沒有用錢的權利，所募得的款項交給中華佛研所董事會。在經費使用方面，中華佛研所設有董事會，董事長由聖嚴師父兼任，並由董事會處理會計、財務之工作。（《八三年護法大會特刊》；今收入〈法鼓傳法音〉，《法鼓山的方向》，法鼓全集 8 輯 6 冊，法鼓文化，頁 52-53；另參見〈大事記〉，《1989-2001 法鼓山年鑑》，法鼓山基金會，2005 年 10 月出版，頁 10）

三月二十八日，林顯政居士透過中華佛研所董事方甯書居士，邀請法師赴金山看地。由此因緣而將兩方面人求地、地求人之需求會合。

這塊地原來由幾位商人合資買下其中的五甲，預備經營墳場。後來由於種種因緣的不具足，便由一位當時擔任臺北市太極拳分會理事長的范老師接管，並且繼續購買其鄰近的土地，經過六年的經營，全部面積達十八甲之多。他們原本計畫蓋寺廟。廟宇建成之後，由於找不到出家人來管理照顧，所以范老師和他母親就落髮出家。可是出家後的全度法師沒有經管寺廟經驗，也沒有受過弘法工作的訓練，覺得非常吃力且毫無把握。所以在一年前就向四處接洽，留心聘請接替他來主持這個道場的合適人選，都沒有成功。到了去年三月二十六日，他也在觀音菩薩像前持〈大悲咒〉，希望菩薩指引，能夠早日找到理想的人選。林顯政居士便在三月二十七日的早晨得到一個靈感，要他去他公司對面一個叫作佛恩寺的道場，說有一塊地可以轉讓給他的師父聖嚴法師。結果就在那裡遇到了全度法師，而談起金山這塊土地，這可說是不可思議的感應事蹟。（〈二、人覓山山尋人〉，《金山有鑛》，法鼓全集 6 輯 4 冊，法鼓文化，頁 15-16）

三月二十九日起至四月五日，於農禪寺主持清明佛七。

四月，焦山定慧寺所建東初老人紀念塔座完工。此係去年

四月法師返大陸，將東老人舍利恭送至該寺，並委請現任住持茗山法師所興建。

目前焦山常住已為東初老人籌建靈塔及塔院竣工，靈塔是用大理石築成塔基、塔身、塔頂等三級五段，塔身正面刻有「傳曹洞正宗第四十七世焦山定慧堂上第十九代上東下初朗禪師之靈塔」等三十個字，背面刻有「東初老人略傳」。（〈東初老人紀念靈塔落成〉，《人生》，72 期，1989 年 8 月 15 日，版 1）

四月二日，召開土地會議，熊清良、李枝河、林顯政三位居士，就三峽、苗栗三灣、金山三塊土地地形、情況報告。而後，法師至金山鄉三界村看地，並邀請李易濃、蕭索仁居士、陳柏森建築師擔任土地顧問。（〈從一張桌子一個人說起〉，《法鼓》，24 期，1991 年 12 月，頁 7）

四月二日起至五月二十八日，每週日晚於中國廣播公司《菩提之聲》節目接受訪問。主題包括中華佛研所之創辦、經營及未來發展。主持人為昭慧法師及大憨居士。

四月三日，世界佛教僧伽大會會長白聖長老於清晨五點十分，圓寂於臺北圓山臨濟護國禪寺，世壽八十六，戒臘六十有八。長老為法師學僧時期之副院長，亦受大戒之開堂和尚，曾擔任中國佛教會理事長多年。法師於返美後撰文追悼並論其功云：

白聖長老的一生，主要的貢獻不在於學術與思想，甚至也不在教育文化，而是在於中國佛教會的維護、僧尼形象與寺院觀念的保持。他沒有為中國佛教開創出新的局面和新的展望，卻為中國傳統的佛教，發揮了夕陽西照的餘暉。（〈敬悼白聖長老〉，《悼念．遊化》，法鼓全集3輯7冊，法鼓文化，頁96-97）

四月四日，與金山道場土地所有權人代表全度法師簽訂土地轉讓契約。計有十八甲土地，即日後法鼓山世界佛教教育園區基地。其中全度法師、李昭男居士無條件捐出。餘款三個月內付清。

全度法師說明這塊土地的投資人有許多，包括了原有的公司合夥人及其家屬等，必須要做妥善的處理，不過他願意把自己的這一份無條件捐出，後來他們公司合夥人之一的李昭男居士所持有的一份也捐出。雖然如此，我們需要付出的款項還是很多，以我們當時的財力，這是不可能負擔的事，而且我預定在四月十日就要出國返回紐約僑居地，也無暇為之籌款，契約書中訂定三個月內把全部款項付清，我遂在這樣的形勢下接受了這樣的事實，這也是我有生以來所做的一件最大膽的事。（〈二、人覓山山尋人〉，《金山有鑛》，法鼓全集6輯4冊，法鼓文化，頁16-17；另參見〈法鼓山的由來〉，《法鼓山的方向》，法鼓全集8輯6冊，法鼓文化，頁33-34）

案：法師於七月返國時，該款項已經付訖。居士自動捐款自數十萬元至一千萬元不等。詳見〈二、人覓山山尋人〉（《金山有鑛》，法鼓全集6輯4冊，法鼓文化，頁18）。

四月八日，原擬赴英國主持禪七，然至機場時才發覺簽證過期，因取消赴英改往美國。

四月九日，英國約翰·克魯克博士來電力請照原計畫舉行，於是趕辦簽證，於十日晚飛赴英國。果元法師、王明怡居士隨行任助手及翻譯。（〈歐洲播種〉，《悼念·遊化》，法鼓全集3輯7冊，法鼓文化，頁318-321）

四月十一日至十八日，於英國威爾斯主持禪七，共有二十人參加。英國佛教相關團體約有二百餘社團法人，然少有中國佛教系統者，中國法師或居士至英國傳播佛法、指導當地人士修行者，應以法師為第一人。

禪修場所為一簡陋農舍，而禪眾甘之如飴。

一九八六年五月底，有一位約翰·克魯克博士到紐約參加禪七。打完禪七，他感到非常歡喜，不僅希望再來幾次，同時盼望我能去英國，為他的朋友們舉行一次禪七的修持活動。

禪七所在，是克魯克博士在十五年前以兩千英鎊買進的農舍，這次一共到了二十個人，十四位男眾、六位女眾。禪七期中，十位男眾和兩位女眾，都住羊舍上層的草堆上，主人克魯克自己則於羊舍下層席地而臥。

最難以想像的是，羊舍屋頂會漏雨，牆壁會透風，當然也無法生火取暖，那些英國佬卻能住得甘之如飴，使我十分感動。我問起克魯克博士的感想，他倒反問我虛雲老和尚在冰天雪地中三步一拜朝禮五台山的生活，是不是比他們這種生活方式更艱苦？這使我感到慚愧。英國人的物質文明超過中國，是眾所周知的事，但他們能適應自然環境而過近乎原始的生活，從觀念和體能來說，都是值得我們讚歎和學習的。（〈歐洲播種〉，《悼念．遊化》，法鼓全集 3 輯 7 冊，法鼓文化，頁 318-325）

一連六日，皆幸運無雨，故上午、下午均可至戶外經行。與羊群為伴，在星羅棋布之羊屎間經行。

參加人員多數為首次接受法師指導，宗教背景、修行基礎各別，因據〈息心銘〉，採由淺而深，由有而無，層次分明之教法。

禪七中指導大家的修行三原則是：一、孤立，二、獨立，三、不執著。

所謂孤立，有三個層次。第一，把自己跟過去的生活經驗、知識、學問以及未來的期望、計畫等孤立起來。第二，從環境的人、物、事孤立起來，自己與所存在的世界不發生任何關係。第三，從自己的前念與後念孤立起來，最後只剩下不動的現在一念，無所攀緣的現前一念。至於獨立，就是獨立於現前的一念上，最後連現前的一念都要放棄。所以，能孤立就能獨立，能獨立最後才能不執著。（〈歐洲播種〉，《悼念・遊化》，法鼓全集3輯7冊，法鼓文化，頁331）

禪七第五天，於克魯克博士小參時肯定其對佛法之信心，因許可其代理法師在英國主持禪七。為第二位經法師許可授權帶領禪修者。

他首先告訴我，三年前有一次在打坐時，時間和空間突然全部停止，頭腦一片清靈、寧靜而明朗，身心世界全都不見了，大約過了一個多小時才恢復到現實的世界。而在這次禪七的第五天早上，又發生了類似的經驗，為時大約半小時。過後，他不知道發生了什麼事，只覺得對佛法充滿了感激，對眾生有無限的慈悲，要盡形壽乃至盡未來際修行佛法廣度眾生，但是又好像天下已無事可做，所以問我怎麼辦。

我立即告訴他：「你並未大悟徹底，你的煩惱還在，只是少了一點自我執著，對佛法的信心打下了相當的基礎而已。然而在英國社會能有像你這樣禪修經驗的人，相信並不太多。為了推廣佛法，成就歐洲的有緣人士，你可以代理我在英國主持禪七，但是不能偏離佛法的原則，不可跟神教混同。」他馬上頂禮三拜，並且說今後每年要到紐約一次，參加我的禪七，接受教誨。他已在學佛的路上走了十八年，曾親近過日本的曹洞禪，也在尼泊爾、印度、西藏學過密法，如今希望能為英國引進中國系統的禪法。

到目前為止，經我允許可以帶領禪修的人，他是第二位。他們共同的特色是，對三寶有信心，對師父的尊敬，以及都具深厚的悲心和無所求的願心。將來他們是否照著我的方式舉行禪七並不重要，能以智慧平等和慈悲恭敬的心行來傳播佛教修行的方法和觀念，才是重要的事，所以我為他們祝福。（〈歐洲播種〉，《悼念・遊化》，法鼓全集 3 輯 7 冊，法鼓文化，頁 332-333）

案：首位經法師授權帶領禪修者為繼程法師，一九八六年八月，經法師許可。

禪七中之指導，後由克魯克博士整理出版，題名為 *Catching a Feather on a Fan*（《用扇捕羽》）。

四月十八日，禪七結束。由威爾斯赴倫敦。

四月十九日，參觀西敏橋附近：國會大廈、西敏寺大教堂、白金漢宮，並訪問倫敦佛教社。該社為鈴木大拙一英籍弟子創立於一九二四年。

四月二十日，自英赴美。後於五月十八日，撰成〈威爾斯看羊〉，述英國主持禪七事。（後改題〈歐洲播種〉，收

於《悼念．遊化》，法鼓全集 3 輯 7 冊，法鼓文化，頁 318-351）

四月二十四日至三十日，應美國中西部五所大學邀請，跨越三州作十三場演講及座談開示。由保羅．甘迺迪隨行。（〈美中一週行〉，《人生》，74 期，1989 年 10 月 15 日，版 6；75 期，1989 年 11 月 15 日，版 4；77 期，1990 年 1 月 15 日，版 3。另參見：〈美中一週行〉，《悼念．遊化》，法鼓全集 3 輯 7 冊，法鼓文化，頁 352-379）

四月二十四日下午，至愛荷華大學，演講「禪的修行」，由該校宗教系威廉．迪爾（William Deal）教授主持介紹，到有該校宗教系、亞洲語言學系、哲學系師生及該地禪中心成員一百多人。（〈美中一週行（一）〉，《人生》，74 期，1989 年 10 月 15 日，版 6；〈美中一週行〉，《悼念．遊化》，法鼓全集 3 輯 7 冊，法鼓文化，頁 354-355）

同日晚，與愛荷華佛學社社員及該市禪中心成員二十位中西人士，於該佛學社舉行座談，解答有關禪修及學佛問題，由愛大博士班莊立平居士主持召集。（〈美中一週行（一）〉，《人生》，74 期，1989 年 10 月 15 日，版 6；〈美中一週行〉，《悼念．遊化》，法鼓全集 3 輯 7 冊，法鼓文化，頁 356）

四月二十五日上午，訪問愛荷華市南方一所超覺靜坐大學（Maharishi International University），與其教職員座談九十分鐘並參觀其各項設施。就中國禪法和超覺靜坐同異互做觀摩。（〈美中一週行（一）〉，《人生》，74期，1989年10月15日，版6；〈美中一週行〉，《悼念．遊化》，法鼓全集3輯7冊，法鼓文化，頁356）

晚七點至九點，在愛荷華大學學生活動中心演講「禪與悟」，由該校心理系教授斯提夫．福克斯（Steve Fox）博士主持介紹。

一、禪的理論：以無理論為理論，以無說之說是無說之說，所以言語道斷，心行處滅，不立文字，時時說法，處處教化。

二、禪的方法：以無方法為方法，以斷除一切依賴憑仗為方法。早期的中國禪宗菩提達摩所說的以理入為主，而以逼拶手段即所謂棒喝為輔。到了宋以後則有臨濟的公案和曹洞的默照。

三、悟境：世俗的悟包括藝術、科學、哲學、宗教之悟境，那不是禪宗所說的悟。禪宗的悟，是除卻自我中心的執著，既空小我亦空大我的境界稱為悟。禪宗的悟後之人，基於無我的智慧而引發無條件的慈悲。（〈美中一週行（二）〉，《人生》，75期，1989年11月15日，版4；〈美中一週行〉，《悼念．遊化》，法鼓全集3輯7冊，法鼓文化，頁362-363）

四月二十六日上午十一時半至十二時半，於愛荷華大學宗教系教室為該系師生二十多人解答有關禪與佛教的問題，由威廉．迪爾教授主持。

下午，接受愛荷華佛學社中國同學請求，講「普賢十大願」，並接受同學發問。

當晚七時半至九時半，由愛荷華大學中國同學會及愛荷華佛學會共同安排，在該市的活動中心以「佛教與佛學」為題，舉行座談會，由該校東方系教授程曦博士主持介紹。法師為出席座談的四十多位學者、教授、留學生及其眷屬、華僑等，解答問題。例如佛教、佛法、佛學、學佛、修行態度和修行方法等。（〈美中一週行（二）〉，《人生》，75期，1989年11月15日，版4；〈美中一週行〉，《悼念．遊化》，法鼓全集3輯7冊，法鼓文化，頁365-367）

四月二十七日上午，抵達明尼蘇達州之明尼亞波利斯、聖保羅市雙子城。宿程敬義、劉向春夫婦家。（〈美中一週行（二）〉，《人生》，75期，1989年11月15日，版4；〈美中一週行〉，《悼念．遊化》，法鼓全集3輯7冊，法鼓文化，頁367-368）

晚上七時至九時，於明州大學（University of Minnesota）

聖保羅校區學生劇場，講「時空與生命的超越」，由中華文化中心、東亞研究中心及明大佛學社為主辦單位。到場聽眾有八十多人。由東亞歷史系教授泰勒（Romy Taylor）博士引言，內容分為四點：

一、時間與空間是什麼？它是宇宙、世間、存在和幻有的異名。

二、佛教的時間與空間是什麼？是因果法，也是因緣法。

三、佛教對於生命的看法。生命分為有情類與無情類，無情是指植物以及礦物，有情是指胎、卵、濕、化四種生命。

四、如何超越時空而使生命得到解脫？必須如《心經》所說，要以般若智慧照見五蘊皆空。禪宗所說的頓悟自性、明心見性，也就是超越時空和生命的執著。（〈美中一週行（二）〉，《人生》，75 期，1989 年 11 月 15 日，版 4；〈美中一週行〉，《悼念．遊化》，法鼓全集 3 輯 7 冊，法鼓文化，頁 368-370）

四月二十八日上午，於程敬義居士家中，為明州大學佛學社同學十數人開示並解答問題，會後並舉行皈依儀式。（〈美中一週行（二）〉，《人生》，75 期，1989 年 11 月 15 日，版 4；〈美中一週行〉，《悼念．遊化》，法鼓全集 3 輯 7 冊，法鼓文化，頁 370）

下午，訪問日本曹洞宗系明州禪中心（Minnesota Zen Meditation Center），座談甚歡。（〈美中一週行（二）〉，《人生》，75 期，1989 年 11 月 15 日，版 4，；〈美中一週行〉，《悼念．遊化》，法鼓全集 3 輯 7 冊，法鼓文化，頁 370-371）

當晚，於明州大學學生劇場作第二次演講，題為「禪的理論與實踐」，仍由泰勒博士引言，另由該校佛學社社長廖敏仁小姐主持介紹，有八十多位東西方人士到場。講題的內容分為兩段，一是禪的理論，二是禪的實踐。

禪的理論項下，又分作有理論的禪和無理論的禪。

所謂有理論，指禪的理論依據，亦即「無常」、「空」、「無我」；並且舉出《金剛經》和《心經》的經文，也舉證禪宗四祖道信和六祖惠能都重視般若的法門。

至於無理論，也就是禪的特質在於超越理論的不可思議境界：我舉出《金剛經》說：「凡所有相，皆是虛妄」，《維摩經》說：「無說無示」，《六祖壇經》說：「無念」、「無相」、「無住」等說，在說明禪是直指心源而不立文字的。

禪的實踐則分成未悟之時與開悟之後兩個階段。在未悟之前要修行，修行又分成有方法和無方法兩種。

所謂無方法，在《楞伽經》說：「無門為法門」，《維摩經》說：「即時豁然，還得本心」，六祖說：「應無所住」，都是不講方法。

至於有方法，就是用棒喝、話頭、公案、默照；現在我通常都用數息、念佛等觀法作為教授初機者的修行方法，以達到禪悟的目的。至於開悟之後，悟有徹悟和小悟之分，小悟的人還要不斷修行，徹悟的人只有隨緣度眾生，而於憎愛諸境，已不關心。（〈美中一週行（三）〉，《人生》，77期，1990年1月15日，版3；〈美中一週行〉，《悼念・遊化》，法鼓全集3輯7冊，法鼓文化，頁372-373）

四月二十九日上午，從雙子城飛威斯康辛州麥迪遜市。（〈美中一週行（三）〉，《人生》，77期，1990年1月15日，版3，；〈美中一週行〉，《悼念・遊化》，法鼓全集3輯7冊，法鼓文化，頁373）

下午，於威斯康辛大學麥迪遜校區（University of Wisconsin-Madison）學生活動中心演講「禪與生活」，由該校佛學社謝錦浤小姐主持介紹，有師生一百數十人至場聆聽。講畢有二十餘位聽眾要求皈依三寶，且以西方人士為多。（〈美中一週行（三）〉，《人生》，77期，1990年1月15日，版3；〈美中一週行〉，《悼念・遊化》，法鼓全集3輯7冊，法鼓文化，頁374-375）

四月三十日上午，於威斯康辛大學密爾瓦基分校（University of Wisconsin-Milwaukee）學生活動中心，

講「禪宗入門」，聽眾有六位西方人士及十餘位華人。該地首次出現中國法師，因簡短介紹基本佛教常識。當地無中國佛教團體，法師勉勵由兩三人開始，定期於家中邀約研討修學。（〈美中一週行（三）〉，《人生》，77 期，1990 年 1 月 15 日，版 3；〈美中一週行〉，《悼念．遊化》，法鼓全集 3 輯 7 冊，法鼓文化，頁 377-378）

晚上十一時，飛回紐約東初禪寺。（〈美中一週行（三）〉，《人生》，77 期，1990 年 1 月 15 日，版 3；〈美中一週行〉，《悼念．遊化》，法鼓全集 3 輯 7 冊，法鼓文化，頁 379）

四月，護法會高雄聯絡處成立，此為外縣市成立護法組織之首。

五月二日，應紐約聖約翰大學（St. John's University）宗教系佛學教授史脫列（Story）修女邀請，於其課堂講解「佛教空義、禪的悟境、修行次第」。史脫列修女曾在日本隨山田文禪師學禪，其所屬之真理會亦提倡禪修。（〈聖嚴法師美國中西行〉，《人生》，69 期，1989 年 5 月 15 日，版 1）

五月十五日，發表〈弘揚正法就是抵禦外侮〉，肯定去年中國佛教會成立護教小組發揮澄清、辨正之功能，更呼籲多培養人才參與文化工作、努力弘揚正法，方為抵禦外侮之積極作法。（〈弘揚正法就是抵禦外侮〉，《人生》，69 期，1989 年 5 月 15 日，版 4）

五月十八日，韓國曹溪宗慧恩精舍之慧恩法師，率僧俗大德二十位參訪農禪寺。（〈韓國僧俗大德參訪農禪寺〉，《人生》，70 期，1989 年 6 月 15 日，版 1）

五月二十日，應邀至紐約長島世界佛教青年會主持座談開示。（〈聖嚴法師紐約座談開示〉，《人生》，70 期，1989 年 6 月 15 日，版 1）

五月二十六日至六月二日，於東初禪寺主持第四十四期禪七，禪眾三十五人。（〈聖嚴法師美國主禪七〉，《人生》，71 期，1989 年 7 月 15 日，版 1）

六月十日，撰函致中華佛研所護法會理事長楊正居士及所有理事，說明培養佛教高等人才之急迫性，並籲請培養。

今日佛教所面對的問題很多，都需要有專人專業去研究改進和推動實行。老實說，今天國內的佛教只有順著大環境的變動而變動，尚無能做到未雨綢繆和前瞻性的策畫，所以處處顯得被動落後。

近五十年來，我們中國佛教界的佛教教育，僅做到私塾和現代化學校之間的形式，教育的階段只能做到高中最多是大學的程度，以培養一般寺院住持人員和一般通俗的弘法人才為目的，專題專業的研究尚在起步的階段。

如果不愛惜人才，不培養人才，不運用人才，那就會糟蹋人才，縱然有人才也不會為佛教所用。我們的時代愈來愈進步，也可說愈來愈複雜，社會大眾對佛教的需求也愈來愈迫切。中華佛學研究所的教育事業就是要為中國佛教的前途開創光明的遠景，也為全世界的人類帶來佛光普照的希望。（〈請為佛教百年樹人〉，《教育・文化・文學》，法鼓全集 3 輯 3 冊，法鼓文化，頁 168-170）

六月十一日上午，中華佛研所護法會召開第一次會員大會，護法會正式成立。當日下午，勸募、護持會員並至金山（今法鼓山園區）參觀，計約三百人。（〈從一張桌子一個人說起〉，《法鼓》，24 期，1991 年 12 月，頁 8）

六月十五日，發表〈培訓佛教人才　開創佛教事業〉於《人生》月刊。

我們沒有體系、制度和長遠整體的理念，所以有許多佛學院都在各自辛苦地經營，彼此之間，不僅沒有層次分明的教育計畫，也沒有彼此呼應與溝通的管道，往往造成人力的浪費和成果的損失。

為了續佛慧命，必須培養各種層次、類型的佛教人才。為了開發佛教事業，也需要首先培養人才；以人才推動事業，以事業容受人才、安置人才。

目前的佛教界，處處需要人才，也處處在網羅人才，就是沒有整體而長遠不虞的一套辦法。各項事業及硬體建設，只要有錢，就可以推動，就可以雇請到適任的人才，但是我必須強調，教內人才是要靠自己培養的；沒有經過佛教培養而成為佛教人才的人，不是沒有，卻是可遇而不可求，如果以計畫教育來培養一批又一批，一代又一代的佛教人才，佛教的慧命才能夠有延續的保障。（〈培訓佛教人才　開創佛教事業〉，《人生》，70 期，1989 年 6 月 15 日，版 2；今收《教育．文化．文學》，法鼓全集 3 輯 3 冊，法鼓文化，頁 79-81）

六月二十二日，為昭慧法師新著《如是我思》撰序，讚其作品有大將風。因並論及護法熱忱、弘法願心以及佛法修證與法義探究之必然關係。

佛教的化世功能，端賴佛教徒的言教及身教，佛教為歷史留下的文化遺產，則在於三藏聖典及祖師們的撰述，凡是佛教隆盛的時代，必定有大量的文獻流傳。所以我們要有實踐與學問並重的佛教人才，佛教才能在明日的社會爭取到生存的空間。（〈序昭慧仁者《如是我思》〉，《書序》，法鼓全集 3 輯 5 冊，法鼓文化，頁 63-64）

六月二十三日，為見正法師《印光大師的生平與思想》撰序，該書係佛研所之畢業論文。（〈序見正仁者《印光

大師的生平與思想》〉，《書序》，法鼓全集 3 輯 5 冊，法鼓文化，頁 65-66）

六月三十日，撰成〈六祖壇經的思想〉。後刊於明年（一九九〇）四月出版之《中華佛學學報》第三期。（參見該條譜文）

六月底，紐約東初禪寺由信眾推動，貸款三十多萬元美金，增購現址背後接鄰二層樓住宅一棟。該寺前後已經三遷，目前寺址甫於二年前遷入，由於發展迅速，活動頻繁、信眾增加，故有此次增購需求。新購後，總面積為原有空間一倍。（〈東初禪修道場第十一年度會員大會〉，《人生》，71 期，1989 年 7 月 15 日，版 1）

六月三十日至七月七日，於東初禪寺主持第四十五期禪七，禪眾三十人。（〈聖嚴法師美國主禪七〉，《人生》，71 期，1989 年 7 月 15 日，版 1）

七月十二日，返臺。隨即召集護法會幹部，開示未來護法會目標及方向，並指示各小組之權責。護法會功能由原來籌募中華佛研所教育經費擴大為籌募遷所經費。

中華佛學研究所創立於一九八五年，借北投中華佛教文化館的五層大樓為所址。歷年來由於設備擴充和人員增加，六百多坪大的中華佛教文化館已不敷使用，所以跟農禪寺的遷建同等迫切和重要。我們預期以金山那塊山坡地做為教育、研究、弘法、修持的綜合性佛教園區，也希望它將來成為學院型態乃至於大學型態的佛教學府。（〈三、法鼓山在金山〉，《金山有鑛》，法鼓全集6輯4冊，法鼓文化，頁18-19）

同時宣布，將四月間所購得之金山道場，正式命名為「法鼓山」，期能如晨鐘暮鼓般，以佛法宣導人世，普化人間。

目前在金山鄉三界村購得十八甲土地，依其地形而言，左似青龍昂首，右肖伏虎低頭；左視高崗，如古鐘懸空，俯瞰此山，似大鼓縱臥，故取名為「法鼓山」。旨在取其「吹法螺，擊法鼓」以晨鐘暮鼓警惕人心、淨化人間之涵義。（〈法鼓山所徽比圖〉，《人生》，74期，1989年7月15日，版1）

為什麼叫它法鼓山？那一塊山坡地的命名，有幾種因素。從它的地形上看，這塊地在兩個山谷之間隆起如半島形的丘陵，就像縱臥在兩山之間的大鼓。

我於一九八二年在紐約成立的出版社，湊巧就以「法鼓」（Dharma Drum Publications）為名。從前年（一九八九）開始計畫把我的著作編集成一套全書，名稱預定為《法鼓全集》。由於各種因緣的趨勢，所以把這個地方稱為法鼓山。（〈三、法鼓山在金山〉，《金山有鑛》，法鼓全集6輯4冊，法鼓文化，頁19-20）

馬來西亞竺摩長老聞訊後，書聯贈勉：「養聖農禪無盡藏，莊嚴法鼓大光明」，法師懸於農禪寺客堂。（〈聖嚴師父與竺摩長老〉，《法鼓》，234 期，2009 年 6 月 1 日，版 6）

七月十五日，發表〈本土與外來的新宗教〉於《人生》月刊，針對近來所謂新興宗教，辨明其本質為具有靈力感應之靈媒型人物。

靈體附身而借用人體來發揮靈異能力的情形，很容易導致此靈媒本身的自我失控，認為他自己就是那個靈體的本身，稱他自己是佛、菩薩或神。鬼神的靈力信仰有一個共同性，就是除了表現仁慈和靈驗之外，也有自大、傲慢、自尊，必要時會暴露極端的瞋恨，對人對己會造成傷害，也會為社會帶來狂熱排斥異己的宗教衝突。

一個正常的人在正常的社會，不能否定有不正常的靈異神奇現象之發生，可是既然不正常，就是有問題。今天想求得人心的淨化、社會的安定，應該多從生活正常化、思想合理化、信仰純正化去輔導和努力。我們期待，不論是外來的或本土產生的各新興宗教，不要突出個人崇拜，不要強調神異經驗，不要偽稱佛教而傳播他們自創的鬼神信仰。（〈本土與外來的新宗教〉，《明日的佛教》，法鼓全集 5 輯 6 冊，法鼓文化，頁 201-208）

七月十五日至二十二日，於農禪寺主持第三十六期禪七。

七月二十一日，為中文版《小說佛教系列》撰序推介。該系列由日本佛教界出版，已發行二十冊。今由達和法師之恆沙出版社，選譯其中十冊發行。法師讚許其能採用現代小說技巧推展佛法。（〈序中文版《小說佛教系列》〉，《人生》，74 期，1989 年 10 月 15 日，版 3）

七月二十三日上午，中華佛研所護法會，假農禪寺召開勸募會員大會，說明募款方針。法師強調除了募集建設費用，更要以引度眾生、推廣佛法為目標。

募款方針：「不是以要錢為目標，而是要將佛法帶入社會；是以募款為因緣，作為佛法的先鋒隊，接引更多人成為正信的佛教徒」。並從觀念上認同佛教教育的重要，進而接受、護持佛教教育事業。（〈中華佛研所護法會勸募會員大會〉，《人生》，72 期，1989 年 8 月 15 日，版 1）
案：五月二十一日，六月一日，七月十二日，俱有勸募說明會。

七月二十五日至二十八日，第九屆國際佛學研究會由我國首次輪為主辦國，以華梵佛學研究所曉雲法師為主辦單位及主辦人，假臺北市國立中央圖書館舉行。共計來自世界各國佛教學者一百多人，發表論文六十四篇。

國際佛學研究會（The International Association of Buddhist Studies）創立於一九七六年，法師為該會創始會

員及基本會員。會期間，各國與會之會員學者分別至中華佛研所及農禪寺拜訪。如：

美國世界宗教研究院的院長伽德博士（Dr. Richard A. Gard）夫婦。

日本佛教學術界長老、也是日本學士院會員、中觀及西藏蒙古佛教的權威學者長尾雅人教授夫婦，美國加州大學柏克萊校園宗教系主任教授蘭卡斯特（Dr. Lewis R. Lancaster）。

該會會長那連博士（Dr. A. K. Narain）夫婦及該會祕書長葛梅茲（Dr. Luis O. Gomez）夫婦，日本東京大學印度哲學研究室前主任教授高崎直道博士。

西德哥廷根大學（University of Goettingen）專研印度、佛教學的貝卻教授（Dr. Heinz Bechert）夫婦。（〈國際佛學研究會．中華民國首次輪為主辦國．學者訪問佛研所〉，《人生》，72 期，1989 年 8 月 15 日，版 1）

八月二日，於農禪寺對全體僧眾早齋開示：「海綿精神」。（〈海綿精神〉，《人生》，80 期，1990 年 4 月 15 日，版 2）

八月十日，召見護法會小組長，說明中華佛研所遷建事由、金山建築特性、未來金山道場的用途；宣告法鼓山將成為教育、文化、學術、修行中心。（〈從一張桌子一個人說起〉，《法鼓》，24 期，1991 年 12 月，頁 9）

八月十一日，成立法鼓山中華佛研所遷建工程委員會，負責持續購地、土地開發申請、規畫等事宜。聘請陳柏森居士擔任建築設計師，並推選楊正理事長擔任主任委員，施建昌、賴燕雪居士為副主任委員。後並聘請戚肩時將軍為顧問。（〈從一張桌子一個人說起〉，《法鼓》，24 期，1991 年 12 月，頁 9）

八月十三日至十九日，中華佛研所舉辦第二屆大專青年佛學夏令營。本屆主題為「傳統佛教與現代佛教的結合」，計有國內外具大專程度之學佛青年六十餘位參加。（〈中華佛學研究所　第二屆大專佛學夏令營〉，《人生》，73 期，1989 年 9 月 15 日，版 1）

活動期間，法師數度蒞會，分別就佛法與外道、心術與心法、懺悔與發願、四弘誓願、修行和證悟為題，向學員開示。（〈學佛五示〉，《人生》，76 期，1989 年 12 月 15 日，版 5）

八月十六日至十八日，由中國文化大學哲學研究所主辦之「國際東西哲學比較研討會」，假臺北市國立中央圖書館召開。法師應邀擔任第二會場主席。與會學者，在李志夫教授陪同下，於八月十七日晚，至中華佛研所及農禪寺訪問。（〈國際東西哲學比較研討會召開於臺北　與會學者訪問聖嚴法師〉，《人生》，73 期，1989 年 9 月

15日，版1）

八月三十日，於農禪寺主持剃度典禮，六位青年求度出家，為取法名：果華、果廣、果通、果韋等。（〈農禪寺剃度典禮〉，《人生》，73期，1989年9月15日，版1）

九月七日，中華佛研所舉行七十八學年度開學暨結業典禮。法師於典禮中表示，本年度開學儀式意義重大，象徵研究所邁向法鼓山佛教教育文化事業遠景；而學生努力，則是本所最大的後盾力量。

同時，聘請戚肩時將軍擔任中華佛研所祕書長，並負責制定佛研所行政管理規章，建立教育行政制度。（〈跟隨師父的腳步前進〉，《法鼓》，114期，1999年6月15日，版6）

九月十一日，《聯合報》「現代宗教文化」專欄刊出日前法師接受該報記者張伯順專訪，談興辦佛學教育的初衷與願景。（〈闢人間淨土，辦佛學教育〉，張伯順專訪，《聖嚴法師心靈環保》，法鼓全集8輯1冊，法鼓文化，頁254-255）

九月十五日下午，沙烏地阿拉伯麥地那伊斯蘭教宗教研究所所長亞伯都拉．高得里博士（Dr. Alahdal Abdullah

Gaderi），由臺灣回教理事長定中明教長以及麥地那伊斯蘭大學（Islamic University of Madinah）博士生馬超賢先生陪同，至中華佛研所拜訪法師。據告，此為其首次接觸佛教界人士。（〈沙國回教宗教研究所所長拜訪聖嚴法師〉，《人生》，74 期，1989 年 10 月 15 日，版 2）

九月二十一日，法光佛教文化研究所舉行第一屆研究生開學典禮，法師應邀出席。致詞時除表示熱烈歡迎法光成立，並期望有更多佛學研究所出現，在共同目標下，從不同角度為佛教貢獻力量。

「今天到這兒來參加貴所的開學典禮，我感覺到非常的高興，我相信：在座諸位心中最感到高興的，就是我！」「因為，過去我辦佛研所，我是『孤掌』難鳴的；現在像貴所這樣有水準、有理想的第二所研究所出現，從今天起，我可以雙手『鼓掌』了！」現場所有來賓及學生頓時鼓掌如雷。（〈孤掌與鼓掌〉，《法鼓》，52 期，1994 年 4 月 15 日，版 4）

九月二十四日，於農禪寺對全體僧眾早齋開示：「法鼓山理念」，首次對「提昇人的品質，建設人間淨土」之理念提出完整說明。

佛陀出現在人間，是以人類為主要的攝化對象。近世以來，中國佛教所有的大師們，也都提倡以人為本的佛教精神，如太虛大師主張「人成即佛成」的人間佛教、東初老人倡辦《人生》月刊。而法鼓山的理念，也朝著這個方向來努力。

如何提昇人的品質？可以從三個方向著手，就是教育、道德與宗教。現代的學校教育、家庭教育、社會教育，對於人品的提昇，已感無奈與無力。道德是指倫理綱常的各如其分，但也只能約束一部分衛道之士，卻無法約束不守道德的人。所以，宗教的信仰，既有嚇阻作用，也有鼓勵作用；可知宗教信仰，比諸道德觀念更富積極意義。

佛教闡揚因果及因緣的信仰，相信三世因果，所以要對各自的行為負責，遇順境不驕傲，遭橫逆不失望。所以一方面有責任面對多樣化的現實，另一方面，又有希望去創造理想中的未來。佛教的信仰，即能使人由衷地改過遷善，尤其能夠使人平心靜氣地接受現在，再接再勵地開創明天。（〈法鼓山的理念〉，《人生》，74 期，1989 年 10 月 15 日，版 5；另參見：〈提昇人的品質　建設人間淨土〉，《法鼓山的方向》，法鼓全集 8 輯 6 冊，法鼓文化，頁 27-30）

九月二十六日，為護法理事會諸會員說明法鼓山中華佛研所的緣起及未來。對法鼓山園區之未來發展，勾勒完整藍圖。硬體建設，不採宮殿形式，將以佛教大學而非以廟宇型態出現。

為什麼我們要擴遷中華佛學研究所到法鼓山去呢？主

要有兩個原因，第一是十年來我們佛學研究所一直在增加設備和工作人員，老師由過去的兼任改為專任，學生讀書的環境也不敷使用，過去是採用班級集中上課的方式，現在則慢慢轉變成一對一的方式，學生的注意力更為集中，學到的東西也就更多。另外，我們還在開發文化出版事業，由於拓展的方向多了，教職員的人數增加不少，在各方面都感受到必須建場地，才能配合發展。另外，農禪寺也面臨一個大問題，因為寺址本身是一塊農田，不是建築用地。更迫切的是為了配合臺北市關渡平原的開發計畫，農禪寺將來可能有一半以上的土地會被徵收為公共設施之用。

法鼓山未來的藍圖是這樣的：

一、研究所：每年招收大學畢業的優秀青年五至十名給予三年密集教育。同時比照各公私立研究機構，聘請具有講師、教授資格的專家學者分別擔任授課老師，及各種佛教主題和佛學專題研究員。

二、佛學院：（一）大學部，（二）高級部，（三）短期班及函授部。

三、國際禪修中心

四、國際弘化中心

五、編譯出版中心

六、舉辦國際佛學會議

七、清修安養的環境

八、建築物及其特色：建設計畫將分三期進行，第一期工程重點在於興建教育大樓、佛殿、佛堂、圖書館、會議廳、演講廳、男、女眾寮房等硬體建築，而男寮、女寮包括僧、俗兩部，還有齋堂、大停車場。第二期及第三期工程裡有世界佛教文教中心（包括佛教歷史文化博物館、世界佛教圖書館、世界佛教編輯館），佛教修養中心。（〈法鼓山的心願——法鼓山的緣起及未來〉，《法鼓山的方向》，法鼓全集 8 輯 6 冊，法鼓文化，頁 13-30）

九月二十八日，電信學佛會會員三百多人至農禪寺參訪，法師以「明日的佛教」為題，前瞻明日之佛教重理性、重實踐，並開示「提昇人的品質，建設人間淨土」旨趣。（〈明日的佛教〉，《人生》，75 期，1989 年 11 月 15 日，版 3）

九月起，中華佛研所與輔仁大學神學院及宗教學研究所，訂定本學期宗教學術交流計畫，排定專題系列。（〈中華佛學研究所 · 輔仁大學神學院　宗教學術交流〉，《人生》，75 期，1989 年 11 月 15 日，版 1）

十月一日，日本佛教大學一行七人，由前任校長水谷幸正先生、現任校長伊藤唯真先生率領，林寶璧居士陪同，為本年十月十五日佛教大學文化研究所與中華佛研所締結姊妹所一事，先至佛研所、農禪寺致意。法師及副所長李志夫教授接待歡迎。（〈將於十月十五日與日本

佛教大學締結姊妹所〉，《人生》，74期，1989年10月15日，版2）

十月三日，應邀參加中華民國佛教青年會主辦之「嬰靈問題面面觀」座談會。座談會假臺灣大學校友會館舉行，佛青會祕書長淨耀法師主持。嬰靈問題近日成為社會熱烈討論主題，教界、乃至各界且疑其有恫嚇人心之虞，法師特別說明，經典中並未鼓勵超度嬰靈。

座談會邀請了中華佛學研究所所長聖嚴法師，臺大心理系黃光國教授，政大法律研究所林山田教授，婦女新知基金會副董事長薄慶容女士，新環境基金會董事長柴松林教授及臺大哲學系楊惠南教授等人出席，就佛教、心理學、法律、婦女本身及消費者等各種不同的層面來探討嬰靈廣告的問題。

聖嚴法師站在佛教的立場開示說，在許多經典中講到，人死之後，在七七四十九天內不超度，假如他在世的時候罪業很重，那麼，中陰身之後可能就會變成鬼，而佛教之因果是講源遠流長的，不是那麼短的。至於說經典或傳統的佛教一向就是鼓勵或贊成超度嬰靈，這是沒有根據的。（〈佛教青年會主辦「嬰靈問題面面觀」座談會〉，《人生》，74期，1989年10月15日，版1）

十月十日，接受《法光》雜誌創刊號專訪，說明辦學宗旨、歷程。對有心從事教育工作者提出建議，強調教材、

課程與出路應有規畫。並呼籲各機構合作並進。

十月十一日，法鼓山事業開發計畫完成，送交教育部。（〈從一張桌子一個人說起〉，《法鼓》，24 期，1991 年 12 月，頁 10）

十月十五日，發表〈外道不是佛教〉，說明佛教一向不排斥異端，但佛教有權說明本身立場，佛法與附佛外道有明顯內外之分。（〈外道不是佛教〉，《人生》，74 期，1989 年 10 月 15 日，版 3）

同日，日本京都佛教大學佛教文化研究所，至中華佛研所舉行締結姊妹所典禮。由法師與該所所長坪井俊映博士代表簽約。將以交換學術期刊、出版品、共同舉辦國際佛學會議及研究成果發表，以達成雙方教授、學生學術交流之互動為主。（〈中華佛學研究所、日本佛教大學　於十月十五日締結姊妹所〉，《人生》，75 期，1989 年 11 月 15 日，版 1）

十月十七日至十一月一日，帶領八十位僧俗四眾弟子，前往印度及尼泊爾朝聖。行前開示，朝聖與旅遊不同，應本虔誠、感念心，追尋佛陀行跡。

十月十七日正午，從桃園機場出發，經香港轉搭印度航空飛往尼泊爾加德滿都。

十月十八日、十九日，參觀阿育王塔、四眼天神廟、馬拉（Malla）王朝王宮，及印度教寺院等。以護持佛法不分宗派故，對藏系佛寺多所供養。

我們對佛教的護持供養應該不分宗派，沒有國界，只要是佛法，都應該護持，只要是佛教的寺院，我們都要供養。何況西藏從唐朝開始，一直屬於中國的版圖，中華民族自稱五族共和，西藏民族就是五族之一，他是我們的同胞，也是我們的同袍。在我看來，藏文也應是中文的一支，西藏的佛教也應是中國佛教的一系。（〈二三、進入印度之前〉，《佛國之旅》，法鼓全集6輯3冊，法鼓文化，頁67-68）

十月十九日，晚七點三十分，召集中華佛研所護法理事會幹部居士，對法鼓山之未來、勸募人員應有之觀念、心態，以及工作原則與方法，詳細指導。

不要以為這是為了護持聖嚴師父，而是護持全體的三寶，不僅是為了法鼓山的未來，更是為了中國乃至世界佛教的遠景。弘揚佛法、培養人才、續佛慧命、改善人心、淨化人間社會，是我們共同理念和方針。勸募不是要人光是出錢而得不到現實的利益，乃是藉勸募的因緣把佛法傳播給所接觸的人，使他們接受佛法、護持三寶。（〈二二、召開護法會幹部會議〉，《佛國之旅》，法鼓全

集 6 輯 3 冊，法鼓文化，頁 65）

十月二十日，飛往印度中部巴特那（Patna）機場。

十月二十一日，從華氏城出發，車行九十公里到達那爛陀。於舍利弗遺跡前，頂禮致敬。

十月二十二日，訪問大覺寺悟謙法師，允為新建大殿訂塑佛像供養，並由楊正居士代表團員致供養。

離大覺寺後，經尼連禪河至佛陀伽耶大塔禮拜致敬。佛陀伽耶即世尊證得阿耨多羅三藐三菩提之地。

進入塔院的大門，必須脱鞋，由院內的管理人員帶領參觀。進入塔院之後，向下走二十餘級石階，就有一個石柱，據説是阿育王所留，我在柱前頂禮膜拜，我們在塔身的正前方，精舍的門前丹墀中列隊，穿海青搭衣頂禮三拜，然後登塔，在第二層繞行一周，下來後在塔的下方再繞行一周，轉到大塔背後就是我們久已嚮往的大菩提樹。然後他們把進入金剛座和菩提樹的鐵柵門的鎖打開，讓我們少數幾位進入金剛座側頂禮瞻仰。金剛座大約只有兩公尺長，一公尺半寬，上面雕有鑽石形圖案的石板座，金剛座的上方，亦即其正背後壁上的石龕內，有一尊釋迦佛的坐像。我們繞塔一匝之後，參禮了塔院之內的各處聖跡。（〈三六、佛陀伽耶〉，《佛國之旅》，

法鼓全集 6 輯 3 冊，法鼓文化，頁 120-121）

十月二十三日下午，乘車赴沙那他（Sarnath），此為釋迦世尊初轉法輪之聖地：鹿野苑。於大塔正後方及如來入定處石亭各頂禮三拜，感謝如來在此初轉法輪之恩德。（〈四二、鹿野苑〉，《佛國之旅》，法鼓全集 6 輯 3 冊，法鼓文化，頁 140）

十月二十四日，前往拘尸那羅佛涅槃場。

十月二十五日，車行三百公里，越過印度、尼泊爾邊界至藍毘尼園，為釋迦佛陀降臨地，屬畢柏羅婆（Piprava）地方。率團於摩耶夫人廟前列隊禮拜。前緬甸駐聯合國大使于丹（U. Thant）居士，擬重建該地舊觀，成立重建藍毘尼園計畫國際基金會。因此，管理人邀請簽名，並請教修建建議。

參禮藍毘尼園後，車行五小時，仍回印度。（〈四九、藍毘尼園〉，《佛國之旅》，法鼓全集 6 輯 3 冊，法鼓文化，頁 162）

十月二十六日，巡禮舍衛城（Sravasti）祇樹給孤獨園，此為朝聖之旅最後一站。祇園精舍於佛教史地位特殊，故於祇園精舍中央佛陀說法台遺址禮拜致敬，並走遍每角落，品味佛陀及諸大阿羅漢當時生活環境及體驗。

佛陀在世時，每年必須有三個月的雨季安居，稱為結夏；釋尊一生在舍衛城祇樹給孤獨園及其附近，結夏竟達二十一次之多。佛陀說法四十多年，周遊當時的十六大國，卻獨對於舍衛城的祇園精舍有所偏愛，可見這個道場對於佛陀當時的教化產生過多大的影響和作用。因此我們到祇園精舍朝聖時，感到非常親切。（〈五二、今日的祇園精舍〉，《佛國之旅》，法鼓全集6輯3冊，法鼓文化，頁 175）

十月二十七日下午，由護法會理事長楊正居士擔任主席，召開朝聖檢討會。介紹朝聖團領隊、工作人員、導遊，並感謝慰勉。法師開示時提醒大家，將朝聖精神以及在聖地之經驗與感受帶回去，並且把貪心、瞋心、愚癡心，改變成施捨心、慈悲心和智慧心。（〈五七、朝聖檢討會〉，《佛國之旅》，法鼓全集 6 輯 3 冊，法鼓文化，頁 191）

十一月一日，飛抵紐約。

十一月五日上午，於東初禪寺講《楞嚴經》；下午，應世界佛教青年會邀請於皇后區法拉盛臺灣會館演講「禪與纏」，並為東初禪寺籌募弘法經費舉行義賣大會。（〈護法弘法在紐約〉，《法鼓》，12 期，1990 年 12 月，

頁 14）

案：今年六月增購現址背後接鄰之一棟二層住宅，積欠貸款三十多萬美金，因有此次募款活動。

同日，對大眾宣講「印度之旅」，說明參訪印度之目的與參訪之感想。（“Pilgrimage to India”, *Chan Newsletter No.76*, February 1990）

十一月六日，接受印地安那州巴特魯大學（Butler University）文理學院院長余英華教授及丹・史蒂文生（Dan Stevenson）教授之邀請，至該校對師生演講，題目為：「禪的修持及其功用」。（〈聖嚴法師在美巡迴演講〉，《人生》，76 期，1989 年 12 月 15 日，版 1）

十一月七日上午，於該校丹・史蒂文生教授課堂作問題解答，當晚並於該校學生中心，對該校三十多位師生講解舒緩身心之禪修方法。（〈聖嚴法師在美巡迴演講〉，《人生》，76 期，1989 年 12 月 15 日，版 1）

十一月八日，至伊利諾州立大學香檳校區（University of Illinois at Urbana-Champaign），於該校坐禪會，對五十多位該校青年講解禪修基本觀念與方法，並實際練習。（〈聖嚴法師在美巡迴演講〉，《人生》，76 期，1989 年 12 月 15 日，版 1）

十一月九日上午，應伊利諾大學宗教系主任教授彼德．格雷戈里（Peter Gregory）邀請，以「法華經在中國佛教中的信仰和修行」為題演講，到有該校師生三十五人。演講著重於法華三昧之修行方法及法華經特別重視之讀誦、解說、書寫、受持、供養等，也就是半行半坐三昧之修行方法。（〈聖嚴法師在美巡迴演講〉，《人生》，76 期，1989 年 12 月 15 日，版 1）

下午，至印地安那州特波大學（DePauw University），接受保羅．瓦特（Paul Watt）教授邀請舉行演講座談會，演講重點為：出家與在家之修行生活、悟境之層次與性質，以及佛教與基督教解脫觀之同異等。該校師生六十餘人前往聆聽。（〈聖嚴法師在美巡迴演講〉，《人生》，76 期，1989 年 12 月 15 日，版 1）

十一月十日，接受密西根大學（University of Michigan）亞洲語言文化研究所所長、現任國際佛學會議 IABS 祕書長葛梅茲教授邀請，於該校研究所對十多位專攻人類學、佛教學、社會學之師生，專題報告並作討論。聽眾對臺北之中華佛研所極具興趣，並針對佛教學術化和信仰實踐間之矛盾衝突及利益調和問題熱烈討論。（〈聖嚴法師在美巡迴演講〉，《人生》，76 期，1989 年 12 月 15 日，版 1）

晚上，於該校大學院活動中心演講廳，對該校師生六十餘人以「現代中國禪林生活及我個人教授禪學的經驗」為題演講。（〈聖嚴法師在美巡迴演講〉，《人生》，76 期，1989 年 12 月 15 日，版 1）

十一月十四日，接受新澤西州羅特格斯大學（Rutgers University）宗教系于君方博士及該校「東亞人文科學研究計畫」專題邀請，演講「壇經的思想」。（〈聖嚴法師在美巡迴演講〉，《人生》，76 期，1989 年 12 月 15 日，版 1）

十一月十六日，接受新澤西州西東大學（Seton Hall University）教授楊力宇博士及該校宗教及語言系教授波德哥斯基（Podgorski）等邀請，由吳果道居士安排，做兩場演講，分別是：「禪與悟」、「禪與瑜伽」。每場均有該校師生三十至五十餘人參加，皆由哥倫比亞大學博士候選人李佩光居士擔任英語翻譯。（〈聖嚴法師在美巡迴演講〉，《人生》，76 期，1989 年 12 月 15 日，版 1）

十一月十七日，接受西東大學教授張壽安邀請，上、下午分別演講「禪的生活」、「禪的體驗」。（〈大事記〉，《1989-2001 法鼓山年鑑》，法鼓山基金會，2005 年 10 月出版，頁 17）

十一月二十四日至十二月一日，主持東初禪寺第四十六期禪七，禪眾三十人。禪期開示以虛雲老和尚之〈參禪法要〉為根據。（〈紐約東初禪寺禪七〉，《人生》，76 期，1989 年 12 月 15 日，版 1）

十二月十二日，紐約州康乃爾大學（Cornell University）亞洲系教授約翰．馬克瑞（John McRae）博士至東初禪寺訪問，商談與中華佛研所合作之可能事項。（〈西方學人造訪東初禪寺請益〉，《人生》，77 期，1990 年 1 月 15 日，版 1）

十二月十三日，應紐約大學布魯克林學院（Brooklyn College, CUNY）東方文化學會邀請，以「禪文化在中國」為題演講。（〈聖嚴法師在美巡迴演講〉，《人生》，76 期，1989 年 12 月 15 日，版 1）

十二月十五日，撰〈追念周子慎長者〉，紀念今年八月過世之周宣德居士。周居士先後輔導國內各大專院校組織佛學社團達六十七所，接引知識青年學佛，法師許為中國近代佛教史之勝事。（〈追念周子慎長者〉，《悼念．遊化》，法鼓全集 3 輯 7 冊，法鼓文化，頁 164-167）

同日，緬因州立大學（University of Maine）講師邱克倫（Hugh Carron），現任摩根灣禪堂（Morgen Bay

Zendo）負責人，至東初禪寺訪問，請教修行研究方法與方向，以及今後經營禪堂方式。法師囑以正知見為重。（〈西方學人造訪東初禪寺請益〉，《人生》，77 期，1990 年 1 月 15 日，版 1）

十二月二十五日至明年一月一日，主持東初禪寺第四十七期禪七。（〈紐約東初禪寺禪七〉，《人生》，76 期，1989 年 12 月 15 日，版 1）

十二月，《法鼓》雜誌創刊發行，以聯繫日益增加之法鼓山會員。法師撰有〈發刊辭〉：

《法鼓》雜誌的誕生和我們另一刊物《人生》的發行是相輔相成的。《人生》月刊的宗旨在於智、仁精神的倡導，《法鼓》雜誌則著重悲、勇願行的推動。

因為法鼓山道場的出現，開拓了我們對於明日佛教的理念，那就是：「提昇人的品質，建設人間淨土」。

我們共勉的信念是：培育弘化的人才，擂擊慈悲的法鼓；促進平安的社會，建立和樂的家庭；養護健康的身心，展現明天的希望；布施的人最有福，行善的人大功德。（〈發刊辭〉，《法鼓》，1 期，1989 年 12 月，頁 1）

《法鼓》雜誌創刊號，法師特發表〈法鼓山的心願〉。（〈法鼓山的心願〉，《法鼓》，1 期，1989 年 12 月，頁 3-9）

東初禪寺共十位西方弟子，以簡短詩文出版一冊英文紀念集，為法師長壽祝福。

一九八九年十二月為聖嚴法師滿六十歲生日，由於法師忌言祝壽，紐約東初禪寺的西方弟子共十位，在未讓法師知悉的情形下，為其出了一冊英文紀念集，以簡短的詩文，表達了他們對法師教導的感謝，並為聖嚴師父的健康長壽祝福。（〈聖嚴法師六十壽　西方弟子表心意〉，《人生》，77 期，1990 年 1 月 15 日，版 1）

本年度，法師獲得兩獎項提名：國內，由李嘉有教授為法師近著《法源血源》，向「中山文藝獎基金會」推薦為散文獎候選作品。國外，由沈家楨博士將法師對佛教學術教育及弘化工作事蹟，向「日本佛教傳道協會」提名為一九八九年度，世界佛教最傑出的人物賞候選人。（〈聖嚴法師．《法源血源》分獲提名〉，《人生》，76 期，1989 年 12 月 15 日，版 1）

民國七十九年／西元一九九〇年

聖嚴法師六十一歲

國內外重要大事

- 東、西德統一。
- 蘇聯廢止共產黨一黨專政，戈巴契夫當選第一任總統。
- 李登輝就任中華民國第八屆總統。
- 華梵工學院成立。

法師大事

- 舉辦「第一屆中華國際佛學會議」，擔任總召集人。

一月四日，返臺。

一月八日，韓國曹溪宗奉寧僧伽大學師生訪問團一行三十餘人，由校長妙嚴法師，長老妙典法師、總務道性法師、教務聖學法師等率領，蒞臨農禪寺參訪，舉行座談會。此為韓國歷年人數最多之比丘尼訪問團。由法師歡迎接待。成員中，一耘法師係中華佛研所第五屆畢業生，現任該校講師。（〈韓國曹溪宗奉寧僧伽大學比丘尼訪問團參訪農禪寺〉，《人生》，78 期，1990 年 2 月 15 日，版 1）

一月十二日至十五日，第一屆中華國際佛學會議於國立中央圖書館舉行。大會以「佛教倫理與現代社會」為主題，有二十多國家之佛學學者一百五十多位參加，提交論文四十篇。會議由中華佛研所主辦，法師擔任會議總召集人，並請游祥洲博士為總幹事，諸多單位協辦參與。（〈首屆中華國際佛學會議　元月十二日起假中央圖書館隆重舉行〉，《人生》，77 期，1990 年 1 月 15 日，版 1）

協辦單位有國立中央圖書館、臺灣大學哲學研究所、中國文化大學哲學研究所、東吳大學哲學系、輔仁大學宗教學研究所。國內各佛學院、佛研所師生，如妙林巴利佛教研究所、法光佛教文化研究所、圓光佛學研究所、華梵佛學研究所、中華佛教學院、佛光山中國佛教研究院、開元佛學院、華嚴專宗學院、華文佛教學院、福嚴佛學院、寶華佛學院等皆熱烈與會，更有天主教、回教等其他宗教人士參加。（〈教育部撥款新臺幣三十萬元　贊助「第一屆中華國際佛學會議」〉，《人生》，78 期，1990 年 2 月 15 日，版 1）

教育部補助新臺幣三十萬元。（〈教育部撥款新臺幣三十萬元　贊助「第一屆中華國際佛學會議」〉，《人生》，78 期，1990 年 2 月 15 日，版 1）

教界長老印順導師亦贊助新臺幣二十萬元供作籌備基金。（〈印順導師捐資二十萬　贊助中華國際佛學會議〉，《人

生》，77 期，1990 年 1 月 15 日，版 1）

法師特撰〈承先啟後——召開「中華國際佛學會議」緣起〉，說明佛教學術研究之重要：傳統佛教文化和信仰，須經現代理解運用，方能對時代社會有廣大貢獻。因此本會議以「佛教傳統與現代社會」為永遠主題。同時揭櫫召開國際學術會議四大主旨：一、提倡佛教學術研究，發揚佛教文化精神；二、把世界佛教成果引回中國，把中國佛教智慧傳到世界；三、期許國內人士認同佛教學術研究之重要和必要，共同努力培養佛教人才；四、以學術研究承先啟後，以因應時代潮流。

近代佛教的學術研究，創始於歐洲，繼之於日本，到了二十世紀，已漸成為世界各國研究東方學和宗教學中不可或缺的一個領域。在我們中國，用現代的學術觀點和研究方法對傳統的佛教作探討的風氣，尚在起步的階段，所以我們正在全力以赴地從世界各先進國家，引進研究的方法及其成果，一邊鼓勵優秀的佛教青年出國深造，同時也邀聘國際的佛教知名學者來到我國，傳授他們的學識和經驗。

提倡佛教學術的研究，發揚佛教文化的精神，這是我們要召開這次國際會議的第一個主旨。也由於此，我們這個「中華國際佛學會議」的永遠主題是「佛教傳統與現代社會」。

從中國佛教的立場，放眼於世界佛教，把世界佛教引回中國，把中國佛教傳到世界。這是我們要召開佛教學術會議的第二個主旨。

我們目前是迫不及待希望引進國際的佛教學術成果，也希望國際佛教學術界知道我們正在向這個方向努力，讓他們來提供經驗和訊息，同時也讓國內的教內外人士，很快的認同佛教學術研究的重要和必要，然後讓我們共同來努力於佛教人才的培養。這是我們今天要召開本會的第三個主旨。學術的研究，一向是屬於少數人的工作，但它是帶動和指導多數人生活方向的軸心，為每一個時代和社會負起了帶動、指導、設計、影響的任務。如果我們佛教界沒有專家學者，為我們做承先啟後的研究，便無法因應時代的潮流，佛教便會受到時代潮流的淘汰。這是我們要召開學術會議的第四個主旨。（〈承先啟後——召開「中華國際佛學會議」緣起〉，《教育·文化·文學》，法鼓全集 3 輯 3 冊，法鼓文化，頁 87-91）

一月十二日下午四時，於中央圖書館演講廳主持開幕典禮，並與水谷幸正博士、路易士·蘭卡斯特博士以「佛教倫理與現代社會」為題，分別發表主題演說。（〈第一屆中華國際佛學會議自七十九年元月十二日起舉行四天　於元月十五日成功圓滿落幕〉，《人生》，78 期，1990 年 2 月 15 日，版 5）

大會期間，法師發表〈明末的菩薩戒〉，另印發〈明末中國的戒律復興〉為補充資料。

〈明末的菩薩戒〉，係對明末五位弘揚菩薩戒之大德作研究，而以雲棲袾宏、蕅益智旭為重心。（〈明末的菩薩戒〉，《菩薩戒指要》，法鼓全集 1 輯 6 冊，法鼓文化，頁 119-133）

〈明末中國的戒律復興〉，則報告研究發現：明末戒律，有禪、教、律一致，顯、密圓融之趨勢。弘揚《梵網菩薩戒經》，重視沙彌戒、在家戒，亦為特殊之處。（〈明末中國的戒律復興〉，《菩薩戒指要》，法鼓全集 1 輯 6 冊，法鼓文化，頁 134-152）

一月十五日下午，舉行閉幕典禮。法師主持，感謝與會學者與工作人員，並以會議總召集人身分，頒贈感謝狀予各協辦單位。（〈第一屆中華國際佛學會議自七十九年元月十二日起舉行四天　於元月十五日成功圓滿落幕〉，《人生》，78 期，1990 年 2 月 15 日，版 5）

日本佛教大學前任校長水谷幸正博士，於致詞感謝之後即代表佛教大學贈送中華佛研所《淨土教學系列》一百冊，感謝主辦單位之辛勞。（〈第一屆中華國際佛學會議自七十九年元月十二日起舉行四天　於元月十五日成

功圓滿落幕〉，《人生》，78 期，1990 年 2 月 15 日，版 5）

大會結束後，將本屆會議之英文論文部分（包括日本學者的論文英譯），委請傅偉勳、華珊嘉二位教授主編，交紐約綠林出版社印行；中文部分，則請傅偉勳教授主編，由三民書局之東大圖書公司印行，於今年十月出版。

會議舉行期間，法師已撰有〈承先啟後〉一文說明召開會議緣起，該書出版時另又撰序特別就佛教之修行信仰與學術研究之關聯多所說明，略云：

傳統的佛教學者，不論是梵語系、巴利語系、漢語系、西藏語系，沒有一位是為了學術而研究的，他們都是藉研究的方法達成實踐的目的。可是近世的印度學、佛教學、漢學，目的不在宗教的信與行，而是在於學術的真與明，故在傳統的佛教徒們，最初接觸到現代佛教學的論點之時，頗有難以適應的現象。

但是，現代學術的求真求明，乃是無可懷疑的，縱然學者們提出的觀點，未必皆能成為永久的定論，但經過精密審查的結論，必定有其相當程度的可靠性。與其禁止學者們發表新觀點，倒不如也來認真地認識學者們的新觀點，通過新觀點的試鍊，仍能落實到對於佛法的信仰與實踐，佛教才具有更大的耐力和潛力。我是基於如此的信念，籌備且召開了第一屆中華國際佛學會議。

（〈總序《從傳統到現代——佛教倫理與現代社會》〉，《書序》，法鼓全集 3 輯 5 冊，法鼓文化，頁 72）

一月二十七日，皇后區熱心居士，世界佛教青年會主要成員盛艾美居士，為東初禪寺舉辦除夕慈善募款宴會。

一月二十八日，農禪寺舉辦新春大悲懺法會，於法會中開示：「如何能夠如意健康」、「發菩薩心」。（〈新春大悲懺法會開示〉，《法鼓》，2 期，1990 年 2 月，頁 2-3）

二月一日，國內八所著名佛學研究所，於臺北市信義路貝葉餐廳，舉行國內各佛學研究所研究生「聯合論文發表研討會」籌備會議。此係由第一屆中華國際佛學會議直接促成。

聖嚴法師在第一屆中華國際佛學會議的〈緣起〉中曾提及，「我們應該先在國內提倡學術研究，召集學術會議，推動學術研究的風氣，造就更多佛教學術的人才」，而在會議期間，恆清法師亦向聖嚴法師提到，召開此類論文研討會對推動國內佛學研究風氣的重要性。

達成的結論為：本年度第一屆聯合論文發表會，將由巴利文佛學研究所與《慧炬》雜誌社共同主辦，其他各佛研所負責協辦。第二屆後則以抽籤方式輪流主辦，各單位皆負協辦之職。（〈國內八所著名佛學研究所舉行「聯合論文發表研討會」的成立籌備會議〉，《人生》，78 期，

1990年2月15日，版1）

〈聖嚴法師回函——覆惠敏法師〉：「前日（二月一日），由恆清法師策畫及老朽的協助，召集國內各佛研所負責人及代表，開了一次會議。決議自本夏起，以輪值方式召開國內所際學術論文發表研討會，以各佛研所及佛學院優秀學生為對象。」（〈聖嚴法師回函〉，《人生》，78期，1990年2月15日，版12）

二月三日、四日，農禪寺舉辦「新春信眾聯誼會」。約計兩天共有八千人參加。四日下午，則有佛舍利請供法會，共有一百三十三位大德請供佛舍利。（〈農禪寺新春信眾聯誼會〉，《人生》，78期，1990年2月15日，版1）

法師於會中籲請推展法鼓山弘法計畫：培養研究佛教學術之高級人才，同時以該批人才培養另一層次普遍宣揚佛法之弘法人才。（〈禪．念佛．法鼓山　七十九年新春信徒聯誼大會開示〉，《人生》，79期，.1990年3月15日，版5）

二月七日至十四日，於農禪寺主持第三十七期禪七。

二月八日上午，日本大正大學訪問團一行二十餘人，由該校校長真野龍海率領，楊林寶璧居士陪同，訪問中華佛研所。（〈日本大正大學校長及教授訪問中華佛學研究

所〉，《人生》，78 期，1990 年 2 月 15 日，版 1）

下午一至三時，接受華視《早安今天》執行製作吳森明先生邀請，於農禪寺為該節目「每週禪話」單元錄影訪問，共計兩小時，錄製四個公案。（〈華視「早安今天」訪問聖嚴法師　錄製「每週禪話」〉，《人生》，78 期，1990 年 2 月 15 日，版 1）

二月十五、十六日，應臺中市佛教界邀請，假臺中市新民商工大禮堂，以「今日的佛教」及「明日的佛教」為題公開演講，每場聽眾多達三千餘人。演講圓滿後，為現場三百多人舉行皈依三寶儀式。（〈聖嚴法師臺中弘法〉，《人生》，79 期，1990 年 3 月 15 日，版 1）

二月十七、十八日兩晚，應臺中縣佛教界人士邀請，假豐原市臺中縣政府大禮堂演講。題目為：「佛教的特色」及「淨土的世界」。演講圓滿之後，為現場二百多人舉行皈依三寶儀式。（〈聖嚴法師臺中弘法〉，《人生》，79 期，1990 年 3 月 15 日，版 1）

三月，中廣《草地人》施健雄居士經法師同意，製播《法鼓清風》廣播節目。（〈施健雄的關懷與回饋〉，《法鼓》，20 期，1991 年 8 月，頁 34）

三月三日下午，應邀參加中華民國野鳥學會主辦之「為野生動物保育法把脈」座談會。座談會假新生南路時報廣場二樓舉行，邀請政府相關單位、民意代表和學術界等三十餘人參加。法師於座談會中表示將呼籲佛教徒改變放生觀念。

中央研究院學者劉小如及立法委員陳定南指出，佛教界一些不當的放生行動，反而造成野生動物在抓、放之間折損、驚嚇而死亡。這種沒有考慮到生物對環境改變的適應性的所謂「放生」，不是護生而是傷命。

聖嚴法師在會中表示，將呼籲佛教徒改變放生的觀念，以「保育野生動物」的環保意識代替一味地盲目放生，使佛教徒的慈悲心懷得到最正確的表現。（〈「為野生動物保育法把脈」座談會　聖嚴法師籲請教界改變放生觀〉，《人生》，79 期，1990 年 3 月 15 日，版 1）

案：對放生觀念轉變之持續教育，初步成果為信眾將放生款項，捐予臺北市立木柵動物園與建農舍，收容稀有、受傷或被遺棄動物。詳見今年十一月譜文。

三月八日，與中華佛研所專任教授冉雲華一同前往法鼓山探勘。（〈僧俗情誼．繫法脈〉，《法鼓》，3 期，1990 年 3 月，頁 23）

三月十二日，中華佛研所所徽甄選舉行評審，除法師外，另邀請名雕塑家楊英風、藝術學院美術系黎志文主任、

師大美術系陳景容教授、陳柏森建築師、歷史博物館研究組劉平衡主任擔任評審委員。經詳細討論後，師大美術系學生陳志成作品因涵有大轉法輪、法鼓山、僧人禪定等多項精神，獲全體委員通過奪魁。（〈法鼓徽章．象法輪〉，《法鼓》，3 期，1990 年 3 月，頁 24-25）

案：該所徵即後來作為法鼓山象徵之山徽。參見〈法鼓山的山徽〉，《法鼓山的方向》（法鼓全集 8 輯 6 冊，法鼓文化，頁 88-89）。

三月十七日下午，接受臺北市立圖書館北投分館及稻香分館聯合邀請，於北投圖書館講演「人間淨土」。（〈「聖嚴法師北投．新竹．基隆弘法行〉，《人生》，80 期，1990 年 4 月 15 日，版 1）

晚上七時，應邀於新竹市政府綜合大禮堂演講「時空與生命的超越」，新竹市長童勝男先生致詞歡迎。本次活動由清華大學慧鐘社、交通大學鐘鐸社、新竹社教站、工研院電子所勵進會佛學社聯合主辦，闞世謙居士聯絡。（〈「聖嚴法師北投．新竹．基隆弘法行〉，《人生》，80 期，1990 年 4 月 15 日，版 1）

三月二十三、二十四日晚上，應邀於基隆市立文化中心演藝廳做兩場公開演講。彌陀蓮社弘法團悟空法師主辦，基隆益心寺聖覺比丘尼及中華佛研所護法會協辦。首日講題為「今日的佛教」，說明今日佛教應關懷人生、關懷社會、關懷世界，並以正確信仰來實踐佛陀教化。次日講題則是「明日的佛教」，內容包括修行層次、正確理論以及法鼓山理念。（〈「聖嚴法師北投．新竹．基隆弘法行〉，《人生》，80 期，1990 年 4 月 15 日，版 1）

三月二十四日，教育部專門委員曾一士居士陪同一群傑出身障男女青年至農禪寺訪問，法師接待並回答所提出有關身障及養護機構問題。（〈轉識成智——聖嚴法師答殘障人士問〉，《人生》，87 期，1990 年 11 月 15 日，版 4）

三月三十日，事業主管機關教育部高教司召集行政院農委會、環保署、內政部地政司、營建署、林務局、水土保持局、臺北縣政府工務局等單位派員至法鼓山作第一次會勘，通過法鼓山提出之事業計畫申請案。（〈二度會勘．多次會議研討　內政部營建署原則同意法鼓山中華佛學研究所開發計畫〉，《人生》，90 期，1991 年 2 月 15 日，版 1）

四月五日，*The Sword of Wisdom*（《智慧之劍》）在美出版。該書係法師一九八二至一九八五年間於美國東初禪寺主持禪七之開示，講解〈永嘉證道歌〉。

四月九日，為冉雲華新著《中國禪學研究論集》撰序。該書由東初出版社印行。

十多年來，我在中美兩地，推廣禪修方法，弘揚禪學思想，所接觸的古今禪籍，多係為了實踐而寫，殊少像冉公這樣，是以「宗教史學或比較文化史學的觀念與方法」，來對禪學作考察的。冉公能以其深厚的學養，敏銳的思辨，加上現代歐西的治學理念，把舊有的古籍對比新發現的史料，往往就能夠為我們點出前人所未聞的消息。（〈序冉雲華居士《中國禪學研究論集》〉，《書序》，法鼓全集 3 輯 5 冊，法鼓文化，頁 69）

同日，飛抵紐約。（〈聖嚴法師禪修禪坐　佛法廣被中美人士〉，《人生》，81 期，1990 年 5 月 15 日，版 1）

四月十四日，為加強勸募及護持會員的學佛基礎，特成立佛學教育講座，此日為首次講座，由果祥法師主講「佛教的基本教理是什麼」。（〈79 年度 大事記〉，《法鼓》，24 期，1991 年 12 月，頁 12）

四月十六日至二十日，接受南伊利諾大學教授薛維格居士及愛荷華佛學社社長林鴻輝居士等邀請安排，赴中西部弘法。

四月十六日上午，由果元法師及擔任英文翻譯之保羅・甘迺迪居士隨行，飛往密蘇里州聖路易市，於該地禪中心做兩小時開示和問題解答。（〈聖嚴法師禪修禪坐　佛法廣被中美人士〉，《人生》，81 期，1990 年 5 月 15 日，版 1；講詞今收〈禪悟與靜坐〉，《禪與悟》，法鼓全集 4 輯 6 冊，法鼓文化，頁 9-16）

四月十七日上午，八點三十分至十點，於維伯斯特大學（Webster University）宗教系詹姆士．哈里斯教授（James R. Harris）課堂，對十五位學生講「無常與死」。十一時至十二時三十分，於華盛頓大學（Washington University）亞洲近東語言文學系，以「禪與日常的藝術生活」為題，對六十多位該校師生作另一場演講。

下午飛抵愛荷華州愛荷華市，先為該地佛學社中國留學生舉行皈依儀式，當晚七點半到九點半在愛荷華大學講「禪與靜坐」，由該校心理系教授斯提夫．福克斯主持介紹。（〈聖嚴法師禪修禪坐　佛法廣被中美人士〉，《人生》，81 期，1990 年 5 月 15 日，版 1）

四月十八日上午八點半至九點二十分。在愛荷華大學宗教系教授威廉．巴蒂佛（William Bodiford）禪佛教課堂，對十六位學生演講「禪悟之實踐過程與體驗」。九點半至十點半為愛荷華大學佛學社社員開示佛法修學與問答，由該社社長林鴻輝居士主持。

下午二時，飛明尼蘇達州首府。晚上七時至九時在明州大學學生活動中心講「禪與靜坐」，由該校中國歷史教授泰勒（Taylor）作開場介紹。（〈聖嚴法師禪修禪坐　佛法廣被中美人士〉，《人生》，81 期，1990 年 5 月 15 日，版 1）

四月十九日上午，為明州佛學社作佛法開示與座談，下午飛抵威斯康辛大學麥迪遜校區，以「禪坐」為題，對六十多位師生講菩提達摩「二入四行」，四祖、五祖、六祖禪修方法，公案修行，以及長蘆宗賾〈坐禪儀〉。（〈聖嚴法師禪修禪坐　佛法廣被中美人士〉，《人生》，81 期，1990 年 5 月 15 日，版 1；講詞今題〈禪修方法的演變〉，收於《禪的世界》，法鼓全集 4 輯 8 冊，法鼓文化，頁 34-46）

四月二十日上午九時至十一時，為麥城佛學社社員講解「禪與淨土的修持法門」。（〈聖嚴法師禪修禪坐　佛法廣被中美人士〉，《人生》，81 期，1990 年 5 月 15 日，版 1）

四月二十一日，東初禪寺信眾於紐約法拉盛臺灣會館舉辦「中國之夜」，為東初禪寺擴建舉辦募款晚會。活動由前任美華協會長島分會會長龔天傑居士及世界佛教青年會總幹事李建懷居士策畫推動，果道居士協助，到有六百多位中西貴賓。活動事先未經法師同意。

（〈護持東初禪寺　紐約華人社區舉辦中國之夜〉，《人生》，81 期，1990 年 5 月 15 日，版 1；〈東初禪寺的中國之夜〉，《法鼓》，5、6 期合訂本，1990 年 5、6 月，頁 22-23）

四月二十八日上午，於東初禪寺講演「禪的文化」。（〈禪的文化〉，《禪與悟》，法鼓全集 4 輯 6 冊，法鼓文化，頁 285-293）

下午，仁俊長老和李恆鉞教授分別帶領紐約世界佛教青年會、新澤西州覺因學佛社，以及賓州佛學社三十多位佛教青年，至東初禪寺訪問，並舉行四小時學佛座談會，探討禪修證量、果位、戒定慧定義；解脫與離欲、方便和究竟等問題。（〈聖嚴法師禪修禪坐　佛法廣被中美人士〉，《人生》，81 期，1990 年 5 月 15 日，版 1）

四月二十九日，春暉印經社為慶祝佛誕並護持法鼓山建設工程早日完成，舉辦法鼓山朝山活動以及浴佛法會。（〈79 年度大事記〉，《法鼓》，24 期，1991 年 12 月，頁 13）

四月三十日，應邀至新澤西州州立蒙克萊學院（Montclair State College），於心理系、亞洲哲學系、考古系、英文系聯合舉辦之講座，以「禪修與學習效能」為題，向該校師生一百數十人作兩小時演講。（〈聖嚴法師禪

修禪坐　佛法廣被中美人士〉，《人生》，81 期，1990 年 5 月 15 日，版 1）

同日，美國佛教會臺灣弘法訪問團副團長沈家楨博士，由鄭振煌教授、游祥洲教授等陪同，至農禪寺及中華佛研所拜訪。法師刻正在美弘法，故由果暉法師、李志夫教授代表接待。並捐贈美國佛教會莊嚴寺臺幣十萬元，做為擴建經費。

（來訪一行人）在二樓貴賓室，聽取法鼓山遷建工程師陳柏森居士講解法鼓山的藍圖及未來計畫，接著再由教務長李志夫教授，簡介中華佛學研究所成立的緣由和現況；同時致贈聖嚴法師的著作、所內研究生的論著及一部手抄本《金剛經》予沈居士。

二時至四時，舉行「今日西方社會對於佛學研究及對佛教信仰的大勢」座談會，由戚肩時居士主持，與所內師生五十餘人歡談。座談會開始前，由果暉法師代表所長聖嚴法師捐贈臺幣十萬元給美佛會莊嚴寺，做為擴建經費。（〈美佛會臺灣訪問團副團長沈家楨居士拜訪農禪寺中華佛學研究所〉，《人生》，81 期，1990 年 5 月 15 日，版 1）

四月，《中華佛學學報》第三期出版。法師有〈六祖壇經的思想〉發表。提要云：

《六祖壇經》的思想系統，雖用《般若經》，實則是沿襲如來藏的觀點，用般若的空慧，實證真如佛性，即是明心見性。《六祖壇經》中引用《金剛經》者凡五見，引用《文殊説般若經》者一處。其目的是在證明相無而性有，強調本心及本性實在。所引般若經典，乃在取其作為修證的觀行方便，那便是般若三昧及一行三昧。

《六祖壇經》引用《維摩經》者計六例，共有五種觀念：頓悟、守心與直心、行住坐臥的日常生活即是修行、動靜一體、不二。此外尚可在《六祖壇經》中見到《涅槃經》、《梵網經》、《法華經》、《華嚴經》、《觀無量壽經》、《大乘本生心地觀經》等的思想。

《六祖壇經》的心理實踐，名為「無念法門」，它又有無住、無著、無相等不同的名稱，以無念得智慧，以無著離煩惱，以無相證佛性。《六祖壇經》的生活實踐是以懺悔、發願、受三皈依戒為準則，而又將之導歸心理實踐的「無相法門」。（《中華佛學學報》，3 期，臺北：中華佛學研究所，1990 年 4 月，頁 149-164；今收〈《六祖壇經》的思想〉，《禪與悟》，法鼓全集 4 輯 6 冊，法鼓文化，頁 294-323）

五月一日，再度應邀至新澤西州西東大學宗教系，為該校師生五十多人，以「禪與坐禪」為題演講。演講由該校「禪與瑜伽」課程教授弗蘭克・波喬爾斯基（Frank Podgorski）神父主持。此校是天主教教會大學，擔任教職之神父及修士、修女甚多，校園中即有小型修院。會後，法師及其隨從弟子，訪問該修院。（〈聖嚴法師

禪修禪坐　佛法廣被中美人士〉，《人生》，81 期，1990 年 5 月 15 日，版 1）

五月二日，紐約山清禪中心（Clear Mountain Zen Center）住持，美籍沙姜．哈特（Sogen Rick Hart）先生來訪，請教突破修行瓶頸方法。（〈聖嚴法師駐錫紐約弘法　國內外宗教領袖、居士大德尋相造訪請益〉，《人生》，83 期，1990 年 7 月 15 日，版 2）

五月十五日，撰〈與法鼓山僧俗弟子共勉語〉，以二十句偈頌，做為法鼓山全體成員用以自利利人之銘言。

信佛學法敬僧，三寶萬世明燈。
提昇人的品質，建設人間淨土。
知恩報恩為先，利人便是利己。
盡心盡力第一，不爭你我多少。
慈悲沒有敵人，智慧不起煩惱。
忙人時間最多，勤勞健康最好。
為了廣種福田，那怕任怨任勞。
布施的人有福，行善的人快樂。
時時心有法喜，念念不離禪悅。
處處觀音菩薩，聲聲阿彌陀佛。

（〈與法鼓山僧俗弟子共勉語〉，《法鼓》，7 期，1990 年 7 月，頁 1）

案：該文件後改題為〈四眾佛子共勉語〉。

同日，亞洲佛教專家，原任世界宗教研究院總編輯伽德博士，邀請法師至其長島自宅敘談亞洲佛教教育及研究等問題。（〈聖嚴法師駐錫紐約弘法　國內外宗教領袖、居士大德尋相造訪請益〉，《人生》，83 期，1990 年 7 月 15 日，版 2）

五月十九日，應紐約一九九〇年度整體健康博覽會邀請，於曼哈頓希拉頓大飯店（New York Sheraton Center Hotel）作兩小時演說，法師講解禪修觀念、禪修態度、如何以禪法來化解表面情緒困擾及潛意識煩惱。弟子吳果西翻譯，俞果谷姿勢示範。（〈聖嚴法師紐約弘法拓新局〉，《人生》，82 期，1990 年 6 月 15 日，版 1）

同日，泰國法身寺代表梅達難陀（Mettanando）比丘至中華佛研所訪問，就交換學生事宜進行洽談，預定七月中完成簽約儀式，並於今秋送兩位泰國比丘至中華佛研所就讀。

法身寺以禪修靜坐入門，平常即有二千至四千位信眾集聚修行。在解門方面，法身寺則積極籌開國際佛學會議，建立國際間的交流合作。五月九日，法身寺與美國柏克萊大學簽約，交換佛教傳播應用的技術，預計於一九九五年成立一佛教大學。故目前尚無能力接納佛研所的學生，但可以安排四眾弟子前去學習修行法門或閉關。（〈泰籍比丘梅達難陀來訪〉，《人生》，82 期，1990

年 6 月 15 日，版 1）

五月二十五日至六月一日，於東初禪寺主持第四十八期禪七。圓滿日之晨間開示以「法喜與禪悅」為題，提醒修行要點。（〈法喜與禪悅〉，《禪與悟》，法鼓全集 4 輯 6 冊，法鼓文化，頁 100-104）

六月十五日，於《人生》月刊發表〈僧中急需優秀青年〉，鼓勵優秀青年投入僧團。

在家身分的佛教徒中，自佛陀時代開始，就已有過不少傑出且有成就的人才，但以在家人為中心而取代出家僧團地位的佛教團體，至少在傳譯自印度的早期佛典之中，尚無根據可循。

佛教的本質，以其原始的面貌和精神來說，除了慈悲、智慧，還有少欲和離欲的特色，所以出家的佛教僧團，還可永遠代表著佛教特色的具體存在。

佛教希望有在家的人才，更希望有出家的人才。所以期待有大悲心和大悲願的優秀佛教青年，來投入佛教的僧團，接受佛教的教育，為明日的佛教做中流砥柱。與其批評或遠離出家的僧團，不如自己投入僧團，以健全僧團來住持佛法，則效果更大，而且更能與佛陀化世的精神相應。（〈僧中急需優秀青年〉，《人生》，82 期，1990 年 6 月 15 日，版 2；今收《明日的佛教》，法鼓全集 5 輯 6 冊，法鼓文化，頁 209-213）

六月十五日、十六日，接受紐約開放中心（New York Open Center）邀請，舉辦禪修演講及禪修訓練活動。首日晚以「禪的佛教及禪修」為為題演講。次日則為七小時之禪修訓練密集課程。兩日活動皆需收費，而出席者眾。

紐約開放中心，位於曼哈頓的 Soho 區，其目的是為人類打開精神文明及精神生活的領域，經常邀請世界各大宗教的精神領袖們，各別開設講座及指導修行的課程。中國漢傳佛教界之受邀者，據稱是以聖嚴法師為第一位。（〈聖嚴法師應紐約開放中心邀請　舉行禪修演講及禪修訓練公開活動〉，《人生》，83 期，1990 年 7 月 15 日，版 2）

六月十五日至十七日，印第安那州柏特羅大學教授丹．史蒂文生至東初禪寺訪問，並代表密西根大學安娜堡校區（University of Michigan - Ann Arbor）佛學研究所，洽談與中華佛研所締結姊妹校預備事項。（〈聖嚴法師駐錫紐約弘法　國內外宗教領袖、居士大德尋相造訪請益〉，《人生》，83 期，1990 年 7 月 15 日，版 2）

六月十八日，印度教吠壇多派領袖帕若瑪南達．巴若提（Swami Paramananda Bharati）由東初禪寺一印度籍會員阿如．達斯瓦尼（Aju Daswani）及納金德拉．饒（Nagendra Rao）陪同來訪，特別是為了求證並表示，該教派創始人，西元八世紀僧羯羅闍，攻擊佛教、批評佛陀之「空」思想，實為誤解。

他們發現，佛陀的空思想，並非等於頑空，這與吠壇多派的哲學幾乎一致。法師告訴他，當時的佛教界因無傑出學者人才，所以辯論輸了。這次 Swami 是出席了在莫斯科召開的世界宗教的精神領袖會議，應邀來美國演講，慕名來訪。（〈聖嚴法師駐錫紐約弘法　國內外宗教領袖、居士大德尋相造訪請益〉，《人生》，83 期，1990 年 7 月 15 日，版 2）

六月二十一日，泰國清邁佛陀園地佛法中心一行十四人，由住持猜育法師（Pra Chaiyot Chaiyayaso）率領，至中華佛研所參訪，希能促進雙方交流，交換彼此在教育、慈濟等佛教事業經驗。（〈佛陀園地佛法中心就教教學目標和組織體系〉，《人生》，95 期，1991 年 7 月 15 日，版 2）

六月二十六日，中華民國佛教會臺灣省分會理事長淨心法師，率同其隨員田智誠居士等訪問東初禪寺，法師及果元、果稠兩位比丘接待並有三小時座談。（〈聖嚴法師駐錫紐約弘法　國內外宗教領袖、居士大德尋相造訪請益〉，《人生》，83 期，1990 年 7 月 15 日，版 2）

六月三十日，撰成〈禪意盡在不言中——〈默照銘〉解釋〉。

〈默照銘〉原於一九八〇年感恩節禪七時講畢，收錄

Getting the Buddha Mind 中，後並由繼程法師中譯，收於《佛心眾生心》。今於十年後根據當時錄音之中文稿，重新撰寫。默照禪法為法師所特擅，昔於山中閉關，所修禪法即擬名為此，經多年教學與邃究，更趨成熟。略云：

話頭公案，在我國佛教界，乃是相當熟悉的禪修方法，默照禪則即使在曹洞宗的寺院，也少人知。其實在明末之際的洞下禪德，多用念佛及話頭，已與臨濟系統幾乎難分難辨。此乃引起我要以宏智正覺的〈默照銘〉作為講本的動機。

默照禪的用功態度，可緊可鬆。緊法則是以禪修者的意志力，強壓妄念不令生起，強提念頭不令昏沉，坐姿端正，挺腰豎頸，守住身心，住於一境，久久即可漸入「忘言」的程度。但是有一輩人，宜用鬆方，則以禪修者的意識，有意無意地放鬆全身的肌肉和神經，然後既不控制妄念、也不隨逐妄念，不怕念起、不愁緣境，但求放鬆身心，不蓄意回憶過去，也不蓄意推想未來；不壓不提，恬淡清淨，漸漸地便會進入默照的佳境。

用默照的方法，便能出離煩惱乃至極微細的無明之根。煩惱心有粗有細，有根本有枝末。從粗重的煩惱，逐漸減少，達於心境的默而常照，照而常默之時，連微細的煩惱之根也會斷除。心受境動而執著任何一境之時，心量是極小的，心不著境，默中有照之際，心量是其大無限的。

在「默」而靜止的心境中，不存妄想雜念，已徹底洞識佛性如空。正因為「默」非死滅，所以默的工夫愈深，照的功力愈強。默照的工夫，成熟圓滿，便是悟入圓理，也即是明心見性。（〈禪意盡在不言中——〈默照銘〉解釋〉，《禪與悟》，法鼓全集 4 輯 6 冊，法鼓文化，頁 324-346）

六月三十日至七月七日，主持東初禪寺第四十九期禪七，禪眾三十四人。（〈聖嚴法師駐錫紐約弘法　國內外宗教領袖、居士大德尋相造訪請益〉，《人生》，83 期，1990 年 7 月 15 日，版 2）

六月，護法會基隆聯絡處成立。

七月五日，中華佛研所與泰國法身寺基金會，就交換留學生事宜，於文化館舉行合作簽約典禮。此為我國與泰國佛教界首次交換留學生。由中華佛研所董事今能長老代表簽約。（〈中泰佛教界首次交換留學生〉，《人生》，83 期，1990 年 7 月 15 日，版 1）

七月九日，從紐約飛返臺北。

七月十日、十一日，連續兩晚，於臺北市國父紀念館舉行大型演講，每場均有聽眾五千多人。活動由永和市彌

陀蓮社主辦、法鼓山護法會協辦。首日講題為：「善與惡——如何建立正確的價值觀」，次日講題為：「情與理——如何處理複雜的人際關係」。行政院政務委員、前臺北市長吳伯雄先生擔任引言，多位嘉賓蒞會並因而皈依。（講詞今收〈善與惡——如何建立正確的價值觀念〉，《禪與悟》，法鼓全集 4 輯 6 冊，法鼓文化，頁 74-89；〈情與理——如何處理複雜的人際關係〉，《禪與悟》，法鼓全集 4 輯 6 冊，法鼓文化，頁 64-73）

這次活動，除了有中華佛學研究所董事今能法師與北投慈航禪寺監院常禪法師蒞臨現場外，另有行政院政務委員、前臺北市長吳伯雄及現任中廣董事長關中夫婦、司法院祕書長王甲乙、立法委員冷彭、趙振鵬、民政局長王月鏡、北投區區長葉良增、《時報周刊》發行人簡志信、《中華日報》副社長王士祥先生等嘉賓。國父紀念館湧入近五千名聽眾，不僅將大會堂擠滿，並加開四個廳放映閉錄電視。（〈聖嚴法師國父紀念館演講〉，《人生》，83 期，1990 年 7 月 15 日，版 1）

有幾位新聞界的名人，也因這兩次演講而皈依三寶，如《中國時報》副社長兼《時報周刊》的發行人簡志信和中廣經理徐維中及其夫人《中央通訊社》資深記者沈靜，以及《時報周刊》資深記者吳鈴嬌等。（〈五、大型演講〉，《金山有鑛》，法鼓全集 6 輯 4 冊，法鼓文化，頁 27）

七月十三日，著名漢學家柳純仁博士夫婦，由中華佛研所專任老師曹仕邦博士陪同，至農禪寺拜會法師。柳純仁博士退休前原任教於澳洲國立大學（The Australian National University），此次回國出席中國文化大學主辦之敦煌學國際研討會。（〈柳純仁博士．聖嚴法師相見歡〉，《人生》，84 期，1990 年 8 月 15 日，版 1）

七月十五日，即日起至十月十四日，每週日上午於農禪寺講解《六祖壇經》。

七月十六日，美國天普大學（Temple University）教授傅偉勳博士及美國聖地牙哥大學（San Diego State University）教授華珊嘉博士至農禪寺訪問，攜帶所編輯之第一屆國際佛學會議中、英文論集。此係其接受法師委託而編成，兩本論集將分別交由美國紐約綠林出版社（Greenwood Press），及臺北東大圖書公司出版。法師特設宴款待。（〈傅偉勳．華珊嘉博士等人　訪謁聖嚴法師〉，《人生》，84 期，1990 年 8 月 15 日，版 1）

七月十九日，應《佛教新聞週刊》邀請，至板橋體育館演講「心淨國土淨」。（〈教界消息〉，《法鼓》，7 期，1990 年 7 月，頁 44；講詞今收〈心淨國土淨〉，《禪與悟》，法鼓全集 4 輯 6 冊，法鼓文化，頁 105-113）

七月二十二日，於念佛會開示「慈悲的溫暖」，闡釋法鼓山理念。（〈慈悲的溫暖〉，《人生》，84 期，1990 年 8 月 15 日，版 4）

七月二十四日晚，國內著名閩南語廣播員：中央電台林耀欽、中廣公司施健雄，偕同兩位夫人，連袂訪問農禪寺，商談製作閩南語弘法錄音帶和錄影帶事宜。台視播報員李偉忠居士，已錄製法師《學佛群疑》國語錄音帶，亦同時參與會談，並接受視聽弘法計畫。（〈著名廣播員洽談臺語弘法〉，《人生》，84 期，1990 年 8 月 15 日，版 2）

七月二十五日，即日起至八月二十日，展開全臺關懷行，慰問護法會護持會員、勸募會員。

七月二十九日至八月四日，舉辦七十九年度大專青年佛學夏令營，由中華佛研所主辦。法師擔任營導師。

本屆主題是「學術研究與宗教信仰之互動」，旨在介紹現代佛學學術研究之方法與成果，以期帶動國內學佛青年研究之風氣，並結合傳統佛教與現代佛教。參加學員包括來自各大專院校的在學學生與社會人士共五十四位。（〈中華佛研所大專佛學夏令營圓滿閉幕〉，《人生》，84 期，1990 年 8 月 15 日，版 1）

七月二十九日上午，中華民國佛教青年會第一屆會員大會，假臺北市濟南路臺大校友會館舉行，由佛青會理事長宏印法師主持。法師為榮譽會長，應邀演講「佛教青年如何做、做什麼？」。（〈中佛青首屆會員大會　聖嚴法師作專題演講〉，《人生》，84期，1990年8月15日，版1）

七月三十一日，西德哥廷根大學印度與佛學研究貝卻教授與學生馬庫斯（Marcus Gunzel）至文化館參訪。法師邀其前來參加一九九二年元月中華佛研所舉辦之國際佛學會議。（〈西德教授參訪中華佛研所〉，《人生》，84期，1990年8月15日，版2）

八月一日，指派果燦法師擔任護法會輔導師。（〈79年度大事記〉，《法鼓》，24期，1991年12月，頁14）

八月四日，大專青年佛學夏令營圓滿日，全體學員與輔導員，由法師帶領赴法鼓山上巡禮。法師籲請優秀而有學佛弘願之大專青年投考中華佛研所，共同建設實踐正法之人間淨土。

法師頭戴斗笠，腳穿雨鞋，手持木杖，在崎嶇的山路中，沿途詳細解說未來中華佛學研究所的教育大樓、演講廳、圖書館、禪堂、宿舍等的位置。之後，法師在簡報室中，言語懇切地籲請學員，希望更多優秀而有學佛弘願的大專青年，來投考佛研所，共同建設並實踐正法

的人間淨土。（〈中華佛研所大專佛學夏令營圓滿閉幕〉，《人生》，84 期，1990 年 8 月 15 日，版 1）

八月六日起，為因應護法會之快速成長，以五天時間，訪問臺北地區護法會三十六個小組，說明勸募精神、法鼓山理念、中華佛研所沿革、法鼓山建設目標，並說明世界需要佛教，人間需要佛法。

到一九九〇年七月為止，護法會各小組的成立，只有半年多的時間，北部已有三十六個小組，此外臺中、高雄、臺南、花蓮等地也有特別小組。所以我在四、五月間就計畫，要去各小組的組長家中，做一次探訪和慰問。

我告訴他們：凡是參加法鼓山勸募活動的人，不是以勸人捐款為目的，更重要的使命，是我們每一位護法會的成員，都是法鼓山理念的實踐者和宣揚者，在還沒有向人勸募捐款之前，首先考慮的不是想到他們會不會有錢給我們，而是想到我們是不是能用佛法來幫他們的忙，以及他們是不是需要佛法的幫助。

法鼓山的建設是為了以制度化和層次化來培養佛教人才，第一個目標是培養國際性的佛教教育的學術人才。第二個目標是培養國內高級佛教師資及弘法人才。第三個目標是普遍培養和成就國內外有心深造佛學及從事禪修、念佛等的四眾佛子。（〈六、慰問巡視〉，《金山有鑛》，法鼓全集 6 輯 4 冊，法鼓文化，頁 32-35）

八月十一日，行政院政務委員吳伯雄參訪農禪寺，並接受《法鼓之聲》採訪。（〈法鼓之聲訪吳伯雄．關中〉，《人生》，85 期，1990 年 9 月 15 日，版 1；〈以慈悲心施政的吳伯雄居士〉，《人生》，86 期，1990 年 10 月 15 日，版 2）

八月十二日，中國廣播公司董事長關中參訪農禪寺，並接受《法鼓之聲》採訪。（〈法鼓之聲訪吳伯雄．關中〉，《人生》，85 期，1990 年 9 月 15 日，版 1）

八月十六日，慰問春暉印經會組員。（〈六、慰問巡視〉，《金山有鑛》，法鼓全集 6 輯 4 冊，法鼓文化，頁 36）

八月十七日至二十日，南下慰問臺南、高雄、臺中等地小組長、勸募會員及護持會員。這三地聯誼會，配合黃詹愛居士、施玉美居士勸募心得報告，和李美寬居士放映幻燈片，更使參加人士了解法鼓山建設意義。（〈聖嚴法師南北行　慰問勸募各小組〉，《人生》，85 期，1990 年 9 月 15 日，版 1）

八月十七日下午，率同護法會理事長楊正居士等工作人員，至臺南勞工育樂中心慰問臺南地區信眾。舉行聯誼會。（〈六、慰問巡視〉，《金山有鑛》，法鼓全集 6 輯 4 冊，法鼓文化，頁 37）

而後至臺南勝利廣播電台，與該台總經理李明威、李秋蘋伉儷、副總經理陳燦馨、《中華日報》社長詹天性、勝利電台董事長夫人李卞岫雲等人共進晚宴，並洽談在勝利電台製作佛教節目。（〈聖嚴法師行腳南下　會見政經傳播界人士〉，《人生》，85 期，1990 年 9 月 15 日，版 1）

八月十八日、十九日，應高雄地區華嚴學佛會黃文翔醫師、陳志傑居士邀請，借高雄市中正文化中心舉行大型演講，講題為：「禪——如來如去」、「禪——解脫自在」。（〈聖嚴法師行腳南下　會見政經傳播界人士〉，《人生》，85 期，1990 年 9 月 15 日，版 1；講詞〈禪——如來如去〉收入《禪與悟》，法鼓全集 4 輯 6 冊，法鼓文化，頁 128-136）

八月十九日上午，舉行地區聯誼會，會見高雄、屏東地區信眾。會中熱烈討論並響應推動法鼓山理念運動及工作方針。（〈聖嚴法師南北行　慰問勸募各小組〉，《人生》，85 期，1990 年 9 月 15 日，版 1）

八月二十日晚上，抵達臺中市，於婦女會大樓舉行聯誼會，到有八十多人，由賴育津居士主持；臺中市長林柏榕居士特地到會致詞。參加人員包括彰化、嘉義和豐原地區勸募會員和護持會員，豐原明山寺明空法師帶領數位熱

心信徒出席會議。（〈聖嚴法師南北行　慰問勸募各小組〉，《人生》，85 期，1990 年 9 月 15 日，版 1）

八月二十一日，世樺印刷企業總經理許金興、編輯李雪櫻及戴華山教授等，前往中華佛研所，致贈《大正新脩大藏經》最新增訂版全套一百冊。法師嘉許該公司出版佛教書籍之用心，同時簡介中華佛研所成立緣起、現況及未來遷建計畫。（〈世樺印刷企業捐贈新修大藏經增訂版〉，《人生》，85 期，1990 年 9 月 15 日，版 1）

八月二十二日、九月五日、九月十二日、九月十九日，四次週三晚，於農禪寺大殿宣講「法鼓山理念」及「四眾佛子共勉語」，以增進會員對法鼓山理念及法師心願之通盤了解。

護法會的勸募工作自開始以來，自動參加的人非常踴躍，但是我們從未做過有計畫的輔導工作，如何把法鼓山的理念，淨化人間的活動，普遍地讓所有的護持會員清楚，以及如何採取同樣的態度和步驟來從事這項運動的推廣。

所以我在八月二十二日、九月五日、十二日、十九日的四個晚上，做了八個小時的課程說明，以便於護法會輔導工作的順利進行。（〈七、輔導課程〉，《金山有鑛》，法鼓全集 6 輯 4 冊，法鼓文化，頁 42；參見〈79 年度大事記〉，《法鼓》，24 期，1991 年 12 月，頁 14）

八月二十二日，《大成報》刊出日前接受該報記者李建德專訪，對時下新興宗教團體追求神通、開悟等傾向提出針砭。（〈求開悟，求入定〉，《聖嚴法師心靈環保》，法鼓全集 8 輯 1 冊，法鼓文化，頁 234-235）

八月二十六日上午，花蓮慈濟功德會證嚴法師率領二十多位隨員，至中華佛研所預定用地法鼓山參觀。（〈慈濟證嚴法師參觀法鼓山〉，《人生》，85 期，1990 年 9 月 15 日，版 1）

The Infinite Mirror（《寶鏡無境》）在美出版。法師於東初禪寺週三佛學班曾講授曹洞宗禪學課程，取石頭希遷〈參同契〉、洞山良价〈寶鏡三昧歌〉為教材，此書即其講記。此書亦為該二論著之首度英譯講解。（見該書〈preface〉，收見法鼓全集 9 輯 2 冊，法鼓文化，頁 1-3）

九月五日，應法光佛研所所長恆清法師之邀，出席該所舉辦之「宗教學者對談會」，應邀出席宗教界人士包括臺大哲學系楊惠南教授、臺灣神學院董芳苑教授、天主教耕莘文教院趙儀文神父。法師肯定宗教對人類之貢獻，並呼籲宗教界應於關懷人類生命與生活方面加強連繫合作。（〈聖嚴法師九月弘法記事〉，《人生》，86 期，1990 年 10 月 15 日，版 1）

同日，吳尊賢文教基金會創辦人吳尊賢伉儷等一行十人，由恆清法師陪同至農禪寺拜訪法師，並了解法鼓山理念。

九月五日下午六時，恆清法師陪同吳尊賢文教公益基金會創辦人吳尊賢伉儷、吳伉儷長公子吳昭男伉儷及四公子吳春甫伉儷、《自立晚報》社長吳豐山伉儷、坤慶紡織副總經理吳江進、與統一企業公關部經理陳雨鑫等，蒞臨農禪寺訪問聖嚴法師，並由法鼓山護法會幹部為吳居士等人簡報法鼓山的建設理念以及未來展望。（〈政商傳播界人士參訪農禪寺〉，《人生》，86 期，1990 年 10 月 15 日，版 1）

九月七日，赴臺中慎齋堂，擔任第三屆僧伽講習會講師。該研習會由正法輪弘法團主辦，於九月五日到十日舉行，共有比丘及比丘尼一百二十多人參加。（〈聖嚴法師九月弘法記事〉，《人生》，86 期，1990 年 10 月 15 日，版 1）

九月八日、九日，名書畫家寒山樓主鄒葦澄居士於紐約皇后區法拉盛甡寶軒畫廊，提供一百幅精選書畫義賣展覽，為東初禪寺募款。

樓主的書畫，在大陸及美國的東西岸，都享有盛名，但他很少把畫流通世面，已很久沒有開畫展。這次聽說東初禪寺募款，樓主自動向聖嚴法師建議，願意提供他的書畫作品，並且自費裝裱，以半價義賣，純粹是對東初禪寺善心的贊助。（〈護法弘法在紐約〉，《法鼓》，12期，1990年12月，頁15）

九月八日，國防部長陳履安居士由作家孫春華居士陪同，至農禪寺拜訪法師，了解法鼓山工程建設。並接受中廣《法鼓之聲》錄音訪問。陳部長與法師為民國六十四年國建會之舊識。（〈政商傳播界人士參訪農禪寺〉，《人生》，86期，1990年10月15日，版1）

同日，南下高雄至元亨寺，指導第一屆佛學論文聯合發表會。該會係今年二月由法師、恆清法師等聯合推動籌備。首屆由妙林巴利佛研所及《慧炬》雜誌社主辦，於九月六日至九月九日舉行，計中華佛研所、法光佛研所及《慧炬》雜誌社等單位參加，計有十九篇論文提出發表。（〈聖嚴法師九月弘法記事〉，《人生》，86期，1990年10月15日，版1）

九月十五日，於文化館主持中華佛研所七十九年度開學、結業暨博碩士論文獎學金頒獎典禮。本年度共錄取新生十二名、選修生四名，提出論文通過口試之畢業生有二名，結業生八名；博碩士論文方面，獲獎之碩士論文計有七篇、博士論文二篇，頒獎人有本所所長聖嚴法師、悟明長老、成一長老、法光佛學研究所恆清法師、文化大學校長鄭嘉武教授、臺灣大學哲學研究所所長張永雋教授、故宮博物院昌彼得副院長。（〈中華佛研所開學結業論文頒獎典禮圓滿閉幕〉，《人生》，86期，1990年10月15日，版1）

九月十六日下午，應邀於「虛雲老和尚思想研討會」發表主題演說。研討會由現代佛教學會主辦，假法光佛研所舉行。法師於會中介紹虛雲老和尚之生平與禪法、禪淨融合觀、及其教理思想依據等。（〈聖嚴法師九月弘法記事〉，《人生》，86期，1990年10月15日，版1）

九月十八日，於農禪寺主持剃度典禮，六位青年求度出家，為取法名：果善、果融、果薰等。（〈農禪寺剃度盛禮　六弟子發心出家〉，《人生》，86期，1990年10月15日，版1）

九月二十日，應邀於永和市國父紀念館講演「人間淨土」，共有一千兩百餘名信眾到場聆聽。（〈聖嚴法師九月弘法記事〉，《人生》，86期，1990年10月15日，版1；講詞今收〈人間淨土〉，《禪與悟》，法鼓全集4輯6冊，法鼓文化，頁114-127）

九月二十八日，韓國海印寺僧伽大學師生一行十五人，由其訓導主任道山法師帶領，至農禪寺參訪。法師為其說明法鼓山建設，並為解說臺灣佛教與韓國佛教異同。（〈韓國海印寺僧伽大學　師生十五人訪農禪寺〉，《人生》，87 期，1990 年 11 月 15 日，版 1）

九月，法鼓山護法會臺南共修處成立。

十月六日，於農禪寺主持中華佛研所護法會七十九年度會員大會。感謝護法會工作成員之辛勞，並介紹取得法鼓山土地之三位關鍵人士：全度法師、林顯政及李昭男居士。（〈79 年度大事記〉，《法鼓》，24 期，1991 年 12 月，頁 19）

同時對法鼓山創建因緣與勸募應有態度詳細說明。（〈法鼓山的原由與勸募〉，《法鼓山的方向》，法鼓全集 8 輯 6 冊，法鼓文化，頁 157-162）

十月十六日下午，飛往香港。應香港佛教青年協會暢懷法師、會長袁文忠居士，以及丁珮居士邀請，於十七日至十九日舉行弘化演講。演講地點為沙田大會堂演奏廳，講題分別為「禪——如來如去」、「禪——解脫自在」、與「禪——平常身心」。由演慈法師擔任粵語翻譯，每場均有聽眾一千多人。（〈聖嚴法師香港弘法〉，《人生》，87 期，1990 年 11 月 15 日，版 1；〈一一、大會堂演講〉，《金山有鑛》，法鼓全集 6 輯 4 冊，法鼓文化，

頁 53-59）

十月十九日下午，應恆道法師邀請，接受香港亞洲電視台《俗世梵音》節目訪問。

當天的問題，例如「何謂正統藏傳密宗？」、「非正統的密宗以什麼形式出現及它的流行情況？」、「佛教未來的發展趨勢如何？」及「大慈大悲的佛法對未來世界的影響」。據說這是亞洲電視台首次主動製作佛教節目，固然是他們覺得今日的香港社會，需要提倡正統正信的佛教，也是由於今日的香港佛教界，已在努力於佛教現代化、人間化、普及化的運動，並且產生了積極的效果。（〈一二、亞洲電視台的「俗世梵音」〉，《金山有鑛》，法鼓全集 6 輯 4 冊，法鼓文化，頁 60-61）

江蘇南通狀元張季直先生曾孫張慎為先生，由丁珮居士陪同來訪。（〈一三、香港的護法居士〉，《金山有鑛》，法鼓全集 6 輯 4 冊，法鼓文化，頁 64-65）

十月二十日，參訪香港大嶼山寶蓮禪寺，由融靈法師、能慈法師等長老陪同，巡禮木魚峰新建之青銅大佛。（〈聖嚴法師香港弘法〉，《人生》，87 期，1990 年 11 月 15 日，版 1；〈一五、大嶼山〉、〈一六、天壇大佛〉，《金山有鑛》，法鼓全集 6 輯 4 冊，法鼓文化，頁 72-82）

十月二十一日，自香港飛抵舊金山，保羅．甘迺迪、吳果道夫婦由紐約飛來會合隨行；於北加州展開九天弘化活動。此次美西之行，由日本系蘇諾瑪山禪中心（Sonoma Mountain Zen Center）、柏克萊大學佛學教授路易士．蘭卡斯特以及甘桂穗博士等各佛教團體會員共同邀約。（〈一九、訪問美西的因緣〉，《金山有鑛》，法鼓全集 6 輯 4 冊，法鼓文化，頁 89）

十月二十二日下午，應邀至加州大學柏克萊分校（University of California, Berkeley）為佛學部研究生演說「臺灣在家佛教的訓練」。（〈聖嚴法師應北加州人士邀請　展開為期九天共十四場演講〉，《人生》，87 期，1990 年 11 月 15 日，版 1）

晚上，至柏克萊禪中心（Berkeley Zen Center）為當地六十多位美國佛教徒講演「中國禪宗」。由該中心住持魏茲曼（Sojun Mel Weitsman）接待。（〈聖嚴法師應北加州人士邀請　展開為期九天共十四場演講〉，《人生》，87 期，1990 年 11 月 15 日，版 1）

柏克萊禪中心共有四個禪中心，均為日本籍禪師鈴木俊隆創立於一九六七年，以曹洞宗教法為依據。（〈二三、柏克萊禪中心〉、〈二四、綠谷農場禪中心〉，《金山有鑛》，法鼓全集 6 輯 4 冊，法鼓文化，頁 108-115）

十月二十三日下午，訪問綠谷農場禪中心（Green Gulch Farm Zen Center），由其負責人諾曼．費雪（Norman Fisher）接待。認為其經營農場之型態值得鼓勵學習。

（〈聖嚴法師應北加州人士邀請　展開為期九天共十四場演講〉，《人生》，87 期，1990 年 11 月 15 日，版 1）

晚上，至蘇諾瑪山禪中心，為禪眾三十多人講「中國禪師與禪堂」，由其住持美籍華人關寂照老師接待。

我們於約定的六點鐘準時到達，由關老師帶領去向他老師鈴木俊隆的紀念塔澆水致敬，然後又去參觀另外一座用當地的名產紅杉，剛剛修建完成的紀念塔，那是為了紀念他老師的朋友掘隆巴（Ven. Chogyam Trungpa），是一九八八年過世的一位西藏白教的喇嘛。我問關老師是否也學西藏的密教，他說沒有，只是對其老師的摯友表示一種懷念。因為該喇嘛也對他這地方很關心，而且他認為佛教應該是一家，雖然修行的方法可以不同，信仰和目標是一致的。這種觀念我相信是未來佛教徒所必須具備的條件之一。關老師雖是華裔美國人，對中國文化和中國佛教沒有接觸過，純粹是日本系統的禪僧，卻會主動邀請一個從不相識的中國法師去訪問，就是這種胸懷的表現。

晚上演講的題目是「中國禪師與禪堂」，這也是他們指定的，我對三十多位當地的禪眾，介紹中國禪堂的規矩、模式、冬期或夏期的禪修，以及我如何修行、如何教人。因為時代和環境的變遷，我本人既沒有用日本式的，也沒有用中國傳統式的。（〈二五、蘇諾瑪山禪中心〉，《金山有鑛》，法鼓全集 6 輯 4 冊，法鼓文化，頁 118-120）

十月二十四日下午，至史丹福大學（Stanford University），為東亞研究中心師生講授「禪修的理論與方法」，由菲力浦．艾凡荷（Philip J. Ivanhoe）教授主持。（〈聖嚴法師應北加州人士邀請　展開為期九天共十四場演講〉，《人生》，87 期，1990 年 11 月 15 日，版 1）

訪問柏克萊大學及史丹福大學時，發現其圖書館均無中華佛研所出版之《中華佛學學報》，因於日後補寄。

離開史丹福大學後，至城中三藩市禪中心。此中心又名初心寺，為鈴木俊隆祥岳禪師之根本道場。該中心住持與柏克萊禪中心同為魏茲曼禪師，主要教授日本道元禪師提倡之只管打坐。魏茲曼禪師知法師曾經翻譯洞山良价禪師〈寶鏡三昧〉，故於前日邀請至此講述此篇。

二十四日，晚上講〈寶鏡三昧〉其中的四句話「如臨寶鏡，形影相覩；汝不是渠，渠正是汝」，這四句話就是洞山禪師開悟的境界，也是〈寶鏡三昧〉的中心主題所在。

原來，對日本的曹洞宗而言，洞山良价的〈寶鏡三昧〉

和石頭希遷的〈參同契〉，幾乎是他們每日必讀的功課，所以被譯成英文，他們既用日語的發音來讀，也用英文的意譯來讀。我把這四句話內容分作三個層次，對他們一百多位聽眾講了兩個小時。

第一個層次是普通人的立場，內在的自我和外在的環境是對立的，也就是形不是影，影不是形。

第二個層次是已經修行得力的人，他們把內在的自我和外在的環境看成虛無的、不存在的、空的。

第三個層次是修行完成而悟境現前的人，所見的內在自我和外在環境既是對立的也是統一的；如果不是相對就會變成在日常生活中是非不明、黑白顛倒、善惡混淆；如果不是統一，就沒有同體的慈悲和無私的智慧。所以我說這最後兩句話是屬於第三個層次。（〈二六、三藩市禪中心〉，《金山有鑛》，法鼓全集 6 輯 4 冊，法鼓文化，頁 121-123）

十月二十五日，由舊金山西側，翻越至東側，接受楊泳漢醫師邀請，於三藩市綜合醫院為一百數十位醫護及行政人員以「佛教與心理健康」為題演講。（〈聖嚴法師應北加州人士邀請　展開為期九天共十四場演講〉，《人生》，87 期，1990 年 11 月 15 日，版 1）

案：該講稿整理後，今題〈禪——心理健康〉，收於《禪與悟》（法鼓全集 4 輯 6 冊，法鼓文化，頁 185-196）。

晚，於葉敏居士之大覺蓮社，為一百五十位該社蓮友講「如何在日常生活中修行佛法」。多位法師與會並熱忱響應法鼓山建設，八十高齡作家謝冰瑩女士亦前來參加。（〈二八、大覺蓮社〉，《金山有鑛》，法鼓全集 6 輯 4 冊，法鼓文化，頁 128-129）

十月二十六日上午，訪問般若講堂智海法師，參觀其新近由教堂改裝而成之道場。而後往訪妙因法師。（〈三六、舊金山的法師〉，《金山有鑛》，法鼓全集6輯4冊，法鼓文化，頁 155-159）

十月二十七日，應矽谷菩提學會邀請赴南灣，於南灣華僑文教中心演講，題目為「佛教的基本大意」。（〈聖嚴法師應北加州人士邀請　展開為期九天共十四場演講〉，《人生》，87 期，1990 年 11 月 15 日，版 1；講詞今題〈學佛的基礎〉，收入《佛教入門》，法鼓全集 5 輯 1 冊，法鼓文化，頁 273-300）

名小提琴家鄧昌國偕日籍夫人鋼琴家藤田梓女士，以及前政治大學邊疆系教授札奇斯欽皆來與會。札奇斯欽感謝法師之鼓勵而得重回佛教，鄧昌國讚譽法師為鈴木大拙之後第一人。法師則有感於其間變化。

時代不同，環境也不一樣。縱然我也有鈴木之才，但已失去了鈴木的時機。

我沒有想到要跟誰比，只是盡一己之力，對能夠讀懂英語的世界人士，提供一分棉薄之力。特別是當年的鈴木大拙，以禪史禪理的介紹為主，我則以介紹發揮禪修的方法為主，故也有所不同。（〈三〇、學者與我〉，《金山有鑛》，法鼓全集 6 輯 4 冊，法鼓文化，頁 134-135）

中午，於菩提學會會長陳志雄居士家，為五十多位居士主持座談及問答。（〈聖嚴法師應北加州人士邀請　展開為期九天共十四場演講〉，《人生》，87 期，1990 年 11 月 15 日，版 1）

十月二十八日，菩提學會安排全天七小時初級禪坐課程，借用大覺蓮社，為其四十二位會員上課。法師已八年未親自講授初級課程。晚上，舉行皈依典禮，有二十八人皈依三寶。（〈聖嚴法師應北加州人士邀請　展開為期九天共十四場演講〉，《人生》，87 期，1990 年 11 月 15 日，版 1；〈三二、一天禪訓〉，《金山有鑛》，法鼓全集 6 輯 4 冊，法鼓文化，頁 139-140）

晚，加州整合研究所（California Institute of Integral Studies）哲學與宗教研究所師生，由舊友吳怡博士引介來訪，舉行座談。法師並對整合研究所課程設計多所了解，擬供未來法鼓山中華佛研所參考。

該所的課程是很特別的，它將東西方的主要哲學及宗教的傳統，放在一起研究。使學生能很精確的研究東西方的傳統及語言的訓練，同時鼓勵比較及創作的綜合，並希望能超越傳統而不受傳統學派所拘束。鼓勵哲學和宗教研究所的學生，在研究語言、教學、布道、文化等方面的相互溝通，以發展出特定的知能。像這樣的研究所，我們國內還沒有，將來的法鼓山中華佛學研究所，也可以像他們一樣，對佛教、佛學作縱橫面的分科研究。（〈三三、整合研究所〉，《金山有鑛》，法鼓全集 6 輯 4 冊，法鼓文化，頁 145-146）

十月二十九日，過金門大橋時，遇一南傳比丘長老而未能溝通訊問，有感世界各系佛教之隔閡。（〈三四、金門大橋〉，《金山有鑛》，法鼓全集 6 輯 4 冊，法鼓文化，頁 148）

晚，前往舊金山北方一百五十英里之猶卡雅（Ukiah）地區，為一藏系白教團體「猶卡雅沙瓦達磨」（Ukiah Sarwa Dharma）以及「佛教徒和平團」（Buddhist Peace Fellowship）合辦之演講會，對五十多位當地人士講解「內靜與外和——禪」。前法界大學校長，洛妮・波爾（Loni Baur）博士擔任翻譯。（〈三五、猶卡雅〉，《金山有鑛》，法鼓全集 6 輯 4 冊，法鼓文化，頁 153-154）

案：該講稿整理後，今題〈禪——內外和平〉，收於《禪與悟》（法鼓全集 4 輯 6 冊，法鼓文化，頁 197-206）。

十月三十日，自三藩市返回紐約。於東初禪寺定期活動有：每週三《心經》講座，週五《金剛經》講座，週日禪坐會及《楞嚴經》講座。（〈紐約東初禪寺　經典講解．禪淨兼修〉，《人生》，88 期，1990 年 12 月 15 日，版 1）

十月，《佛國之旅》由東初出版社出版發行。為去年十月至印度、尼泊爾朝聖之遊記。

Catching a Feather on a Fan（《用扇捕羽》）由英國倫敦 Element Press 出版社發行。該書係去年法師蒞英主持禪七之開示錄，經約翰．克魯克博士整理出版。（〈紐約、倫敦出版社　出版聖嚴法師英文禪書著作〉，《人生》，83 期，1990 年 7 月 15 日，版 2）

農禪寺響應捐贈佛書到大陸，至本月為止，經由佛陀教育基金會及香港佛教志蓮圖書館協助，共計贈送二十七種九萬三千七百一十八冊佛書，包括《禪學大成》、《禪的體驗》、《戒律學綱要》、《世界佛教通史》等，總值一百餘萬元。（〈送佛書到大陸〉，《人生》，86 期，1990 年 10 月 15 日，版 1）

法鼓山護法會新竹聯絡處成立。

十一月四日，春暉印經會主辦舉行法鼓山千人朝山活動，計一千五百餘人參加。（〈千人朝山殊勝行〉，《人生》，87期，1990年11月15日，版1）

十一月六日，應紐約佛教會議（Buddhist Council of New York）邀請，於哥倫比亞大學發表演講，講題為「禪的理論與方法」，保羅．甘迺迪任英語翻譯。（〈哥倫比亞大學　學術發表〉，《人生》，88期，1990年12月15日，版1，參見：〈三八、哥倫比亞大學〉，《金山有鑛》，法鼓全集6輯4冊，法鼓文化，頁164-167）

十一月八日上午，接受布魯克林學院華爾夫研究所（The Wolfe Institute）邀請，與該校心理系主任教授李清澤博士共同發表演講，題目為「從禪的傳統談人類意識」。此為華爾夫研究所第一次邀請佛教法師演講，主要聽眾包括該院宗教系、心理系及一禪坐團體等共約七十多人。（〈紐約布洛倫學院　禪法介紹〉，《人生》，88期，1990年12月15日，版1）

我是從禪佛教的立場談人類意識，李博士是從道家和太極拳的立場談人類意識。同是來自東方的中國，卻是兩派不同的學術，對於西方人所提出的人類意識問題，提出各自的意見和解決的辦法。大致上李博士並未推翻禪的立場，倒是他用科學的實驗，提出量表資料的統計，加強了禪修的可信度。（〈三九、布洛倫學院〉，《金山

有鑛》，法鼓全集 6 輯 4 冊，法鼓文化，頁 169-170）

演講由唐‧衛伯（Dr. Don Wieperf）主持，王明怡居士擔任英譯。法師除說明佛教對人類意識之分析，特就心理、精神分析之極限對照禪修之特勝處。

佛教對人類意識的分析，有三個名詞，「心」、「意」、「識」。禪宗對意識的看法，在禪宗的修行方法叫作安心、息心、澄心、觀心的心，都是指的妄心。至於發菩提心的心，明心見性的心，是指的真心。如何處理意識的問題，心理和精神醫師是用分析及了解的方法，因為無法徹底分析，無法全盤了解，所以不能真正解決意識的問題。禪的方法是教我們擺下所有的問題，初步是練習著不要管所發生的心理問題，第二步則是在心念能夠集中統一之後，徹底予以粉碎，那就是一勞永逸地處理了意識的問題。（〈三九、布洛倫學院〉，《金山有鑛》，法鼓全集 6 輯 4 冊，法鼓文化，頁 170-171；講詞今題〈禪——人類意識〉，收於《禪與悟》，法鼓全集 4 輯 6 冊，法鼓文化，頁 178-184）

十一月十四日，代表中華佛研所與美國密西根大學佛教文學研究所簽署合作交流協議。簽約儀式於安娜堡市密大行政大廈六樓校長會議室舉行，由法師與密大副校長哈羅特‧傑可森（Harold K. Jacobson）以及該校佛教文學研究所所長葛梅茲代表簽約。

中華佛學研究所創辦人聖嚴法師，在去年十一月十日，應邀訪問密西根州立大學佛教文學研究所，並向該所介紹中華佛學研究所的師資、課程與設備等，經過一年來的醞釀，終於完成此等圓滿莊嚴的功德。合約內容包括合辦學術會議、留學生、研究人員及師資的交換、出版物的交流等多方面的互動互助。（〈中華佛學研究所・密西根州立大學　舉行合作簽約儀式〉，《人生》，88 期，1990 年 12 月 15 日，版 1）

下午，應密大亞洲語言文化系、卡利歌特（Collegiate）佛教文學研究所及宗教研究科系等單位聯合邀請，為其師生兩百多人發表專題演說，講題為「佛教復興在現代臺灣」。由葛梅茲所長主持，史帝文生教授擔任翻譯。內容為：

一、近代中國佛教從衰到興的過程。

二、寺廟興學及寺院教育。

三、佛教復興運動的主要人物：八指頭陀、楊仁山、太虛、歐陽竟無等大師在佛教思想、學術、教育等方面的努力。

四、虛雲、印光、弘一等大師對於修行實踐上的影響。

五、南傳、藏傳和日本新舊佛典的介紹及其翻譯。

六、太虛及歐陽的唯識思想、印順的阿含及中觀思想的發揚。

七、目前臺灣的各種佛教活動，包括慈濟功德會的社會事業、中國佛教會的傳戒大典、法師們的大型弘法演講等，每項活動都有幾千到幾萬人的參與。

八、臺灣佛教的出版事業，目前有一百多種佛教刊物，三十多家大小型佛教出版社。

九、中國佛教會，以及至少有四個佛教教育機構，定期召開國際佛教及佛學會議。

十、目前臺灣有三十多所佛學院，九個研究所，但學生素質從初中到碩士都有。（〈中華佛學研究所．密西根州立大學　舉行合作簽約儀式〉，《人生》，88 期，1990 年 12 月 15 日，版 1）

訪問密西根大學時，對佛教文學研究所開設課程及學分、教授共同研究運作方式，以及研究生獎學金等方面詳加了解，對佛教人才培育分工有所啟發。

教授共同研究運作方式，是採用對讀、研究、討論。那是集合不同研究領域的人，選擇同一部經、同一部論、同一篇論文，用不同的立場和角度，甚至是根據不同語文與版本，研讀同一個題材的資料。

我們國內的佛教界，教育未上軌道，也沒有制度。辦學的人必須無條件的負擔師生所有的經費以及教育所需的設備，如果沒有雄厚的基金作為後盾，也沒有產業作為支援，要想維持得久，實在很不容易。我們是否也可以參考外國的制度和方式？也就是學校、學生、佛教團體，共同解決經費供需、工作分擔、計畫培養人才、任用人才的問題。這是我在訪問了密西根大學之後，所得的省思和想法。（〈四二、探鑛尋寶〉，《金山有鑛》，法鼓全集 6 輯 4 冊，法鼓文化，頁 184-186）

十一月十五日，獲頒本年度全國好人好事八德獎。因刻正於紐約東初禪寺弘法，未能出席領獎，主辦單位於二十一日，將獎座送至農禪寺，由果暉與果鏡兩位法師代表接受。

六十三位代表者中，佛教界獲此殊榮者尚有妙廣、妙然二位法師及陳金鳳居士。法師獲獎後，呼籲標本兼治，從全面教育著手。

問：舉辦好人好事代表，可能只是治標而非治本之方，請師父開示治本之道？

聖嚴師父：標和本應該是互為體用的。喚起社會人士重視善行義舉的本身，就是一種教育。……從佛教的立場來看，所謂教育應該要從多方面來著手，家庭的父母對兒女要多花一點心血，教導他們從小就能知善行善。同時宗教的信仰，特別是佛教的慈悲，也要從社會各階層去灌輸及輔導。……我們希望政府和社會全體，包括佛教徒，從全面教育著手，那才真是治本之道。（〈端正人心從教育著手——傳真專訪聖嚴師父〉，《法鼓》，12 期，1990 年 12 月，頁 25）

十一月十七日，於紐約皇后區法拉盛臺灣會館大會堂公開演講，講題為「情與理」。演講後舉行座談會及義賣活動。（〈四三、紐約第五十次禪七〉，《金山有鑛》，法鼓全集 6 輯 4 冊，法鼓文化，頁 187；〈護法弘法在紐約〉，《法鼓》，12 期，1990 年 12 月，頁 15）

十一月二十日，撰文追悼日前示寂之新加坡常凱法師。法師於一九八二年接受邀請赴新加坡擔任宗教課程師資訓練講授，接機、招待、送機皆由常凱法師安排，因此結緣。（〈悼念常凱法師〉，《悼念・遊化》，法鼓全集 3 輯 7 冊，法鼓文化，頁 99-101）

十一月二十三日至十二月一日，於紐約主持第五十次禪七。本次禪期，有禪者衛史吞・羅特維克森（Vesteinn Ludviksson）遠自冰島而來。（〈冰島來的禪者〉，《人生》，89 期，1991 年 1 月 15 日，版 3；另參見：〈四三、紐約第五十次禪七〉，《金山有鑛》，法鼓全集 6 輯 4 冊，法鼓文化，頁 189-193）

十一月，紐約法鼓出版社與義大利羅馬市 Casa Editrice Astrolabio 出版公司簽訂合約，授權法師 *Faith in Mind*（《心的詩偈》）一書翻譯成義大利文在該國出版發行。該書為法師第三本英文禪書，一九八七年由紐約法鼓出版社發行。

另，東歐波蘭、捷克等國已開始傳入法師禪學英文著述，並有捷克斯拉夫布拉提斯拉瓦市（Bratislara）Riellcad Press 出版社及魯柏．科索特（Lubor Kosut）先生分別向紐約法鼓出版社接洽譯成捷克文及在該國發行事宜。

旅居巴西華僑張勝凱居士亦正進行將法師禪學著作選譯成葡萄牙文，以便向葡文地區傳播。（〈歐美諸國翻譯出版聖嚴法師著作〉，《人生》，89 期，1991 年 1 月 15 日，版 1）

為建立正確放生觀念，使動物放生後得以繼續生存，農禪寺撥出款項，捐予臺北市立木柵動物園興建鳥舍，收容稀有、受傷或被遺棄動物。農禪寺捐助之鳥舍，建於動物園內鳥園區，整體設計係採以自然景觀為主，第一期工程於本月完成，目前收容四種鳥類，第二期工程籌畫於明年六月開工。（〈農禪寺撥出專款　興建放生農舍區〉，《人生》，94 期，1991 年 6 月 15 日，版 1）

十二月三日，致函中華佛研所同學，重視語文工具與研究方法，以深入義學。並舉十一月赴密西根大學見聞為例，勉勵同學深入經教。

本所為了使得我國的佛教水準，早日趕上先進諸國，故在語文工具方面特別重視，對諸同學而言，暫時的壓力，會帶來他日的便利。唯其基礎的研究方法，以及基本的佛學知識、正確的佛學觀點必須具備。否則也許可能成為一般的傳教師或寺院的行政人員，卻難以受到高水準的學界認同，也就不易影響時代的風氣。

中國佛教自宋以下，便如江河的走勢，日漸衰落，原因在於菩提心的定義變質，忽視人間疾苦，不管佛法凋零，還以為是與世無爭的道心。其實佛陀為憐憫眾生的苦厄而發心，玄奘為佛法未明於漢地而西行，佛教的優秀青年，切勿誤解「道心」及「修行」。

唯有以經教的深入，藉以初得聞慧，再從弘化的歷練，乃能消化三藏備於一己的心性，那就是遊心法海，廣大自在了。（〈師父的祝福〉，《人生》，90 期，1991 年 2 月 15 日，版 4；今收《教育．文化．文學》，法鼓全集 3 輯 3 冊，法鼓文化，頁 175-178）

十二月八日，應美國佛教會張鴻洋居士邀請，前往紐約莊嚴寺為西方人士專題演講，講題為「禪——擔水砍柴」。由保羅．甘迺迪擔任翻譯。聽眾達四十多人，與會者尚有莊嚴寺住持顯明法師、沈家楨居士、朱斐居士等。（〈莊嚴寺演講〉，《人生》，89 期，1991 年 1 月 15 日，版 1；講詞今收《禪與悟》，法鼓全集 4 輯 6 冊，法鼓文化，頁 159-177）

十二月十三日，撰〈菩薩行〉，文曰：

如何成佛道？菩提心為先。何謂菩提心？利他為第一。為利眾生故，不畏諸苦難。若眾生離苦，自苦即安樂。發心學佛者，即名為菩薩。菩薩最勝行，悲智度眾生。

十二月十七日，內政部召集各相關單位二度會勘法鼓山中華佛研所遷建事宜。（〈內政部召集所屬相關單位　會勘法鼓山事宜順利完成〉，《人生》，89 期，1991 年 1 月 15 日，版 1）

十二月二十五日至明年一月一日，主持東初禪寺第五十一期禪七。（〈紐約東初禪寺　經典講解．禪淨兼修〉，《人生》，88 期，1990 年 12 月 15 日，版 1）

十二月，波蘭籍年輕比丘釋元性（Won Soeng Su Nim）與釋元覺（Won Gak Su Nim）從韓國來農禪寺掛單參學。兩位比丘，目前皆為韓籍禪師崇山（Seung Sahn）學生。（〈波蘭比丘　掛單農禪寺〉，《人生》，89 期，1991 年 1 月 15 日，版 1）

法鼓山護法會桃園聯絡處成立。

民國八十年／西元一九九一年

聖嚴法師六十二歲

國內外重要大事

- 波斯灣戰爭。
- 蘇聯解體，冷戰結束。
- 南非種族隔離政策結束。
- 動員戡亂時期終了，臨時條款廢止。

法師大事

- 於美國紐約東初禪寺首次傳授菩薩戒。
- 於法鼓山上首度舉辦「法鼓傳薪營」、「常住菩薩營」。

一月九日，自美返臺。

一月十二日，代表中華佛研所與日本立正大學佛教學部簽署學術交流合作契約。此為中華佛研所與外國第五所結盟合作大學。

簽約儀式假臺北北投中華佛學研究所舉行，法師以中華佛學研究所所長代表與日本立正大學佛教學部部長三友健容博士簽約，雙方同意今後將積極推動各項學術性交流。立正大學創立已四百年，為日本最早之佛教大學；法師於一九七五年獲得該校授與文學博士學位，三友健容博士亦當時同學。（〈中華佛學研究所・立正大學佛教學部　簽署交流合約〉，《人生》，89 期，1991 年 1 月 15 日，版 1）

案：中華佛研所五所結盟學校為：一九八八年與美國夏威夷大學、一九八九年與日本的京都佛教大學佛教文化研究所、一九九〇年與泰國法身寺大學、美國密西根大學佛教文學研究所，以及此時與日本立正大學法華經文化研究所。（參見：〈中日佛教教育與學術交流的新旅程〉，《法鼓》，14 期，1991 年 2 月，頁 8）

三友健容博士於簽約後致詞表示，去年來臺參加中華佛研所主辦之第一屆中華國際佛學會議，深受感動，返日後積極展開學術交流事項。目前已準備與美、德、韓各國如加州柏克萊大學等五所大學結盟，中華佛研所為第一所結盟學校。

法師亦致詞感謝母校之鼓勵協助，並說明學術交流之必要。

中國佛教曾在中國文化史上，有過輝煌的歲月，而中國佛教也曾經影響了東亞的文化成長，近百年來的中國佛教，倒是反過來受到日本的影響極大。

如今，我們的中華佛學研究所的規模，尚在草創階段，一切都在學步之中，希望從先進國家學到為我們能用和有用的經驗，聘請外籍的佛學專家來本所任教，同時派遣資優的學者及學生出國至各外國大學研究深造。相對地，我們也提供名額給國外有關學者及學生，希望他們能來本所利用地緣和語文的便利，研究他們所需要研究的主題。（〈中日佛教教育與學術交流的新旅程〉，《法鼓》，14 期，1991 年 2 月，頁 7-8）

一月十四日至十六日，於農禪寺講解《心經》。（〈聖嚴法師　宣講心經〉，《人生》，89 期，1991 年 1 月 15 日，版 1；宣講文今題〈心經講記〉，收於《心經新釋》，法鼓全集 7 輯 1 冊，法鼓文化，頁 73-121）

一月十六日上午，內政部營建署由署長蔡兆陽主持建設委員會議，召開審查會議。全體委員一致贊同，通過法鼓山中華佛研所山坡地開發計畫。（〈內政部營建署原則同意　法鼓山中華佛學研究所開發計畫〉，《人生》，90 期，1991 年 12 月 15 日，版 1）

一月十八日，應電子同業忘年會之邀，於臺北環亞飯店主講「如何打開心胸」，約有三百名會員參加。（〈大事記〉，《1989-2001 法鼓山年鑑》，法鼓山基金會，2005 年 10 月出版，頁 91）

一月二十日起，法鼓山舉辦八十年度「提昇社會品質．淨化人心」系列講座。邀請行政院政務委員吳伯雄、新

環境基金會董事長柴松林、名作家林清玄、臺北市議員潘維剛等，於臺北市國父紀念館演講。（〈齊聚心力・落實佛法〉，《法鼓》，13 期，1991 年 1 月，頁 13）

一月二十五日至二月一日，於農禪寺主持第四十期禪七。

（開示文今收〈農禪寺第四十期禪七〉，《禪的體驗・禪的開示》，法鼓全集 4 輯 3 冊，法鼓文化，頁 225-284）

一月二十八日，《佛教新聞》週刊刊出日前接受該週刊專訪，談論放生問題；肯定放生本質良善，然須注重施行方法，以免流於儀式化、商業化。（〈放生方法上出了問題〉，《聖嚴法師心靈環保》，法鼓全集 8 輯 1 冊，法鼓文化，頁 60-64）

《聖嚴法師法鼓集》，由九歌出版社出版，該書係法師文選，由名作家林清玄居士所編輯。

越南佛教會透過賴金光居士連繫促成，《學佛群疑》譯成越文於胡志明市印製出版。該書原於一九八八年由東初出版社發行，臺灣、香港連續再版，大陸亦已發行簡體字版流通。（〈《學佛群疑》越文版印製上市〉，《人生》，89 期，1991 年 1 月 15 日，版 1）

案：《學佛群疑》、《正信的佛教》等越文版由越南社會科學院中文古文研究員吳德壽以及解賢法師翻譯，賴金光居士出資印行。

二月四日，即日起兩天，於北投文化館及金山法鼓山上，主持冬令救濟。

二月六日，召開中華佛研所董事會議，與會董事有：悟明長老、成一長老、今能長老、鑑心法師、李志夫教授、方甯書教授、翁嘉瑞居士等；法師以董事長職主持會議。（〈董事會議修擬各項決議〉，《法鼓》，15 期，1991 年 3 月，頁 37）

二月十四日，農曆除夕，於文化館辭歲禮祖。東老人圓寂時，辭歲常住人數包括法師在內僅得四位，而今則已有四十餘位。法師勉勵上、下兩院住眾：「以重整佛教為己任」。（〈以重整佛教為己任〉，《法鼓》，17 期，1991 年 5 月，頁 9）

二月十五日，新春初一晚，對常住眾開示法鼓山的未來與展望：以世界佛教為藍圖。（〈補述二：我是風雪中的行腳僧——法鼓山的未來與展望〉，《歸程》，法鼓全集 6 輯 1 冊，法鼓文化，頁 243-256）

二月二十四日，法鼓山假臺北市立中正高中舉辦「提昇社會品質．淨化人心」新春園遊會，約五萬人參加。活

動進行中遵守環保原則，維持整潔，成效甚受各界讚揚。法師開示，鼓勵會眾以弘揚佛法之鼓手自任。（〈法鼓山新春園遊會廣獲佳評〉，《人生》，91 期，1991 年 3 月 15 日，版 1）

法鼓山就是要推動既高深且普及化的佛法，使得佛教能夠如同釋迦牟尼佛時代及中國隋唐時代一樣的興盛，受到許多人的信仰。法鼓山的鼓是讓大家來敲打的，敲打法鼓之後是希望能將佛法之音、佛法之鼓聲傳遞給每一個人，使每一個人能在煩惱之中得到清涼，在愚昧之中得到智慧。

法鼓山雖然是一個名詞、一個地方，但法鼓山的精神卻在每一位佛教徒的心中，只要我們信仰佛法，依佛法的精神來做事，我們自己就是敲打法鼓的鼓手。（〈師父開示〉，《人生》，91 期，1991 年 3 月 15 日，版 6）

此次園遊會有十二項法寶予大眾瞻仰，包括輾轉從大陸請回之近代高僧虛雲老和尚舍利。

此次園遊會共十二項法寶予大眾瞻仰，項目如下：一、民國六十六年東初老人印度朝聖請回之舍利，目前正在滋生中。二、東初老人印度朝聖請回之舍利所滋生之舍利。三、泰國請回之佛陀舍利。四、尼泊爾大佛塔舍利。五、近代高僧虛雲老和尚之舍利。六、七十二年農禪寺佛七之燈花舍利。七、七十三年農禪寺佛七之燈花舍利。八、金剛舍利。九、七十八年農禪寺印度朝聖團請回之舍利。十、印度恆河沙。十一、印度靈鷲山石。十二、印度菩提樹的葉和枝。十三、佛陀感應舍利——由果雅居士提供。十四、舍利棺。（〈神聖的舍利子〉，《人生》，91 期，1991 年 3 月 15 日，版 3）

活動中亦舉辦義賣展，包括「寒山樓主四大名山書畫義賣展」及「佛像雕刻義賣展」。（〈法鼓山新春園遊會廣獲佳評〉，《人生》，91 期，1991 年 3 月 15 日，版 1）

寒山樓主鄒葦澄居士，去年九月發心護持紐約東初禪寺，將歷年來所作百幅精品書畫捐出義賣，此次園遊會又捐出百幅作品義賣，護持法鼓山之建設。法師特撰〈寒山樓主書畫義賣展緣起〉說明。（〈悼念寒山樓主鄒葦澄居士〉，《悼念・遊化》，法鼓全集 3 輯 7 冊，法鼓文化，頁 168-170）

二月二十八日，菊壇名伶郭小莊居士由張惠君居士陪同，拜見法師並參觀農禪寺。請教：感應、佛法觀念以及修行方法等。（〈郭小莊居士請益佛法觀念〉，《人生》，91 期，1991 年 3 月 15 日，版 1）

三月，法鼓山護法會嘉義聯絡處成立。（〈80 年度大事記〉，《法鼓》，24 期，1991 年 12 月，頁 23）

三月一日至二日，邀同遷建工程委員會等六人，至法鼓山上住宿兩夜，以確切了解建設法鼓山工程需求，兼亦為日內赴大陸考察準備。

包括它的地形、地貌、氣候、風向以及季節性的雨量、溫差、濕度，乃至土壤、植栽、儲水、排水以及自然溪流和活泉走向等的實際狀況，俾使到了大陸考察之時，盡量留意跟我們自己的環境能夠配合活用之處。

三月的一、二兩日，我邀同遷建工程委員會的副主任委員施建昌、法鼓山全部工程設計者陳柏森、和他辦公室的許志平、承包水土保持工程設計的施義鑛，以及兩位顧問：錢學陶及伍宗文。我們一行六人，在法鼓山上住了兩夜一天。體會著將來長期生活在山上的人們，需要怎樣的建築空間及環境設施。（〈三、先考察法鼓山〉，《火宅清涼》，法鼓全集 6 輯 5 冊，法鼓文化，頁 23）

三月三日，假臺中市省立美術館及臺中市立文化中心舉行「提昇社會品質．淨化人心」新春園遊會，將二月二十四日於臺北舉辦之活動移臺中舉行。

臺中市長林柏榕、立法委員沈智慧、中國佛教會臺中市支會總幹事沈水土、國大代表謝憲明來到會場，維他露食品公司許霖金董事長並發心免費提供四百箱飲料贊助園遊會的舉辦。林柏榕市長、沈智慧立委及省立美術館館長劉欓河並分別致詞及祝賀園遊會的成功。（〈法鼓山新春園遊會廣獲佳評〉，《人生》，91 期，1991 年 3 月

15 日，版 1）

三月四日，至臺中各地區關懷會員後，晚間再趕至大雅賴金聲居士家中，主持中部地區勸募、護持會員聯誼會，約二百人參加。

法師就：何謂法鼓山、法鼓山何時建設完成、正確募款觀念、〈四眾佛子共勉語〉之妙用，為大眾開示。

我常對勸募會員說，法鼓山需要大錢，也需要小錢，目的是希望能結千萬人的緣，讓大家都能夠接觸佛法而接受佛法，便是募款的目的。

法鼓山的會員，也就是推廣佛法、淨化人間的鼓手，然而在弘化人間的過程中，可能會遇上非正統的佛教徒。對於這些人，除非他們是自動脫離外道信仰來成為正信的佛教徒，否則不要批評他們，也不要到他們的組織裡面去拉人。當我們遇到他們時，只要把法鼓山的理念告訴他們，讓他們知道就好了；我們不僅要尊敬所有的宗教，也要包容其他的宗教。不過，我們可以包容他們，不是去認同他們來改變我們的立場。

諸位在為法鼓山做勸募工作時，希望非常順利，但有人覺得勸募是件相當困難的事，原因也許是不太會跟陌生人講話。當遇到這種情形時，不要灰心，更不要因此失去信心。當作如此想：「我沒有要他的錢，也不是法鼓山要錢，而是眾生需要佛法，就像醫生需要血漿，是為了需要輸血救命的人而要一樣。」（〈勸募會員的任務〉，《法鼓山的方向》，法鼓全集 8 輯 6 冊，法鼓文化，頁 173）

三月六日，日本淨土真宗派下寺院住持所組成名古屋明日之會，由會長大谷暢順先生率一行十八人，遠來拜會法師並參訪中華佛研所暨農禪寺。（〈名古屋明日之會　訪中華佛學研究所〉，《人生》，92 期，1991 年 4 月 15 日，版 3）

三月九日，韓國藥水庵住持玄門法師及松廣寺、海印寺宗旭法師、大聖法師與寶林法師等來訪。

三月十日，赴臺南參加法鼓山臺南護法會第二次信徒聯誼會，並主持皈依典禮，有一百五十餘人參加。臺南護法會於去年九月成立，勸募會員已從一人激增至一百五十人左右，護持會員多達二千名以上。（〈一分聯誼萬分緣〉，《法鼓》，16 期，1991 年 4 月，頁 22）

三月十一、十二日兩晚，應《中華日報》等單位之邀請，於臺南文化中心以「如何建設人間淨土」、「禪與人生」為題演講。臺灣省佛教會理事長淨心法師、臺南市長施治明、國大代表蘇裕夫、《中華日報》社長詹天性等咸與會致詞。法師以「一念存好心，一念生淨土。一念離煩惱，一念見淨土。一處有人行善，一處

即是淨土。處處有人行善，處處可見淨土」結語。（〈聖嚴法師南下傳法〉，《人生》，92期，1991年4月15日，版2）

三月十三日、十九日、二十日、二十六日及二十七日，分五次，於農禪寺為常住法師開示《學佛五講》。法師編有綱目體教材，擬作為初入佛門之接引教材，期使法鼓山體系每位悅眾，都能理解基礎佛法、知道如何以佛法來修行；更具備弘化推廣《學佛五講》之能力。《五講》講目為：「宗教與佛教、佛法的正見、人間的佛教、生活的佛教、實修的佛教」。

三月十五日，接受《人生》月刊專訪，談教育理念在於：成就學術人才，成就修行人才。

「我的願望是為我中國維繫已危若懸絲的佛教慧命，期竭盡棉力，從國外引進新的學術成果、研究風氣、教育制度及其教學方法等，以資我國佛教也能趕上國際佛教的時代潮流。」

聖嚴法師並從佛教的深遠發展及個人性向不同的立場著眼，體認出佛教應從各種角度培育人才，所以，在他的計畫中，希望成就學術的人才，也成就修行的人才，他更期許中華佛學研究所的學生，秉懷「立足中華，放眼世界；專精佛學，護持正法；解行互資，悲智雙運；實用為先，利他為重」的理念，以具備真正為人師範的條件，而這對全體佛教的發展具有重要意義。（〈向下扎根——訪聖嚴法師談教育理念〉，《人生》，91 期，1991 年 3 月 15 日，版 5；《教育．文化．文學》，法鼓全集 3 輯 3 冊，法鼓文化，頁 82-86）

三月十六日，邀請文化大學哲研所所長黃振華、輔仁大學宗教研究所所長房志榮、臺灣大學哲學系教授楊惠南、法光佛教文化研究所所長恆清法師，及中華佛研所副所長李志夫教授餐敘，希望能凝聚國內相關佛教研究學術力量，建立所際合作關係，對宗教教育課程互相交流、互通有無，嘉惠各方學子。（〈中華．法光攜手合作　所際課程交換選修〉，《人生》，95 期，1991 年 7 月 15 日，版 2）

三月二十一日，日本立正大學法華經文化研究所所長久留宮圓博士至農禪寺及中華佛研所訪問，並邀請法師至日本立正大學演講。（〈日本學者訪中華佛研所〉，《人生》，92 期，1991 年 4 月 15 日，版 2）

三月二十二日，接獲內政部來文告知：法鼓山開發「依核准計畫執行」。法鼓山因屬山坡地，開發建設不同於平地，申請過程繁複而漫長。（〈中華佛學研究所遷建工程　三月二十二日獲內政部核准定案〉，《人生》，92 期，1991 年 4 月 15 日，版 1）

三月二十三日，應邀於師大分部中山堂主講「禪——新與舊」。活動由臺大晨曦社、師大中道社、東吳淨智社、工技學院恆音社、實踐家專晨暘社大專佛學社團聯合主辦。（〈師大演講　禪——新與舊〉，《人生》，92 期，1991 年 4 月 15 日，版 2）

三月二十四日，舉行朝山暨大悲懺法會，此係「提昇社會品質．淨化人心」系列活動之一。計有三千人參加朝山，為歷年來最盛。法師代表大眾致贈社會慈善救濟金六十萬元予臺北縣政府，由縣長尤清代表接受。（〈朝山拜懺安詳又自在　尤清縣長代表接受慈善金〉，《人生》，92 期，1991 年 4 月 15 日，版 1；〈步步蓮中行　聲聲自心懺〉，《法鼓》，16 期，1991 年 4 月，頁 4-8）

三月三十日，接受台灣電視公司《為善最樂》節目採訪錄影。（〈中視台視相繼來採訪〉，《人生》，92 期，1991 年 4 月 15 日，版 1）

四月四日，主持法鼓山臺中分院落成暨佛像開光典禮。指派果煜法師擔任輔導師。（〈法鼓山成立臺中分院　果煜法師擔任指導工作〉，《人生》，93 期，1991 年 5 月 15 日，版 1）

案：臺中於去年成立聯絡處，今年購得八十坪公寓，成立分院。一九九二年遷至柳川東路，一九九六年遷至忠明路，二○○○年遷至市政路現址，於二○一五年改建成寶雲寺。

四月六日，應「中華電視台視聽中心」之邀演講「宗教與人生」，於六月份在華視頻道播出。（〈華視頻道將播出聖嚴法師佛學講座〉，《人生》，93期，1991年5月15日，版1）

四月七日，應邀參加臺北國立師範大學舉行之「印順導師思想研討會」。法師於會中宣讀〈印順長老的護教思想與現代社會〉，指出印老思想核心為「人間化的離欲法」，為暢佛本懷，於是有諸多大作，其最具代表者為：〈評熊十力的新唯識論〉、〈神會與壇經〉、〈大乘三大系的商榷〉、〈上帝愛世人〉，以及對律制之見解。

法師指出，印順導師之律學思想，並不拘泥承襲傳統形式，而能指出方向原則；惜未設計出適應現代社會之僧團制度來。

可惜他自己沒有建立僧團，也未真的依據印度律制的精神原則，設計出一套比較可以適應現代社會的僧團制度來。單從這一點看印順長老，倒頗近於只會看病而拙於治病的學者風貌了。他是開了藥方及藥名，卻未告訴我們每一味藥的分量及焙製方法。（〈印順長老的護教思

想與現代社會〉，《學術論考》，法鼓全集3輯1冊，法鼓文化，頁357）

四月十日起，「法鼓山中華佛學研究所建設考察團」一行十二人，由法師率領赴中國大陸考察佛教建築特色，行程計三週。

目的是為法鼓山的建設，尋求中國佛教的古代精神，以期承先啟後，保存傳統佛教建築藝術的精神，創新現代佛教建築特色，既富時代性和地域性，也不脫離佛教古建築優良傳統。

該團一行的成員是團長聖嚴法師、副團長陳柏森建築師、領隊伍宗文博士、祕書果暉法師、顧問冉雲華及陳清香兩位著名的佛教史與佛教藝術的專家、會計廖雲蓮居士、團員梅繼恆建築師、鄭燕和建築師、許志平建築師、王崇忠土木工程師、法鼓山遷建委員會副主任委員施建昌。

該訪問團風塵僕僕在緊密的行程中，由中國大陸建設部派同古建築專家陪伴接待下，足跡遍及中國北方及西北方的河北、山西、甘肅所有現存的古寺，……雲岡、敦煌、麥積山等三大佛教石窟。所以此行考察，對於法鼓山的建設，從空間配置到架構布局，均有莫大啟發作用。（〈聖嚴法師率團至大陸　考察佛教建築特色〉，《人生》，94期，1991年6月15日，版1）

四月十日，由臺北啟程經香港轉機，於下午四時，抵北京機場。先已提出要求，故出關後，隨得會見少年時代上海靜安佛學院老師林子青先生。（〈五、啟程那天是大凶〉、〈六、迎接的人員〉，《火宅清涼》，法鼓全集 6 輯 5 冊，法鼓文化，頁 30-35）

四月十一日，與冉雲華教授、伍宗文博士至城內白雲觀訪問。（〈九、全真教的白雲觀〉，《火宅清涼》，法鼓全集 6 輯 5 冊，法鼓文化，頁 50-59）

下午二時，至法源寺訪問中國佛學院，由副院長傳印法師接待，並由學僧選題講演「世界佛教現況」。講演後與全體師生合影。學僧中有四位來自南通狼山，因特與結緣。（〈一〇、中國佛學院〉，《火宅清涼》，法鼓全集 6 輯 5 冊，法鼓文化，頁 60-67）

離開中國佛學院後，往中國佛教協會訪問會長兼中國佛學院院長趙樸初居士，並致贈「護持正法」錦盤。

文革結束之後，他對於大陸佛教寺院的恢復，僧侶教育的推動，國際佛教活動的參與，貢獻極多，因此趙樸初居士應該被稱為大陸佛教劫後重生的救星，所以在四年之前，日本的「佛教傳道協會」頒贈他「世界佛教傑出人物獎」。

在佛協和趙樸初居士見面之時，我即代表法鼓山送了他們一面法鼓山的小旗及鍍金的錦盤以作紀念，因為盤子中央刻著「護持正法」四字，對該會表示友誼和敬意，趙樸初居士看了之後，十分歡喜地說：「這是我們一直在做的，以後還得做下去的共同責任。」（〈一一、趙樸初居士〉，《火宅清涼》，法鼓全集 6 輯 5 冊，法鼓文化，頁 70-71）

四月十二日，訪北京古剎潭柘寺，因其地勢與法鼓山神似，特加詳勘。並留意其戒壇規制。（〈一二、潭柘寺〉，《火宅清涼》，法鼓全集 6 輯 5 冊，法鼓文化，頁 73-86）

下午，訪問建築科學研究院，與該院專家討論。法師提出法鼓山建設三原則理念：

建設法鼓山的理念，是根據如下的三點：

一、要站在現代人的立足點上，一方面回顧歷史文化的優良傳統，同時展望未來文化的帶動創新。這也就是中國人一向主張的繼往開來、承先啟後，既不可忘掉過去，也不能不想到未來，而且現在就是現在。

二、要保持建築地的原有地貌，不可移山填壑，並且珍惜原有的資源，如溪流、活泉，乃至於原生的一草一木。

三、在基本的安全設施及美觀實用的範圍內，盡量做到技術和建材的現代化，以及形象、顏色的本土化。（〈一五、建設部談建設〉，《火宅清涼》，法鼓全集 6 輯 5

冊，法鼓文化，頁 109-110）

四月十三日，至北京市西南七十公里處房山縣雲居寺，親訪石經山石經窟。（〈一六、雲居寺・石經山〉，《火宅清涼》，法鼓全集 6 輯 5 冊，法鼓文化，頁 112-127）

晚，於頤和園「聽鸝館」設宴，邀請北京市佛教學者聚談，並答謝建設部及中國佛教協會招待。計有佛教協會趙樸初居士等共六人、建設部徐培福院長等，學者則有原北京大學副校長季羨林教授等九位，合計二十餘位。

佛協的趙樸初居士、淨慧法師、傳印法師、周紹良、林子青、蕭秉權、張鴻志等共六人。

建設部的人員除了陪團的幾個人之外，建築科學研究院的院長徐培福光臨。

邀請到的學者則有九位：原北京大學副校長，現年已八十高齡的季羨林教授；北京大學哲學系教授湯一介；北京大學哲學系教授樓宇烈；社會科學院世界宗教研究所所長孔繁；社會科學院亞洲太平洋研究所所長黃心川；中國人民大學宗教研究所所長方立天；中央美術學院教授金維諾；中央民族學院藏學教授王堯；北京清華大學建築學院院長趙炳時。（〈一七、頤和園的群賢會〉，《火宅清涼》，法鼓全集 6 輯 5 冊，法鼓文化，頁 128-130）

四月十四日，由中國建築中心屠舜耕先生陪同訪問故宮。（〈一八、北京的故宮〉，《火宅清涼》，法鼓全集 6 輯 5 冊，法鼓文化，頁 133-135）

四月十五日，至北京琉璃廠，選購石窟藝術畫集。而後飛越五百五十二公里，赴山西省太原。（〈一九、琉璃廠．王府井〉，《火宅清涼》，法鼓全集 6 輯 5 冊，法鼓文化，頁 136-137）

四月十六日上午，從太原出發，經太原城內崇善寺，然後訪問南禪寺、佛光寺、進入五台山。

五台山之所以成為佛教的聖地，除了自然環境清幽，宜於參禪修行之外，其主要原因是《華嚴經》的〈菩薩住處品〉曾說：「東北有菩薩住處，名清涼山，現有菩薩名文殊師利，與一萬菩薩常住說法。」佛教徒乃把經中所說的清涼山認為就是中國的五台山。（〈二四、台懷鎮〉，《火宅清涼》，法鼓全集 6 輯 5 冊，法鼓文化，頁 172）

四月十七日上午，參訪五台山顯通寺，並拜訪五台山佛教協會。（〈二五、顯通寺〉，《火宅清涼》，法鼓全集 6 輯 5 冊，法鼓文化，頁 175-188）

下午，參訪五台山殊像寺、碧山寺、普化寺。於碧山

寺之祖堂特別要求入內禮敬。（〈二七、殊像寺〉、〈二八、廣濟茅蓬〉、〈二九、普化寺〉，《火宅清涼》，法鼓全集6輯5冊，法鼓文化，頁196-214）

晚，召開第一次研討會，將一週以來見聞所感及意見，提供法鼓山建設參考。

即將建設的法鼓山，是屬於南方亞熱帶的氣候和海島的環境，使用的建築材料，除了磚石之外，主要的也該不是木料，而是鋼骨、鋼板、水泥、砂石。我們還須考慮現代臺灣地區的建築所應具備的條件，例如防震、防風、防潮、通風、採光以及地基的安定安全，上水道、下水道、電器工程。

法鼓山雖須有古代寺院的功能，卻是以一個現代學府的形象跟世人見面。

所以我們只能從美觀、幽靜、樸質、安全、謹慎等方向，吸取古建築的長處，例如照壁、門樓、垣牆、連廊、廡廊、主軸線、四合院等的配置，學到一些什麼。

在這七天之中，我們學到一項不得不注意的事實，那就是在形式、顏色，以及使用選材的表現方式和空間條件的相互關係，必須統一整齊，彼此呼應，否則就會顯得雜亂無章，而缺少和諧穩重的整體感了。（〈三〇、古建築與法鼓山〉，《火宅清涼》，法鼓全集6輯5冊，法鼓文化，頁218-219）

討論後，對古道場開創修建之用心深有所感，皆為聖者慈悲心於火宅中所建設之清涼世界。

參觀了十四處佛教的古道場，每一處都代表著許多佛教徒的虔誠、精進的信心和願心，還得加上主其事者的睿智及恆心。

世界本來無一法可見，由於我們有心，所以創造了一切現象。凡夫以煩惱製造了苦樂無常的三界火宅；聖者以慈悲建設了廣度眾生的清涼世界。因此，每一座寺院，都在三界的火宅之中，一宅一宅的建立起來，也在三界的火宅之中，一處一處的遭到破壞摧毀；時時有人建寺，處處有人破壞。對我們凡夫而言，建立弘法修道的佛寺，乃為非常可喜的事，寺院遭受破壞，則是非常悲痛的事。但在聖者而言，生滅無常是平常事。所以，那些在此火宅之中建設清涼世界的大德高僧，一定已經知道，將來會有因緣，把他們所建的寺院摧毀破壞，但他們還是努力地建設。（〈三一、火宅清涼〉，《火宅清涼》，法鼓全集 6 輯 5 冊，法鼓文化，頁 220-221）

四月十八日上午，訪問內蒙章嘉活佛修道處鎮海寺。（〈三二、鎮海寺〉，《火宅清涼》，法鼓全集 6 輯 5 冊，法鼓文化，頁 224-229）

午後，翻出五台山山脈，穿越恆山山脈。於下午七時，抵達山西大同市雲岡賓館。（〈三三、塞上行〉，《火宅

清涼》，法鼓全集 6 輯 5 冊，法鼓文化，頁 230-236）

四月十九日上午，訪問雲岡石窟，並拜訪雲岡研究所所長貟海瑞。（〈三五、曇曜法師〉，《火宅清涼》，法鼓全集 6 輯 5 冊，法鼓文化，頁 240-243）

下午二時，訪問大同市城南善化寺。該寺目前尚未發還佛教，仍屬文物部門管理，故為博物館而非佛教道場。法師因默禱：祈願善化寺早日回歸佛教，俾展開弘法活動，以佛法普濟眾生。（〈三七、善化寺〉，《火宅清涼》，法鼓全集 6 輯 5 冊，法鼓文化，頁 251-255）

下午四時，訪問建於遼代之上、下華嚴寺。大同市臺灣同胞接待處辦公室主任朱孟麟，以三寶弟子禮儀熱誠接待。（〈三八、上下華嚴寺〉，《火宅清涼》，法鼓全集 6 輯 5 冊，法鼓文化，頁 256-264）

晚，搭夜臥車回北京。（〈三九、飛到蘭州〉，《火宅清涼》，法鼓全集 6 輯 5 冊，法鼓文化，頁 265）

四月二十日上午，由北京飛往蘭州。午後，由甘肅省建設局副局長陪同，訪問設於五泉山濬源寺之甘肅省佛教協會及蘭州市佛教協會。（〈四〇、五泉山濬源寺〉，《火宅清涼》，法鼓全集 6 輯 5 冊，法鼓文化，頁 268-271）

二十日，《華視新聞雜誌》節目，至農禪寺錄製禪訓班上課情形，於五月一日晚間「禪與現代生活」單元播出。（〈華視新聞雜誌採訪禪訓班〉，《人生》，93 期，1991 年 5 月 15 日，版 1）

四月二十一日九時由蘭州起飛，中午十二點飛抵敦煌。

下午，至城南五公里處鳴沙山和月牙泉參觀憑弔。經冉雲華教授鼓動，從鳴沙山頂順陡坡下滑。

月牙泉東岸的沙山山麓，本來有一座規模不小的寺院，也有僧人在那兒修行。寺院的前後左右，植滿樹木，沿月牙泉的四周，遍生蘆葦。現在不僅見不到一間寺宇，連一棵活著的樹木也未留下來。不知是那座寺院有水土保持的作用，或者是因為在那兒修行的僧人離開了，護泉神也搬了家，泉水水位便漸漸下降。所以當地政府正在計畫重建那座寺院。後來我在見到當地相關的政府官員時，建議：「寺院原來是佛教的，重建以後，希望發還給佛教。」我在月牙泉旁對寺院的廢墟，默默地憑弔了一會兒。

冉雲華教授告訴我：「從鳴沙山，選好最陡的沙坡往下滑，不但可以聽到沙鳴如奏樂的奇異現象，又能享受武俠小說中駕劍飛騰，或《西遊記》中孫悟空駕筋斗雲飛行的經驗。」說滑就滑，不足五分鐘光景，冉教授已經到了山下，回頭仰望，豎起雙手，表示非常過癮。就

這麼，我也滑了下去。（〈四二、鳴沙山・月牙泉〉，《火宅清涼》，法鼓全集 6 輯 5 冊，法鼓文化，頁 278-280）

四月二十二日至二十三日，訪看俗稱千佛洞之「莫高窟」，由敦煌研究院院長段文杰接待。兩日內，共參觀二十四窟，其中多為限制開放之珍貴洞窟。（〈四三、莫高窟〉，《火宅清涼》，法鼓全集 6 輯 5 冊，法鼓文化，頁 282-292）

四月二十四日上午，參觀敦煌博物館。（〈四六、天水〉，《火宅清涼》，法鼓全集 6 輯 5 冊，法鼓文化，頁 301）

本日，接獲教育部「臺（八十）高字第一九四六七號」公函，有關中華佛研所遷建臺北縣金山鄉一案，同意備查；且請即依「山坡地開發建築管理辦法」有關規定，向臺北縣政府申請開發許可。（〈最高主管機關教育部　同意法鼓山開發計畫〉，《人生》，94 期，1991 年 6 月 15 日，版 1）

四月二十五日上午，從蘭州車行三百四十公里，於下午四點半到達天水市。（〈四六、天水〉，《火宅清涼》，法鼓全集 6 輯 5 冊，法鼓文化，頁 303）

四月二十六日，拜訪麥積山研究所所長李西民。麥積山，被譽為中國四大石窟第四位。由李所長等陪同，共參觀三十五窟。（〈四七、麥積山〉，《火宅清涼》，法鼓全集 6 輯 5 冊，法鼓文化，頁 306-313）

四月二十七日，返回蘭州。（〈四九、行行復行行〉，《火宅清涼》，法鼓全集 6 輯 5 冊，法鼓文化，頁 319）

四月二十八日，訪拉卜楞寺。該寺創建於清朝康熙四十八年（一七〇九），為中國藏傳佛教格魯派六大寺院之一。由該寺接待處董知加措，導遊說明。參觀醫藥學院、獅子吼佛殿、文殊殿、酥油塑品館、文物陳列館、辯經壇、聞思學院、彌勒殿、宗喀巴殿、嘉木樣殿等。（〈五〇、拉卜楞寺〉，《火宅清涼》，法鼓全集 6 輯 5 冊，法鼓文化，頁 325-328）

四月二十九日，得到該寺副住持貢唐倉特許，以上師等級禮遇，參觀喜金剛院、時輪院、續部上學院、續部下學院、綠度母殿、白度母殿、白傘蓋佛母殿、貢唐倉府邸。（〈五二、密教的特色〉，《火宅清涼》，法鼓全集 6 輯 5 冊，法鼓文化，頁 332-334）

四月三十日上午，甘肅省建設委員會主任宋春華、副主任董學奎、甘肅省城市規畫學術委員會主任委員趙金銘，連袂相訪師所下榻之夏河賓館。（〈五八、隴西風土〉，

《火宅清涼》，法鼓全集 6 輯 5 冊，法鼓文化，頁 355-356）

下午，由蘭州飛廣州。於廣州宿一夜後赴香港。（〈五九、逢凶化吉〉，《火宅清涼》，法鼓全集 6 輯 5 冊，法鼓文化，頁 360-363）

五月二日上午，由香港飛東京轉夏威夷。（〈一、從香港到夏威夷〉，《東西南北》，法鼓全集 6 輯 6 冊，法鼓文化，頁 13-16）

下午，與夏威夷大學討論中華佛研所與該校佛學研究所合作計畫。（〈三、獎學金與合作契約〉，《東西南北》，法鼓全集 6 輯 6 冊，法鼓文化，頁 20-23）

五月三日上午，由恩尼斯特．侯（Ernest Heau）及中華佛研所畢業生李美煌帶領，訪問虛雲老和尚法眷知定法師創建之「虛雲寺」，以及泉慧和祖印兩位法師所建「檀華寺」。（〈五、訪問寺院〉，《東西南北》，法鼓全集 6 輯 6 冊，法鼓文化，頁 26-28）

下午，由夏威夷大學宗教系佛學課程主任教授大衛．查普爾（David Chappell）博士陪同，拜訪該校文學院院長馬克．傑根史邁爾（Mark Juergensmeyer），以及國際關係主任特勞德爾．李（Traudl Li）。而後應宗教系邀請，舉行座談會，由查普爾博士主持，主題為「介紹法鼓山中華佛學研究所」。（〈七、夏大座談〉，《東西南北》，法鼓全集 6 輯 6 冊，法鼓文化，頁 31-35）

晚，夏威夷大學宗教系安排於該校韓國研究中心，講演「如何將佛教用之於今日的社會」。由查普爾教授擔任英語引言人，歷史學教授羅錦堂擔任華語引言。（〈八、夏大公開演講〉，《東西南北》，法鼓全集 6 輯 6 冊，法鼓文化，頁 36-39）

五月四日，由火奴魯魯國際機場，啟航東飛，展開科羅拉多弘法行，共四日。借宿丹佛市鍾費如（Philip Joy）居士府。王明怡居士擔任翻譯。（〈九、飛往丹佛〉，《東西南北》，法鼓全集 6 輯 6 冊，法鼓文化，頁 40-43）

五月五日下午，至科羅拉多州丹佛市「西藏佛教中心」，指導現場八十多人禪坐並開示放鬆身心及專注方法。晚餐後，於同一地點演講「從禪的立場看自我」。聽眾達一百三十多人。（〈一〇、洛磯山下的演講〉，《東西南北》，法鼓全集 6 輯 6 冊，法鼓文化，頁 47-48）

五月六日中午，應邀於丹佛市伊利夫天主教神學院（Iliff School of Theology）演講，由荷西．伊格那西奧．卡貝松（Jose Ignacio Cabezon）教授介紹，題目是：「禪修和佛性」。至美國十六年，首次進入天主教神學院演講佛法。（〈一一、神學院中講佛法〉，《東西南北》，法鼓全集 6 輯 6 冊，法鼓文化，頁 49-51）

晚上，應邀為丹佛市佛學社舉行座談，由雷通明居士介紹。（〈一二、紅石公園與佛學社〉，《東西南北》，法鼓全集 6 輯 6 冊，法鼓文化，頁 52-56）

五月七日上午，由丹佛飛紐約。臨行前，分別為兩位居士說三皈、五戒。有感於佛法人才缺乏，勉勵其護持佛教教育事業，以培養法將。

看他們對於佛法的如飢如渴，聞法不易，求法更難，問道無門的急迫感，不免為弘法人才的缺少而感喟。因此，我也勸他們如果希望有更多的弘法人才和說法人才，開示勝義，指導修行，度眾利生，則大家必須要護持佛教的教育事業，來培養足夠的法將。（〈一二、紅石公園與佛學社〉，《東西南北》，法鼓全集 6 輯 6 冊，法鼓文化，頁 56）

五月十九日，釋迦牟尼佛誕辰佳節，於東初禪寺與仁俊長老共同主持浴佛法會並開示。仁俊長老主講「佛陀四種沐浴方式轉四種煩惱」，法師講「現代社會需要佛法」。（〈仁俊聖嚴二法師　主持紐約浴佛大典〉，《人生》，94 期，1991 年 6 月 15 日，版 1）

五月二十四日至六月一日，主持東初禪寺第五十二期禪七，禪眾三十三人。每晚開示虛雲老和尚〈參禪法要〉。（〈紐約活動教化人心　發表演說．禪七共修〉，《人生》，95 期，1991 年 7 月 15 日，版 1）

五月二十六日，舉行「法鼓山朝山暨浴佛法會」，一千名信眾由果暉法師、果理法師、果廣法師引領，三步一拜朝山。（〈法鼓山炙熱化清涼〉，《法鼓》，18 期，1991 年 6 月，頁 13）

五月，《禪與悟》由東初出版社出版。為《禪的生活》、《拈花微笑》系列作品，蒐集多篇禪修演講。〈自序〉云：

禪的方法是教人：首先練習認識自我、肯定自我，然後粉碎自我，才是悟境的現前。禪的目的是教人：學著將現實世界的八熱地獄，轉變為清涼國土的七寶蓮池；試著把自害害人的身口意三業，轉化成自利利他的慈悲與智慧。（〈自序〉，《禪與悟》，法鼓全集 4 輯 6 冊，法鼓文化，頁 3）

香港地區於本月成立法鼓山香港聯絡處，名歌手冉肖玲擔任聯絡人。（〈香港成立法鼓山聯絡處〉，《人生》，94 期，1991 年 6 月 15 日，版 1）

Zen: The Record of Zen Master Rinzai in Ninth Century

China（《禪——中國第九世紀臨濟禪師語錄》）一書作者宮越嘉男，於研讀法師英文著作 *The Sword of Wisdom*（《智慧之劍》）後，自東京致函紐約法鼓出版社，表達歡喜讚歎謂：「大家說禪在今日的中國已經死了和不存在了，我非常高興知道有一位中國禪師像聖嚴師父那般，正在美國活活潑潑地教授禪法。」（〈日本作家宮越嘉男致函讚譽　聖嚴法師是中國當代知名禪師〉，《人生》，101 期，1992 年 1 月 15 日，版 1））

六月八日下午，假紐約市華埠容閎小學大禮堂舉行人生哲學講座，以「宗教信仰與生活品質的提昇」為題，將建設人間淨土理念推介現場五百多位聽眾。（〈紐約活動教化人心　發表演說．禪七共修〉，《人生》，95 期，1991 年 7 月 15 日，版 1）

六月九日，受邀參加紐約市「歡迎凱歸行動」之「各宗教教派聯合追思儀式」，追悼波斯灣戰爭中雙方陣亡軍民。由果元法師代表出席。

到會者有紐約市各宗教團體的代表長老、美國國防部長錢尼（Dick Cheney）、參謀首長聯席會議主席鮑爾（Colin Luther Powell）將軍、波灣盟軍司令史瓦茲柯夫（Herbert Norman Schwarzkopf）將軍、紐約市長丁勤時（David Dinkins）以及其他貴賓共千人。受邀佛教團體共三個。（〈受邀參加波斯灣陣亡者追思儀式〉，《人生》，

95 期，1991 年 7 月 15 日，版 1）

六月十一日，果醒、果稠兩位法師前往泰國法身寺，進行為期半年參學生活。

這是中華佛學研究所和泰國法身寺於去年七月締盟，其中一項以交換推薦留學生的合作方式，目的在增進中泰佛教教育學術交流。果稠法師表示，泰國參學，大致從三個方向入門：首先，探究以佛教為國教的泰國，其佛教的組織、形式、或民間影響的情形。其次，參考法身寺在傳統和現代之間的平衡，此外，並學習南傳佛教獨具特色，而與北傳佛教迥異不同的禪觀法。（〈果醒果稠兩法師　前往法身寺參學〉，《人生》，95 期，1991 年 7 月 15 日，版 1）

六月十六日，應邀出席慈濟功德會紐約支會成立說明會，發表「關懷人間」演說。

法師說：「三世諸佛皆以人身在人間成佛，成佛之後仍以人類為主要對象說法教化。」他並讚揚在證嚴法師領導下的慈濟功德會：「就是以佛教徒的立場，來對人間作普遍的生活關懷及生命關懷。」（〈紐約活動教化人心　發表演說．禪七共修〉，《人生》，95 期，1991 年 7 月 15 日，版 1）

六月十七日，法鼓山遷建工程委員會召開第八次會議，「建

設考察團成員」提出報告。（〈溯古前瞻・源遠流長〉，《法鼓》，20 期，1991 年 8 月，頁 5）

六月二十一日，泰國清邁佛陀園地佛法中心住持猜育法師率泰國、馬來西亞、新加坡等國法師、式叉摩尼、在家居士一行十四人至臺北中華佛研所訪問。（〈新聞短波〉，《法鼓》，19 期，1991 年 7 月，封底裡）

六月二十二日，應邀至新澤西州羅特格斯大學講演「禪思與禪修」。

六月二十八日，召開「大陸考察」座談會。對法鼓山之建設，呈現出完整理念與方向。

六月二十八日至七月五日，主持東初禪寺第五十三期禪七，禪眾三十二人。以虛雲老和尚〈參禪法要〉為講本，逐日開示修行理念及修行方法。（〈紐約活動教化人心　發表演說・禪七共修〉，《人生》，95 期，1991 年 7 月 15 日，版 1）

六月三十日至七月十五日，農禪寺假臺北縣觀音山凌雲禪寺舉辦第一屆「法鼓山兒童佛七夏令營」，兩梯次共五百名學童參加。

至六月底，法鼓山護法會各地聯絡處已有八所，會員自一九八九年初之一千名成長為兩萬名。

法鼓山護法會自民國七十八年（一九八九）三月成立以來，轉眼間已經兩年多了，在這段時間，護法會的成員，由不到一千人，成長到近兩萬名會員，由設在北投農禪寺內的護法會辦公室為起點，逐漸點線面的擴展到基隆、桃園、新竹、臺中、臺南、嘉義、高雄和香港。（〈法鼓山護法會各地聯絡處成立〉，《法鼓》，19 期，1991 年 7 月，頁 5）

七月十日，返抵臺北。

七月十三日，於法鼓山護法會教育組工作研討會中指示，統一各種生活、威儀、工作各方面規矩，以達到「提昇人的品質」理念。經護法會規畫，提報〈適當稱謂參考表〉供信眾參考。（〈法鼓山儀軌——適當稱謂參考表〉，《法鼓》，21 期，1991 年 9 月，頁 19）

七月十四日，於農禪寺新禪堂主持法鼓山護法會大臺北區小組長會議，慰勉大臺北地區近五十名小組長，勉勵其為「提昇人的品質．建設人間淨土」努力，聆聽由法鼓山護法會各小組會務報告及分組討論。法師並對法鼓山之建設提出完整理念與方向。

唐代的建築結構單純、簡樸有力，與農禪寺的禪風較相應，而明、清的建築有太多花藻圖案，和我們的風格並不相符。

法鼓山的建築應是民國八十年代的中國寺院建築，不像民房，也不像宮殿，而是集合現代與未來的型態，具有鮮明的時代性和代表性，使人進入後流連忘返。即使將來毀滅了，後代的人也能依照原圖重建，也就是法鼓山的建築將在佛教史上留下永久的紀錄，足堪為現代佛教建築的代表。（〈護法會小組長聯誼　師父開示佛法甘露〉，《法鼓》，20 期，1991 年 8 月，頁 22）

七月十五日，日本佛教界知名學者水谷幸正、牧田諦亮二位教授，應邀於八十學年度為中華佛研所主持專題密集講座。（〈日本國際學者水谷幸正　專程來臺主持密集講座〉，《人生》，96 期，1991 年 8 月 15 日，版 1）

七月十六日至二十三日，於農禪寺主持精進禪七，禪眾一百七十人。（〈精進禪七功德圓滿〉，《人生》，96 期，1991 年 8 月 15 日，版 1）

七月十六日，慈濟功德會證嚴法師以「喚起現代臺灣民眾對佛教慈悲為懷教義的重視」，榮獲麥格塞塞獎。聖嚴法師獲悉後表示，此為佛教界之光榮，同時證明佛教之入世性格。

聖嚴法師說，這是繼達賴喇嘛獲諾貝爾和平獎後，中國人再次獲世界級的獎項，由此也證明佛教的精神是入世的，並鼓勵了關懷人間的佛教教化本懷之特色，可說是佛教界的光榮。麥格塞塞獎是為紀念菲律賓獨立後的第二任總統羅曼．麥格塞塞而設立，由於審核過程十分嚴格，須有特殊貢獻才能獲得。（〈佛教界的榮耀　證嚴法師獲頒麥格塞塞獎〉，《人生》，96 期，1991 年 8 月 15 日，版 1）

七月二十四日，名散文作家林清玄居士重輯法師三本禪書，命名為「禪門三要」，由圓神出版社出版。「三要」為《禪門驪珠》、《禪門修證》、《禪門解行》。法師撰有總序。（〈《禪門三要》自序〉，《人生》，97 期，1991 年 9 月 15 日，版 2；今收〈《禪門三要》總序〉，《書序》，法鼓全集 3 輯 5 冊，法鼓文化，頁 230-231）

七月，《中華佛學學報》第四期出版，法師特撰〈中華佛學研究所的腳步〉以為序，報告中華佛研所數年來師資、圖書設備、工作內容等之成長，以及法鼓山開發計畫。

本所自從民國七十四年（一九八五）脫離中國文化大學附設的中華學術院，而獨立為中華佛學研究所以來，在各項設施上，幾乎都是從零再出發，好在由於本所全體師生的共同努力，以及護法信眾的熱心資助，使得本所的基礎已粗具規模，現有專任老師九位，兼任老師九位，開了二十多門課程。原先是光有必修課而無選修課，如今則選修科目多於必修科目，重視語文，重視佛學，也重視方法的訓練。同時每年邀請外國的著名佛教學者，來所擔任專題研究的教學及指導。在圖書購置方面，如今已有不同語文、不同版本、不同內容編輯的藏經三十一種，相關佛教研究的工具書、期刊、雜誌、學報及參考書，已有一萬多冊。目前在冉雲華教授的建議及指導之下，盡可能地蒐求有關以明清資料為主的各項圖書。預計到民國九十年（二〇〇一）時，總藏書量達十六萬冊。

由於本所的工作項目、設備項目、及師生人員的不斷擴充，繼續增加，所以自民國七十八年（一九八九）四月初起，在臺北縣的金山鄉，陸續購進山坡地，作為本所遷建之用。預定五年之內，以新臺幣十億元的總金額，將那片已被命名為「法鼓山」的土地，建設成為國際性的教育、學術、文化及修持的佛教園區。（〈中華佛學研究所的腳步——《中華佛學學報》第四期序〉，《教育．文化．文學》，法鼓全集 3 輯 3 冊，法鼓文化，頁 184-187）

七月，孟加拉佛教協會總中心「法王寺」（Dhamarajika Buddhist Monastery）致函中華佛研所，希望透過國際合作方式，推薦交換學生促進佛教交流。

其祕書長表示，孟加拉國物資貧困，現階段無法獨立培育佛教人才，因此，他們函請中華佛學研究所提供學生名額，輔導協助他們培育佛教人才，俟其畢業後以回國推動弘揚佛法；中華佛學研究所原則表示同意，也請他們於因緣成熟時，選派學生來臺。（〈孟加拉佛教團體來函希望協助培育佛教人才〉，《人生》，96 期，1991 年 8 月 15 日，版 1）

八月一日至二日，法鼓山遷建工程委員會召開第九次會議，法師特別指示，建設時以不砍伐大樹為原則。（〈法鼓山上勘察水土保持〉，《法鼓》，20 期，1991 年 8 月，頁 17-19）

八月三日，舉行法鼓山護法會勸募會員聯誼會。會中，首次提出「我們的共識」八句話。

我們的理念：提昇人的品質，建設人間淨土。

我們的精神：奉獻我們自己，成就社會大眾。

我們的方針：回歸佛陀本懷，推動世界淨化。

我們的方法：提倡全面教育，落實整體關懷。

（〈我們的共識——理念、精神、方針、方法〉，《法鼓》，21 期，1991 年 9 月，頁 14-15）

八月三日至九日，中華佛研所舉辦第四屆大專青年佛學營。本屆主題為：「禪法何處尋」。法師四日至八日連續四晚主持禪坐指導與開示。（〈聖嚴法師自美返國　各項活動已陸續展開〉，《人生》，95 期，1991 年 7 月 15 日，版 1）

八月十七日，為蕭進發水墨畫集撰序。（〈序《蕭進發居士水墨畫集》——風骨之美〉，《書序》，法鼓全集 3 輯 5 冊，法鼓文化，頁 80-82）

八月十七日、十八日，法鼓山護法會在臺北市國際會議中心舉行「淨化人心」系列活動。禮請法師，分別就「淨化人心——愛與恨」、「淨化社會——是與非」發表講演。兩日演講由內政部長吳伯雄和中廣董事長關中擔任引言。（〈「愛恨」「是非」與「心經」　聖嚴法師臺北香港弘法〉，《人生》，97 期，1991 年 9 月 15 日，版 1）

八月十九日，行政院農業委員會主任委員余玉賢、林業處處長黃永桀、技正吳輝龍，至法鼓山參訪，並以其專業知識，給予法鼓山未來種植苗圃、水資源等方面諸多建議。法師翔實介紹法鼓山緣起、購地因緣，以及大殿、圖書館、接待大廳、禪堂等未來建地。余主任委員日前報名參加農禪寺禪訓班，而有此參訪因緣。（〈余玉賢主委參訪法鼓山〉，《人生》，98 期，1991 年 10 月 15 日，版 1）

八月二十三日至二十五日，「法鼓傳薪營」於法鼓山上舉行，護法會全臺各聯絡處主要幹部共七十三人參加。活動旨在傳遞法鼓山共識理念，法師不斷開示說明：「法鼓山就是『人的教育』的佛教園區，法鼓山就是關懷人、提倡全面教育的地方。」活動期間清楚闡析「我們的共識」。（〈法鼓傳薪──發揮種子向陽精神〉，《法鼓》，21 期，1991 年 9 月，頁 16-18）

八月，《金山有鑛》由東初出版社出版。係《法源血源》、《佛國之旅》後系列遊記書籍。〈序〉云：

全書共計四十六節，迄四十四節為止，是記述我在民國七十八年（一九八九）四月初，找到位於臺北縣金山鄉的法鼓山，以及護法會的組成、勸募工作的推動、中心理念的宣揚。接著是從去年（一九九〇）十月十六日至十二月一日期間，我赴香港，經過舊金山、抵達紐約，作了一連串的遊化活動，恰巧我到美國已滿十五年，我在彼邦主持禪七已是第五十次，所以增加了末後兩節，作了一番回顧。（〈自序〉，《金山有礦》，法鼓全集 6 輯 4 冊，法鼓文化，頁 4）

九月七日，主持剃度典禮，六位青年求度出家，為取法名：果奘、果本、果明等。（〈六位新薙傳燈人　剃度典禮莊嚴隆重〉，《人生》，97 期，1991 年 9 月 15 日，版 1）

九月八日，為推行臨終關懷良好禮儀，編撰《助念及喪儀》小冊，指導臨終處理各事項，如：助念、沐浴更衣、蓮位、告別式之各種儀則。〈序〉云：

明清五、六百年以來的中國佛教，大半已淪為喪葬的儀仗，但尚未見有較為具體的助念及喪儀例則行世。今日的臺灣佛教，已在漸漸脫離喪葬儀仗的角色，恢復到了以活人為化導對象的時代。而其臨終助念及善後的喪儀，依舊是我們對於人間關懷的項目之一，是以編列了這篇儀則，以供僧俗四眾備用。（《助念及喪儀》，農禪寺編，東初佛學小叢刊 12，東初出版社，1991 年 12 月初版，頁 1-2）

九月九日，中華佛研所八十學年度開學暨畢、結業典禮。本年度共錄取新生十二名、選修生四名，提出論文通過口試之畢業生有一名，結業生六名。（〈開學暨畢業典禮　十二名入學　一名畢業〉，《人生》，97 期，1991 年 9 月 15 日，版 1）

九月十二日，為悟明長老八十嵩壽撰序祝賀，讚其為具宏大胸懷之宗教家。悟老為法師受大戒時之陪堂師父。

悟老雖非學者，卻是位具有宏大胸懷的宗教家，因此，名學者如胡適之，各宗教家如天主教的于斌，依附佛教的大外道師如盧勝彥，以及一貫道的前人等，真所謂三山五嶽、三教九流的有名人物，多跟悟老之間有若干友誼。以一位專心於修學佛道及弘揚正法的法師而言，像悟明長老這樣，泛跨黨政宗教的模式，的確曾遭受到正反兩面的評議，但在處身於今日這個社會多元化的時代，要想獲得生存與活動的空間，緊閉門戶是行不通的。換句話說，在法義及信仰方面，正信的佛教徒，必須持有堅固不變的立場，在待人接物、處世成事方面，正信的佛教徒，仍宜跟各界人士保持友誼的管道。小人同而不和，君子和而不同，悟明長老，確已能夠善用一個「和」字了。（〈一位具有宏大胸懷的宗教家——為悟明長老八十嵩壽序而作〉，《評介·勵行》，法鼓全集3輯6冊，法鼓文化，頁107-108）

九月十三日至十五日，第三度應邀至香港演講。連續三晚於尖沙咀文化中心音樂廳以生活應用演繹《心經》。此次活動由香港佛教青年協會主辦，東蓮覺苑演慈法師擔任粵語翻譯。音樂廳二千多座位，每日座無虛席。（〈聖嚴法師臺北香港弘法〉，《人生》，97期，1991年9月15日，版1）

九月十五日下午，主辦單位由於前兩日反應熱烈，故於最後一天安排皈依典禮，法師詳解「佛法僧及皈依的意義」。一千餘名觀禮者祝福，三百多位居士皈依三寶。（〈聖嚴法師臺北香港弘法〉，《人生》，97期，1991年9月15日，版1）

九月十六日，由香港返回臺灣。

九月十八日，海峽兩岸發展研究基金會董事長、立法委員

丁守中至農禪寺訪問，請教佛法與打坐。丁委員係經國防部陳履安部長推薦，於今年八月至農禪寺學習靜坐。（〈佛法廣被顯現世間　各界人士紛請益〉，《人生》，98 期，1991 年 10 月 15 日，版 1）

同日下午，圓神出版社社長簡志忠、主編廖閱鵬等人來訪。該出版社現正將法師部分書籍重新整理，系列推廣。（同上）

九月二十日晚，中視新聞部新聞節目組組長、《六十分鐘》、《新聞眼》節目製作人翟翬、劉翠琴夫婦，以及該節目攝影師季義生，至農禪寺訪問，並於法師座下皈依三寶。（〈佛法廣被顯現世間　各界人士紛請益〉，《人生》，98 期，1991 年 10 月 15 日，版 1）

九月二十一日，至臺南出席工商業新聞界茶會，而後參加嘉義、臺南、高雄等地區共同舉行之法鼓山信眾聯誼會。（〈法鼓盛會在臺南〉，《法鼓》，22 期，1991 年 10 月，頁 20-21）

九月二十三日至二十五日，於法鼓山上舊觀音殿首度舉辦「常住菩薩營」，集合農禪寺、文化館所屬出家弟子共三十餘人，以三天時間密集修行上課。

法師鑒於僧寶乃人天師範，為長養其大乘慈悲心增益，故以「千手護持，千眼照見」之觀世音菩薩精神勉勵大家，並且以「我是眾生心裡的觀音菩薩，眾生是我心裡的觀音菩薩」作為大眾日常生活中觀想方法。（〈聖嚴法師勉僧眾弟子　千手護持・千眼照見〉，《人生》，98 期，1991 年 10 月 15 日，版 1）

九月二十六日，台灣英文雜誌社總經理陳嘉男、陳美智夫婦，至農禪寺訪問法師，並討論佛教弘化活動以及對社會傳播之重要性。（〈佛法廣被顯現世間　各界人士紛請益〉，《人生》，98 期，1991 年 10 月 15 日，版 1）

九月二十七日，洪建全基金會激勵營負責人陳怡安教授至農禪寺訪問，與法師有深層意見交換。之後並隨法師訪問法鼓山園區。（〈陳怡安教授來訪　提出若干管理建議〉，《人生》，98 期，1991 年 10 月 15 日，版 1）

九月二十九日，副總統李元簇夫人徐曼雲女士由副總統祕書伍惠光夫婦、榮民總醫院醫師蕭信雲，以及農禪寺念佛會副會長陳進丁等人陪同，至農禪寺訪問，向法師請教佛法及修養身心問題。（〈佛法廣被顯現世間　各界人士紛請益〉，《人生》，98 期，1991 年 10 月 15 日，版 1）

同日，臺北北門扶輪社社長方振淵夫婦一行五十二人，

至農禪寺拜訪法師，並探討佛教教義問題。（同上）

九月三十日，臺中味丹公司董事長楊頭雄由戚肩時將軍陪同來訪，並和高岡屋海苔公司董事長楊得勝、會統企業公司董事長郭超星夫婦等人，與法師探討佛教與文化問題。（同上）

十月，中國大陸連遭水患造成災難，法師極為關懷。於得知出家祖庭廣教寺亦遭大水破壞，乃捐出美金一萬元作為賑災基金，幫助恢復祖堂之建設。該基金係為十方大眾所捐獻，以法師之名匯出。（〈感念祖師法乳之恩　捐款濟助祖堂建設〉，《人生》，98 期，1991 年 10 月 15 日，版 1）

十月一日，國防部部長陳履安夫人曹倩、內政部部長吳伯雄夫人戴美玉、前財政部長現任大安銀行董事長陸潤康夫人林德瑩、青工會徐副主任夫人范利、前文工會主任周應龍夫人梁友文、中廣公司董事長關中夫人張惠君，以及華尚公司董事長張敏君等人偕同拜訪法師，請益佛法。（〈佛法廣被顯現世間　各界人士紛請益〉，《人生》，98 期，1991 年 10 月 15 日，版 1）

十月七日，接受中國電視公司《六十分鐘》邀請，與行政院環保署署長趙少康對談心靈環保。節目於十一月一

日播出。（〈大事記〉，《1989-2001 法鼓山年鑑》，法鼓山基金會，2005 年 10 月出版，頁 43）

十月十日，離臺赴美。

十月十三日下午，於紐約東初禪寺以「佛法在現代世界的重要性」為題，對上百位來自東、西方各地聽眾演講。（〈赴美演講以禪為主〉，《人生》，99 期，1991 年 11 月 15 日，版 1；講詞今題〈人心清淨・環境清淨〉，收於《禪的世界》，法鼓全集 4 輯 8 冊，法鼓文化，頁 289-293）

十月十五日晚，應新澤西州州立蒙克萊學院心理學系李烱教授邀請，第二度蒞臨該校，為該校師生一百二十多人，以「禪與日常生活」為題演講。（〈赴美演講以禪為主〉，《人生》，99 期，1991 年 11 月 15 日，版 1）

由於該系學生排課的要求，以及該校附近一個戒酒團體的希望，所以演講的內容比較特殊，主要談：「禪的方法是否有助於酒徒的戒酒及麻醉品受害者的勒戒？」（〈二一、禪・酒・麻藥〉，《東西南北》，法鼓全集 6 輯 6 冊，法鼓文化，頁 81；講詞今題〈禪與生活〉，收於《禪的世界》，法鼓全集 4 輯 8 冊，法鼓文化，頁 115-124）

十月十七日，由果元比丘、王明怡陪同，從紐約飛往多倫多，抵湛山精舍，受到性空及誠祥二位法師接待。（〈赴美演講以禪為主〉，《人生》，99 期，1991 年 11 月 15 日，版 1；〈二二、加拿大的兩位法師〉，《東西南北》，法鼓全集 6 輯 6 冊，法鼓文化，頁 85-88）

十月十八日上午，首度應加拿大漢彌爾頓市（Hamilton）麥克馬斯特大學（McMaster University）宗教系之邀，為該系師生三十多人作九十分鐘演講，題為「如何養成一位禪師」。由該系教授羅伯特．謝爾夫（Robert Sharf）接待。史蒂文生博士、日籍篠原亨一教授、以及大陸訪問學者北京大學哲學系教授湯一介等，亦皆到場聽講。（〈二三、麥克馬斯特大學〉，《東西南北》，法鼓全集 6 輯 6 冊，法鼓文化，頁 89-93）

下午，第四度進入多倫多大學演講，以「禪師在叢林寺院的生活與修行」為題，宗教研究中心主持人麥克米倫（Neil McMullen）博士介紹，聽眾二百多位。

主題為：（一）中國禪宗史上的禪苑生活——以日常生活為主、以作務安心為先、以打坐課誦息心、以疑情為悟門；（二）法師自己的禪修生活及臺灣農禪寺禪修生活。（〈赴美演講以禪為主〉，《人生》，99 期，1991 年 11 月 15 日，版 1）

十月十九日上午，應多倫多學佛會會長黃振漢居士邀請，假湛山精舍的市內分院弘法精舍，以二百數十位華僑界人士為對象，主講「禪定與智慧」。會後當場發心皈依三寶有六十五人。（〈赴美演講以禪為主〉，《人生》，99期，1991年11月15日，版1）

下午，應多倫多大學佛學社之邀，再次至該校講演「禪悟修持的經驗」。有二百多位東西方人士參加。（〈赴美演講以禪為主〉，《人生》，99期，1991年11月15日，版1）

十月二十日，從加拿大返回紐約。本次隨行之果元法師原為加拿大華僑，留下教授初級禪訓班。（〈二五、禪定智慧．禪悟經驗〉，《東西南北》，法鼓全集6輯6冊，法鼓文化，頁102）

十月二十四日，應日本國士館大學教授光島督博士邀約，為老師山崎宏博士《米壽祝賀紀念論文集》撰稿，完成〈現代臺灣佛教的學術研究〉，報導現代臺灣佛教學術研究情形。「提要」云：

佛教學術在臺灣的成長發展，乃是一九六〇年代漸漸開始的事。四十年來在臺灣的期刊雜誌中，雖偶有論述性的佛教論文，而最具代表性的，則當數《華岡佛學學報》及《中華佛學學報》，由這兩份學報為中心，凝聚了海內外的學者們，從事佛教論文的撰寫。從《華岡佛學學報》第四期至《中華佛學學報》第四期，在時間上是次第相承的， 先後共計十一個年頭，集合了四十四位學者，發表了一一八篇論文。其中包括中國佛教史學、禪學、淨土學、華嚴學、魏晉佛學、天台學、唯識學、中觀學、中印佛學、西藏佛學、佛教藝術等。供稿較多的，則為冉雲華、曹仕邦、劉貴傑、陳玉蛟、李志夫、楊惠南、陳清香，以及我自己。

在四十四位學者中，華人占了三十七位，更可喜的是，除了研究中國佛教，我們也有了研究藏傳佛教、南傳佛教以及梵文原典的人才。（〈現代臺灣佛教的學術研究〉，《學術論考》，法鼓全集 3 輯 1 冊，法鼓文化，頁 359-390；「提要」見《中華佛學學報》，5 期，臺北：中華佛學研究所，1992 年 7 月，頁 1）

十月二十八日，應哥斯大黎加佛教協會之邀，飛往中美洲。哥斯大黎加佛教協會係法師鼓勵成立，與法師因緣匪淺。

我和中美洲的因緣說來非常的傳奇。去年（一九九〇）底，有位吳穆一居士從哥斯大黎加到美國旅行，而來紐約的東初禪寺拜訪，他希望我能夠去一趟哥斯大黎加。今年春天，我在臺灣又見到另一位陳瓊玲居士，到農禪寺向我禮座，也說是我的皈依弟子，法名果淨，再一次要求我去哥斯大黎加一趟。我則推說，如果他們在那邊建起了道場我就去。本來我只是一句推託的話，想不到卻鼓勵他們完成了一個道場。正因為這個道場是由我的鼓勵而起，所以要求我命名並撰一副對聯，取了「福慧精舍」的名字，同時寫了兩句話：「勤於照顧周遭眾生的苦難是大福報，善於處理你我及他的問題乃深智慧。」（〈二六、中美洲的行前〉，《東西南北》，法鼓全集 6 輯 6 冊，法鼓文化，頁 104-105）

三年前，在哥斯大黎加首都所在地聖荷西市，並沒有佛教團體。對我而言，那兒僅僅只有一位正信的三寶弟子王素梅。她在臺灣的農禪寺皈依三寶之後，帶了我的著作，回到僑居地，就開始傳播佛法。

到了去年，聖荷西就有了二十多位熱心於正信佛教的太太們，共同買了一塊地。從今年（一九九一）四月開始動工，到今年十月底，為了迎接我的光臨，把全部工程趕完，並且也從臺灣請來了三尊佛像，同時也成立了哥斯大黎加佛學社，推舉陳美惠擔任會長。（〈二八、聖荷西的福慧精舍〉，《東西南北》，法鼓全集 6 輯 6 冊，法鼓文化，頁 110）

於哥斯大黎加工程師協會會議廳舉行演講。到有三百多人，擠滿會場。講題為「禪與人生」，由哥斯大黎加國立大學教授趙勁北、李忍堅以及另外一位姜伯川先生，共同組成一個西班牙語翻譯小組。

對我來講，這也是一個新的經驗。第一、從來沒有在西班牙語系的國度裡作過演講，當然我對於西班牙語連一個字也不懂。第二、由三個人共同為我翻譯的場面也是初次。（〈二七、哥斯大黎加的公開演講〉，《東西南北》，

法鼓全集 6 輯 6 冊，法鼓文化，頁 108）

十月二十九日上午，應哥斯大黎加佛教協會會長陳美惠、祕書陳瓊玲要求，在甫落成之福慧精舍為當地會員指導坐禪。課後有五十三人皈依成為三寶弟子，包括四位哥國當地人士。（〈國外演講紀實〉，《人生》，100 期，1991 年 12 月 15 日，版 1）

下午，至大使館拜訪邵學錕大使、周明義、向延佇兩位參事以及兩位祕書。一則代表國內佛教界對駐外使節慰問致敬，再則對此次協助致謝。（〈二九、拜訪邵學錕大使〉，《東西南北》，法鼓全集 6 輯 6 冊，法鼓文化，頁 115-117）

十月三十日，應邁阿密佛學社吳佳麗社長邀請，飛往美國最南端邁阿密。下午，為二十五位東西方人士解答學佛及佛學的問題。當晚七時以「佛教及佛教的基本觀念」為題演講，均由該社創始人曾憲煒居士擔任英譯。活動借一越南僑民佛教道場舉行，該道場住持淨行法師時正在別州弘法，故囑該寺代表問候歡迎。（〈國外演講紀實〉，《人生》，100 期，1991 年 12 月 15 日，版 1；〈三二、佛州的邁阿密〉，《東西南北》，法鼓全集 6 輯 6 冊，法鼓文化，頁 124-128）

十月三十一日，應邀至路易斯安那州紐奧良大學（University of New Orleans）講演「禪與人生」。由該校亞洲中心負責人拉澤里尼教授（Prof Lazzerini）主持介紹，該校副校長夏雪爾博士（Dr. Chachere）代表學校歡迎，並接受法師贈送該校之全套英文著作。此次活動由該校與中國佛學社共同舉辦，邀請當地英文時報專欄作家劉田女士擔任英語翻譯。七十多位聽眾之中，只有四位東方人。（〈國外演講紀實〉，《人生》，100 期，1991 年 12 月 15 日，版 1）

同日，鳳山佛教蓮社舉行新任住持晉山陞座典禮，由煮雲法師剃度弟子慧嚴法師繼承法務。慧嚴法師現任中華佛研所專任教師，去年五月獲得日本文學博士學位，回國再投身於佛教教育工作。（〈慧嚴法師晉山陞座　鳳山佛教蓮社住持〉，《人生》，98 期，1991 年 10 月 15 日，版 1）

法師與慧嚴法師關係多重，然因時在國外弘法，未克親往道賀，故於日前撰文祝福。（〈賀慧嚴法師晉山陞座〉，《人生》，99 期，1991 年 11 月 15 日，版 4）

十一月一日、二日，臺北農禪寺兩次越洋電話，謂中國國民黨中央黨部社工會緊急通知，請法師立即返臺，擬安排參加第二屆中華民國不分區國大代表候選事宜。

法師一向贊成法師和居士參選代議士，以關懷社會、關懷政治，唯以時間及年齡、健康等因素，故予婉拒。

我經常想到，中國佛教徒在各級的議會一向沒有建言的影響，對政府的各部會也一向沒有反應意見的有力管道。所以，我也常常想到多使政府重視佛教，必須在各級議會的代議士之中，有足夠人數的佛教徒參與。所以去年（一九九〇）立法委員選舉之時，我就贊成能有法師和居士參選。結果沒有見到政黨的提名，這一次，我人在海外，卻不遠千里的追蹤徵召，實在是國民黨的一項進步和突破。請果元師代我傳真回臺灣，表達我感謝和婉拒的誠意。遺憾是我的時間、我的年齡、我的健康，都不許我接受這項徵召。

近兩、三世紀來，佛教徒對於社會和政治的關懷總是比較消極，沒有想到釋迦世尊在世時就是關心政治和社會的。出家的僧侶不應該擔任政府行政官員的職務，但是對於政府應該擔起監督和建議的責任。佛教徒中的在家居士能夠參與各級政府的工作和代議士的選舉，應積極參與。在君主的社會，佛法付託於仁王，如今處身於民主的社會，佛法的弘揚和傳播，應該倚重於各級議會的議員和各級政府的官員護持。（〈四一、我被提名為國大代表候選人〉，《東西南北》，法鼓全集6輯6冊，法鼓文化，頁 163-167）

十一月一日晚，假紐奧良市杜蘭大學（Tulane University）

活動中心，為三十多位華人佛學會會員演講。題目與前一晚同為「禪與人生」。演講結束，聽眾全都皈依三寶。（〈三五、杜蘭大學〉，《東西南北》，法鼓全集 6 輯 6 冊，法鼓文化，頁 138-141）

同日，中視新聞節目《六十分鐘》播出「點亮心燈」專題報導，法師與行政院環境保護署署長趙少康對談心靈環保。

聖嚴法師致贈親筆所題法鼓山理念「提昇人的品質．建設人間淨土」對聯給趙署長，趙署長欣然接受並表示：這幅題字，正是環保署努力的目標。（〈聖嚴法師．趙少康　對談環保〉，《人生》，99 期，1991 年 11 月 15 日，版 1；對談紀錄今收〈聖嚴法師 VS. 環保署長趙少康　心靈環保對談〉，《聖嚴法師心靈環保》，法鼓全集 8 輯 1 冊，法鼓文化，頁 29-43）

十一月二日晨，從路易斯安那州紐奧良飛往德克薩斯州達拉斯。（〈三六、達拉斯的兩大學三校區〉，《東西南北》，法鼓全集 6 輯 6 冊，法鼓文化，頁 142）

下午，應德州大學（University of Texas System）佛學社王明仁居士邀請，在該校演講，題為「禪——平常身心」。此係結合德州大學達拉斯（Dallas）校區、阿靈頓（Arlington）校區及北德州大學（University of

North Texas）三個佛學社團共同舉辦。（〈國外演講紀實〉，《人生》，100 期，1991 年 12 月 15 日，版 1）

晚上，臨時又聚集一百多人，要求教授禪修方法和觀念。法師感慨成就善知識之難得，因籲請培養繼起弘法人才。

因為當天起早，上下飛機，中午也沒有休息，特別是下午那場演講沒有翻譯，晚上已經精疲力盡了。

想要問問題的人很多，每一個問問題的人都有好多問題，所以中間沒有休息，一直延長到十點，我只好宣布：「我的體力已經不能再講了，留待以後看因緣。」

從這證明，到處需要佛法，就是弘法的人太少。大家都知道親近善知識的因緣難得，卻很難想到成就善知識更加重要。應該造就年輕一代，求法重要，護持三寶、培養繼起的弘法人才，也很重要。（〈三六、達拉斯的兩大學三校區〉，《東西南北》，法鼓全集 6 輯 5 冊，法鼓文化，頁 143-145）

十一月三日，從達拉斯飛抵奧斯汀，應魏煜展博士及德州大學奧斯汀（Austin）校區佛學社社長祝紋君邀請，於三日、四日兩晚，於該校舉行兩場演講。由正在威斯康辛州立大學麥迪遜校區攻讀博士課程，原中華佛研所第一屆研究生梅迺文，擔任翻譯。三日，講「禪與實際修持」。（〈國外演講紀實〉，《人生》，100 期，

1991 年 12 月 15 日，版 1）

（一）原始佛教的性空及大乘佛教的中觀。

（二）阿含及律部的頓悟及禪宗的不立文字。

（三）無方法即是禪悟的最好方法。

（四）中國禪的南宗特色。（〈三七、奧斯汀的德州大學〉，《東西南北》，法鼓全集 6 輯 6 冊，法鼓文化，頁 146）

十一月四日，講「禪與生活壓力的調適」。（〈國外演講紀實〉，《人生》，100 期，1991 年 12 月 15 日，版 1）

利用日間空檔飛休士頓，訪問落成一年之玉佛寺。該寺為美國南方華人佛教界最大寺院，負責人淨海法師，為日本求學時碩士班期間同學。另並喜見上海佛學院時代老同學幻生法師、南斯拉夫籍比丘正見法師，以及老居士許巍文博士夫婦。（〈三八、休士頓的玉佛寺〉，《東西南北》，法鼓全集 6 輯 6 冊，法鼓文化，頁 150-153）

十一月五日，從奧斯汀飛往喬治亞州亞特蘭大，接受當地佛教協會林氤寶會長及韓德光、韓建光居士邀請，假該市華人活動中心以「現代佛教的人生觀」為題演講。普林斯頓大學哲學博士雷利．史考茲（Larry J. Schulz）擔任英譯。（〈國外演講紀實〉，《人生》，100 期，1991 年 12 月 15 日，版 1；講詞今題〈現代佛教與生活〉，

收於《禪的世界》，法鼓全集 4 輯 8 冊，法鼓文化，頁 269-278）

十一月六日上午，由韓建光陪同至喬治亞工學院（Georgia Institute of Technology）、亞特蘭大大水庫等處參觀。

下午，返抵紐約，結束本年度四處遊化活動。遊化目的在於帶動學佛、協助學佛。因此所有供養均轉送各地充實當地佛法活動、圖書。

這趟行程中，沿路每到一處，都有主辦的團體和個人的信徒，對我作金錢的供養，有的說是給我個人，有的說是捐助紐約的東初禪寺，有的說是贊助臺北的法鼓山。我不知那些供養金有多少，收下之際，便交給各地主辦的負責人，要他們充實佛學的圖書設備，多辦研討佛法和修持的活動。所以，我到處都說：「我是來布施佛法，不是來籌募捐款的。」為了協助他們修學佛法和弘揚佛法，所以我也帶了大批的佛學書籍讓他們分贈有緣的人，這使得他們非常的感動。

我每到一處，都會請教他們希望我給他們講些什麼？盡我所有所知而提供他們所需要的佛法。同時也建議他們每一個社團能夠建立共識和特色，如果沒有重點，也不能建立共識，就很可能變成了七手八腳，樣樣都好，也樣樣都不好。（〈四〇、湖光山色與叮嚀〉，《東西南北》，法鼓全集 6 輯 6 冊，法鼓文化，頁 161-162）

藏僧丹增諦深至東初禪寺拜訪，執晚輩禮隨眾聽講《維摩經》、《金剛經》、《楞嚴經》，並要求為其解說《六祖壇經》。諦深佛學已具相當程度，法師因於繁忙法務中，撥空與之對談漢、藏兩系法義同異。

一九九一年十月中下旬間，達賴喇嘛到紐約，主持為時兩週的時輪金剛灌頂大法會，吸引了二千多人參加勝會。為之擔任翻譯的，便是達賴喇嘛的比丘弟子丹增諦深。諦深喇嘛現年二十七歲，修學佛法則已十多年了。一九八九年我去印度朝聖，訪問鹿野苑時，諦深跟我見過一面，故他一到紐約，便來東初禪寺拜訪。

諦深年紀雖輕，對於藏傳佛學所了解的程度，以及閱讀過的漢傳佛典，已具相當火候，他到東初禪寺的目的，就是找我討論漢、藏兩傳法義的同異。在前前後後、來來去去的兩個多月之間，我雖非常忙碌，還是願意每天抽出一個小時來跟他對談，藉機我也學到一些東西。（〈《漢藏佛學同異答問》自序〉，《書序》，法鼓全集3輯5冊，法鼓文化，頁243）

十一月十五日、十六日兩晚，於紐約市皇后區臺灣會館，舉行兩場「人生哲學講座」，聽眾達三百多位。（〈國外演講紀實〉，《人生》，100期，1991年12月15日，版1）

十一月十五日，法鼓山護法會中壢聯絡處成立。（〈護法會中壢聯絡處成立〉，《法鼓》，25期，1992年1月15日，版1）

十一月十六日，護法會新任總幹事李純恩上任。

十一月二十九日至十二月六日，於東初禪寺主持第五十四期禪七。參加者來自英國、加拿大、冰島、日本、臺灣、香港、越南、馬來西亞、巴西以及美國各州。其中臨濟宗大德寺禪僧堀宗原，曾經出家禪修十三年，並獲得史丹福大學博士學位，目前執教於哈佛大學（Harvard University），慕法師之名而參加禪七。（〈日本作家宮越嘉男致函讚譽　聖嚴法師是中國當代知名禪師〉，《人生》，101 期，1992 年 1 月 15 日，版 1）

十二月十日，再度應邀進入哥倫比亞大學，於該校聖保羅禮拜堂演講「四弘誓願」。此次講演係由「一神普救哥大區教團」以及「紐約佛教聯合會」聯合舉行。由錫蘭籍長老比丘摩訶垂盧（Van. Maha Thero）及美國居士迪米特里．巴卡路信（Dimitri Bakhroushin）兩位主席共同主持。（〈四二、又進哥倫比亞大學〉，《東西南北》，法鼓全集 6 輯 6 冊，法鼓文化，頁 168）

下午，紐約西藏中心負責人穹拉惹對仁波切（Khyongla Rato Rinpoche）至東初禪寺訪問，與法師對談藏漢佛教異同。此係由丹增諦深喇嘛促成。（〈辟拉惹脫仁波切造訪東初禪寺〉，《人生》，101 期，1992 年 1 月 15 日，版 1）

十二月二十二日，於紐約東初禪寺，舉行在家菩薩戒傳授儀程，受戒東西方男女居士共八十八位，多屬青壯知識分子。此為法師有史以來第一次傳授菩薩戒。與長久以來各道場所傳授之戒法略異，將重點置於以菩薩三聚淨戒精神為中心。此係法師長期研學戒律，並經與世界佛教各系對照後，付諸實行之嘗試。

這一次受戒的儀程共分十四個項目，重點在於三皈五戒、三聚淨戒。五戒是終身受持，三聚淨戒的菩薩戒是盡未來際受。所以要新戒跪誦：「從今身至佛身願持一切淨戒；從今身至佛身願修一切善法；從今身至佛身願度一切眾生。」十戒的內容則是根據《梵網經》。

我在開示受菩薩戒的意義之時特別強調：許多佛教徒都希望自己早日成佛，成佛的開始就是先學做菩薩，發菩提心。如果一邊想要成佛、想學菩薩，另一邊又不願盡菩薩的責任，學佛的身、口、意三業的行為，這是非常奇怪的事。同時我又開示大家不要怕受了戒會犯戒，不要以為不受戒做壞事沒有罪過，受了戒做壞事才算是有罪過。受菩薩戒，只要我們發菩薩願，行菩薩道，知道什麼是不應該做的事，什麼是應該做的事，應該做不做就不是菩薩的精神，不該做而做更不是菩薩的精神。（〈四三、初次傳授菩薩戒〉，《東西南北》，法鼓全集 6 輯 6 冊，法鼓文化，頁 174-175）

十二月二十四日，直貢噶舉教派第七世姜貢澈贊仁波切

（Kyabgon Chetsang Rinpoche）率領六位喇嘛，至中華佛研所及農禪寺訪問。因法師在美弘化，由農禪寺監院果祥法師及中華佛研所代所長方甯書老師代表接待。（〈噶舉派法王直貢姜貢來訪〉，《人生》，101 期，1992 年 1 月 15 日，版 1）

十二月二十五日，主持紐約東初禪寺第五十五期禪七。每晚開示，以虛雲老和尚〈參禪法要〉為講本。〈參禪法要〉之宣講，始自一九八八年十一月第四十二期禪七，前後經三年多，歷十四次禪七，於本次禪七中圓滿。（〈四四、農禪寺的《金剛經》講座〉，《東西南北》，法鼓全集 6 輯 6 冊，法鼓文化，頁 177）

十二月，《禪門囈語續集》由東初出版社出版。性質與十年前之《禪門囈語》相同，為歷年參加禪七者之心得報告。法師說明出版緣由，並自述多年來跟從學法者之情形，對性向有幾分自剖。〈序〉云：

我在國內外主持禪七以來，已歷十六個年頭。到一九九一年底為止，我於美英兩國主持了五十五期，於國內則已四十一期。每期禪七中，幾乎每一位參加禪修的人，多多少少都會有些覺受體驗，也有一些人真的因此而改變了他們的人生觀。因此，雖然非常辛苦，想來參加禪七修行的人數，卻愈來愈多。

我缺少組織能力，也未對參加過禪七的人員作事後的聯絡與照顧，故在我們這兒打過禪七之後，繼續保持禪修熱心者固多，親近我們的道場而永不游離者甚少。有些人來我們的道場之前，已經親近過其他禪密淨土的善知識，有的人則在來過我們的禪七之後，便去學密學淨土了。也有若干人士，在外轉了幾圈又回到我們道場，有的則在他們需要時，承認我是他們的老師，用不到時，他們便自立門戶了。從這種情形看，一則可以說明我能以佛法指導人從事禪修，卻少攝眾的才能；另一面也可明示我們的道場是十分開放的，來去自如，進出方便。（〈《禪門囈語續集》自序〉，《書序》，法鼓全集 3 輯 5 冊，法鼓文化，頁 232-234）

本年，*Faith in Mind*（《心的詩偈》）之義大利文譯本 *Credere Nella Mente* 由 Ubaldini Editore-Roma 出版社在義大利出版。（〈歐洲各國並踴躍翻譯所著禪書〉，《人生》，101 期，1992 年 1 月 15 日，版 1）

民國八十一年／西元一九九二年

聖嚴法師六十三歲

國內外重要大事

- 立法委員全面改選。
- 中韓斷交。

法師大事

- 提出「心靈環保」為法鼓山核心理念。
- 赴捷克、比利時弘法。
- 於法鼓山上舉行第一屆社會菁英禪修營。
- 向教育部提出申請設立法鼓人文社會學院（法鼓大學），並成立籌備處。

法師於今年提出「心靈環保」，希望每個人都從心靈淨化做起，才能達到淨化社會之目標。

今年起，正聲廣播電台臺北二台、警察廣播電台新營台每週一至週六開設法師弘法節目。

一月一日，教育部核准即起由方甯書教授代理中華佛研所所長職。

案：教育部規定董事長不得兼任所長，法師因而交卸所長職。

法鼓山中華佛研所護法會、金山鄉公所、萬里鄉公所、石門鄉公所共同主辦「法鼓山千人健行」活動，大雨磅礡，仍有四千餘民眾虔敬參加。（〈法鼓山大事紀〉，《法鼓》，27 期，1992 年 3 月 20 日，頁 1）

一月八日，飛抵臺北，即召集各單位僧俗執事幹部二十多人簡報。（〈四五、新聞媒體邀請演講〉，《東西南北》，法鼓全集 6 輯 6 冊，法鼓文化，頁 179）

一月十一日下午，應邀至豐原，於臺中縣立文化中心演講「如何提昇人的品質」。華視、《聯合報》、行政院文建會、中國廣播公司等聯合主辦「邁向二十一世紀」之系列演講。（〈聖嚴法師應各大媒體之邀請　擔任系列性心靈講座主講人〉，《人生》，102 期，1992 年 2 月 15 日，版 1；〈心靈的環保莫忘惜福〉，《聯合報》，1992 年 1 月 12 日，版 6）

之後，趕往沙鹿鎮，應味丹食品公司董事長楊頭雄居士邀請，為該公司三百多位幹部員工演講，題目為「佛法在人間」。講畢，楊正副總經理等二十五人，皈依成為三寶弟子。（〈味丹企業盡心推廣佛法〉，《人生》，102 期，1992 年 2 月 15 日，版 1）

一月十二日，上午，出席中華佛研所護法會於農禪寺舉行之勸募會員大會。

晚上，應《中國時報》邀請，假臺北市世貿大樓國際會議中心，講演「增福增慧」，到有五千多位聽眾。《中國時報》總編輯黃肇松擔任引言人，《時報週刊》發行人簡志信則擔任結語。行政院農委會主任委員余玉賢、立法委員趙振鵬亦到場聽講。該系列講演共有四位宗教人士分別就不同主題作心靈啟迪，法師擔任第二場主講人。法師云：

所謂增福：勤於照顧周遭眾生的苦難是大福德長者。

所謂增慧：善於處理你我及他的問題是真智慧菩薩。

（〈聖嚴法師應各大媒體之邀請　擔任系列性心靈講座主講人〉，《人生》，102 期，1992 年 2 月 15 日，版 1）

一月十三日至十五日，連續三日晚上七時至九時，於農禪寺開講《金剛經》。每晚均有一千多聽眾，為農禪寺歷年來聽經人數最多。講經完畢，皈依人數超過七百人。行政院農委會主委余玉賢，亦於當晚皈依三寶。

《金剛經》講座，是把全部的經文，逐條抄出，重新分類編組，然後依次講出。並非採用傳統式的講經型態，故亦沒有按照經文次第從頭至尾逐句演繹，確又能讓聽眾於聽完之後，很清楚地了解《金剛經》的勝義所在。（〈四四、農禪寺的《金剛經》講座〉，《東西南北》，法

鼓全集 6 輯 6 冊，法鼓文化，頁 178）

一月十五日上午，接受英國國家廣播公司（BBC）製作人理查．卡拉瑟斯（Richard Carruthers）先生錄音訪問，將教育文化及為社會服務實際情況，向其聽眾介紹。

內容談及經濟發展快速的社會中，佛教活動對一般大眾日常生活與精神生活的影響，並簡略介紹中華佛學研究所及禪七、佛七的概況。聖嚴法師在回答問題時表示，未來十年中國佛教的發展對社會大眾精神的提昇，我們需要努力。如果很努力，則影響社會層面更廣，如果沒有盡心，則很難有所發揮，不過以目前情形來看，一般人在物質之外也追求精神生活，因此未來十年的遠景仍應朝向好的一面發展。（〈BBC 電台專訪聖嚴法師〉，《人生》，102 期，1992 年 2 月 15 日，版 2）

本期起，《法鼓》雜誌改版發行，將雜誌型改變為報紙型，以服務更多會員。

〈續佛慧命傳法身〉發表於《法鼓》雜誌第二十五期。（〈續佛慧命傳法身〉，《法鼓》，25 期，1992 年 1 月 15 日，版 2）

一月十八日，國防部陳履安部長夫婦至農禪寺訪問，關懷新道場建設，法師因陪同前往法鼓山實地參觀。（〈陳履安參訪法鼓山〉，《人生》，102 期，1992 年 2 月 15 日，版 1；〈四六、陳履安部長〉，《東西南北》，法鼓全集 6 輯 6 冊，法鼓文化，頁 182-186）

一月十九日，即起，每週日上午於農禪寺講解《六祖壇經》，會後舉行皈依典禮。立法委員丁守中當日亦於法師座下皈依成為三寶弟子。（〈陳履安參訪法鼓山〉，《人生》，102 期，1992 年 2 月 15 日，版 1）

一月二十日，蔡念生老居士在美國休士頓以九十二歲高齡往生。（〈四七、蔡念生老居士〉，《東西南北》，法鼓全集 6 輯 6 冊，法鼓文化，頁 187-189）

蔡老居士致力佛教文化，於藏經目錄學用力特深，與東初長老、法師二代均有特殊交誼。法師於二月撰文誌念。（〈蔡念生老居士──兩代殊緣的厚誼〉，《悼念 II》，法鼓全集 3 輯 11 冊，法鼓文化，頁 95-97）

一月二十一日、二十二日，舉辦春節慰問。照顧大臺北區二十餘所慈善機構、發放總值新臺幣五百二十七萬元。

從一九五六年起，我們的中華佛教文化館，已經舉辦了三十六個年頭。從一九八四年起，改由農禪寺主導，去年（一九九一）開始，將冬賑改名春節慰問。今年除了發放北投地區之外，還有其周邊地區如金山、石門、萬里、三芝等鄉鎮，以及大臺北區的各教養院、聾啞院、育幼院、聾啞福利協進會等二十餘所慈善機構，發放的總值額為新臺幣五百二十七萬元。（〈四八、春節慰問．寵物與野犬〉，《東西南北》，法鼓全集6輯6冊，法鼓文化，頁190）

一月二十一日，帶領果祥、果燦法師及護法會義工，由「流浪動物之家」執行長汪麗玲引導，前往淡水家址。法師代表農禪寺全體信眾，捐助新臺幣四十萬元以表達對野犬問題之關懷，並透過媒體呼籲：愛狗、不要棄狗、更不應殺害狗。

一歲九個月大的林小弟遭到三隻被遺棄的狼犬咬成重傷消息一經披露之後，「流浪狗」便成了眾人所關切的話題，尤其在「全面撲殺野狗」之聲提出時，更有不同的聲音出現。

聖嚴法師親自將四十萬元的支票交給汪麗玲，並表示：「捐這些錢的用意在於拋磚引玉，希望更多的人士能夠關懷眾生的生命。」在接受各家媒體訪問時，聖嚴法師一再強調「撲殺」絕對不是一個好的辦法，尤其是對具有記憶、知覺、靈性又很高的狗來說，應採取更妥當的方法。法師表示，政府、民間、宗教三方面應要配合進行，政府要制定養狗的辦法，讓狗在合理的規範下生存；養狗者則應負起飼養牠們的責任，切勿興起當牠們年老力衰，或是罹患疾病之時任意拋棄；站在佛教的立場，並不鼓勵飼養動物，而是以尊重一切生命的平等觀去關愛各種眾生。對於現階段的「流浪狗」問題，聖嚴法師則建議以「結紮」方式，讓野狗不再大量繁殖，只要家狗不成為野狗，而野狗又接受結紮並被人收養，法師表示將會減少所帶來的問題。（〈智慧關懷〉，《人生》，102 期，1992 年 2 月 15 日，版 2）

一月二十三日下午，應邀出席「中華文化復興總會」與《工商時報》聯合主辦之座談會，主題為「錢的哲學——現代財富價值觀」。中央研究院院士陳昭南任主席，出席者另有名作家柏楊、臺大經濟系教授林鐘雄、馬偕醫院協談中心主任陳顯明、立法委員王世雄、《工商時報》總編輯鄭優等知名之士。法師表示：財富如水、布施如挖井。井挖得愈深、水源愈豐；布施得愈勤，財來得愈多。應普遍提倡知福、惜福、培福、積福之因果觀念。（〈聖嚴法師勉工商界　多行布施菩薩道〉，《人生》，102 期，1992 年 2 月 15 日，版 1；〈四九、錢的哲學〉，《東西南北》，法鼓全集 6 輯 6 冊，法鼓文化，頁 193-195）

一月二十四日至三十一日，於農禪寺主持臺灣第四十三期禪七，參加人數一百八十多名。（〈五〇、錄音訪問．法鼓山文教基金會〉，《東西南北》，法鼓全集 6 輯 6 冊，法鼓文化，頁 196-198）

一月三十一日，禪七圓滿日上午九時，往臺北縣政府拜訪工務局局長鄭淳元先生，請教有關法鼓山建設事宜。（同上）

下午一時，中國廣播公司《尖峰對話》節目主持人李濤先生至農禪寺錄音訪問。法師表示：佛法是亂象中之清涼劑，應以禪修安定身心。（同上；對談文今收〈聖嚴法師 VS. 李濤的「尖峰對話」——談佛法是亂象中的一帖清涼劑〉，《聖嚴法師心靈環保》，法鼓全集 8 輯 1 冊，法鼓文化，頁 91-104）

下午四時，「人本教育基金會」董事長史英來訪，各以佛法及人本立場，對談人性教育問題。（〈五〇、錄音訪問．法鼓山文教基金會〉，《東西南北》，法鼓全集 6 輯 6 冊，法鼓文化，頁 197）

晚上，召集「法鼓山文教基金會」最後一次籌備會議，擬設置一基金會以統合法鼓山事業體系之整體運作。以基金會為中心，將法鼓山各佛教事業機構以及護法會，附屬其下。經申請後於今年四月十五日完成登記。（見四月十五日譜文）

這是為了便於法鼓山事業體系的整體運作，而設置的一個基金會。將來法鼓山的佛教事業體系，就以這個基金會為中心，下面附屬五個機構：（一）中華佛學研究所，（二）中華佛教文化館，（三）農禪寺，（四）東初出版社及《人生》雜誌社，（五）紐約的東初禪寺及法鼓出版社。也將目前在擔任籌募工作及推廣弘化活動的中華佛學研究所護法會，改隸於法鼓山文教基金會。由於三年以來，護法會的運作雖然順利，在法定地位及人事經費等方面，則頗有困擾，經過將近一年時間的醞釀及籌備，首先與各單位的僧俗弟子取得共識，再向教育部社教司提出許可申請。（〈五〇、錄音訪問・法鼓山文教基金會〉，《東西南北》，法鼓全集 6 輯 6 冊，法鼓文化，頁 198）

一月，譯著《密教史》由東初出版社出版。該書係摘譯自日本學者栂尾祥雲之《密教史》，完稿於一九八二年七月。當時撰有〈密教之考察〉回應繼程法師所代表之教界疑惑，此作稍後譯成，應係相同動機。譯序云：

密教在佛教之中，別出一歧，有許多觀念及行事，均非習慣於顯教者所能理解，密教本身的人，對於自家的歷史背景及其源頭，又多以堅固的信心，服從傳說而少探究史實；唯恐在歷史背景的探討上喪失了傳承的信心。

日本已將學術與信仰，彼此調和，所以，密教本身創辦的高野山大學，既是培養自宗傳承信仰的弘化人才，也培養學術研究的教育人才。所以，譯出本書的目的，固然是站在佛教史的立場，向國人介紹密教的歷史，也望藉以鼓勵中國現代密教的法師與教徒們，能正確地認識他們自己的歷史。(〈譯者後序〉,《密教史》,東初出版社,1992 年元月初版,頁 3-4;《密教史》,法鼓全集 2 輯 4 冊之 2,法鼓文化,頁 5-6)

《火宅清涼》由東初出版社出版。法師去年四月第二度至中國大陸,考察大陸佛教古建築藝術。此書即為該行程所見所感之紀錄。〈自序〉云:

本書命名為《火宅清涼》,乃係採用第三十一篇的題名,因為我在五台山發現建於「清涼聖境」的古道場,屢遭摧殘,歷盡滄桑,所以感慨地寫下了兩句話以激勵自己:「凡夫以煩惱製造了苦樂無常的三界火宅,聖者以慈悲建設了廣度眾生的清涼世界。」又說:「那些在此火宅之中建設清涼世界的大德高僧,一定已經知道,將來會有因緣,把他們所建的寺院摧毀破壞,但他們還是努力地建設。」

「三界火宅」,是形容凡夫眾生所處的環境,出於《法華經》的〈譬喻品〉。「清涼世界」見於《華嚴經》,形容佛菩薩的智慧與慈悲。

出版本書的目的,主要是將我在這次考察旅行中的見聞與觀感,彙集成冊,提供法鼓山的建設作參考,同時,也希望本書能為今日的大陸佛教作紀錄,給歷史留下正確的資料。認識過去,是為開創未來;明白現況,是為走得更遠。(〈自序〉,《火宅清涼》,法鼓全集 6 輯 5 冊,法鼓文化,頁 9-10)

二月一日下午，接受台視《轉動的音符》節目主持人徐馥小姐錄影訪問，以佛法立場，談禮讓忍讓。該節目係接受臺灣道路安全協會委託而製作。（〈五一、新春．社會菁英禪修營〉，《東西南北》，法鼓全集6輯6冊，法鼓文化，頁199）

〈訪聖嚴法師談出家道與在家道〉刊於《人生》。（《人生》，109期，1992年9月15日，頁30-32）

春節過後，由林顯政居士陪同，至臺北近郊萬里訪問靈泉寺惟覺禪師。惟覺禪師近日崛起於北臺灣，以禪法接引大眾。法師之臨濟法系與惟覺禪師同為傳承靈源長老，為虛雲老和尚三傳，誼屬同門。（〈四六、陳履安部長〉，《東西南北》，法鼓全集6輯6冊，法鼓文化，頁184）

二月九日至十二日，由《時報周刊》、中國廣播公司協辦，在法鼓山首度舉辦「社會菁英禪修營」活動。除禪坐外，並有「禪修的方法及禪修的層次」，「正確的禪修理論及禪修觀念」、「如何將禪修用於日常生活」、「如何以禪修來處理身心及環境的問題」等課程。

此活動策畫將近半年，係以工商、文教、傳播界，處長及經理以上單位主管，和相同層級社會人士為對象，

期於短時間內密集禪修。參加人員計有四十餘位：

包括立法委員王志雄、丁守中；聲寶企業董事長陳盛沺、新力公司董事長陳盛泉、雷諾工業公司負責人王清、統一超商總經理徐重仁；政大企業管理研究所所長司徒達賢、政大教授鄭丁旺、淡江大學歐洲研究所所長鄒忠科；《時報周刊》發行人簡志信、中視新聞部副理兼製作人翟翬等，他們一向以忙碌、活躍見長，難得有空閒抽出三天的時間不思、不語、參禪禮佛。此次有感聖嚴法師德行，特在新春期間遠離繁瑣俗事，前往法鼓山接受聖嚴法師的禪修指導。（〈社會菁英體驗禪修〉，《人生》，103 期，1992 年 3 月 15 日，版 1）

二月十日，於「社會菁英禪修營」指導禪修，主題為：「禪——自我的消融」。（《禪的世界》，法鼓全集 4 輯 8 冊，法鼓文化，頁 94-105）

二月十一日，於「社會菁英禪修營」指導禪修，主題為：「禪——自我的提昇」。（《禪的世界》，法鼓全集 4 輯 8 冊，法鼓文化，頁 83-93）

二月十六日、二十三日，分別在臺北中正高中、臺中忠信國小舉行「心靈環保．淨化人心」園遊會，兩場共十萬餘人參加。活動由法鼓山中華佛學研究所護法會舉辦，中國佛教會理事長悟明長老、內政部部長吳伯雄、

農委會主委余玉賢、環保署署長趙少康、及臺北市環保局局長吳義雄，臺中市市長林柏榕等來賓蒞臨現場。會中頒發八十學年度中華佛研所佛學論文獎學金，並有一千二百五十位信眾發心皈依三寶。活動現場之清潔維護頗受好評。

新春園遊會的活動，我們已連續舉辦了三年，這是第四次。

園遊會的主題是「以心靈環保，淨化社會」。訴求的目標是為了提倡環境保護，所以特別設一個惜福區，號召並且鼓勵社會大眾，把家裡不用而準備丟棄和淘汰的東西，送到惜福區；另一特色，是在會場四周，有許多服裝整齊的義工，拿著紙袋，撿取垃圾，只要有人丟棄垃圾廢紙，馬上就被義工撿走，所以進入會場的人，都很自愛，整天下來，一個到了六、七萬人的會場，竟然看不到一丁半點垃圾紙屑和菸蒂。所以當晚的電視及晚報，第二天的各家日報，都對這場園遊會，異口同聲，讚揚不已。（〈五二、新春園遊會〉，《東西南北》，法鼓全集 6 輯 6 冊，法鼓文化，頁 205-209）

二月十七日，赴臺南。與當地政界、工商界、傳播界人士共進午餐。包括臺南市市長夫人吳麗卿、《中華日報》社長詹天性、勝利之聲廣播電台總經理李明威。

當晚，於臺南市文化中心演講，由臺灣佛教會理事長

淨心法師，及《中華日報》社詹天性社長，致詞歡迎並介紹。講題為「平等與差別」，闡述：「諸行無常，是生滅法；生滅滅已，寂滅為樂。前兩句是「差別」，後兩句是「平等」。約兩千五百人聽講。（〈五三、六場大型演講〉，《東西南北》，法鼓全集6輯6冊，法鼓文化，頁212）

二月十八日中午，前往仁德「淨修禪院」與近二百位護持會員共進午齋，妙心寺傳道法師亦到場歡迎。

淨修禪院住持堅妙法師相當發心護持法鼓山，不但鼓勵該寺院的信眾發心勸募作為法鼓山建設基金，連信眾供養的齋菜錢、香油錢，也撥出一部分作為法鼓山建設基金之用。（〈師父闡述理念　甘露遍灑府城〉，《法鼓》，27期，1992年3月20日，版1）

下午，至臺南分會主持皈依典禮，一百五十名人士，包括臺南市市長夫人吳麗卿，皈依成為三寶弟子。（同上）

晚，再度至臺南文化中心演講，以「身心的平衡」為題，提出：「以戒維護」、「以修定保健」、「以飲食保養」、「以勤勞維護」四項要件以獲取身心平衡；而在心理平衡上，則應由「消融自我，以接納他人；提昇自我，以成就他人」著手，方能放下我執，斷盡

煩惱。（同上）

二月十九日，應「社會大學文教基金會」呂學海先生邀請，於臺中縣文化中心演講「佛教智慧能為新世紀提供什麼？」此係社會大學學期課程之一。（〈五三、六場大型演講〉，《東西南北》，法鼓全集 6 輯 6 冊，法鼓文化，頁 214）

二月二十二日，應臺北市榮民總醫院慧心學佛社邀請，於該院活動中心禮堂，為全院醫護人員兩百多人，講演「慈悲與健康」。（同上）

晚，於農禪寺念佛會開示「助念」。

二月二十三日，出席護法會於臺中市忠信國小舉行之「心靈環保．淨化人心」園遊會。（見本月十六日譜文）

二月二十四日至二十七日，為農禪寺住眾在法鼓山舉辦「常住菩薩營」。課程中心為：「放鬆身心，放下心念；面對錯誤，承認錯誤；面對困難，接受困難；放寬心胸，接納他人。」

課程充實而真誠，因此參加學員甚感受用。有某沙彌弟子於心得報告時感恩涕零，並稱：法師為進步最多

之一人。（〈五四、老馬拉破車〉，《東西南北》，法鼓全集6輯6冊，法鼓文化，頁219）

二月二十七日，首度應邀赴蘭陽地區弘法。於二十七日、二十八日兩晚，借羅東高商樂群堂，舉辦兩場演講，題目分別是：「禪與生活」、「人間淨土」。每場聽眾約有一千二百多人。演講圓滿，舉行皈依儀式，有一百二十多人參加。演講由羅文秀居士推動，期藉此成立法鼓山護法會羅東聯絡處。（〈五三、六場大型演講〉，《東西南北》，法鼓全集6輯6冊，法鼓文化，頁214）

二月，法鼓山護法會屏東辦事處成立。

三月一日至四日，為法鼓山護法會幹部，在法鼓山舉辦「法鼓傳薪營」。課程與日前「常住菩薩營」相同，集中在：「放鬆身心，放下心念；面對錯誤，承認錯誤；面對困難，接受困難；放寬心胸，接納他人。」（〈五四、老馬拉破車〉，《東西南北》，法鼓全集6輯6冊，法鼓文化，頁219）

三月五日，《財訊》雜誌副社長謝金河、總編輯梁永煌等人至農禪寺製作專題訪問，請教佛法對風水以及對政黨之看法。

法師表示：「相信風水，但不要迷信風水。」

只要對人民福祉有幫助的政黨就能得到選民的支持，因為這是民主社會，人民有選擇政府的權力。（〈《財訊》雜誌訪聖嚴法師〉，《人生》，103期，1992年3月15日，版1）

三月七日，故宮博物院院長秦孝儀至中華佛研所拜訪，將配合佛研所舉辦之第二屆國際佛學會議，於七月舉辦「觀音名畫特展」以饗「國際佛學會議」與會學者。（〈故宮觀音特展　分享藝術之光〉，《法鼓》，30期，1992年6月15日，版1）

三月八日，法鼓山護法會召開桃園區小組長聯誼，於會中開示學佛與勸募之關聯，不可倒置。（〈法鼓山的學佛路〉，《法鼓山的方向》，法鼓全集8輯6冊，法鼓文化，頁90-97）

三月九日，法鼓山護法會召開中和、永和區小組長聯誼會，開示「勸募勿求急功」。（〈勸募勿求急功〉，《法鼓山的方向》，法鼓全集8輯6冊，法鼓文化，頁178-181）

三月十一日，農曆二月初八，為釋尊出家紀念日，於農禪寺主持剃度典禮，八位青年求度出家，為取法名：果祺、果質、果高、果仁、果禪等。典禮開示「出家的意義」，特別強調：贊成出家，但不鼓勵出家；因出

家人為人天師範，剃度師父之責任重大。

出家，在佛教稱之為大丈夫事，非英雄將相所能為。大丈夫是能屈、能伸、能放、能提，也堪能忍受種種的折磨。出家則不是逃避現實或厭離世間。出家是積極地、勇往直前、義無反顧地為道而奉獻。

出家有三層的意義：一、出眷屬家；二、出離煩惱；三、出離自我中心。出家至少要立足於第二層次，並向第三層次邁進。第三層次才是出家的究竟意義。出家以後，首先要放下自己過去所擁有的一切榮譽、利益和自我中心，好像重新投胎出生，完全要以佛法的觀點、理念、心態和修行的方式來自利利人。

我聖嚴從來不鼓勵人出家，為什麼？因為出家是個人的事。有許多人是不適合出家的，因此凡是到農禪寺求度出家的人，我多半是會回絕。縱然是留下來也必須經過一年、二年，甚至三年的觀察和熏習，再考慮是否適宜出家。發現他發心是正確的，才正式接受他落髮。因此，我要特別地強調：我是贊成人出家，但不鼓勵人出家。在出家以前是普通的居士，我沒有很大的責任。出家以後是人天的師範，身為師父的人就責任重大。假如沒有將一位弟子教育成為「人天師範」，是辜負他們的父母和他們一生，更是對不起佛教。所以，我們是為社會人間造就弘法利生的人才，否則，多一位出家人，便會使得社會減少一分生產的力量，為佛教增添一分的負擔，這樣我的罪過就大了。因此，他們出家以後，一定要幫他們成為更有用的人才，對國家社會正面的影響更深遠。將他們培植成「人天師範」，我的責任才算完成。（〈出家的意義〉，《人生》，104 期，1992 年 4 月 15 日，版 2；另參見〈訪聖嚴法師談出家道與在家道〉，《人生》，109 期，1992 年 9 月 15 日，頁 30-32）

新剃度菩薩法名果平者為捷克籍人士，俗名彌勒克．巴庫斯（Mirek Bakoš）。係由現任教中華佛研所捷克籍性空法師推介，遠來跟從法師學習。（〈三一、前往布拉格〉，《春夏秋冬》，法鼓全集 6 輯 7 冊，法鼓文化，頁 145-147）

三月十三、十四日，應邀至中壢，於中壢市藝術中心文化廳作兩場演講，講題為：「苦難與幸福」、「煩惱與智慧」。（〈法鼓山大事記〉，《法鼓》，30 期，1992 年 6 月 15 日，版 1）

三月十六、十七日，應邀遠赴屏東，於屏東市中正藝術館作兩場演講，講題為：「命運與信仰」、「修行的方法」。由屏東縣佛教支會理事長、屏東首剎東山寺住持天機法師致歡迎詞。第二天上午並有百餘人請求皈依三寶。（同上；〈五三、六場大型演講〉，《東西南北》，法鼓全集 6 輯 6 冊，法鼓文化，頁 217-218）

三月十七日，法鼓山文教基金會於教育部完成立案。（〈五〇、錄音訪問．法鼓山文教基金會〉，《東西南北》，法鼓全集 6 輯 6 冊，法鼓文化，頁 198）

三月二十一日、二十二日，於臺北縣金山鄉法鼓山舉行朝山大悲懺法會。（〈發悲願朝山　雨和淚交織〉，《法鼓》，28 期，1992 年 4 月 15 日，版 1）

三月二十三日，《自由時報》「名人談文學專輯」刊出日前接受該報記者郭玉文專訪，談文學與佛法。（〈文學有路，佛法為梯〉，《聖嚴法師心靈環保》，法鼓全集 8 輯 1 冊，法鼓文化，頁 105-114）

《自立晚報》刊出日前接受該報記者黃旭初專訪，談心靈環保與法鼓山的理念。（〈聖嚴法師在佛法的光輝裡廣植綠色的福田〉，《聖嚴法師心靈環保》，法鼓全集 8 輯 1 冊，法鼓文化，頁 44-53）

三月二十四日，應外交部人事處處長林鐘邀請，以「禪．待人處事之道」為題，向外交部一百八十位員工演講。內容有：調節身心之方法、付出與接受、無常與空、好與壞、順因緣與逆因緣、善與惡。（〈外交部邀請聖嚴法師講禪〉，《人生》，104 期，1992 年 4 月 15 日，版 1）

三月二十六日，應邀至臺灣神學院，擔任「宗教與文化」講座。日前，法師曾邀請臺灣神學院教授董芳苑牧師至中華佛研所「比較宗教學」課程講說「臺灣民間信仰」專題。

法師表示，宗教和宗教間互相肯定、尊重，增加溝通和了解是非常重要的，所以中華佛學研究所將「比較宗教學」列為必修，同時也邀請基督教、天主教、回教等不同教派人士作專題講座，互相切磋。（〈宗教教育觀摩交流〉，《人生》，104 期，1992 年 4 月 15 日，版 1）

三月二十七日，代表中華佛研所，出席輔仁大學主辦「宗教與文化國際學術研討會」開幕式，並擔任慧嚴法師、李志夫教授兩場發表會主持人。（〈五四、老馬拉破車〉，《東西南北》，法鼓全集 6 輯 6 冊，法鼓文化，頁 220）

三月二十八日，參加由行政院環保署、《聯合報》聯合舉辦之「宗教與環保」座談會。與會者有佛教代表五位，以及基督教、道教、伊斯蘭教、一貫道等單位代表。法師於會中提出兩點：呼籲全體信眾，簡化婚、喪、喜、慶儀典，響應環保運動。

一、站在佛教徒的立場，呼籲全體的信眾，對於婚、喪、喜、慶的儀典，要簡化節約，不要鋪張，要肅穆莊嚴，不要製造髒亂及噪音。二、呼籲我們全國的同胞，響應世界的環保運動，不應只注重個人的利益，不應只想到臺灣的環保，應以全世界全地球的環保為著眼。（〈五四、老馬拉破車〉，《東西南北》，法鼓全集6輯6冊，法鼓文化，頁220-221）

三月二十九日下午，應邀出席臺北市十普寺舉行之「世界華僧大會」閉幕典禮，並應主席淨心法師邀請致詞。與會致詞者另有國防部部長陳履安，以及民主基金會董事長關中。

法師致詞指出，今日佛教看似興盛，然因缺乏計畫性、層次性之制度，並未著重於長久普遍之基礎工作，日後發展實有隱憂。

今天臺灣的佛教，從表面看，相當興盛，世界的佛教也很普遍。但是，卻隱藏著相當大的危機，因為佛教沒有世界性統一性的行政組織，也沒有計畫性、層次性的教育制度和規模，雖能形成暫時性的信佛風氣，卻不能打下長久普遍的基礎。我們大家雖都在努力，可是現代化的適應及人才的培養，尚在剛剛學步的嬰兒階段；僧團的運作，依然是各自為政。所以今天的佛教事業，到了明天，很可能就換了主人，變成了其他社團和其他宗教的事業。

如今的天主教、基督教以及幾個新興的宗教，最近在國內的傳播媒體報導的頻率雖少於佛教，他們卻都在努力於人才的培養、制度的健全、世界化的組織以及統一

性的行動。(〈四六、陳履安部長〉,《東西南北》,法鼓全集 6 輯 6 冊,法鼓文化,頁 185)

三月三十一日,率同法鼓山遷建會工程小組,參觀臺北近郊大型坡地開發工程,以了解水土保持工程。(〈五五、佛七之外的還債及受報〉,《東西南北》,法鼓全集 6 輯 6 冊,法鼓文化,頁 225)

三月,為中華佛研所開設「比較宗教學」及「中觀學」,每週各四個小時。(〈五四、老馬拉破車〉,《東西南北》,法鼓全集 6 輯 6 冊,法鼓文化,頁 219)

四月二日,為香港愍生法師新著《辨破楞嚴真偽》撰序。(〈序愍生法師《辨破楞嚴真偽》〉,《書序》,法鼓全集 3 輯 5 冊,法鼓文化,頁 76-77)

四月四日,陳履安部長再度造訪農禪寺。日前,陳部長亦出席「世界華僧大會」閉幕典禮,對法師致詞深有所感,因於今日來訪深談,並表示將全力護持佛法。法師深為讚歎。

他表示他會盡其所能護持三寶。當我親耳聽到他的心願,不禁要使我熱淚盈眶,國民黨政府部長級的官員中,信佛而虔誠實修,並且全心護法的,自從大陸時代的戴季陶及居覺生兩大德之後,四十多年來陳履安部長應該是第一人了。

正在富貴或權貴中人，信仰三寶不易，精勤於三學增上，而仍能積極入世，不廢世間事功者，才是在家菩薩的應行和當行，卻是難行能行的大行，我們中國的佛教，就是缺少這樣的人。（〈四六、陳履安部長〉，《東西南北》，法鼓全集 6 輯 6 冊，法鼓文化，頁 185-186）

四月六日，赴美國。即起，於紐約東初禪寺，每週五晚上講《金剛經》，週日早上禪坐開示、觀音法會、午供，下午講《楞嚴經》，週三晚上講《維摩經》。（〈五六、弘法的喜悅．靈藥失靈〉，《東西南北》，法鼓全集 6 輯 6 冊，法鼓文化，頁 227）

四月十日，撰〈勉《人生》改版發刊〉。（〈勉《人生》改版發刊〉，《人生》，105 期，1992 年 5 月 15 日，頁 2）

《人生》月刊即起由報紙型改為雜誌型，發行目標與對象與報紙型之《法鼓》雜誌區隔：《法鼓》為內部刊物，以會員通訊、活動報導為主；《人生》則為文學、佛學、生活學以及社會關懷，對外部流通。

四月十二日，應紐約大學（New York University）邀請，在該校法學院演講「禪的智慧」，到有二百多位東西方聽眾。（《禪的世界》，法鼓全集 4 輯 8 冊，法鼓文化，頁

57-70）

四月十四日，致函果醒、果稠二位法師，歡迎其自泰國法身寺參學回來，並開示對不同法系教學之應有態度。

果醒、果稠二位仁者：歡迎你們二位，從泰國遊學回來。他山之石可以攻錯，彼邦必有可以借鏡之優良風範，我們當學的一定不少。這也正是要讓二位仁者出國之目的。唯於本國，佛教傳入近兩千年，已與我民族文化背景相結合，形成另一風貌的發展，若謂全盤放棄而別接新枝，勢必困難。唯今日時潮變動，南北傳及藏漢各傳的佛教徒們，接觸日趨頻繁，相互之間，取其同捨其異，認其同並諒其異，將來當可見到全球佛教聯盟型態的情況出現。但須假以時日，勿操之過急也。（〈七〇、法門龍象眾〉，《東西南北》，法鼓全集 6 輯 6 冊，法鼓文化，頁 309-310）

四月十四日至二十四日，應邀赴英國訪問十天，第二度為布里斯托大學（University of Bristol）禪學會主持禪七。由果元法師任侍者、保羅．甘迺迪任英語翻譯。（〈五七、從紐約到倫敦〉，《東西南北》，法鼓全集 6 輯 6 冊，法鼓文化，頁 231）

四月十五日，「財團法人法鼓山文教基金會」完成登記，登錄於臺北地方法院登記簿第陸冊第三三三四頁第

一二七號。基金會係於三月十七日獲教育部核准後，再向臺北市地方法院申請登記。（〈五〇、錄音訪問．法鼓山文教基金會〉，《東西南北》，法鼓全集 6 輯 6 冊，法鼓文化，頁 198）

下午五時半，抵達威爾斯約翰．克魯克教授牧場禪修精舍。（〈五九、牧場的禪修精舍〉，《東西南北》，法鼓全集 6 輯 6 冊，法鼓文化，頁 240）

四月十六日下午五時，正式進入禪七日程。禪期自十六日至二十三日，參加人員共三十一位，僅四位中國人。

場地設施簡陋，然成員水準整齊，大半有五至十年禪修經驗。

這次參加禪七的成員，水準相當地高。可是這個禪七道場的物質條件，非但古樸，實是清貧。我們的禪堂原先是棟儲藏乾牧草兼作牧場的工作坊。平面面積不到十五坪。經過改建加固，鋪上了木料的地板，換補了屋頂的破瓦，填塞了石牆的洞孔。至於睡的地方，並沒有寢室，一部分睡在另一棟羊舍的乾草堆裡，牆破頂漏，處處透光，孔孔通風，還有十三位是睡在戶外的個人帳蓬。至於洗臉、洗澡，都是在山谷的溪底。（〈六〇、禪修人員和禪七環境〉，《東西南北》，法鼓全集 6 輯 6 冊，法鼓文化，頁 247-248）

禪期中患嚴重感冒，醫藥效用不大，因默禱觀世音菩薩並發願，一日後勉能隨眾作息並開示。願文云：

若佛法尚需我弘揚，眾生還需我相助，令我受此病痛無妨，但求佛法昌明、眾生安樂。（〈六二、請病假．溪邊坐．恭喜〉，《東西南北》，法鼓全集 6 輯 6 冊，法鼓文化，頁 255）

禪期開示講解〈默照銘〉。禪眾中有醫生賽門．查爾德（Simon Child）得力最多，獲法師恭喜。（〈六二、請病假．溪邊坐．恭喜〉，《東西南北》，法鼓全集 6 輯 6 冊，法鼓文化，頁 258-259）

四月二十三日，禪七圓滿，晨操打坐後，舉行三皈五戒及禮祖感恩迴向儀式。於午餐後，向布里斯托出發。（〈六三、拋了漁具的漁夫〉，《東西南北》，法鼓全集 6 輯 6 冊，法鼓文化，頁 261）

四月二十四日上午，至倫敦訪問大英圖書館。先已經敦煌專家冉雲華教授建議，訪看馬爾克．奧瑞爾．史坦因（Marc Aurel Stein）從敦煌帶回之殘卷及藝術品。由敦煌收藏負責人佛蘭習絲．伍德（Frances Wood）女士接待引導至特別閱覽室欣賞研究。所見皆為距今一千二、三百年之古物。（〈六五、大英圖書館的敦煌抄卷〉，《東西南北》，法鼓全集 6 輯 6 冊，法鼓文化，頁

268-274）

下午，依約至大英博物館，由該館東方古物部副主任龍安妮（Anne Farrer）博士接待，閱讀四十多幅早期敦煌木刻經咒並附圖畫，以及近百幅彩色敦煌絹畫。（〈六六、大英博物館的敦煌絹畫〉，《東西南北》，法鼓全集6輯6冊，法鼓文化，頁275-279）

四月二十五日，由英國飛返美國紐約。

四月二十六日，於東初禪寺講演「禪的心靈環保」。（《禪的世界》，法鼓全集4輯8冊，法鼓文化，頁125-135）

五月一日，應耶魯大學（Yale University）中國同學會邀請，由該校中文學校校長許惠容居士安排，借耶大華爾街一百號大樓演講「什麼是禪」。講前至該校參觀其圖書館、藝術館，並至耶魯大學附屬醫院探訪顯明法師、訪問華僑吳旭初及許惠容夫婦等組成之佛學會。（〈六八、耶魯大學講禪．九百萬冊圖書館〉，《東西南北》，法鼓全集6輯6冊，法鼓文化，頁286-293）

案：今收於《禪的世界》，題名〈禪是什麼〉，與收於《禪鑰》，題名〈覺後空空無大千〉同為此次演講紀錄。

五月三日，於紐約東初禪寺主持浴佛慶典，並以「佛教對現代社會的功能」為題開示，約有東西方信眾五百人參加。

同日，撰函鼓勵農禪寺等常住大眾：自我要求、自我調適。

諸位發菩提心常住菩薩大眾：本常住已十多年，人事制度等各方面，均在逐日穩定、進步、成長中，我們不要自滿於現狀，必須日進又進。對個人、對常住，均當增益改進。凡事都是因緣，除了我們必須審察本常住的各項人為的不夠健全之外，能做的、當做的，若在現實條件許可下，一定要改善，而且當從善如流。尚請諸仁者以菩提心為基礎，以檢點自己的心行為原則，以愛護常住成就大眾的菩薩行為目的，共同貢獻力量。我們正在提倡「提昇人的品質，建設人間淨土」，這絕不是口號、乃要打從每個人的內心做起。不能學習一般世間的觀念：一昧要求環境，而不作自我調適，因那就是煩惱的淵藪。（〈七〇、法門龍象眾〉，《東西南北》，法鼓全集 6 輯 6 冊，法鼓文化，頁 316-318）

五月八日及九日晚上，接受一西方佛教團體「禪山叢林」（Zen Mountain Monastery）邀請，由果元法師、王明怡居士隨侍，至紐約上州作密集式講座，以〈信心銘〉為主題，教授禪修理論及方法。兩天課程內容如下：

一、禪宗重於智慧的開發，稱為明心見性。

二、禪宗的頓悟法門及其開悟的事例，在佛世的印度，即已存在。

三、禪宗的見性即是見的緣起無自性，即是諸法空性。

四、佛性、如來藏、佛果位等名實的同異。

五、禪宗的公案與話頭都是古人的遺事，可以用作參禪的工具，不必當作思辨的說明。

六、講解禪宗第三祖僧璨禪師的〈信心銘〉。（〈六九、禪山叢林指導禪修〉，《東西南北》，法鼓全集 6 輯 6 冊，法鼓文化，頁 295）

五月十二日，第十四度應邀至紐約哥倫比亞大學，出席「佛教各系學術問答討論會」，討論會由錫蘭上座部之紐約佛教會主辦。

五月十四日，接受紐約西藏中心負責人穹拉惹對仁波切邀請，赴該中心演講，題為：「我怎樣成為一個禪宗僧侶」。該中心為達賴喇嘛之紐約辦事處，負責人為達賴之代表。（〈禪宗、藏密兩法師　在紐約互作佛法交流〉，《人生》，107 期，1992 年 7 月 15 日，頁 39）

五月十七日，邀請紐約西藏中心負責人穹拉惹對仁波切至東初禪寺，以「西藏佛教的修學次第」為題演講，互為交流。穹拉惹對仁波切得知臺灣法鼓山建設計畫，特別要求為其播放《海會雲集》與《第一屆中華國際

佛學會議》錄影帶。（同上）

同日，撰函傳真至臺北，勉勵常住執事：對怨言慈忍，對批評寬容。

執事是一份如來家業的承擔，是以利人為先，三寶為重，安定常住大眾，始能成就常住大眾。安定眾人之方，不出二途：（一）依經、依律、依法，依共住規約為約束。（二）以師父及執事們的主動關懷、鼓勵、慰勉、了解、溝通為凝聚。先從綱領執事與各組執事之間的上層協調做起，更宜從各執事的自我安心、自我調適做起，然後用安人來自安，因自安也必能安人。任勞者必堪忍怨，任事者必遭批評。怨言之下有慈忍，批評之中藏金玉。若能善於承擔者，便是善為執事，善為執事者，即是自行化他。（〈七〇、法門龍象眾〉，《東西南北》，法鼓全集6輯6冊，法鼓文化，頁318-319）

五月二十二日至二十九日，於東初禪寺主持第五十六期禪七。

五月，中華佛研所第二屆研究生惠敏法師，取得日本東京大學文學博士學位。

六月六日，應邀於紐約華埠中華公所講演「積極的人生觀」。（《禪的世界》，法鼓全集4輯8冊，法鼓文化，頁

253-268）

六月十日，為原籍南斯拉夫之正見法師英譯《華嚴經・如來出現品》撰序。（〈序正見法師英譯《華嚴經・如來出現品》〉，《書序》，法鼓全集3輯5冊，法鼓文化，頁83-84）

同日，御封泰國華宗大尊長、泰國普門報恩寺住持仁得法師至農禪寺拜訪，並接受《法鼓之聲》廣播節目採訪。聖嚴法師刻正在美弘法，由中華佛研所董事今能長老接待，農禪寺果祥法師、果暉法師擔任介紹。仁得法師特往法鼓山資訊中心參觀，詳細了解電腦系統運作及其間關聯。（〈泰國華僧仁得法師至農禪寺訪問〉，《人生》，107期，1992年7月15日，頁40）

六月十三日，撰函勉勵中華佛研所同學：為法獻身，將生命與正法接合。

西方世界已有近千年的興學經驗，日本佛教教育之現代化也有近百年的歷史，我國佛教界才剛起步。在規模、制度、設備，乃至穩定性方面，我們當然無法與歐美及日本相比。在師資人數、素質與研究生的數量比率，本所應算是少有的例子，讓我們值得欣慰；我們的選課之多，也非其他所及。我本人是佛教教育環境中的孤兒孽子，不希望我的晚輩們仍在同樣的環境中自生自滅，所以願竭我有生之年，為培育下一代而盡棉力。我們強調菩提心或道心，目的在於續佛慧命，絕不僅靠文士型的佛教學者所能為，必須於三業及三無漏學的實踐中，始能將其生命與正法接合。故祈護法龍天相助，護惜諸位同學善知識為法獻身的大菩提心。（〈七〇、法門龍象眾〉，《東西南北》，法鼓全集 6 輯 6 冊，法鼓文化，頁 307-308）

六月二十七日至七月二日，主持東初禪寺第五十七期禪七。

（開示文今收〈東初禪寺第五十七期禪七〉，《禪的體驗．禪的開示》，法鼓全集 4 輯 3 冊，法鼓文化，頁 285-302）

為培植幹部人才，本次禪七運作方式，稍作調整，由助手分擔小參工作。

以往的禪七小參，均由我親自擔任，這回則分由一中一西的兩位助手，為我分擔了兩天的小參工作。目的是為培植幹部人才，增長他們助人修行的信心和經驗，這回選的兩位幹部是美國弟子 Stuart Lachs、中國弟子果稠師，兩人都曾在日本、泰國、韓國、臺灣、美國等地，參加過十次以上的禪七，也曾有過連續半年以上的禪修體驗，經過實驗，發現本次七的禪眾，也頗能夠接受如此的安排。（〈七一、幹部．時間．健康〉，《東西南北》，法鼓全集 6 輯 6 冊，法鼓文化，頁 320）

六月二十七日，撰函勉勵即將赴泰國法身寺參學之果暉、果元二位法師，並指導學習方針。

二位日內即將赴泰遊學，相信二位都能情同手足，同門、同法、同學，成為同行、同修的生死同參，相互照顧、彼此勉勵。

一、學彼邦法門之所長而有助於我國僧團者。

二、彼法身寺行事、弘化、攝眾、導俗的優點，當留心學取。

三、彼國之僧紀、僧儀、僧教育制度，宜留心訪察。

四、彼邦禪修方法的個人及共修指導，宜注意學習。

五、唯一年時間有限，不必貪多，盡力而為，保護道心以及健康。（〈七〇、法門龍象眾〉，《東西南北》，法鼓全集 6 輯 6 冊，法鼓文化，頁 310）

案：一九九〇年七月，中華佛研所與泰國法身基金會締盟交流。同年，泰國祥智比丘、祥代比丘就讀中華佛研所；去年，果醒及果稠法師受派赴泰修學，於今年四月間分別回到臺灣農禪寺及紐約東初禪寺。此次臺灣果暉比丘及紐約果元比丘，以第二次受派因緣，前往泰國留學，為期一年。

七月一日起，國立故宮博物院舉行「佛教文物特展」，展出觀音名畫、歷代佛經，以及法器佛像。此項展覽係配合七月十八日，由中華佛研所主辦「第二屆中華國際佛學會議」而舉行。

七月二日，《東西南北》脫稿，明年十月出版（請參見該條譜文）。結語云：

我很忙，總能找出時間，完成應做的工作。

我常病，總能調整身心，猶如健康的活著。（〈七一、幹部・時間・健康〉，《東西南北》，法鼓全集 6 輯 6 冊，法鼓文化，頁 322）

七月三日，美國紐約第五十七期禪七結束，即飛返臺灣，於七月五日清晨抵達。

七月八日至十日，連續三晚，於農禪寺開講《法華經》，每晚約有一千二百位聽眾。講經圓滿當晚，有四百多人皈依。（〈一、第二屆中華國際佛學會議〉，《春夏秋冬》，法鼓全集 6 輯 7 冊，法鼓文化，頁 16）

七月十一日，應臺灣省政府邀請，於臺北縣立文化中心，演講「推動祥和社會——自利利人」，由省新聞處處長羅森棟先生主持。（〈一、第二屆中華國際佛學會議〉，《春夏秋冬》，法鼓全集 6 輯 7 冊，法鼓文化，頁 17）

七月十二日，護法會「外縣市幹部會議」於農禪寺舉行。目前，文基會已經成立十個辦事處所，分別是：基隆、桃園、中壢、新竹、臺中、嘉義、臺南、高雄、屏東、宜蘭。因舉辦講習以增進共識。（〈關懷鼓勵　充滿幹部會議〉，

《法鼓》，32 期，1992 年 8 月 15 日，版 1）

七月十二日起，每週日上午，於農禪寺講解《六祖壇經》。

（〈一、第二屆中華國際佛學會議〉，《春夏秋冬》，法鼓全集 6 輯 7 冊，法鼓文化，頁 17）

七月十三日，於農禪寺召開「法鼓山文教基金會」第一次董事會議，揭櫫成立緣起、意義與工作重點。

七月十四日，「法鼓山文教基金會」正式成立運作，由法師任董事長兼執行長。辦公室設於農禪寺。此前，法鼓山之籌建均以「中華佛學研究所」名義展開，今則可有較為寬廣之法業推動。

法鼓山文教基金會主要目標，是以推展及落實佛教教育、文化、修行、弘法及護法等工作重點。目前的初期目標為：

一、法鼓山所屬事業體的整合。

二、法鼓山第一期發展計畫的推動。

三、法鼓山制度建立與人才培育等。

雖以推展佛教文化、教育為主，但同時亦兼顧到弘法、修行與慈濟事業等方面。（〈法鼓山文教基金會正式運作〉，《法鼓》，32 期，1992 年 8 月 15 日，版 1）

七月十四日、十五日，分別會見大臺北地區全體小組長及

新竹以北地區小組長，慰勉辛勞並提示勉勵。

一、盡心而為，盡力而為，不管勸募金額的多寡、會員的多少，只要盡心盡力就好。

二、推廣佛法，普及護法，其對象盡量以新佛教徒或未固定護持某個道場的人為主。

三、法鼓山理念的推動，重要的是落實關懷。

四、要多進修、多修學佛法。（〈聖嚴師父四項勉勵　慰勞小組長〉，《法鼓》，32 期，1992 年 8 月 15 日，版 1）

七月十八日至二十日，假臺北圓山大飯店召開「第二屆中華國際佛學會議」。法師任總召集人，總策畫人為戚肩時祕書長，副總策畫人為鄭振煌教授。會議由中華佛研所主辦，協辦單位則有：日本立正大學佛教學部、日本佛教大學、泰國法身基金會、美國夏威夷大學宗教研究所、美國密西根大學佛教文化研究所以及法鼓山文教基金會。

共邀請三十位佛教學者，分別來自美國、英國、比利時、捷克、德國、法國、丹麥、加拿大、日本、泰國及地主中華民國，提出二十六篇論文。其中包括兩位世界重量級大師：美國紐約州立大學稻田龜男博士，及密西根大學葛梅茲博士。本次會議主題為「傳統戒律與現代世界」，係第一屆會議閉幕典禮討論會中所決議。研討子題為：

一、傳統戒律與現代社會的衝突及適應。

二、菩薩戒與中國佛教之特色。

三、從歷史層面看戒律。

四、戒律與婦女。

五、戒律與在家居士。

六、其他有關戒律的問題。（〈一、第二屆中華國際佛學會議〉、〈二、二十六篇論文〉，《春夏秋冬》，法鼓全集 6 輯 7 冊，法鼓文化，頁 13-22；另參見：《第二屆中華國際佛學會議實錄》，臺北：中華佛學研究所，1993 年）

七月十八日下午三時，主持「第二屆中華國際佛學會議」開幕典禮，隨後與美國密西根大學葛梅茲博士、日本立正大學三友健容博士，分別以「傳統戒律與現代世界」、「談戒律與持戒」發表主題演說。

法師以「傳統戒律與現代世界」為題，指出：佛陀制戒並非一成不變，而是有相當變通性及適應性。唯當設法補救，卻不可輕言廢棄。

戒的功能在清淨與精進；律的作用在和樂與無諍。這不正是我們今日世界每一個家庭及社會所需要的嗎？如再加上大乘菩薩的「三聚淨戒」：止一切惡，修一切善，利益一切眾生。以無染的智慧，消融貪瞋等煩惱；以清淨的戒行，導正社會的風氣，以平等的慈悲，接納一切眾生；在眾生群中成就菩提心，也助眾生發起菩提心。

戒律對佛法的化世，絕對是必要的，所以佛有明訓，唯有「嚴淨毘尼」，始能使得「正法住世」。（〈傳統戒律與現代世界〉，《菩薩戒指要》，法鼓全集1輯6冊，法鼓文化，頁17）

七月十九日，第一場研討會，法師發表〈從三聚淨戒論菩薩戒的時空適應〉，就「三聚淨戒」對現代社會之特別意義提出討論，認為其可緊可鬆、可約可繁，恰合現代需求。「提要」云：

菩薩戒是聲聞律儀戒以外的別解脫戒，乃是大乘佛教為菩薩所設。聲聞戒共有三皈、五戒、八戒、十戒、具足戒，在家佛教徒僅受至前三種，出家佛教徒則可受至第五種。菩薩戒不屬於聲聞律儀，所以在家人亦得受持；菩薩戒可涵攝聲聞律儀，故大乘佛教的出家人都應受持。

菩薩戒以觀空為著眼，以淨心為宗旨，以發無上菩提心為基礎。所以菩薩戒既可涵攝一切佛法，也可執簡御繁，僅用三句話來包括，那就是三聚淨戒的（一）攝律儀戒、（二）攝善法戒、（三）攝眾生戒。亦即是止惡、行善、利益眾生。

三聚淨戒的內容，淵源於《阿含》聖典，經過大乘的《般若》、《涅槃》、《華嚴》、《維摩》等經的醞釀，至《瑜伽師地論》而集大成，出現了輕重戒相的條文，以及授戒悔罪的儀則。再經《瓔珞》及《梵網》二經，而使菩薩戒的弘揚，盛行於中國、新羅、日本。

三聚淨戒的規定，既可約也可繁；既是難受難持，又可使人覺得易受易持。其內容既有緊收，也有寬放。故可因應時空的需要而舒卷自如。在俗則俗、在僧則僧，能高則高，不能高便求其次。若能把握住三聚淨戒的基本原則，如三皈、五戒、十善、十重禁戒等，便可遊刃有餘，靈活運用於久遠廣大的時空之間。（〈從三聚淨戒論菩薩戒的時空適應〉，《菩薩戒指要》，法鼓全集 1 輯 6 冊，法鼓文化，頁 19-75；「提要」見《中華佛學學報》，6 期，臺北：中華佛學研究所，1993 年，頁 10）

七月二十日，主持閉幕典禮；邀請國防部部長陳履安及美國佛學泰斗稻田龜男博士致詞。中國廣播公司董事長關中、立法委員丁守中等多人亦到場，祝賀大會討論豐富而具參考價值。

學者們不但提出各類有關傳統的修持及戒律的關連性，也提出許多和現代世界變遷的因應問題，諸如：器官捐贈、安樂死、科學與佛教教義之間的衝突，環境汙染和佛教徒責任的問題等。（〈中華國際佛學會議　圓滿閉幕〉，《法鼓》，32 期，1992 年 8 月 15 日，版 1）

第二屆的主題訂在「傳統戒律與現代世界」，可說是延續上屆內容再作深入探究，同時主題也受到教界人士的注意。不過，聖嚴法師表示，他認為主張戒要修正的看法是不切實際，也不合乎佛法，因為沒有人有資格修改戒律。他並且說，佛教傳入中國已有二千年，沒有人說要修改戒，也沒有人是照著印度傳來的戒律實行，而是適應中國的社會環境、文化背景，合乎佛法的原則作適當的活用，因此，第二屆會議中學者提出的看法、資料及文獻，都是可以為日後參考的依據。（〈會議成果榮耀歸於十方〉，《人生》，108 期，1992 年 8 月 15 日，頁 12）

七月二十一日上午，帶領全體與會學者至法鼓山上，諸學者並於山上種植菩提樹以為永久紀念。下午至故宮博物院參觀。故宮博物院特於七月舉辦「觀音名畫特展」以饗國際佛學會議之學者。（〈中華國際佛學會議　圓滿閉幕〉，《法鼓》，32 期，1992 年 8 月 15 日，版 1）

同日，為林世敏新著《學佛百問》撰序，讚其能展現佛法實用性。（〈序林世敏居士《學佛百問》──展現佛法實用性〉，《書序》，法鼓全集 3 輯 5 冊，法鼓文化，頁 78-79）

七月二十二日，率領農禪寺、中華佛研所以及法鼓山護法會幹部義工六十多人，至臺北縣三峽鎮，訪問台灣英文雜誌社教育訓練中心。由董事長兼總經理陳嘉男伉儷為法鼓山事業體行政幹部舉辦企業管理訓練講習。

我們法鼓山的護法會是在沒有預備工作及預備心理的情況下組織起來的。所以很想知道「台英社」經營成功的運作情況，好的經營必定有好的幹部，好的幹部必定有好的教育與訓練。我相信我們法鼓山必定可以從「台英社」學到寶貴的經驗。（〈六、台灣英文雜誌社〉，《春夏秋冬》，法鼓全集 6 輯 7 冊，法鼓文化，頁 36）

七月二十三日至三十日，主持臺灣（農禪寺）第四十四期禪七，共一百七十六人參加。與六月份紐約東初禪寺第五十七期禪七實施方式相同，調整「小參」方式，由弟子先行接談。（〈二七、禪七 · 電視台 · 中學 · 禪修營〉，《春夏秋冬》，法鼓全集 6 輯 7 冊，法鼓文化，頁 129）

八月一日，應中視《女人 · 女人》節目邀請，至中視錄製專題，探討禪坐各項問題。節目由趙寧、崔麗心主持，對談者有立法委員丁守中及洪啟嵩居士。節目於八月十一日播出。（〈二七、禪七 · 電視台 · 中學 · 禪修營〉，《春夏秋冬》，法鼓全集 6 輯 7 冊，法鼓文化，頁 129-130）

八月二日上午，華視《新聞廣場》節目邀請法師與天主教光啟社前任社長丁松筠神父，就如何改善社會奢靡風氣為主題進行對話，呼籲惜福、培福。節目係以現場立即轉播方式播出。

聖嚴法師指出，目前社會上充斥的各種貪婪與奢靡的現象，與長久以來，朝野重視經濟發展，忽略文化與宗教，有很大的關係。至於如何導正現代社會奢靡的風氣，聖嚴法師與丁神父一致呼籲，政府首長、官員及社會各階層領導人物應該以身作則，言行一致，首先做為民眾的好榜樣。聖嚴法師並懇切地指出，無福不如惜福，惜福不如培福，希望我們在擁有的同時，仍不忘惜福與培福。(〈華視新聞廣場立即轉播　佛教、天主教兩代表對談〉，《人生》，108 期，1992 年 8 月 15 日，頁 43)

當晚七時至九時，至臺中市中山堂，演講「淨化人心‧淨化社會」。演講由三寶護持會主辦。(〈人生新聞〉，《人生》，107 期，1992 年 7 月 15 日，頁 39)

八月四日至十一日，率領由中華佛研所教師及法鼓山遷建工程委員會組成之「日本友好訪問團」一行十人，至日本訪問，就中日佛教教育、建築等多方面考察交流。主要目的有：

一、為應答佛教大學、立正大學這兩所來臺簽訂學術交流的合約，以及感謝其他給予中華佛學研究所協助的日本大學。

二、為觀摩日本學術教育及宗教修行並重的學術機構。由於日本有多所佛教大學都是從明治晚期開始建立，逐漸再擴展至佛教學院，而至普通大學，漸漸到目前的規模。從昔日的小規模到現今的大規模，其中有許多的挫折，也有許多寶貴的經驗，可資中華佛學研究所辦學借鏡。

三、為考察日本寺廟、大學的建築特色，其中含括建築用途、內外空間的建築、各種材質的運用等，以作為法鼓山建築時的參考。（〈聖嚴法師率團赴日訪問　進行多方面交流〉，《人生》，108 期，1992 年 8 月 15 日，頁 42）

八月四日下午五點十五分，抵達成田機場。

八月五日，訪駒澤大學，由該校前佛教學部部長佐藤達玄教授接待參觀。而後赴東京大學，參觀其研究室及圖書館。同時拜訪印度哲學研究室主任教授江島惠教博士，因江島博士為惠敏法師指導老師，特往致謝。（〈九、曹洞宗的駒澤大學〉、〈一〇、東京大學〉，《春夏秋冬》，法鼓全集 6 輯 7 冊，法鼓文化，頁 48-55）

午餐，由東京大學赤門前「山喜房佛書林」老闆淺地康平作東。法師博士論文由其出版，學成離日時，亦由其送機。

當晚，訪問老友，現任本納寺住持桐谷征一先生。桐谷先生得知法師正籌建法鼓山，當即捐助日幣十萬元。（〈一一、飯館．鄉土館．山喜房．本納寺〉，《春夏秋冬》，法鼓全集 6 輯 7 冊，法鼓文化，頁 56-62）

八月六日上午，率弟子果鏡法師、陳柏森建築師、施建昌及廖雲蓮，先去造訪留學時代居停處，擬向房東致意感謝。唯屋舍已易主，且主人外出，僅於門外瞻仰昔日用功之小閣樓。法師留學時，在此小樓用功六年，為美濃閉關以後最重要之修學處所。

那間臨街第二層小閣樓的右側一小間，我住了六年，房租費每月日幣二千元漲到八千元，僅僅四個半榻榻米。東京的夏天，特別熱，而那間閣樓是西曬；冬天時冷，而那間閣樓的窗戶，正好面迎西北風；不過我從未動過要搬家的念頭，環境的惡劣，對凡夫的影響固極重要，對於修行者而言，卻正好用作境上鍊心的工具。故我在那兒住成習慣之後，倒是覺得滿不錯的。日本的同學們，便戲稱那是我一年四季春夏秋冬日日好日的金剛道場。對我而言，那還是個「道場」，房間內沒有床鋪，卻有佛壇，每天早晚，定有自己的禪誦恆課。沒有沙發椅，卻有六個書架子，在書桌的上方，貼有一紙，寫著東初老人給我的兩句訓勉語：「當作大宗教家，勿為宗教學者。」

我在這間小閣樓上，讀了很多書，寫了不少文章，我的碩士論文及博士論文，均在這兒完成。《從東洋到西洋》那本書中的作品，也都是從這間小閣樓上生產出來。我在這兒，曾經接待過許多貴賓，除了高雄美濃朝元寺旁的關房之外，這兒是我生命史中，最足懷念的道場。（〈一二、造訪我春夏秋冬的道場〉，《春夏秋冬》，法鼓

全集 6 輯 7 冊，法鼓文化，頁 63-66）

九點四十五分，進入立正大學。由校長渡邊寶陽、佛教學部部長三友健容、總務部部長久留宮圓秀、法華經文化研究所所長田賀龍彥、日蓮教學研究所教授系久保賢接待。中午，由立正大學在日蓮宗大本山，池上本門寺設宴歡迎。赴午宴途中，向渡邊校長請教辦學經營之道。

根據渡邊校長的看法，日本以宗教團體經營社會高等教育最成功的是東京一天主教辦的上智大學，其宗教信仰非常自由，用人方面亦有極大的權限，並不一定非屬天主教徒。另外，由佛教團體所主辦的大阪社會福祉大學，教職員皆非佛教徒，其背後經營卻異常辛苦。由這兩個例子即可看出佛教的辦學方式與經驗，需向天主教學習之處頗多。聖嚴師父認為，唯有從人事、財政及理念方針三方面同時兼顧，學校經營才得以穩固。（〈弘揚法鼓理念　師法東瀛經驗〉，《法鼓》，33 期，1992 年 9 月 15 日，版 1）

餐後，由惠敏法師帶領至文京區，參觀小石川後樂園，作為法鼓山建設之參考。（〈一五、後樂園．晚餐〉，《春夏秋冬》，法鼓全集 6 輯 7 冊，法鼓文化，頁 77-80）

八月七日上午，往京都，參觀大谷大學。（〈一六、從東京

到京都〉，《春夏秋冬》，法鼓全集 6 輯 7 冊，法鼓文化，頁 81-84）

八月八日，訪問日本淨土宗佛教大學，由該校前任校長水谷幸正博士主持歡迎會。（〈一七、水谷幸正先生．禪味〉，《春夏秋冬》，法鼓全集 6 輯 7 冊，法鼓文化，頁 85-89）

餐後，訪問淨土宗總本山知恩院。獲得特許，參觀十多年開放一次之該院「總門」門樓。而後參訪金閣寺。（〈一八、知恩院．金閣寺〉，《春夏秋冬》，法鼓全集 6 輯 7 冊，法鼓文化，頁 90-95）

下午，返回佛教大學，參觀該校通信教育部（函授學校）各項教育設施。此為該校特色。經會商，獲得支持，提供通信教育經驗協助。（〈一九、佛教大學的通信教育與晚宴〉，《春夏秋冬》，法鼓全集 6 輯 7 冊，法鼓文化，頁 96-100）

晚宴後，與慧嚴、果鏡二法師及廖雲蓮居士，訪問京都大學人文科學研究所資深教授牧田諦亮博士。牧田教授為中國佛教史專家，今年二月，曾受邀至中華佛研所擔任客座教授。（〈二〇、牧田諦亮先生．東大寺〉，《春夏秋冬》，法鼓全集 6 輯 7 冊，法鼓文化，頁 101-104）

八月九日，搭乘佛教大學派來中型巴士，由蛭田修先生陪同，參訪奈良佛教名勝：東大寺、唐招提寺及藥師寺。招提寺由唐僧鑑真和尚開山創建，寺後即鑑真和尚埋骨塔院，因特前往憑弔，並就地頂禮三拜。（〈二〇、牧田諦亮先生．東大寺〉、〈二一、奈良寺院．嵯峨野湯豆腐〉，《春夏秋冬》，法鼓全集 6 輯 7 冊，法鼓文化，頁 101-109）

晚餐後，約同李志夫、方甯書兩位教授，以及惠敏、慧嚴兩位法師，討論訪問心得。對未來教育規畫，有具體方向。

一、中華佛學研究所學術研究重點，當依科目為中心，以老師來穩固這個中心，請惠敏法師動腦研究，盼在一年內完成計畫。

二、中華佛學研究所成立函授教育部的籌備事項，宜先派人到京都佛教大學見習，而後成立籌備處，關於此點，須先物色適當人選，並取得佛教大學的同意。

三、法鼓山未來的教育方針，必須早做確定。（〈二一、奈良寺院．嵯峨野湯豆腐〉，《春夏秋冬》，法鼓全集 6 輯 7 冊，法鼓文化，頁 109）

八月十日，仍由佛教大學派車，由祕書田村女士引導，訪問京都郊外宇治地方黃檗山萬福寺。此亦由中國高僧隱元隆琦在日本所建道場，隱元禪師對日本佛教建樹

甚多，為日本近代文化史上巨擘。因要求至隱元禪師墓前致敬，就地禮拜。

那位知客見我就地禮拜，禁不住的跟我們隨同人員稱歎說，這是他記憶之中從未發生過的事，一般的學者或訪客，到了墓前最多合掌鞠躬，難有可能就地禮拜。我對於隱元禪師這樣的高僧，抱有崇高的敬意，因為他到日本能夠影響他們而復興了禪宗，像我這樣的人到日本能有什麼帶給他們，影響他們呢？相反的倒是去向日本學取他們的經驗和長處所在，在慚愧之餘，相形之下，怎麼能不對先賢隱元禪師這樣的高僧致敬禮拜呢？（〈二二、黃檗山萬福寺〉，《春夏秋冬》，法鼓全集 6 輯 7 冊，法鼓文化，頁 114）

下午，參觀興聖寺，並於其禪堂打坐，體會其建築配置。（〈二五、興盛寺〉，《春夏秋冬》，法鼓全集 6 輯 7 冊，法鼓文化，頁 120-123）

晚上八時至十時，集合全團人員作綜合檢討。對建築方面有多種考察心得。會中，法師特別提出中華佛研所面臨之三項危機及應對之策，對未來發展方向有重大改變：

一、本所畢業的學生不能頒授由政府承認的碩士學位，可是各公私立大學已在設立宗教學系及宗教研究所，本所招生的來源，勢必愈來愈困難。

二、由於本所的老師，無法取得教育部公認的資格，本所培養出來的優秀學生，到國外深造取得學位之後，很難願意回到本所服務。

三、由於本所的研究人員，無法具備政府認定的資格，就很難聘請到優秀的研究人才。

由於面臨這三項難題，等於使我們的研究所面臨到了停辦的命運。因此，我又向隨行的全體人員宣布五點對策：

一、本所盡力向教育部及立法院，呼籲爭取在立法及行政兩個部門，取得承認學生學位及教師資格的可行性。

二、以本所現有的設備和條件，尋求和其他公私立大學合作的可能性。

三、將法鼓山的中華佛學研究所擴展為獨立的人文社會學院。

四、放棄招生，不做培養研究生的工作，專做研究發展的工作，以個案的方式和個人的方式，來推動佛教的研究計畫。

五、專辦成人的課後教育及函授與空中教育。（〈二六、綜合檢討會〉，《春夏秋冬》，法鼓全集6輯7冊，法鼓文化，頁124-127）

經此討論與醞釀，法師於結束日本訪問返臺後，積極推動籌備「法鼓人文社會學院」，並於兩個月時間完成計畫，於九月底將申請案提報教育部。初期擬成立

三系一所——宗教系、外文系、社會系、佛教研究所。（同上）

八月十二日下午，馬尼拉國際牧靈研習所所長傑弗利．金（Geoffrey King S.J.）神父，由天主教中國主教團宗教合作委員會執行祕書馬天賜神父陪同，至農禪寺拜訪法師，並由果醒、果瀚二位法師接待參觀。（〈天主教 King S.J. 神父蒞臨農禪寺參觀〉，《人生》，109 期，1992 年 9 月 15 日，頁 48）

八月十三日，立法委員陳水扁及主婦聯盟、扶輪社等單位，應邀至中華佛研所，與法師舉行座談，探討宗教、教育與環保之互動關係，以及宗教教育納入基礎教育之可行性，另亦討論宗教教育機構制度化等問題。

八月十五日，接受華視邀請，擔任「宗教與教育系列演講」主講，於華視大樓視聽中心錄影演講「自私與無我」。（〈二七、禪七．電視台．中學．禪修營〉，《春夏秋冬》，法鼓全集 6 輯 7 冊，法鼓文化，頁 131）

八月十六日，召開「法鼓山文教基金會護法會勸募會員聯誼會」，來自全臺共有七百六十名勸募會員，由法師頒發勸募會員證。（〈勸募會員大會　化感動為行動〉，《法鼓》，33 期，1992 年 9 月 15 日，版 1）

八月十七日，南下高雄，於鳳山國父紀念館主講「從佛教談積極入世的人生觀」，本次活動由高雄縣立文化中心主辦，鳳山佛教蓮社及法鼓山護法會高雄辦事處協辦，約有一千餘人到場。（〈聖嚴師父　南傳法音〉，《法鼓》，33 期，1992 年 9 月 15 日，版 1）

八月十八日上午，於高雄大眾銀行九樓舉行「法鼓山護法會南部地區聯誼會」，來自嘉義、臺南、高雄及屏東二百多位法鼓山會員與會聆聽開示。

師父表示：「我們的勸募工作並不是向人家伸手要錢，而是要將法鼓山的理念推廣遍及社會每個角落。做為師父的弟子及法鼓山的會員，一定要有法鼓山的味道。對人不要粗暴，要有禮貌，不要自私，才有法鼓山的味道，也才能提昇人的品質，建設人間淨土。」（〈勸募　要有法鼓山的味道〉，《法鼓》，33 期，1992 年 9 月 15 日，版 1）

當晚，在高雄市立文化中心至善廳講演「信仰與實踐」，立法委員王志雄致歡迎詞。演講由財團法人王林樓蘭紀念基金會及高雄市立文化中心主辦，南方文教基金會、維鬘傳道協會、中華民國殘障人協會、大同文教基金會協辦。法師於演講結束後，將演講所得悉數捐贈中華民國殘障人協會。（〈聖嚴師父　南傳法音〉，《法鼓》，33 期，1992 年 9 月 15 日，版 1）

八月二十一日下午，帶領弟子果祥法師等多人，至敦化南路光啟社參觀。由社長嚴任吉神父及丁松筠、馬天賜神父接待。雙方一致表示，願意打破宗教藩籬，製作有益大眾之節目。（〈聖嚴法師實地參觀光啟社〉，《人生》，109期，1992年9月15日，頁47）

八月二十三日下午，社會大學文教基金會人文管理學院假法鼓山舉行結業典禮，法師應邀以「來自宗教的經營智慧」為題演講，講後並應邀頒發結業證書。（〈社會大學在法鼓山舉行結業典禮〉，《人生》，109期，1992年9月15日，頁46）

八月二十四日，大陸中央美術學院教授金維諾，由文化大學哲學研究所教授李志夫及慈濟功德會多位居士陪同，蒞臨農禪寺訪問，法師親自接待，並以晚宴款待。（〈大陸教授金維諾造訪聖嚴法師〉，《人生》，109期，1992年9月15日，頁47）

八月二十七日，主持剃度典禮，七位青年求度出家，為取法名：果品、果建、果谷、果昌、果稱、果悅、果雨。（〈七位居士剃度出家〉，《人生》，109期，1992年9月15日，頁45）

八月二十九日至三十一日，應香港佛教青年協會導師暢懷法師之邀，於香港九龍尖沙咀文化中心演藝廳講說《金剛經》。此為法師第四度至香江弘法。會後，將主辦單位供養回饋香港佛青會，作為贈書至大陸之基金。（〈聖嚴師父香江弘法　講說《金剛經》〉，《法鼓》，33期，1992年9月15日，版1；〈二八、法鼓學院．香港〉，《春夏秋冬》，法鼓全集6輯7冊，法鼓文化，頁136-138）

八月三十一日，法鼓山開發計畫獲臺北縣政府核可。（〈臺北縣政府核准法鼓山「開發許可」〉，《法鼓》，34期，1992年10月15日，版1）

八月起，中華佛研所聘請吳寬博士為副所長。中華佛研所第二屆研究生惠敏法師，五月下旬取得日本東京大學文學博士學位，本學年起，應聘回所任教。

九月六日，應邀於臺北市世貿中心國際會議中心講演「理性與感性」，活動由中華民國善愛協會、雙鶴企業股份有限公司、文基會聯合舉辦。（《禪的世界》，法鼓全集4輯8冊，法鼓文化，頁181-208）

九月七日，中華佛研所舉行畢業暨開學典禮。成一長老致詞，對教育主管當局不了解不支持宗教教育提出批評。法師亦透露興辦佛教教育之辛苦，然不敢不勉力從事：

我一向抱著能做多少就做多少，能付出多少就付出多少的原則，但我們無法滿足每一個人的需要。辦教育是非常辛苦而值得的事，它需要生命的投入、教育的良心。本所能做到的，實在太少了。本人時間少，使得行政人員備感吃力，對老師們亦有歉意。

一想到對不起同學和老師們，我就起念明年不招生了。但此念一起，第二念又起：連我都不做，誰來做？也許有人會做，但中間可能有斷層。畢業同學請原諒，在校同學請體諒。我只會盡力而為，大家要互相鼓勵。（〈讓宗教教育成就百年樹人〉，《法鼓》，37 期，1993 年 1 月 15 日，版 3）

九月九日，接受中廣《掌握時代的脈動》、《螢光夜語》兩節目訪問。

九月十四日，應邀至臺北第一女子中學演講，由校長丁亞雯主持，講題為：「宗教與佛教」。解釋宗教由來、宗旨，說明佛教對人生之重要性，並明辨佛教與宗教之異同。（〈應邀至北一女演說〉，《人生》，110 期，1992 年 10 月 15 日，頁 47）

九月十六日至十九日，於法鼓山主持第二屆「社會菁英禪修營」，參加者三十八位。（〈遠離塵囂洗滌心靈　社會菁英參禪打坐〉，《人生》，110 期，1992 年 10 月 15 日，頁 45）

九月二十一日，接受中華慧炬佛學會鄭振煌居士邀請至該會演講，提出印光大師「敦倫盡分」與太虛大師「人成即佛成」之理念，演講「現代佛教青年應有之人生觀」。（《禪的世界》，法鼓全集 4 輯 8 冊，法鼓文化，頁 279-288）

九月二十二日，接受「信任地球生態保護組織」亞洲負責人張念蘇訪問，呼籲以護生代替放生。（〈以護生代替放生　成功是做應做的事〉，《人生》，110 期，1992 年 10 月 15 日，頁 47）

晚間，第一、二屆社會菁英禪修營學員於臺北市之豪景飯店聚會，分享禪法日用體驗，共計三十三人與會。此為社會菁英禪修營舉辦後，由學員主動發起，兼具禪坐共修及聯誼性質之共修活動，法師出席並開示。

九月二十三日，應電信學佛會之邀，至臺北電信總局為局內推動法鼓山勸募工作會員開示「生活中的禪」。慰勉並勉勵大眾以快刀斬煩惱，並謹守工作崗位。

九月二十六日至二十八日，於農禪寺舉行第三屆「法鼓傳薪營」，法鼓山各縣市會員代表二百八十多位參加。

研習全程以禪坐修行貫串，法師開示學習重點。本屆主題為「法鼓山萬行菩薩的共識」，法師就「以身作則最重要」、「法鼓山鼓手的心態」、「敲響慈悲和智慧的法鼓」、「學著做受苦受難的菩薩行者」開示學習重點：

一、佛教的基本條件：

（一）以佛、法、僧三寶為中心。

（二）以人間為本位。

（三）以信因果、明因緣為原則。

二、重視人間的倫理建設：

（一）世間的倫理。

（二）佛教的倫理。

（三）盡義務，負責任，不為私利權力爭執。

三、宗教的層次，分成三級：

（一）世間的宗教。

（二）由淨化自我而超越自私，實證無我解脫的佛教。

（三）菩薩行的人間佛教。

四、萬行菩薩的禮儀，分為三點：

（一）心儀。

（二）身儀。

（三）口儀。（〈二九、法鼓傳薪〉，《春夏秋冬》，法鼓全集 6 輯 7 冊，法鼓文化，頁 139-141）

九月二十八日，中國甘肅省敦煌研究院院長段文杰，應「中國敦煌古代藝術及科技博覽會」之邀請，於本月二十五日來臺，法師於今日親自致送中華佛研所副研究員之聘書，並就「敦煌佛教文獻研究」交換意見。

九月三十日下午，接受新竹中學邀請赴該校，對全體師生二千六百多人演講「宗教信仰與人生」。（〈二七、禪七．電視台．中學．禪修營〉，《春夏秋冬》，法鼓全集6輯7冊，法鼓文化，頁131）

今年秋季，邀請佛教學者于凌波至農禪寺為「三學研修院」成員講授唯識學。

民國八十一年秋天，聖嚴法師打電話給我，要我為農禪寺附設的「三學研修院」的同學講一門課，並指定講唯識學。我十分惶恐的接受法師賦予我的任務，到研修院授課。（〈序——兼述《唯識學十二講》出版的因緣〉，《唯識學十二講》，于凌波，臺北：慧炬出版社，1993年3月）

十月一日，接受日本立正大學之邀聘，任該校《法華經》研究所之顧問，中華佛研所副研究員惠敏法師亦受聘為該所之客座研究員。（〈大事記〉，《1989-2001法鼓山年鑑》，法鼓山基金會，2005年10月出版，頁60）

十月四日，全臺各地一百四十六位新任法鼓山委員及一千多位法鼓山勸募會員，分兩梯次回到農禪寺，參加法鼓山會員大會。法師正式宣布法鼓山文教基金會組織

架構與護法會改組，並頒發護法會正、副會長、新任委員證書。

護法會由原隸屬中華佛研所，改隸法鼓山文教基金會，首任正、副會長由原中華佛研所護法會正、副理事長楊正、賴燕雪擔任，另增聘郭超星擔任副會長。原小組長改稱委員，勸募會員名稱不變，護持會員改稱法鼓山會員。（〈十萬菩薩一條心　共建法鼓山〉，《法鼓》，34 期，1992 年 10 月 15 日，版 1）

法師於會中指出：「往生西方淨土，先要建設人間淨土；建設人間淨土，往生西方淨土。」並報告「法鼓山」建設因山坡地開發，手續嚴謹複雜，故進度稍緩。

「法鼓山」的建設，從最初的興建構思，至今已經三年。這三年中，在教育部、內政部及臺北縣政府的指導與協助之下，「法鼓山」的開發計畫，幾經修改增添，目前已完全符合政府法令，也終於定案了。

依照進度，在八十二年春天，「法鼓山」的興建工程應該可以順利地「破土」。在先期的水土保持工程完工後，才能獲得雜項建築執照。然後，再依進度逐步申請「建築執照」及「使用執照」。在時間上，或許我們還需要有耐心地「等待」。但是，千萬別讓等待的時間消磨了「信心」。（〈法鼓山一點一滴在成長〉，《法鼓》，38 期，1993 年 2 月 15 日，版 2）

十月七日，代表文基會與國內最負盛名、專業服務排行第一之「勤業會計師事務所」簽約，建構法鼓山財物簽證查核系統，期使財會作業公開、透明、安全，建立具公信力之會計制度。（〈法鼓山文教基金會健全會計制度　決與勤業會計師事務所合作〉，《法鼓》，34 期，1992 年 10 月 15 日，版 1）

下午，帶領中華佛研所師生前往法鼓山，再次開示法鼓山事業及佛研所未來展望，勉勵同學造就國際水平之學術能力來參與建設。（〈參觀法鼓山有感〉，《法鼓》，36 期，1992 年 12 月 15 日，版 3）

十月九日，由華僑沙彌果谷師隨行，從桃園中正國際機場飛往捷克，弘法七日。此係緣自於中華佛研所，梵文、巴利文老師性空法師之邀請。

從去年起，我們中華佛學研究所，來了一位歐洲籍比丘，擔任梵文、巴利文的老師。他的本名 Tomas Gutmann，法名性空。他是猶太裔的德國人，生在捷克。

嗣後，性空法師一再向我提起，要在他們的首都布拉格，開創一座佛教道場。對歐洲的環境，我尚不清楚，向歐洲傳播佛法，雖也是應該推動的工作之一，至於如何進行，我還沒有想到，所以沒有立即答應。過了幾天，性空法師又向我建議，請我先去布拉格作一趟訪問旅行，他願意先回捷克，為我預作安排。就這樣，我在今年（一九九二）的十月十日至十月十七日，利用了一週的時間，訪問了布拉格。（〈三一、前往布拉格〉，《春夏秋冬》，法鼓全集 6 輯 7 冊，法鼓文化，頁 145-147）

十月十一日，到達布拉格第一個上午，由性空法師帶領參觀布拉格市區名建築物。

晚上七時，由布拉格禪學會負責人魯彌爾（Lumir Kolibal）安排，有十二位青年來訪。來者均為天主教徒，正研究宗教比較，故要求兩小時座談。（〈三六、演講．找行李．訪問〉，《春夏秋冬》，法鼓全集 6 輯 7 冊，法鼓文化，頁 164）

十月十二日下午五點到七點，於布拉格查理大學（Charles University in Prague）哲學院演講：「禪對現代世界的作用為何？」由查理大學漢學系教授羅然（Olga Lomova）女士任翻譯。聽講有一百七十多位。

我是捷克從共黨政權解散之後，第三位佛教的僧侶到該校演講（第一位是西藏的達賴喇嘛，第二位是越南籍在美國弘法非常成功的法師叫一行禪師〔Thich Nhat Hanh〕，雖然僅僅貼出了一些小小的傳單，前往聽講的人卻有一百七十多位，把那個大教堂，擠得滿滿的。（〈三六、演講．找行李．訪問〉，《春夏秋冬》，法鼓全集 6 輯 7 冊，法鼓文化，頁 166）

晚上十點多，返抵旅館。與性空法師長談，鼓勵其將東方佛教帶回捷克。

他說他沒有錢也沒有人。我告訴他說，今天有這麼多的人來聽講佛法，調查發現其中至少已有二十個人看過禪的書，這就已經有人了；錢不是問題，我自己在美國創道場就是在無錢的情況下開始的。不要指望先有人或先有錢，否則便成不了事。宗教的傳播就是要從零開始，道場在心中，只要有信心和願心就能成。性空法師聽了我的一席話，增加了不少信心。不過他還是認為，要在他自己的修行更有一些基礎之後，才能夠開始行動。（〈三七、古文化．道場．博物館．光音無限〉，《春夏秋冬》，法鼓全集 6 輯 7 冊，法鼓文化，頁 169）

十月十三日下午，至天主教道明會修道院演講座談，先由性空法師引言，然後演講一小時、討論四十分鐘，問題由法師及該修道院副主持人斯坦巴契（Odilo Stampach）神父解答，仍由羅然教授擔任翻譯。（〈三八、布拉格的寒山．修道院中講「無常」〉，《春夏秋冬》，法鼓全集 6 輯 7 冊，法鼓文化，頁 175）

同日，獲頒臺北市八十一年度「市民榮譽紀念章」。由農禪寺代理都監果醒法師出席代為受獎。

聖嚴師父獲頒「市民榮譽紀念章」的簡要事蹟為，一、著有中、英、日文計四十餘本，對佛教文化、現實人生及淨化人心裨益良深；配合政府政策發起信眾、社會各階層人才大力推展「心靈環保及環境保護工作」。二、每年興辦公益慈善及社會教化事業，八十年度總額計新臺幣四百五十萬元。（〈臺北市政府表彰聖嚴師父貢獻黃大洲市長親頒「市民榮譽紀念章」〉，《法鼓》，35 期，1992 年 11 月 15 日，版 1）

十月十四日上午，至布拉格大學中文系（漢學部），為中國語文部三、四年級兩班三十多人，以問答方式討論中國宗教及東西方宗教同異。（〈三九、漢學部．法師的俗家．已無死刑〉，《春夏秋冬》，法鼓全集 6 輯 7 冊，法鼓文化，頁 179-183）

下午，至性空法師俗家訪問。（同上）

十月十五日上午，由性空法師帶領至東方研究所，參觀漢學研究部之魯迅圖書館。該館成立於一九五二年，漢學藏書之豐富，應為歐洲之首。（〈四一、東方研究所〉，《春夏秋冬》，法鼓全集 6 輯 7 冊，法鼓文化，頁 187-191）

下午三時，由性空法師及羅然教授陪同，再訪布拉格查理大學哲學院。拜訪該校哲學院長霍莫卡（Jarmari Homolka）博士，並鼓勵其增設佛學課程。（〈四二、哲學院．禪學會〉，《春夏秋冬》，法鼓全集 6 輯 7 冊，法

鼓文化，頁 192-196）

晚上六點到九點，與沙彌果谷師至布拉格禪學會，講解並指導禪修理念及修行方法。原來只供二十人打坐之教室，湧入一百五十位青年。（同上）

同日，《法鼓》雜誌刊出法師開示「法鼓山就是法鼓山」，明確闡述法鼓山建設之原則與目的，提出連鎖之三次第：了解佛法、受用佛法、推廣佛法。此佛法為人間而平常之佛法。

法鼓山建設的第一目的，是將佛法傳遞給別人，至於人家捐不捐錢，這是次要的事情。我們的原則是有先後次第的三連鎖：先讓他人了解佛法，並且對他有用，然後再為推廣佛法而來護持。

我們修學佛法，首先要知道佛法是什麼，自己覺得受用以後，再將方法與好處告訴他人。當我們告訴他人好處與方法時，就是推行佛法。如果對方認同我們，之後也可能贊助我們，這是一種三連鎖。

我們需要勸募的目的是希望推廣佛法，例如印書、培養人才、辦活動等，都需要錢。所以我們護持佛法是為了弘揚佛法，弘揚佛法的目的是希望更多人來修學佛法，所以弘揚佛法的同時，就是在護持佛法。

我聖嚴，是個普通人，不要把我宣傳成大師、活佛、神或菩薩，我只是普通的人、普通的法師，但是我是在做佛法的事，能做的就盡量去做。人間淨土，我們不要把它想像是西方極樂世界，而是人間能夠做到的，我們努力去推動。我們先從自己內心做起，法鼓山的人，是以推動「提昇人的品質，建設人間淨土」為目標，千萬不要造成法鼓山的人是向人要錢的形象。我們是去幫助人，不是剝削人的；是對社會提供、奉獻我們的智慧、才能，不是剝奪社會的一切。我們要讓人家了解，他出了錢是為了替他自己存款，我們是在幫助他人儲蓄，而非剝削他人。（〈法鼓山就是法鼓山〉，《法鼓》，34 期，1992 年 10 月 15 日，版 2；今收《法鼓山的方向》，法鼓全集 8 輯 6 冊，法鼓文化，頁 247-251）

十月十六日上午，布拉格大學宗教系學生至旅館訪問。下午，參觀猶太人墓園。（〈四三、蘋果與梨子．猶太墓園．神話〉，《春夏秋冬》，法鼓全集 6 輯 7 冊，法鼓文化，頁 197-200）

晚上五至七時，於亞、非、拉丁美洲博物館大禮堂演講，主持人為該館漢學家烏金（Tlata Cěmá）博士，講題「中國禪的傳統」，主要內容為：

一、要有宗教信仰，信仰佛說：「眾生皆有佛性」。

二、要有哲學修養，禪的哲學是從語文和思想，而達到離開語文和思想的目的。

三、要有藝術的內涵，從心靈的美感，表現出詩、畫等的美術作品。

四、生活即是修行，禪的智慧不離平常的生活，從平常的生活體驗禪的智慧。（〈四四、博物館演講．雲遊僧〉，《春夏秋冬》，法鼓全集 6 輯 7 冊，法鼓文化，頁 201）

十月十七日晚上，自布拉格搭機前往比利時首都布魯塞爾。由比利時魯汶大學（Catholic University of Louvain）蘇忍（Hubert Sauren）教授夫婦接待至一森林修道院住宿。蘇忍教授夫婦，曾於今年七月出席中華佛研所在臺北召開之第二屆國際佛學會議，促成此次訪問比利時因緣。（〈四五、歐洲宗教藝術．前往布魯塞爾〉，《春夏秋冬》，法鼓全集 6 輯 7 冊，法鼓文化，頁 204-207）

十月十八日上午，與全院神父修士一起至祈禱室早課。早餐後，參觀修道院，院長彼爾方濟對於禪修並不陌生，曾於日本禪院參加過禪修活動。（〈四六、森林修道院〉，《春夏秋冬》，法鼓全集 6 輯 7 冊，法鼓文化，頁 208-216）

上午十點，由魯汶大學蘇忍教授引導至該校訪問。至其圖書館參觀東方藏書之漢籍部分。而後與東方部主任等教授座談，討論學術交流之可能。（〈四七、魯汶大學〉，《春夏秋冬》，法鼓全集 6 輯 7 冊，法鼓文化，頁 217-220）

晚，森林修道院院長集合全院神父修士，與法師座談交流。院長詢問法師出家、修行、訓練弟子等問題，法師亦對其修道生活有所請教。（〈四六、森林修道院〉，《春夏秋冬》，法鼓全集 6 輯 7 冊，法鼓文化，頁 208-216）

十月十九日，由蘇忍教授夫婦接送，搭機飛往荷蘭轉飛美國紐約。（〈四九、回到紐約〉，《春夏秋冬》，法鼓全集 6 輯 7 冊，法鼓文化，頁 227-229）

十月二十一日，由紐約飛密蘇里州聖路易士，至華盛頓大學演講。由該校亞洲近東語言文學系管佩達教授（Grant Beata）接待。講題為「禪的歷史、理論和實踐」。以「信解行證」四層次，說明禪的歷史、思想、方法、效果。該系師生共五十六位聽講。（〈五〇、聖路易士的華盛頓大學〉，《春夏秋冬》，法鼓全集 6 輯 7 冊，法鼓文化，頁 230-232）

當晚，於中華文化中心為當地華僑信眾演講「禪與實際生活」。聽講人數近兩百位，會後二十多人發心皈依三寶。（〈五〇、聖路易士的華盛頓大學〉，《春夏秋冬》，法鼓全集 6 輯 7 冊，法鼓文化，頁 232）

十月二十二日，至伊利諾州立大學香檳校區，於東方系彼德．格雷戈里教授課堂，演講「六祖惠能與中國禪宗」，介紹《六祖壇經》中之《維摩經》思想、禪風在中國之演變、禪的智慧及方法。（〈五一、伊利諾州立大學〉，《春夏秋冬》，法鼓全集 6 輯 7 冊，法鼓文化，頁 233-236）

晚上，借該市聯合兄弟會教堂（Uniterion Church）為當地禪學及佛學社兩團體，演講「十牛圖」。（〈五一、伊利諾州立大學〉，《春夏秋冬》，法鼓全集 6 輯 7 冊，法鼓文化，頁 236）

十月二十三日，出席普渡大學（Purdue University）中國同學會之餐會，餐會後以「禪與藝術」為題演講。介紹「佛教的無常和空」、「禪的戒定慧」、「禪的藝術是生活的實現」。演講後，十多人要求皈依三寶。（〈五二、印第安那州的普渡大學〉，《春夏秋冬》，法鼓全集 6 輯 7 冊，法鼓文化，頁 239；講稿收於〈禪與藝術〉，《禪的世界》，法鼓全集 4 輯 8 冊，法鼓文化，頁 149-157）

十月二十四日，轉往俄亥俄州哥倫布市。下午，為該地佛學社等幾十位本地佛教徒開示「佛法大意」，說明「正信、正知、正行的佛教」。（〈五三、俄亥俄州的兩所大學〉，《春夏秋冬》，法鼓全集 6 輯 7 冊，法鼓文化，頁 240-242）

晚上，在其州立大學鄰近之活動中心演講，聽眾超過兩百人。講題為：「生命與時空」，子題如下：

一、生命與時空。

二、五蘊是生命的結構。

三、十二因緣是生命的流轉。

四、修三無漏學是生命的昇華。

五、生命的解脫與時空的超越。（〈五三、俄亥俄州的兩所大學〉，《春夏秋冬》，法鼓全集 6 輯 7 冊，法鼓文化，頁 242）

十月二十五日，從哥倫布市赴俄亥俄州另一城市伍斯特（Wooster），應邀至凱斯西儲大學（Case Western Reserve University），以「禪與悟」為題演講，一百二十多位東西方聽眾與會。由當地般若學佛社社長陳長華居士主持。子題為：

一、禪修方法必須配合三法印的基本原則。

二、以菩提達摩的「二入四行」，說明禪修的理論及方法。

三、以《六祖壇經》的四弘誓願，說明發菩提心及無所求心。（〈五三、俄亥俄州的兩所大學〉，《春夏秋冬》，法鼓全集 6 輯 7 冊，法鼓文化，頁 244；講詞今題〈禪與悟——無常無我．理入行入〉，收於《禪鑰》，法鼓全輯 4 輯 10 冊，法鼓文化，頁 47-55）

十月二十六日下午，至密西根州東蘭辛市（East Lansing）為當地華人佛教團體「淨宗讀經會」開示佛法。

晚，於密西根大學（Michigan State University）自然資源館，講解「正信的佛教」。演講會後，有二十五人請求皈依三寶。演講內容有：

一、八正道。

二、四聖諦。

三、三學六度。

四、無常、苦、空、無我。

五、因果、因緣的十二因緣觀。

六、用修行的方法使身心放鬆，最後達到身心解脫的目的。（〈五四、密西根大學〉，《春夏秋冬》，法鼓全集 6 輯 7 冊，法鼓文化，頁 247-248）

十月二十七日下午，應邀至康乃爾大學演講。此次係由該校東亞研究計畫部門（East Asia Program）約翰・馬克瑞博士邀請。講題為：「自我與無我」。沙彌果谷師從紐約東初禪寺來此會合，並任翻譯。前數場之翻譯由王明怡居士擔任。演講內容有：

一、原始佛教的無常與無我。

二、大乘中觀派的排中無我及大乘唯識派的無性無我。

三、禪宗的無相、無住、無念的無我。

四、由放鬆而放下就能實證無我。（〈五五、伊薩卡的

康乃爾大學〉，《春夏秋冬》，法鼓全集 6 輯 7 冊，法鼓文化，頁 251）

十月二十八日晨，飛往波士頓。至哈佛大學演講「禪與生活的藝術」，聽眾二百五十多人。此次演講，由麻省佛教會、智慧出版社、哈佛大學宗教系、麻省理工學院（Massachusetts Institute of Technology）中國同學會等四個社團共同舉辦。哈佛大學宗教學院院長艾克教授（Diana Eck）主持介紹，正在該校宗教學院研究所攻讀博士之大陸留學生秦文捷小姐負責聯絡。講綱如下：

一、中道的佛教。

二、心如牆壁，有萬用而自己不動。

三、千萬境界現前與我無關。

四、由客觀而至賓主皆泯。（〈五六、哈佛大學〉，《春夏秋冬》，法鼓全集 6 輯 7 冊，法鼓文化，頁 253-256）

十月二十九日上午，由廖重賓居士引導參觀哈佛大學校園以及該校神學院圖書館。

晚，至哈佛校園緊鄰之麻省理工學院演講。講題是「禪與身心健康」。講綱如下：

一、常人所說的身體健康。

二、四大為身，意識為心的調適。

三、身有內外，心有染淨。

四、直觀身心的方法。

五、捨身觀心，捨心放下。

六、放鬆身心，放下身心，那就是真正健康的身心。（〈五七、哈佛宗教學院．麻省理工學院〉，《春夏秋冬》，法鼓全集 6 輯 7 冊，法鼓文化，頁 262-263）

十月三十日，飛返紐約。

受新聞局編印之《中華民國英文年鑑》一書推舉，於該書一九九二～九三年版「時人錄」部分，以僧侶身分榮膺我國社會菁英介紹予國際人士。

十月，《東西南北》由東初出版社出版。該書為法師一九九一年五月，至一九九二年七月止重要活動之書面報告。〈自序〉云：

本書是依時間順序寫的，但不就是日常生活的流水帳。乃是將我的所修、所學、所見、所聞、所思、所感、所作、所說，做了重點性的記錄，正好邀請讀者，沿著我的生命歷程，分享我的苦樂經驗，透過報告的介紹，來做我的知心道侶，共同擔起求法、學法、弘法、護法的如來家業。（〈自序〉，《東西南北》，法鼓全集 6 輯 6 冊，法鼓文化，頁 4）

《漢藏佛學同異答問》亦同時由東初出版社出版。緣於去年，達賴喇嘛比丘弟子兼翻譯丹增諦深至東初禪寺聽講，法師特抽空為其講說並討論漢藏兩傳法義異同。對談紀錄，即今出版書籍。經與藏傳行者接觸，對其學風及與漢傳學風之異同略有所得。〈序〉云：

諦深語態謙恭而語意精密，每每扣緊一個問題發問，前後次第井然有序，這便表現出藏傳佛教僧侶教育的特色，他們重視思辨邏輯，而且對於重要的論書，多能熟背詳記。由於諦深的來訪，留下了這冊小書，也提醒了我：思辨方法及熟背論典是很重要的。

同時，我也請諦深喇嘛，將他們十二年教育的課程，口述給我參考，這樣的資料，對我們而言，尚是初次接觸到。

近年來，藏密受到風潮式的崇拜和推廣，但也多係受其神祕色彩的外表所動，對於次第修學達十二年之久的顯教思想及其內容，則很少有人探討。所以我們的中華佛學研究所，正在朝著這個方向努力。我未研究西藏佛教，而能將漢傳的佛教向藏傳的青年比丘作了若干關鍵性的介紹，也是我這回在國外三個月期間的一點收穫。（〈自序〉，《漢藏佛學同異答問》，法鼓全集 2 輯 4 冊之 1，法鼓文化，頁 4）

十一月一日，於紐約東初禪寺講演「自我與無我」。（《禪門》，法鼓全集 4 輯 11 冊，法鼓文化，頁 33-39）

十一月二日晚間八時至九時四十分，至新澤西州蒙克萊州立學院，為其心理系六個班級師生一百五十多人，講「坐禪功能與學習效果的增長」。（〈五八、國際弘化．十六年的回顧〉，《春夏秋冬》，法鼓全集6輯7冊，法鼓文化，頁265）

十一月三日、四日，現任宗教和平會議（WCRP）及亞洲宗教和平會議（ACRP）尼泊爾分會會長 Ven. Bhikkhu Sumangala 參訪中華佛研所、農禪寺及法鼓山。

十一月十三日及十四日，連續兩晚，借紐約法拉盛臺灣會館，為華人社區舉辦兩場「人生哲學講座」，題目為：「理性與感性」、「智慧與福報」。聽眾六百多位。（〈五八、國際弘化．十六年的回顧〉，《春夏秋冬》，法鼓全集6輯7冊，法鼓文化，頁265）

十一月十五日，《法鼓》雜誌刊出啟事，法師明確提示三項政黨選舉原則，對會員信眾提出呼籲，以對應即將於十二月十九日舉行之第二屆立委選舉。

一、不以法鼓山名義參加競選。

二、不以法鼓山名義助選。

三、鼓勵法鼓山全體成員積極參與投票，不要放棄神聖的權利。

法鼓山不是政治團體，不會以法鼓山的名義做競選或助選。不過聖嚴師父卻非常關心社會活動、政治活動和我們生活空間的緊密性，每一位法鼓山僧俗四眾要珍惜自己的權利，要積極地去投票，不要放棄神聖的權利，如果放棄了，我們就永遠沒有機會取得發言權，別人也就不會重視我們這個團體。佛教徒可以參與政治活動，然而法鼓山是弘揚佛法為主的團體，所以不能以這個團體的名義參與競選或助選。（〈聖嚴師父指示選舉三原則〉，《法鼓》，35 期，1992 年 11 月 15 日，版 4）

十一月十六日，接受哥倫比亞大學教職員禪坐會負責人理查茲教授（Craig E. Richards）邀請，於紐約市黃金地帶洛克菲勒中心臺北劇場，以西方社會人士為對象，演講「禪的智慧──知與行」。內容有：

一、智慧的定義。

二、禪的智慧是「應無所住而生其心」。

三、禪的「知」，在於不立文字、教外別傳、直指心源。

四、禪的「行」，在於戒定慧的三學並重，定慧一體。

五、禪的修證有四層次：

（一）頓修頓悟。

（二）漸修頓悟。

（三）漸修漸悟。

（四）久修不悟。

六、行的方法有三種：

（一）日常生活中的身心放鬆。

（二）禪觀的數息、觀小腹、觀心念、觀身不淨等。

（三）禪宗的獨家法門——參話頭、修默照。

七、三皈依祝福。（〈五八、國際弘化・十六年的回顧〉，《春夏秋冬》，法鼓全集 6 輯 7 冊，法鼓文化，頁 265-266）

十一月十七日下午，應邀至新澤西州羅特格斯大學，於亞洲研究系大林教授「死後再生」課堂，為二百多名學生，演講「死後的生命」。子題為：

一、生命的連續體是業識而非靈魂。

二、業識的形成及生死之間的五蘊我之名稱。

三、神通可以表現，但不可以信賴。

四、諸行無常，是生滅法；生滅滅已，寂滅為樂。（〈五八、國際弘化・十六年的回顧〉，《春夏秋冬》，法鼓全集 6 輯 7 冊，法鼓文化，頁 266）

晚，應邀至該校附近華人佛學社團「覺音佛學社」，為曾明鴻等三十多位居士，主持佛學及學佛討論問答。（同上）

十一月二十八日至十二月四日，主持東初禪寺第五十八期禪七，每晚開示博山無異禪師〈參禪警語〉。（〈五八、國際弘化・十六年的回顧〉，《春夏秋冬》，法鼓全集 6 輯 7 冊，法鼓文化，頁 266；開示文今收〈東初禪寺第五十八期禪七〉，《禪的體驗・禪的開示》，法鼓全集 4 輯 3 冊，法鼓

文化，頁 303-330）

十二月五日，《學佛三要》套書由圓神出版社發行。之前已有《禪門三要》套書經林清玄居士重編發行，此次仍由林清玄居士將《正信的佛教》、《學佛群疑》、《學佛知津》三書重編，以擴大流通。法師〈序〉云：

到目前為止，我的著作及譯作，包括中日英三種語文，已出版者，有四十餘種。其中以《正信的佛教》、《學佛群疑》、《學佛知津》三書，流通最廣、發行量最多。可惜市面的一般書店，仍少見到。因此，圓神出版社的簡志忠先生，在請林清玄居士為我編成《禪門三要》套書之後，便向我建議，也將上述三書，交給圓神發行，以應廣大讀者之需。經過半年的醞釀結果，仍煩清玄主其事，編成了這一部套書《學佛三要》。（〈《學佛三要》自序〉，《書序》，法鼓全集 3 輯 5 冊，法鼓文化，頁 250）

十二月十日，應美國哥倫比亞大學之邀，於該校聖保羅禮拜堂演講「四弘誓願」。此次講演係由「一神普救哥大區教團」及「紐約佛教聯合會」聯合舉行，由斯里蘭卡籍長老比丘摩訶垂盧（Ven. Maha Thero）及美國居士迪米特里．巴卡路信（Dimitri Bakhroushin）二位主席共同主持。

十二月十五日，發表〈遲來的福音——教育部開設宗教通

識課程的意義〉，刊載於《人生》。（《人生》，112 期，1992 年 12 月 15 日，頁 2）

十二月二十五日至明年一月一日，主持東初禪寺第五十九期禪七。（〈一、紐約的新春團拜〉，《行雲流水》，法鼓全集 6 輯 8 冊，法鼓文化，頁 11；開示文今收〈東初禪寺第五十九期禪七〉，《禪的體驗．禪的開示》，法鼓全集 4 輯 3 冊，法鼓文化，頁 331-349）

中華佛研所第三屆研究生鄧克銘，取得日本東京大學中國哲學博士學位，本學年下學期一九九三年二月返所服務。

本年，*The Infinite Mirror*（《寶鏡無境》）日文譯本於日本京都禪學社出版發行。該書係曹洞宗石頭希遷〈參同契〉與洞山良价〈寶鏡三昧歌〉之講釋，原作於一九九〇年由美國法鼓出版社出版。

民國八十二年／西元一九九三年

聖嚴法師六十四歲

國內外重要大事

- 臺北市政府興建大安公園，擬拆遷公園內觀音立像，引發「觀音不要走」事件。

法師大事

- 在臺灣初傳在家菩薩戒。
- 開始為常住及體系內專職人員「精神講話」，每月舉辦一次。
- 獲「中華民國社會運動協會」第三屆「傑出社會運動領袖和風獎」。
- 《聖嚴法師學思歷程》一書，獲「中山文藝獎」。
- 將歷年著作集結成《法鼓全集》出版，共七輯，四十一冊。

訂定本年為「心靈環保年」，以心靈環保之主題為法鼓山年度活動重點。

案：從本年度開始，每年皆定有年度主題年。

法師並題辭「新年的祝福」：

提得起，放得下，年年吉祥如意；

用智慧，種福田，日日都是好日。

（《人生》，113 期，1993 年 1 月 15 日，頁 2）

一月起，臺北、宜蘭、新營等地，共有中廣、正聲、復興七家電台、九個頻道播出法師法音。

元旦起，於東初禪寺第五十九期禪七之後，以兩日行程，拜訪紐約市區各道場法師，邀請出席元月三十日在東初禪寺舉行之新春諸山團拜。因當日在臺主持活動，恐未克返回，因先行前往拜會。（〈一、紐約的新春團拜〉，《行雲流水》，法鼓全集 6 輯 8 冊，法鼓文化，頁 11）

屆時，果未能趕回。然出席之諸山法師甚眾，共三十六位，其中包括：壽冶、夢參、仁俊、浩霖、妙峰、法雲、洗塵等長老，宏如、繼如等比丘，佛性長老尼及依教、依日等比丘尼，為紐約歷年來之盛大團拜。（〈一、紐約的新春團拜〉，《行雲流水》，法鼓全集 6 輯 8 冊，法鼓文化，頁 12）

一月四日晚，率同沙彌果谷師，從紐約飛返臺北。於六日上午七時，抵達桃園中正國際機場。

一月六日，於臺北農禪寺禪坐會講「梅子熟了」。（《禪鑰》，法鼓全輯 4 輯 10 冊，法鼓文化，頁 135-145）

一月八日至十日晚，續出國前經座，於農禪寺宣講《妙法蓮華經》第八品至第十三品。每晚聽眾均在千人以上。圓滿日舉行皈依典禮，參加人數有六百五十多位，為農禪寺歷年來之盛事。（〈二、《金剛經》與《法華經》〉，《行雲流水》，法鼓全集 6 輯 8 冊，法鼓文化，頁 16）

一月十一日、十二日，主持冬令慰問，共發放五百八十多萬元財物，其中二百萬元捐助臺北縣青少年戒毒機構，由臺北縣縣長尤清代表接受。（〈農禪寺捐贈兩百萬元協助青少年戒毒〉，《法鼓》，38 期，1993 年 2 月 15 日，版 1；〈三、新聞焦點・新春慰問・四十五次禪七〉，《行雲流水》，法鼓全集 6 輯 8 冊，法鼓文化，頁 18-19）

一月十二日下午，應邀至交通部觀光局旅遊中心，錄製交通安全宣導教育節目《跳動的音符》。（〈三、新聞焦點・新春慰問・四十五次禪七〉，《行雲流水》，法鼓全集 6 輯 8 冊，法鼓文化，頁 17）

一月十三日，法國《法新社》、英國《路透社》、日本《讀賣新聞》等歐洲、日本、以及中南美洲共十二家著名媒體，由外貿協會安排參訪農禪寺。來訪記者大多首次接觸佛教及僧侶，與法師訪談，對佛教產生濃厚興趣好奇。（〈有朋自遠方來〉，《人生》，116 期，1993 年 4 月 15 日，頁 46-48）

一月十三日至二十五日，於農禪寺主持第四十五期禪七，參加人數二百一十七人。（〈三、新聞焦點．新春慰問．四十五次禪七〉，《行雲流水》，法鼓全集6輯8冊，法鼓文化，頁19）

一月十四日，應邀至中視錄製由巴戈及藍心湄主持之《雞蛋碰石頭》除夕特別節目，以特別來賓身分接受訪問。（〈三、新聞焦點．新春慰問．四十五次禪七〉，《行雲流水》，法鼓全集6輯8冊，法鼓文化，頁17）

一月十五日，於《法鼓》雜誌刊出〈我們都是萬行菩薩〉，對法鼓山義工之精神提出指導。（今收《法鼓山的方向》，法鼓全集8輯6冊，法鼓文化，頁206-209）

一月十六日，中視《超越九〇》節目至農禪寺錄製「禪七生活的一天」。（〈三、新聞焦點．新春慰問．四十五次禪七〉，《行雲流水》，法鼓全集6輯8冊，法鼓文化，頁17）

一月十八日，出席「玉山劫後保護生態座談會」。座談會由《時報周刊》及中國電視公司主辦，法師於會中表示：佛教徒視樹林為眾生家園，並呼籲全國佛教界響應玉山森林火災後重建。（同上）

一月二十九日至三十一日，法鼓山農禪寺舉辦「八十二年度環保新春園遊會」，分別以心靈、生活、禮儀環保為主題，規畫義賣、表演、展示等活動，共有十萬人參加。邀請監察委員陳孟鈴、立法委員關中、臺北縣縣長尤清等三位貴賓聯合剪綵。（〈新春園遊會　吸引十萬人潮〉，《法鼓》，38 期，1993 年 2 月 15 日，版 1）

展示分成兩大主題，「三寶館」為佛教歷史介紹，「簡介館」介紹法鼓山弘法事業。活動以「環保」為主旨，甚受認同。

「三寶館」布置出佛教的歷史、佛教的文物、禪宗法脈傳承譜。也分別展出了靈源老和尚及東初老和尚生前所用的遺物，包括百衲袈裟，乃至日用的紙筆、碗筷和手跡日記，都是非常珍貴而難得一見的佛門文物。

「簡介館」是介紹法鼓山系統內的各項弘化事業，包括中華佛教文化館、農禪寺、中華佛學研究所、法鼓山文教基金會、護法會、東初出版社，以及美國的東初禪寺和法鼓出版社。（〈五、環保新春園遊會〉，《行雲流水》，法鼓全集 6 輯 8 冊，法鼓文化，頁 25-26）

一月三十一日，新春園遊會第三日，救國團大專青年「宗教與文化生活研習營」一行七十五人來訪參觀，由中華佛研所師生協助接待。（〈大專青年　認識法鼓山〉，《法鼓》，39 期，1993 年 3 月 15 日，版 2）

二月一日至四日，連續四晚，假臺北國父紀念館主持「《金剛經》生活系列講座」，由華視張家驤總經理策畫，華視全程錄影轉播。四場演講題目為：「《金剛經》與心靈環保」、「《金剛經》與自我提昇」、「《金剛經》與淨化社會」、「《金剛經》與福慧自在」。宣講方式與傳統講經有別，係截取《金剛經》經句，配合現代社會生活需要，分述四主題。（〈二、《金剛經》與《法華經》〉，《行雲流水》，法鼓全集6輯8冊，法鼓文化，頁16）

案：法師於國父紀念館之系列講座，有：一九九一年七月宣講《心經》、一九九二年一月宣講《金剛經》、一九九二年七月宣講《法華經》。本次宣講，後經梁寒衣整理，題名《福慧自在》，初由皇冠文化公司出版，今由法鼓文化出版。

二月七日上午，於農禪寺講解《六祖壇經》。

下午，於農禪寺禪坐會講「安心之道」。（《禪門》，法鼓全集4輯11冊，法鼓文化，頁71-78）

二月八日，於農禪寺，對中華佛研所、文基會、護法會、東初出版社等單位專職工作人員「精神講話」。此為法師首次對專職人員舉行理念及精神談話，僧眾亦全體出席。法師在臺期間，該活動訂每月舉行一次。

二月九日，「二十一世紀企業經理人成長策略改造高階研究班」八十二位成員至農禪寺訪問，法師以「生命的得與失」為題開示。

該「研究班」由中華民國中小企業專業經理人協會策畫，國內各公司企業負責人或經理等高階主管所組成，目的是希望在事業上的策略改造方面能有所成長。

蕭春億祕書長在致詞時便特別強調，「紛亂的心田，開不出美麗的花朵」；法師則指出，世俗的得失都只是因緣的聚滅，根本不足攀取，而真正有智慧的人應該在得失之間找到生命的真諦。（〈企業經理人　認識法鼓山〉，《法鼓》，39 期，1993 年 3 月 15 日，版 1）

二月十二日，第二次社會菁英禪修營共修會於農禪寺舉行，法師出席並開示。

二月十四日下午，於農禪寺舉行「北區勸募會員大會」，近千人參加，為歷年人數最多者。法師開示強調：勸人接受佛法，比勸募金錢更重要。

案：至當日止，法鼓山護法會會員人數已超過八萬人，較去年三萬人增加許多，勸募金額去年達二億五千多萬，較前年之一億七千多萬亦增加許多。（〈北區勸募會員領略師父勖勉〉，《法鼓》，39 期，1993 年 3 月 15 日，版 1）

二月十四日至二十日，邀請東京大學名譽教授日本華嚴學

權威鎌田茂雄博士至中華佛研所，密集主講「華嚴學概論」一週。並邀請關世謙居士（日後出家之會靖法師）口譯。

在星期例假，佛研所不排課，所長在晚上舉行了一個小型的歡迎晚會，參加的人除了我們所裡的幾位之外，另外還有加拿大的冉雲華教授及在輔大執教的藍吉富教授等。這一天所長看起來意氣風發，從座位上站起來，一手拉起冉教授的手，另一隻手則握著我的手，然後告訴大家說：這一位是替我的博士論文作英譯的冉雲華教授；這一位是替我的論文作華譯的關老師，另外一位是替我的論文寫書評的鎌田教授。言語間顯得興奮異常！

宴席上不拘形式，得以隨意交談或交換意見，我們兩人談起來好像特別投緣。他告訴我，他們江蘇南通很多人自幼便到狼山出家。說起來我們倆是同庚都肖馬。他說：你那匹馬是好命的馬呀！你五月出生，盛夏季節大地青草如茵，鮮綠的青草吃也吃不完啊！而我是臘月出生，天寒地凍，有乾草吃就很難得了。所以我這匹馬是勞碌馬！你看我，整年在臺灣、美國間不知要走上幾趟！旁邊的冉教授順便插上一句：能者多勞嘛！接著敘述一些幼年家境清寒，兄弟姊妹又多，只好布施給廟上去做小沙彌的不幸遭遇，言下不勝唏噓！（〈聖嚴師父與我的因緣〉，會靖法師，《傳燈續慧——中華佛學研究所三十週年特刊》，臺北：中華佛學研究所，2010 年 4 月初版，頁 186）

二月十五日，發表〈智慧待己，慈悲對人——佛化家庭的積極性〉。（《人生》，117 期，1993 年 5 月，頁 27-30）

二月十五日至二十一日，於農禪寺分兩梯次舉行菩薩戒傳戒會，為八百多位男女居士傳授菩薩戒。此為法師首度在國內傳授菩薩戒，戒法規範多有異於各道場習用者。

菩薩戒會回歸佛陀時代精神，著重菩薩精神，不要求受戒者受持無法遵守之戒條，而側重於實際生活中實用、易實踐之軌範，著重於發菩提心、行菩薩誓願之精神。故不以菩薩戒經之條文為主，而以「三聚淨戒」為主。

菩薩戒的目的，是在於發菩薩悲願的大菩提心，不在拘泥於瑣碎戒條項目的授受，我在大乘經律中發現三聚淨戒是有相當大彈性的，可以由於受持者的程度而作不同層次的持守，遇淺則淺，遇深則深；淺者持淺，深者持深；根淺者見淺，根深者見深。

《梵網菩薩戒》的確很好，可是到了現在，其中已有好多條文，不能適用於我們的社會，但又誰也不敢擅改菩薩戒律，我是根據大乘菩薩的精神，找出漢、藏兩傳與菩薩戒有關的內容，發現了「三聚淨戒」是富於彈性，而且各種菩薩戒本，本身就是為了因應時代環境，而有繁簡不同的要求。若依「三聚淨戒」來受菩薩戒，便會成為任何時地、任何個人都可以接受的了。（〈六、傳授菩薩戒〉，《行雲流水》，法鼓全集 6 輯 8 冊，法鼓文化，頁 29-31）

法師昔於高雄山中閉關撰寫《戒律學綱要》時，便有推廣菩薩戒精神及改良菩薩戒授受之心願。經三十年之醞釀，近年提出論文報告心得，於是有今日法鼓山農禪寺傳授菩薩戒之成熟因緣。

近代中國傳菩薩戒都是以梵網菩薩戒為主要的範本，許多人看了《梵網經》之後，不敢受菩薩戒了。原因是：怕犯戒，會墮地獄，而那些多半不看也不懂的人，反而去受了戒，這是中國佛教衰敗的主因。

早在一九六一至一九六二之間，我在瓔珞關房寫《戒律學綱要》這本書時，就有了推廣菩薩戒的精神、改良菩薩戒授受的心願。一九九〇年，法鼓山中華佛學研究所舉辦第一屆國際佛學會議，以「佛教倫理與現代社會」為主題，我當時發表的論文，一再的強調，佛教倫理，除了戒律，別無其他，唯有社會每一角落都能接受佛教的戒律，佛法才能推廣，否則只是空口說白話，與社會脫節。一九九二年，我們再度舉辦第二屆國際佛學會議，主題是「傳統戒律與現代世界」，所邀請的國際著名學者，在我提出的論文〈從三聚淨戒論菩薩戒的時空適應〉之中，再度強調佛教的戒律要適應不同時空的社會需求，乃能可大可久，受到當時與會學者一致的認同。經過三十多年的醞釀，法鼓山農禪寺菩薩戒傳戒會，終於誕生了。

戒會用的傳戒範本是聖嚴根據古人的著作，及經論原典的消化而編成的，著重適應時代環境的變遷，著重菩薩精神的發揚，內容簡要而豐富。我不會閉門造車，也不會標新立異，而是要努力回歸佛陀本懷的菩薩風範。期待以這種傳戒的內容和方式的推廣，能為人間社會帶來積極淨化的作用。（〈適應時空的菩薩戒會〉，《菩薩戒指要》，法鼓全集 1 輯 6 冊，法鼓文化，頁 153-154）

傳戒前，有〈勉勵「萬行菩薩」都受菩薩戒〉發表，提出以「三聚淨戒」作為菩薩戒基準，期擺脫以往以《梵網經菩薩戒》十重四十八輕戒若干不合時代環境之要求。

我們傳授的菩薩戒，僅以四弘誓願及三聚淨戒為基礎，再以淨化身、口、意三業的十善法為準則。

以三聚淨戒，作為菩薩戒的基準而言，富有極大的彈性，能適應不同的層次及不同時地的菩薩行者。

總之，以三皈、四願、三聚、十善組成的菩薩戒，乃是人人容易受持，人人應該受持的菩薩淨戒。我不敢更改菩薩戒，也無能發明菩薩戒，我僅參考了漢傳及藏傳的菩薩戒的內容，配合現代的社會人心，來提倡實踐菩薩戒的精神，鼓勵授受菩薩戒的風氣。（〈勉勵「萬行菩薩」都受菩薩戒〉，《菩薩戒指要》，法鼓全集 1 輯 6 冊，

法鼓文化，頁 157-160）

案：此為法師戒學研究方面甚具創見者，有體有用，深體法義復能適應不同層次及不同時地之菩薩行者。完整理論根據詳見其〈從三聚淨戒論菩薩戒的時空適應〉（今收於《菩薩戒指要》，法鼓全集 1 輯 6 冊，法鼓文化，頁 19-75）。法師於一九九一年十二月，在紐約東初禪寺，首度舉行傳授在家菩薩戒儀式。稍後，達賴喇嘛於一九九二年至紐約市傳授時輪金剛大法。傳法之先，即為全體聽眾，講授《入菩薩行》，並普授菩薩戒。藏系佛教中，寂天論師之《入菩薩行》，亦即以三聚淨戒為菩薩戒綱領。經此不期然而所見相同，法師必然深有所感。

二月十八日、二十一日上午，兩梯次共計八百餘人，由菩薩法師：聖嚴法師、宏印法師、今能法師主持正授典禮，成為新戒菩薩。

新戒菩薩不披縵衣，代以披掛菩薩披帶。菩薩披帶經法師構思，而後由弟子果梵法師繪製，以佛像象徵佛，以法鼓山標誌象徵法，以錦色象徵瓔珞莊嚴。

在家菩薩戒子本來應該沒有衣，所謂白衣居士，而縵衣等卻是緇色的。不過，為了表示紀念，或者是表示莊嚴、整齊，這次法鼓山農禪寺傳授在家菩薩戒，特別由果梵法師設計一件象徵意義深遠的「菩薩衣」，一邊繡有佛像，一邊繡有法鼓山的標誌，代表著學佛向法的精神。（〈對在家菩薩戒的認識〉，《法鼓》，40 期，1993 年 4 月 15 日，版 4；另參見：〈光榮表徵頂戴受——菩薩衣的製作與意義〉，釋果梵，《人生》，117 期，1993 年 5 月，頁 51）

二月二十四日，法鼓山榮譽董事會第二次聯誼會假來來大飯店金龍廳舉行，共有榮譽董事、貴賓百餘人參加。活動由該會總召集人陳盛沺居士邀集，名作家林清玄居士主持，法師到場開示。（〈法鼓山榮譽董事　新春聯誼〉，《法鼓》，39 期，1993 年 3 月 15 日，版 1）

二月二十六日，參加「佛典、佛書語化的理論與實踐」座談會。座談會於中華佛研所舉行。（〈佛書翻譯的現代契機〉，《人生》，116 期，1993 年 4 月 15 日，頁 39-43）

二月二十七日，應邀赴宜蘭，於羅東高商演講「慈悲與智慧的佛教」，中廣宜蘭台全程錄音播出。此次演講係由羅東國際青商會、羅東佛教弘願蓮社主辦，宜蘭佛教蓮社、法鼓山護法會承辦，宜蘭地區政府與民間十餘單位協辦。縣長游錫堃、縣議會議長羅國雄、宜蘭市市長林建榮、羅東鎮鎮長陳國賢等地方首長、民意代表均蒞會聆聽。演講後舉行皈依儀式，三百位信眾正式成為佛教徒。（〈聖嚴師父開示　佛光普照蘭陽〉，《法

鼓》，39 期，1993 年 3 月 15 日，版 1）

二月二十八日，主持剃度典禮，六位青年求度出家，為取法名：果竣、果時、果尚、果顯、果印、果在。以「自利利他的出家人」為題開示：今天的佛教，不缺出家人，而是缺少弘揚正法主持佛教之僧寶人才。勉勵徒眾自度度他：

近年來有許多人求度出家，但是對農禪寺而言，出家並不是風潮亦非時髦。我們對任何人前來求度出家，必先問其目的和動機。我們對於前來求度者，有許多的限制。對任何一位前來求度者，第一句話，都勸他們最好不要來，今天中華民國的佛教，不缺出家人，而是缺少弘揚正法主持佛教的僧寶人才。

因此凡是來農禪寺求度出家者，不但須經過一番詢問，尚須一年乃至三、五年的觀察，以確定能否適應出家的生活。

出家是一肩放棄綿延種族的眷屬家業，一肩擔起大悲弘願的如來家業。

出家非一般人所能為，出家須具備意志、決心，是為增長智慧培養慈悲，才能平順。否則出家後，會讓師父、師兄弟、俗家父母親屬、師長友朋擔憂。如果你們出家以後時常哭哭啼啼、煩煩惱惱、怨怨哀哀，則師父多一個徒弟就要多許多白髮，短幾年壽命。出家弟子當學著為師父分勞分憂，做師父的化身，幫助師父化度眾生。

因為你們求度出家了，增加師父弘化的力量和範圍，增加了我們法鼓山農禪寺的力量——智慧和慈悲的力量，使得我們常住更光輝光明，更有力的前途；對臺灣乃至全世界也都因你們的出家而增加光明和遠景，這才是你們諸位剃度的目標和前程。（〈自利利他的出家人〉，《人生》，116 期，1993 年 4 月 15 日，頁 23-24）

三月一日，《自由時報》刊出日前法師接受該報記者羅碧專訪，談現代人如何豐富精神生活。（〈貪享物欲，如飲鹽水〉，《聖嚴法師心靈環保》，法鼓全集 8 輯 1 冊，法鼓文化，頁 250-251）

三月五日，應邀抵嘉義市，參加嘉義區法鼓山護法聯誼會。聯誼會由中正大學財務金融所教授黃介良推動，邀請嘉義市政府及工商界領導人共四十多位參加。（〈七、聯誼會．演講．禪修營〉，《行雲流水》，法鼓全集 6 輯 8 冊，法鼓文化，頁 34）

三月六日晚，借嘉義高工大禮堂，以「法鼓山的迴響——禪與人間淨土」為題演講，兩千五百多位信眾到場聽講。（同上）

三月七日上午，法鼓山護法會於中國石油公司員工訓練所大禮堂，舉行嘉義地區聯誼會；為新增之二十位勸募

會員頒證。此為嘉義地區首次舉行頒證儀式。（〈認同法鼓山　環保在心中〉，《法鼓》，40 期，1993 年 4 月 15 日，版 3）

下午，趕赴臺中，參加於臺中市世界貿易中心舉辦之聯誼會，到有一千多人，當場皈依者六百多人。臺中市市長林柏榕特別前往祝福。（〈臺中六百信眾皈依〉，《法鼓》，40 期，1993 年 4 月 15 日，版 3；〈七、聯誼會．演講．禪修營〉，《行雲流水》，法鼓全集 6 輯 8 冊，法鼓文化，頁 34）

三月八日至十一日，於法鼓山舉辦第三屆社會菁英禪修營，三十九位來自企業界董事長、總經理，處長以上的公務人員、教育文化界等社會菁英參加。

禪修營提供的主題，分成三個段落：（一）自我肯定，（二）自我消融，（三）自我提昇。以往，他們只知道佛教講空，卻不知道空了以後才是真正的有。我在禪修營結束時，給這群當今國內的社會菁英們，說了這樣的幾句勉勵話：希望透過禪修營的活動，讓來參加的菩薩們，確實了解佛法的好處，並將這裡所學到的理念及方法，帶回去奉獻給諸位家人、同事、朋友、員工，讓他們也能得到佛法的利益。如此，個人的品質才能有所提昇，並為處身的社會環境帶來繁榮與安定。（〈七、聯誼會．演講．禪修營〉，《行雲流水》，法鼓全集 6 輯 8 冊，

法鼓文化，頁 39）

三月十日，印度菩提伽耶寺住持 Gnana Jagat 尊者，蒞臨中華佛研所參訪。

三月十二日，應「時報文教基金會」邀請，於臺北市中正紀念堂廣場，以「綠化大地，淨化人間」為題演講。因無文宣，復以當日冷鋒過境，且場地、座位等各項設備俱缺，故主辦單位原估計有三萬聽眾，只到三、五百人。此亦難得之經驗。

主辦單位認為我有很大的號召力，故讓我在臺北講出第一場，預料一定會大爆滿、大轟動。所以，不敢租用僅可容納數千聽眾的室內演講場地，而借用中正紀念堂的大廣場，預計有二萬到三萬聽眾。可是他們僅僅給了幾家報紙及電視台幾十個字的新聞稿，故未引起大眾的注意。我們法鼓山體系的文宣公關，也沒有動員信眾前往聽講。加上當晚突然從西伯利亞吹來了強勁的冷風，像這樣的露天廣場，既沒有供人坐的椅子板凳，也沒有任何遮擋冷風的設備。有一些人到現場站了一會就離開。自始至終坐在水泥地上，冒著寒流的侵襲，聽完我演講的人僅有三百多位。最妙的是，那場演講的總策畫人，把我介紹上台之後，發現台下冷冷清清，大失所望，便把我丟在那裡下台走掉了。這是我第一次經驗，在臺北市大廣場作露天演講，也是第一次最大的失敗。（〈七、聯誼會・演講・禪修營〉，《行雲流水》，法鼓全集6輯8冊，法鼓文化，頁35-36；講詞收於《禪的世界》，法鼓全集4輯8冊，法鼓文化，頁294-302。另參見：〈珍惜現有森林，人間淨土必出現〉，《聖嚴法師心靈環保》，法鼓全集8輯1冊，法鼓文化，頁65-66）

三月十三日，至農禪寺出席「第一屆禪訓班學員聯誼會」，開示時鼓勵學員把法鼓山精神及理念帶回家，並將禪修方法與觀念運用在日常生活中。約有五百多人參加。

三月十四日至十六日，第四屆「法鼓傳薪」於農禪寺舉行，護法會各地幹部及農禪寺若干職員共一百六十多位參加。禪修與上課密集穿插，重新洗滌對佛法與法鼓山理念認識。（〈法鼓傳薪　鼓手歡喜薪傳〉，《法鼓》，40期，1993年4月15日，版1）

三月十五日，〈佛教被廣告扭曲了——訪聖嚴法師談宗教開運物品廣告〉刊於《人生》月刊。（《人生》，115期，1993年3月15日，頁23-24）

三月二十日、二十一日，應立委陳建平、高雄市議會議長陳田錨及其夫人陳黃淑惠等人力邀，南下高雄，於三信高級職業學校大禮堂，舉行兩場演講，題目為「開發人人心中的光明」、「慈悲與包容」。兩晚聽眾四千五百人次。兩日間，並分別於臺南市及高雄市，主持法鼓山護法會勸募會員聯誼會。（〈七、聯誼會．演講．禪修營〉，《行雲流水》，法鼓全集6輯8冊，法鼓文化，頁38；講詞今題〈開發人人心中的光明〉，收於《平安的人間》，法鼓全集8輯5冊，法鼓文化，頁41-52）

三月二十四日，於農禪寺，對中華佛研所、文基會、護法會、東初出版社等單位專職人員「精神講話」，僧眾亦全體出席。法師詳介佛研所、文基會、護法會及東初出版社主要業務、職責及相互關係，期各單位落實「工作手冊」，尊重彼此，溝通暢順。

三月二十五日晨，於農禪寺開示，指導常住法師，應以人間比丘精神，在法義原則下協助輔導各事業體及護法組織，而非強制、指揮。（〈法鼓山的輔導師〉，《法鼓山的方向》，法鼓全集8輯6冊，法鼓文化，頁152-156）

三月二十七日至四月四日，農禪寺舉行清明報恩佛七，法師主七並開示。（〈自序〉，《念佛生淨土》，法鼓全集5輯8冊，法鼓文化，頁3-4）

佛七會期中，每晚開示修淨法要，內容為：「孝親報恩當念佛」、「念佛法門四個心」、「四種淨土任君遊」、「兩類超度亡與存」、「懺悔業障是恆課」、「帶

業消業生淨土」等，共計六講。後收於《念佛生淨土》。

三月二十八日，清明報恩佛七第一晚開示「孝親報恩當念佛」，說明念佛為超度先亡最好方法。開示中首度交代後事遺體等之處理。

我死之後，不准埋在土坑中，也不許為我起納骨塔或舍利塔，不准撿舍利回去供養，將我火化，研細後的骨灰撒在法鼓山上。我不要留下任何東西，僅希望留下二句話，是法鼓山的理念：「提昇人的品質，建設人間淨土」。若能實踐這兩句話，便等於給我掃墓紀念。（〈孝親報恩當念佛〉，《念佛生淨土》，法鼓全集 5 輯 8 冊，法鼓文化，頁 11）

四月三日，為中華佛研所教授楊郁文居士新著《阿含要略》撰序。楊郁文居士有「楊阿含」美稱，法師讚其對阿含學之深研，一時獨步。（〈序楊郁文居士《阿含要略》〉，《書序》，法鼓全集 3 輯 5 冊，法鼓文化，頁 87-89）

同日，為于凌波居士新著《中國近代佛門人物誌》撰序。（〈序于凌波居士《中國近代佛門人物誌》〉，《書序》，法鼓全集 3 輯 5 冊，法鼓文化，頁 90-92）

四月四日，應邀於華視視聽中心講演「無我與真我」。（《動靜皆自在》，法鼓全集 4 輯 15 冊，法鼓文化，頁 83-96）

四月六日，於法鼓山主持遷建工程第一期水土保持工程整地前之灑淨法會，各地會員參與者近三千人。法會請中國佛教會理事長悟明長老，以及中華民國佛教青年會理事長宏印法師致詞。由農禪寺常住法師帶領繞山灑淨。

由於申請山坡地開發手續繁複，雖已獲得開發許可，然申請整地工程水土保持計畫，尚未取得雜項工程執照。此次係先行舉辦灑淨。（〈灑淨法會　法鼓山動土揭開序幕〉，《法鼓》，40 期，1993 年 4 月 15 日，版 1；〈八、法鼓山動土前的灑淨法會〉，《行雲流水》，法鼓全集 6 輯 8 冊，法鼓文化，頁 42-43）

四月七日，前往臺北市國賓飯店，出席「吳尊賢文教公益基金會」全國「愛心獎」頒獎典禮。法師因熱心公益獲頒「吳尊賢愛心獎」。典禮主席為張麗堂先生，總統府資政洪壽南先生為愛心獎主審，司法院院長林洋港先生主持頒獎。法師接受頒獎後，代表全體得獎人致詞，並當場將二十萬元獎金轉贈「中華民國野鳥學會」，以表對環保之關懷。（〈九、吳尊賢愛心獎〉，《行雲流水》，法鼓全集 6 輯 8 冊，法鼓文化，頁 45-47；〈聖嚴師父獲頒吳尊賢愛心獎〉，《法鼓》，41 期，1993 年 5 月 15 日，版 1）

同日，接受《商業周刊》記者承毓琳專訪，談禪修活動之推動不宜躁進。（〈禪修工作，禪修認知〉，《聖嚴法師心靈環保》，法鼓全集 8 輯 1 冊，法鼓文化，頁 236-238）

日後，《商業周刊》記者承毓琳再度至農禪寺，專題訪談經營農禪寺之心路歷程。（〈禪師的心路歷程，禪修的真正意義〉，《聖嚴法師心靈環保》，法鼓全集 8 輯 1 冊，法鼓文化，頁 239-242）

四月八日至二十五日，第三次率團前往中國大陸巡禮佛教聖蹟，參訪雲南、四川、西藏等地佛教古寺。團員共計一百一十三人。因兩年前，大陸官方曾發布不准臺灣僧尼入境之命令，為免勞師動眾，引起誤會，故以旅遊團名義前往，不準備作公開正式訪問。（〈一〇、第三度訪問中國大陸〉，《行雲流水》，法鼓全集 6 輯 8 冊，法鼓文化，頁 48-51）

四月八日，由桃園中正機場飛香港，轉大陸昆明。昆明中國國際旅行社副總經理劉祖濬先生、臺灣伍宗文博士、大陸海協會陳元麟祕書、宗教局張懷德先生、雲南省佛教協會淳法法師等，至機場迎接。而後至昆明市圓通寺，訪問雲南省佛教協會會長刀述仁居士。（〈一三、從臺北到昆明〉、〈一四、圓通寺．雲南佛教〉，《行雲流水》，法鼓全集 6 輯 8 冊，法鼓文化，頁 61-72）

四月九日，從昆明乘遊覽巴士，經四百九十公里路程，趕赴雞足山。

率團遠赴雞足山巡禮，一則有感於虛雲和尚朝禮雞足山、重修雞足山；再則期望參觀大陸最後對外開放偏遠地區之名山古剎，用以激發大眾建設法鼓山之信心與願心。

經滇緬公路時，默禱迴向二次大戰犧牲之軍民同胞與眾生。

午夜過十二時，方抵雞足山祝聖寺。由監院宏道法師接待並用晚餐。（〈一五、滇緬公路的故事〉、〈一六、摸黑進入雞足山〉，《行雲流水》，法鼓全集 6 輯 8 冊，法鼓文化，頁 73-80）

四月十日，登金頂寺。監院義修法師等迎接。夜宿金頂寺。入夜後，氣溫驟降，有十多位團員，有高山症候反應。法師亦然，經起身盤坐調息後始緩和。（〈二六、金頂的體驗〉，《行雲流水》，法鼓全集 6 輯 8 冊，法鼓文化，頁 121-126）

四月十一日，辭別金頂寺，下山返祝聖寺。途中購得賓川縣志編纂委員會編製之《雞足山誌》，十二日宏道法師因另贈一套清初范承勳編輯之《雲南雞足山誌》，係用鋼版臘紙刻成油墨印刷，彌足珍貴。（〈二八、九蓮寺・靈山一會坊〉，《行雲流水》，法鼓全集 6 輯 8 冊，法鼓文化，頁 135）

歸途中，有一當地年輕比丘跟隨，並於法師休息處門外禮拜三數小時，表明擬拜師學法。法師以時局等各項因緣尚未成熟拒絕。（〈二七、僧青年・毒瘤・挑水・下山路・密談・著涼了〉，《行雲流水》，法鼓全集 6 輯 8 冊，法鼓文化，頁 128）

四月十二日，由祝聖寺步行下山赴大理市。（〈二八、九蓮寺・靈山一會坊〉，《行雲流水》，法鼓全集 6 輯 8 冊，法鼓文化，頁 135）

四月十三日，遊覽洱海風光。晚餐後，舉辦法鼓山護法會運作方式建議說明會，由台灣英文雜誌社董事長陳嘉男提供勸募會員運作方式及心態等建議。（〈三一、洱海之遊・吊點滴〉，《行雲流水》，法鼓全集 6 輯 8 冊，法鼓文化，頁 146-149）

四月十四日，到達大理古城北郊「崇聖寺」。「崇聖寺」因得虛雲老和尚來此宣講《法華經》，而後乃有重建雞足山祝聖寺，復興古道場之因緣。（〈三三、崇聖寺

的三塔文物〉，《行雲流水》，法鼓全集 6 輯 8 冊，法鼓文化，頁 153-158）

四月十五日，走滇緬公路回昆明。（〈三四、藉境修行〉，《行雲流水》，法鼓全集 6 輯 8 冊，法鼓文化，頁 159-161）

四月十六日，往西山公園，參觀建於元朝之「華亭寺」，於該寺左側，禮拜虛雲老和尚舍利塔，並以虛老名偈「空花佛事時時要做，水月道場處處要建」勉勵大眾。

我在該寺的左側，禮拜了虛雲老和尚的舍利塔，泫然涕泣，感慨良深！在他一生之中，度化了不少的人，重修了許多寺院，真是人能弘道，非道弘人。如果沒有虛雲老和尚這麼一位高僧來到，在民國時代的雲南佛教史，幾乎要變成一頁空白，由於他的悲心大願，才復興了當地的佛教。雖在嗣後不久，佛教已經在中國大陸徹底消滅，可是，再度允許佛教寺院恢復活動之時，還是從虛老重建過的寺院基礎上建立起來。可見他的心血，並沒有白費。

虛老曾有兩句名言：「空花佛事時時要做，水月道場處處要建。」空花水月，本身就是假的，不僅是臨時的，根本是虛幻的；可是假戲要真做，對眾生絕對有益，這對我們的朝聖團，應該是最好的啟示。凡是參與法鼓山的建設運動者，就需要抱持這樣的觀點去努力：能做的要趕快做、盡量做，至於將來如何，不必我們擔心，只要做得踏實認真，以後縱然被再三夷為廢墟，還會有人在這個基地上重建再重建的。（〈三五、華亭寺與虛雲和尚〉，《行雲流水》，法鼓全集 6 輯 8 冊，法鼓文化，頁 165-167）

四月十七日中午，飛抵成都，赴峨嵋山。（〈三七、流落貴陽．抵達峨嵋〉，《行雲流水》，法鼓全集 6 輯 8 冊，法鼓文化，頁 174-176）

四月十八日，參訪峨嵋山低山區報國寺。於該寺禮拜「華嚴寶塔」。塔為明朝萬曆年間所鑄，高六公尺，共十四層，上鑄四千七百餘尊佛像，以及整部《華嚴經》。（〈四〇、報國寺．伏虎寺〉，《行雲流水》，法鼓全集 6 輯 8 冊，法鼓文化，頁 184-188）

下午，抵峨嵋山金頂。晚餐後，為臺灣亞星旅行社總經理薛一萍、專業領隊薛一致、劉永芳、劉台安，以及大陸中國國際旅行社昆明分社全陪導遊楊亞非等五人，說三皈依。（〈四三、皈依峨山普賢王〉，《行雲流水》，法鼓全集 6 輯 8 冊，法鼓文化，頁 195）

四月十九日，參訪「萬年寺」，該寺有一建於明朝之無樑磚殿，供有普賢菩薩騎六牙白象銅像。（〈四五、萬年寺與普賢寺〉，《行雲流水》，法鼓全集 6 輯 8 冊，法鼓文化，

頁 203-206）

四月二十日，至樂山市，巡禮岷江江畔高七十一公尺之石雕彌勒佛坐姿巨像。（〈四六、樂山大佛．凌雲寺〉，《行雲流水》，法鼓全集 6 輯 8 冊，法鼓文化，頁 207-212）

四月二十一日，由成都飛西藏拉薩。（〈四七、飛往藏密的聖地拉薩〉，《行雲流水》，法鼓全集 6 輯 8 冊，法鼓文化，頁 213-214）

四月二十二日，參訪「哲蚌寺」、「色拉寺」。（〈五〇、哲蚌寺．乃瓊寺．西藏素筵〉、〈五二、色拉寺．治瀉驗方〉，《行雲流水》，法鼓全集 6 輯 8 冊，法鼓文化，頁 225-227、230-235）

晚間，以偏方治好某團員急性水瀉。

一位（團員）突然急性水瀉，幾乎每隔兩三分鐘，即要上一次便槽。任便用了各種針藥，也用遍了西藏隨團醫生所能找來的藥品，都沒有一點功效，弄得大家束手無策，幾乎是到了等死的程度時才讓我知道。像這樣的病，對我來講，非常容易治療，只要找到一把白米，放在鍋裡乾炒成焦黑，然後用開水沖泡，喝了一杯至兩杯，一定會好。就這樣，到了第二天，這位團員又可以跟著大家一起進早餐了。（〈五二、色拉寺．治瀉驗方〉，《行

雲流水》，法鼓全集 6 輯 8 冊，法鼓文化，頁 234-235）

四月二十三日上午，前往世界聞名之西藏文化寶庫「布達拉宮」參訪。阿旺索巴喇嘛親切接待，並由西藏官員嘎瑪吉多，代表布達拉宮，贈送一大冊藏醫全書。（〈五三、布達拉宮〉，《行雲流水》，法鼓全集 6 輯 8 冊，法鼓文化，頁 236-240）

下午，參訪「大昭寺」，接受貴賓之禮遇，得以登上佛座，以頭面禮敬佛足。（〈五五、大昭寺．酥油茶〉，《行雲流水》，法鼓全集 6 輯 8 冊，法鼓文化，頁 245-251）

四月二十四日，由拉薩飛返成都。（〈五七、望江樓．武侯祠〉，《行雲流水》，法鼓全集 6 輯 8 冊，法鼓文化，頁 255-256）

晚上，借成都飯店二樓餐廳召集最後一次全體會議，就「提昇人的品質、建設人間淨土」兩項主題，提出各組綜合報告。法師勉大眾堅定「信心」、發「願心」、「長遠心」。而後贈送亞星旅行社薛一萍及中國國際旅行社昆明分社全陪楊亞非紀念禮物。全團六十位團員，將隨身睡袋，指定捐給雞足山金頂寺，亦由楊君發心完成。（〈五八、共識的凝聚．惜別的勉勵〉，《行雲流水》，法鼓全集 6 輯 8 冊，法鼓文化，頁 257-259）

四月二十五日，訪文殊院。拜望四川佛教協會會長，文殊院住持，現年八十九歲寬霖老和尚。（〈五九、成都文殊院〉，《行雲流水》，法鼓全集 6 輯 8 冊，法鼓文化，頁 260-263）

下午由四川飛抵香港。團員轉機飛臺北，法師於二十六日飛美國西岸洛杉磯。（〈六〇、我的贈禮〉，《行雲流水》，法鼓全集 6 輯 8 冊，法鼓文化，頁 264）

四月二十六日至五月二日，弘化洛杉磯。一則回應南加州佛學聯誼會之多次邀請，再則慰問該地新成立之法鼓山護法會聯絡處。此為美國最早成立者。（〈六二、回到美國兩個月〉，《行雲流水》，法鼓全集6輯8冊，法鼓文化，頁 274）

法鼓山洛杉磯聯絡處李秋頻居士負責接待，並請大陸旅美，具特異功能之劉洪先生為法師作氣功治療。劉洪於法師身上有特別發現，疑其為舍利。

他（劉洪先生）告訴我：「法師沒有病，全身的氣脈本來就是通的。只因背負著眾生而生病。」故他勸我，只要好好休息一段時間，就會恢復健康。這位異人，為我治療之後，還告訴我一個祕密的消息，說在我的丹田，有一粒比棗核更大的東西，力量強大，他每次運功到我丹田位置，就有一股強大的力量，把他的內力彈了回去。

他說：「這在佛家，可能就叫舍利吧！」我告訴他說：「我自己的心念重心，經常是在那個部位，至於那個部位，有沒有什麼東西？是不是叫作舍利？我倒從來沒有想過。」（〈六一、洛杉磯治病‧我的舍利〉，《行雲流水》，法鼓全集 6 輯 8 冊，法鼓文化，頁 272-273）

四月二十七日、二十八日，由南加州學佛聯誼會林藍騰會長及邱全春祕書長等策畫，分別於加州大學洛杉磯分校（University of California, Los Angeles）及加州大學爾灣分校（University of California, Irvine），講演「禪與生活」、「禪與悟」。因以中、英文雙語表達，故有不少西方人士參加聽講，在演講後發問，除西方人士外，多數為亞裔第二代。（〈六二、回到美國兩個月〉，《行雲流水》，法鼓全集 6 輯 8 冊，法鼓文化，頁 274-275）

五月一日，以當地華僑社會為對象，於中華民國洛杉磯中國文化服務中心講演「禪法與人生」，由南加州學佛聯誼會主辦，法鼓山洛杉磯護法會協辦。共有四百多人到場，會後皈依三寶者，包括中華民國外交部駐洛杉磯辦事處副處長黃誠，共一百十八人。（〈聖嚴師父紐約、洛杉磯弘法〉，《法鼓》，42 期，1993 年 6 月 15 日，版 1）

五月二日晚，借李秋頻居士府，主持法鼓山護法聯誼會，將法鼓山因緣、護法會功能，以及法鼓山理念及方法等加以說明指導。出席者有六十多位勸募會員及護持會員。（〈六二、回到美國兩個月〉，《行雲流水》，法鼓全集 6 輯 8 冊，法鼓文化，頁 275-276；〈聖嚴師父蒞臨護法會　美國最早成立聯絡處〉，《法鼓》，42 期，1993 年 6 月 15 日，版 1）

五月三日，從美西洛城，飛返美東紐約。（〈六二、回到美國兩個月〉，《行雲流水》，法鼓全集 6 輯 8 冊，法鼓文化，頁 276）

同日，祕魯政府創辦之《祕魯人報》，由社長奧拉西歐．加戈．普利亞列（Horacio Gago Priale）率領，行政院新聞局派員陪同，特別至農禪寺和中華佛研所參觀。（〈參訪農禪寺中華佛研所　祕魯人報訪華〉，《人生》118 期，1993 年 6 月，頁 56）

五月五日，即日起，於紐約東初禪寺有系列「佛學講座課程」，包括每週三講「大慧宗杲禪師的禪法書簡答問」、每週五講《華嚴經．如來出現品》及每週日講《楞嚴經》，並於每週六指導一日禪修。

五月九日，於東初禪寺講「照顧自己，關懷他人」。（〈六二、回到美國兩個月〉，《行雲流水》，法鼓全集 6 輯 8 冊，法

鼓文化，頁 276；《禪門》，法鼓全集 4 輯 11 冊，法鼓文化，頁 114-118）

五月十五日，《法鼓》雜誌刊出日前法師接受《光華》雜誌記者蔡文婷專訪，談禪修的功能。（〈禪修，為目的而來，無目的而回〉，《聖嚴法師心靈環保》，法鼓全集 8 輯 1 冊，法鼓文化，頁 243-247）

同日，發表〈推動助念關懷〉。（《助念功德怎麼做》，法鼓山小叢刊）

五月十六日，美國「法鼓山護法會」籌備說明會於東初禪寺召開，共有三十多人參加。法師特別說明建設法鼓山培養佛教人才之重要性：

目前印度和中國大陸的佛教，受到各種外在環境的影響，已然十分沒落，令人痛心，而臺灣的佛教本身也很脆弱，主要是因為過去沒有培養人才，直到如今僅靠若干法師們個人的聲望及號召來推動，如果都不在了，下一代將是個大問題，所以我們必須積極栽培大量佛教人才，這也是建法鼓山的目的。（〈東初禪寺召開護法會籌備說明會〉，《法鼓》，43 期，1993 年 7 月 15 日，版 1）

五月二十三日，東初禪寺舉行浴佛典禮及特別講座。上午浴佛典禮邀請李恆鉞長者開示致詞，下午，法師以「坐

禪對於身心的利益」為題演講，約有東西方人士六百人參加。（〈紐約東初禪寺舉辦浴佛法會〉，《法鼓》，42 期，1993 年 6 月 15 日，版 1）

五月二十四日，應邀第三度訪問安娜堡密西根大學，為聯合主辦國際佛學會議事進行磋商；並探慰正在密大訪問研究之弟子果祥比丘尼。（〈六二、回到美國兩個月〉，《行雲流水》，法鼓全集 6 輯 8 冊，法鼓文化，頁 276）

當晚，為該校三百多位師生及附近居民講演，指導如何選擇明師，修學禪法。由該校羅培茲（Donald S. Lopez）教授引言介紹，堪薩斯大學丹．史蒂文生教授英語翻譯。題目為「作為禪師的條件」。

子題為：（一）正確的知見，（二）修證的經驗，（三）正統的傳承，（四）福德因緣，（五）善巧方便。（〈六二、回到美國兩個月〉，《行雲流水》，法鼓全集 6 輯 8 冊，法鼓文化，頁 276）

五月二十七日，至新澤西州主持法鼓山護法會聯誼會，出席會員及來賓八十多人。該會由謝果嵩與李果照夫婦發起，為法鼓山在美國成立之第二個聯絡處。（〈好菩薩、多發心——美國第二個聯絡處成立〉，《法鼓》，42 期，1993 年 6 月 15 日，版 1）

五月二十八日至六月四日，在東初禪寺主持第六十期禪七，參加者三十六人，其中四位來自歐洲。每晚開示以博山禪師〈參禪警語〉為根據。（〈聖嚴師父主持紐約東初禪寺第六十次禪七〉，《法鼓》，43 期，1993 年 7 月 15 日，版 1）

六月四日，禪七圓滿日，為英國約翰．克魯克博士舉行傳法儀式，成為臨濟宗第五十八世傳承者，法名：傳燈見諦。

法師於傳法儀式開示傳法意義及受法後弘化原則。

過去禪宗的歷史，禪師們都是行將入滅前，傳法給繼承者，然後完成使命去世。我人還在，傳法給克魯克博士，到歐洲去教禪法，是為了減輕我的負擔。除他之外，無人能勝任此重任。我允許他代表我，一如我繼續弘揚佛陀傳授的教義。（〈六二、回到美國兩個月〉，《行雲流水》，法鼓全集 6 輯 8 冊，法鼓文化，頁 276-277）

法師將歐洲傳法權責全然交付，如何在英國、歐洲傳弘禪法，請克魯克自己去發現，但有三原則：

一、傳授的一定是師父所教的方法。

二、不許混雜其他教派的教理。

三、不違背佛法緣起性空、因果不空的基本思想，絕對不可涉及神通、感應及特異功能的現象。（《枯木開花》，施叔青，臺北：時報文化，2000 年 7 月，頁 298-300）

案：此為法師首度傳法於西方居士，爾後陸續傳法西方居士，共有五位。此時所傳法派之法名，係以靈源長老所傳臨濟宗法派字，法號則為虛雲和尚所演字派，取名號為「傳燈見諦」。二〇〇五年九月二日傳法大典後立法鼓宗，因此法子名號重新律定，西方居士法子之法名仍用靈源長老所傳臨濟宗法派字，法號則改用法師所演法派三十二字之第二字，改名：「傳燈淨諦」。（詳見：釋果興、林其賢，〈探索聖嚴法師傳法予居士的演派名號〉，聖嚴教育基金會、法鼓山僧團，「第五屆聖嚴思想國際學術研討會」，2014 年 6 月 29-30 日）

本月另接受《人生》月刊專訪，談佛化家庭的親職教育，以及「世界佛教結合體的樞紐」。

中華佛學研究所做的工作，就是希望將所有的佛教普遍地弘揚和重視，也就是今天的局面。因此，中華佛研所目前的課程設計分為三個組別：中國佛學組、西藏佛學組、印度佛學組，也就是在這個大體系下運作。

我們在做著將世界佛教引到中國，將中國佛教傳揚到世界的工作，使中國成為世界佛教的結合體，法鼓山成為世界佛教的園區。

我們提倡全面的教育，但這並不是指我們創辦從幼稚園至長青大學各級的學校，而是指以佛法淨化人心的教育方式和範圍，遇小則小，遇大則大，遇年輕則年輕；以佛法照顧所有的人，對一切眾生都平等救濟，最重要的是，培育學生具有「立足中華，放眼世界；專精佛學，護持正法；解行互資，悲智雙運；實用為先，利他為重」的理念，希望中華佛學研究所培植的人才，能對未來世界佛教的發展，有所幫助。（〈佛化家庭的親職教育〉，《聖嚴法師心靈環保》，法鼓全集 8 輯 1 冊，法鼓文化，頁 199-206；《人生》，117 期，1993 年 5 月，頁 43-44；〈世界佛教結合體的樞紐〉，《教育・文化・文學》，法鼓全集 3 輯 3 冊，法鼓文化，頁 204-206）

六月十六日，果暉、果元法師自泰國法身寺參學歸國，應邀至中華佛研所與法身寺派至佛研所修學之祥代、祥智法師舉行「南傳佛教修行見聞座談會」，去年自泰國參學歸來之果醒法師亦受邀列席。（〈與泰國法身寺交換留學僧回國舉辦座談會〉，《法鼓》，43 期，1993 年 7 月 15 日，版 1）

六月二十日，繼洛杉磯、新澤西州聯絡處之後，佛羅里達州吳淑芳居士、紐約盧惠英居士（案：即今之果乘法師）相繼成立法鼓山護法會，成為在美成立之第三、第四聯絡處，正式開始勸募、關懷、助念等活動。（〈法鼓山護法會已於美國成立第四個聯絡處〉，《法鼓》，43 期，1993 年 7 月 15 日，版 1）

六月二十三日，教育部為法鼓人文社會學院之籌設，舉行

複審會議，由籌備處果鏡法師、方甯書教授、陳柏森建築師、廖雲蓮祕書與吳穆一居士等五位列席。法師不克出席，已先撰有〈籌設法鼓人文社會學院之理念〉報教育部。云：

立足中華，放眼世界。承先聖先賢文化遺產，啟千秋萬代民族新運。以人本思想，辦人文教育，發揚人性尊嚴，建設人間淨土。

蓋宗教道德、教育文化，關係社會之隆汙、人心之振靡，至深且鉅。遂運用宗教力量，倡導心靈環保，健全人格，淨化社會。藉宗教之慈愛精神，強化倫理，補偏救弊，以達成社會零犯罪，做到環境無汙染。則個人與團體臻於高尚，國家社會長治久安。

籌設「法鼓人文社會學院」，在以宗教關懷為經，以現代人文科學為緯，培養人文及社會科學人才，從事人文教化與社會服務工作；展現時代社會遠景，發揚中華文化，促進世界和平。（〈教育部複審完成法鼓人文社會學院籌設〉，《法鼓》，43 期，1993 年 7 月 15 日，版 1）

六月二十六日至七月三日，**在東初禪寺主持第六十一期禪七，參加者三十四人，分別來自菲律賓、以色列、英國、加拿大、中國大陸、臺灣以及全美各州。**（〈六二、回到美國兩個月〉，《行雲流水》，法鼓全集 6 輯 8 冊，法鼓文化，頁 277）

六月，《聖嚴法師學思歷程》由正中書局出版，列為「當代學人學思歷程」叢書之一。該叢書係由美國天普大學傅偉勳博士策畫，邀集十四位國際學術界知名學者撰寫自傳，法師為唯一宗教師。

〈以空慧觀照無常〉刊於《人生》。（《人生》，118 期，1993 年 6 月，頁 23-25）

七月五日，返臺。

七月七日下午，「嵩山少林寺文化訪問團」一行三十人參訪農禪寺，法師致贈百冊佛教大藏經以及法師著作，由少林寺住持永信法師代表接受。（〈百冊佛教藏經致贈少林寺訪問團〉，《人生》，120 期，1993 年 8 月，頁 52）

七月八日至十日，於農禪寺續講《妙法蓮華經》，每日有千餘人與會。（〈契機入理法益盎然　聖嚴法師《法華經》講座〉，《人生》，120 期，1993 年 8 月，頁 55）

七月九日，天主教梵蒂岡教廷宗教協談委員會主席安霖澤樞機主教，由外交部官員陪同至農禪寺參訪。法師以 *Ox Herding at Morgan's Bay*（《摩根灣牧牛》）相贈，安霖澤主教則鄭重邀請法師至梵蒂岡教廷訪問。

同行的人員包括天主教梵蒂岡宗教協談委員會副祕書長尻技正行神父、教廷駐華大使館代辦尤雅士神父、中國主教團宗教交談與合作委員會執行祕書馬天賜神父、天主教中國主教團主席單國璽神父等。（〈天主教梵蒂岡教廷主席主教七月九日拜訪聖嚴法師〉，《法鼓》，44 期，1993 年 8 月 15 日，版 1）

七月十一日，法鼓山社會菁英禪修營第一、二、三屆近四十位學員於農禪寺，參加第三次共修會，法師出席並開示禪修要領。

法師非常關心學員們在下山後是否仍繼續禪修，多數人都無奈地表示工作實在太忙，很難有時間或心情靜下來禪坐。但也有不少人表示，雖然不能常常禪坐，可是法師在法鼓山上所做的開示，卻常應用於日常生活和工作中，尤其是法師最常叮嚀的「不動怒、不動氣、多為別人想」。法師非常歡喜，也再一次地囑咐所有學員：「所謂不動怒、不動氣，是指不要對於眼前的狀況作直接的強烈反應，而不是不反應。該做的事，該遵循的道理、原則還是要去做的，而不是消極地不反應」。（〈社會菁英學員　滿載而歸〉，《人生》，120 期，1993 年 8 月，頁 54）

下午，於農禪寺「禪坐會」開示「禪修和信仰」。（〈禪修和信仰〉，《法鼓》，52 期，1994 年 4 月 15 日，版 3；53

期，5 月 15 日，版 3）

七月十二日，監察院院長陳履安至農禪寺拜會，關心法鼓山工程外，並請教修行問題。

七月十三日，於農禪寺，對中華佛研所、文基會、護法會、東初出版社等單位專職「精神講話」，僧眾亦全體出席。法師指出，「法鼓山整體推動文化、宗教及慈善等工作，並非為聖嚴，或為某一人，亦非為法鼓山，」而是以理念為核心，因認同法鼓山「提昇人的品質，建設人間淨土」理念，而共同凝聚、共襄盛舉。無論專職或義工，均代表法鼓山理念與精神，都是萬行菩薩。

七月十五日，發表〈我們都是萬行菩薩〉。（〈我們都是萬行菩薩〉，《法鼓》，43 期，1993 年 7 月 15 日，版 2；今題〈萬行菩薩，法鼓之魂〉，收於《法鼓山的方向》，法鼓全集 8 輯 6 冊，法鼓文化，頁 206-209）

同時，白銀女士自法師書中摘錄佳句編成三首歌詞。

〈如來如去〉：佛的名字叫如來，好像來，好像去，不來也不去。對大修行者，佛是如來；對未修行者，佛是如去。佛本如如不動，因為眾生的心動，誤將如來如去，當作有來有去，其實啊！不來也不去。

〈禪者〉：不取也不捨，遇好事，不必歡喜，就像是酷寒冬天的一盆火；遇壞事也不討厭，就像是炎熱夏季的一盆火。好壞不在於火爐本身，而在於自己的感受，這就能——萬里無雲，晴空一片。

〈人人有福〉：你惜福，我培福，他種福，人人才有福。過去種福，現在有福；現在種福，未來有福。有福的人要惜福，無福的人要種福，福報不夠要培福。（〈白銀女士摘錄自師父書中佳句編成的三首歌詞〉，《法鼓》，43 期，1993 年 7 月 15 日，版 4）

七月十八日至二十五日，於農禪寺主持第四十六期禪七。（〈農禪寺行事預告〉，《法鼓》，43 期，1993 年 7 月 15 日，版 3）

七月二十八日至八月一日、八月四日至八日，於法鼓山上舉行二梯次「兒童學佛營」。每梯次有三百位小朋友參加。七月三十一日計有三百位小朋友皈依三寶，由法師主持皈依儀式。（〈法鼓山農禪寺舉辦兒童學佛營〉，《法鼓》，44 期，1993 年 8 月 15 日，版 1）

七月三十一日，法鼓山桃園、中壢辦事處於桃園佛教蓮社聯合舉辦會員聯誼會，蓮社富空法師、許總幹事致歡迎詞。法師蒞會頒發新勸募會員證並開示法鼓山精神。與會人員約一千人，會後舉行皈依，四百七十餘人參

加。（〈燈火薪傳　續佛慧命〉，《法鼓》，45 期，1993 年 9 月 15 日，版 3）

《春夏秋冬》由東初出版社出版，為法師第六冊遊記。

八月三日，應臺北市市長黃大洲之邀至臺北市政府，於其一級主管月會中，以「提得起．放得下」為題演說。略云：

目前社會上不外乎三種人：一種是「提不起也放不下」，這種人既缺乏擔當也處處跟自己、別人過不去：另一種人是「提得起卻放不下」，這種人多半是太過執著，不能隨順因緣，我們現在社會上就是以這種人居多；還另外有一種人則是「提得起也放得下」，這一種人不但勇於任事，處於逆境中也不會怨天尤人。主管們，應該要做這第三種人，處事時負責任，毀譽來時則心無罣礙。（〈師父蒞市府發表演說〉，《法鼓》，44 期，1993 年 8 月 15 日，版 1）

八月四日，於農禪寺，對中華佛研所、文基會、護法會、東初出版社等單位專職「精神講話」，僧眾亦全體出席。本次談話，旨在闡述「四眾佛子共勉語」之生活運用。

八月五日，接受《中國時報》記者汪詠黛專訪談墮胎。指出：胎兒斷送生命，母親斷送健康。（〈胎兒斷送生命，母親斷送健康〉，《聖嚴法師心靈環保》，法鼓全集 8 輯 1 冊，法鼓文化，頁 195-198）

八月七日，法鼓山花蓮地區會員聯誼於亞士都飯店舉行，法師蒞會開示並頒發新勸募會員證。（〈師父勉花蓮區會員提昇人品佛教〉，《法鼓》，45 期，1993 年 9 月 15 日，版 1）

晚，應花蓮居士會邀請，於花蓮市明義國小禮堂以「提昇人品的佛教」為題講演。（同上）

八月十二日至十八日，中華佛研所於法鼓山舉行第五屆大專夏令營，一百一十八位大專青年參加。本屆主題為「佛法與生活」。（〈大專夏令營　佛法、生活為主題〉，《法鼓》，41 期，1993 年 5 月 15 日，版 1）

八月十五日，於農禪寺禪坐會開示「虛與實」。（收於《禪門》，法鼓全集 4 輯 11 冊，法鼓文化，頁 9-15）

《工商時報》「大人物」專欄刊出法師日前接受該報記者林淑蓉專訪，談金錢觀。（〈聖嚴法師的金錢觀〉，《聖嚴法師心靈環保》，法鼓全集 8 輯 1 冊，法鼓文化，頁 252-253）

八月十八日至十九日，《自由時報》副刊刊出日前法師應邀與作家柏楊之對談。（〈柏楊 VS. 聖嚴法師智慧對談——臺灣病得很嚴重〉，《聖嚴法師心靈環保》，法鼓全集 8 輯 1 冊，法鼓文化，頁 77-90）

八月十九日，「世界清潔日」發起人兼主席伊安基南（Ian Kiernan）來訪，邀請成為「世界清潔日」一員。法師呼籲共同響應，為環境保護盡一份心力。（〈九月十七、十八、十九三日　請響應「世界清潔日」環保運動〉，《法鼓》，45 期，1993 年 9 月 15 日，版 1）

八月二十三日，《民生報》「名人談保健」專欄刊出日前法師接受該報記者詹建順專訪，談身心健康。文中透露，法師能自行控制血壓及體溫。（〈忙人時間多，勤勞健康好〉，《聖嚴法師心靈環保》，法鼓全集 8 輯 1 冊，法鼓文化，頁 172-175）

八月二十七日，由高雄、臺南、屏東等地勸募會員共同策畫安排之「南部地區聯誼會」，假高雄寒軒飯店隆重舉行。法師特南下為百餘位新勸募會員頒證。（〈南區聯誼會宣揚法鼓山理念〉，《法鼓》，45 期，1993 年 9 月 15 日，版 1）

八月二十八日，與南部地區四十多位企業界人士就「如何運用佛法改善企業體質」舉行座談。座談會於高雄市議會高風大樓舉行，由文基會、大眾銀行及南方文教基金會等單位合辦，高雄市議長陳田錨擔任引言人。（〈佛法與企業管理沒有衝突〉，《法鼓》，45 期，1993 年 9 月 15 日，版 1）

八月三十日，於臺北縣金山鄉三界村法鼓山預定地主持「法鼓山遷建工程動土典禮」。

典禮由法鼓山文教基金會董事長兼執行長聖嚴師父主持持鏟儀式，中國佛教會理事長悟明長老、聖靈寺住持暨中華佛學研究所董事今能長老、佛教青年會理事長宏印法師，以及監察院院長陳履安、內政部部長吳伯雄、教育部部長郭為藩、臺北縣縣長尤清等八人，一起手執鏟子，共同為法鼓山的動土寫下歷史性的一頁。（〈開拓佛教教育空間〉，《法鼓》，45 期，1993 年 9 月 15 日，版 1）

九月一日至四日，於法鼓山舉辦第四屆「社會菁英禪修營」，計有民意代表、醫師、名主播等五十四位各界菁英參加。（〈五四名社會菁英共聚禪修〉，《法鼓》，45 期，1993 年 9 月 15 日，版 1）

案：此次禪修內容經記錄整理，題為〈禪修方法指導〉（今收《聖嚴法師教禪坐》，法鼓全集 4 輯 9 冊，法鼓文化，頁 9-45）。

九月一日，記者節，接受臺北市記者公會邀請，於中山堂以「是真是假？」為題演講。（〈師父九一應邀演講　勉記者跳離自我辨真假〉，《法鼓》，45 期，1993 年 9 月 15 日，版 1）

九月五日，於新光美術館舉行「法鼓山當代藝術品義賣會」，以籌措建設法鼓山之龐大經費。法師有〈序「當代藝術品義賣會」〉說明舉辦緣起。（〈序「當代藝術品義賣會」〉，《法鼓》，44 期，1993 年 8 月 15 日，版 4；今題〈序《當代藝術品義賣會畫冊》〉，《書序》，法鼓全集 3 輯 5 冊，法鼓文化，頁 93-95）

義賣會由收藏家葉榮嘉策畫，經各畫廊及媒體協助，國內多位知名畫家響應捐得百餘件畫作提供拍賣，義賣金額計達三千五百多萬元。此為臺灣美術史上首次為贊助宗教教育而舉行義賣作品。

國內知名畫家如：李梅樹的長子李景陽捐出了父親的畫作，江兆申、歐豪年、劉其偉等甚至不止捐出一幅作品，而還在美國且身體違和的洪瑞麟也不惜割愛，其他尚有溥心畬、陳其寬、周澄、何懷碩、吳炫三、吳榮賜等畫家、雕刻家或由收藏家捐出來的名作，約一百多件。（〈「當代藝術品義賣會」九月五日開鑼〉，《法鼓》，44 期，1993 年 8 月 15 日，版 1）

此次義賣會後，一年間，佛教團體接二連三同樣以藝術品義賣方式募款，且募款數字龐大，引人側目質疑。法師於其後接受訪問時說明募款之作用與意義云：法鼓山捐款人與其他團體捐款人並不重疊，不致產生排擠作用。而「以募款方式弘法」，使捐款人因而學法、用法以解決生活困擾，方所期盼。（〈藝術品義賣會的目的——訪聖嚴法師〉，《人生》，128 期，1994 年 4 月，頁 4-5）

九月七日，出席護法會於臺北電信局舉行之勸募會員聯誼會，共有中正、大安、松山、南港、信義、萬華等地區勸募會員，約六百多人參加。勉勵大眾以戰戰兢兢、如履薄冰態度，盡心盡力推動法鼓山理念。

九月八日，接受臺北縣政府環保局邀請，於板橋臺北縣立體育館以「以佛教慈悲心談我們的居住環境」為題講演。

從自然的環保、生活的環保、禮儀的環保三個層次將慈悲心落實於環境的關懷。以上三項環保都須發自內心，讓心靈寄託慈悲、智慧、理性與感性調和的信仰，如此才能使環保工作扎根、持久，而不是一時的風尚。（〈以佛慈悲心實踐環保〉，《法鼓》，46 期，1993 年 10 月 15 日，版 1。講詞今題〈從佛教看我們的居住環境〉，收於《禪的世界》，法鼓全集 4 輯 8 冊，法鼓文化，頁 303-320）

九月九日，上午，於農禪寺，對僧眾、中華佛研所、文基會、護法會、東初出版社等單位專職「精神講話」，開示人品提昇三次第：「認識自我、提昇自我、消融自我」。

下午，南斯拉夫覩山・虸引（Dusan Pajin）教授由詩人張香華女士陪同至農禪寺參訪。法師隨即邀請其就目前研究專題「佛法與現代人的心理」，至佛研所演講。

南斯拉夫覩山・虸引教授研究佛學三十餘年，在東歐土地上，辛苦地播種著佛陀的種子。教授原本研究印度佛學十年餘，之後轉向中國佛學華嚴宗與禪宗之觀音信仰。他表示，在他的國家裡佛學的推廣不易，至今仍無正式道場。（〈覩山虸引訪聖嚴師父〉，《法鼓》，46 期，1993 年 10 月 15 日，版 1）

九月十日，「佛教生活文物暨藝品展」於松山機場外貿協會展覽館隆重開幕。法師應邀出席並致詞，希望藉此展覽讓大眾對佛教信仰、佛教徒生活有正確認識，了解「修行即生活，生活即實踐」。（〈九三文物展圓滿落幕〉，《法鼓》，46 期，1993 年 10 月 15 日，版 1）

晚，前往臺北市中山區區民活動中心，出席臺北大同、中山、松山、社子等地區勸募會員舉辦之親師聯誼會，並帶領大家恭誦觀音聖號，祈求臺灣早降甘霖，紓解旱象，約有二百人參加。

九月十一日，下午，前往新竹參加會員聯誼會並主持皈依典。活動於國民黨新竹市黨部舉行，共有一百二十人皈依三寶。

晚上，於清華大學大禮堂演講，新竹市市長童勝男、縣長范振宗亦到場聆聽。

九月十二日，至農禪寺出席「般若禪坐會第七屆會員大會」，期勉大眾：將禪修方法和觀念運用到日常生活，才是真修行。約有四百多名會員參加。

九月十五日，於農禪寺主持剃度典禮，三位青年求度出家，為取法名：果東等。（〈地藏菩薩日行剃度禮〉，《法鼓》，46 期，1993 年 10 月 15 日，版 1）

九月十七日至十九日，應邀赴香港主持佛學講座，宣講《觀世音菩薩普門品》。此係丁珮居士專程來臺禮請，並聯繫香港四十多個佛教團體聯合主辦之第七屆「此岸彼岸弘法會」。弘法大會主席為香港菩提學會創辦人永惺法師。

法師於講座結束時表示，來香港是為結緣非為化緣，故將當地信眾募捐十萬港幣分為二分，捐給主辦單位「此岸彼岸弘法會」，以及香港慈善機構。大會主席永惺法師代表接受，當場將其中五萬港幣捐給此次因貝姬颱風過境之風災受難者。（〈師父赴港弘揚佛法〉，《法鼓》，46期，1993年10月15日，版1）

九月二十一日，法鼓人文社會學院籌備委員會成立。法師任主任委員，方甯書教授為副主任委員。翌日成立籌備處，李志夫教授與吳寬博士分別擔任籌備處之主任與副主任。（〈大事記〉，《1989-2001法鼓山年鑑》，法鼓山基金會，2005年10月出版，頁76）

案：設立法鼓人文社會學院案，為去年九月提出申請；今年七月，獲教育部「新設學校審核會議」審核通過。

九月二十五日至二十七日，於國父紀念館舉辦「《維摩經》生活系列講座」，分別以「《維摩經》與社會關懷」、「《維摩經》與福慧雙修」、「《維摩經》與淨化人生」為題宣講。監察院院長陳履安、立法院副院長王金平以及國父紀念館館長高崇雲亦出席參加。演講後，四百多位人士參加皈依典禮。（〈眾生即是佛　佛即是眾生〉，《法鼓》，46期，1993年10月15日，版1；講詞今收《維摩經六講》，法鼓全集7輯3冊，法鼓文化，頁15-98）

十月一日，〈做一個正知正信的現代人〉刊於《家庭主婦》

月刊。（文見：《法鼓》，47 期，1993 年 11 月 15 日，版 4）

十月二日，至農禪寺參加「福慧念佛會於第八屆會員大會」，期勉大眾積極參與助念，並發願接引更多人來念佛。約有八百多人參加。

十月三日，舉行八十二年度法鼓山護法會會員大會，八百餘位會員參加。法師致詞勉勵：「如要有救苦救難的菩薩心腸，先得有受苦受難的心理準備，法鼓山的委員、會員們不是來享福的，而是彼此惜福、培福並種福。」（〈法鼓會員大會　群力推轉法輪〉，《法鼓》，47 期，1993 年 11 月 15 日，版 3）

十月四日，越南前萬行佛教大學（Vanhanh Buddhist University）校長明珠法師及其隨行二位弟子，蒞臨農禪寺拜訪，並參觀中華佛研所及法鼓山。

明珠法師與聖嚴法師互贈著作。聖嚴法師已有多種著作如：《正信的佛教》、《學佛群疑》、《明日的佛教》及《世界佛教通史》，經由明珠法師弟子翻譯為越文，臺商賴金光居士捐資印行，在越南深受讀者歡迎。聖嚴法師表示願意放棄著作版權以促進中越文化交流。而後雙方就佛教教育問題交換意見。

明珠法師首先將其所翻譯的越文《阿含經》乙套贈送

聖嚴法師。聖嚴法師讚譽其堪為越南國寶，並回贈整套的中文著作，且表示有人肯翻譯，他願意放棄版權以促進中越文化交流。

明珠法師就目前越南佛教的教育問題請教聖嚴法師，如何使年輕的出家人在學院內得到最適當的教育而能活得快快樂樂？學院內應怎樣表達佛法的本意及教導學生，以免學生畢業後被外界物質環境等引誘而還俗？怎樣教學才能使學生不退弘法的意願，而在面對各種不同生活環境時還能選擇對佛法的修持？

聖嚴法師表示，佛教教育的根本是要從「精神」和「道德」及對「佛法修行的體驗」上著手。也就是說，除非是少數善根深厚、天生信心堅固的人，一般人還是要建立起一個修行環境，才能滋養他菩提心的發起。菩提心就是道心，如果不以「道心」的培養為第一，而只著重於知識的傳授，必難栽培出弘法的人才。聖嚴法師說，以他多年的觀察，佛學院最好能與寺院結合，應盡量鼓勵學生們參與寺院的禪坐、念佛、出坡等活動，以便於在潛移默化中堅固道心。（〈中越佛教文化交流　明珠法師訪法鼓山〉，《人生》，123 期，1993 年，11 月，頁 53）

案：法師與明珠長老初識於一九六八年，明珠長老至韓國參加國際大學校長會議後，應我政府邀請來臺訪問。法師與其曾有長談，並應其請託，帶領至士林報恩小築拜訪印順導師。詳見該年六月譜文。

十月五日，於農禪寺，對僧眾、中華佛研所、文基會、護法會、東初出版社等單位專職「精神講話」：「受報是責任，還願是義務；以受報的心態接受事實，以還願的心態改善現實。」勉勵效學菩薩，當菩薩行者；從「受報」與「還願」兩種心態，建立正確人生觀。

十月九日，於第四次社會菁英禪修營共修會講「我與環境不一不二」。（〈我與環境不一不二〉，《禪鑰》，法鼓全集 4 輯 10 冊，法鼓文化，頁 150-157）

晚，於農禪寺宴請「法鼓人文社會學院籌備會」各項規畫委員，並邀請內政部社會司司長白秀雄蒞臨指導。

學院第一期目標將成立三系一所，即佛學研究所，宗教、外國語文、社會工作等三學系。社會工作系著重社會犯罪、社會福利及心靈環保；外國語文則著重宗教語文，如佛教梵文、藏文、巴利文，天主教希伯來文、希臘文，以及伊斯蘭教阿拉伯文，席間並推選出該學院三系一所策畫召集人。

華梵工學院院長田博元教授任佛學研究所召集人；臺大社會系教授詹火生任社會工作學系召集人；外國語文學系由政大教授陳長房指導、淡大教授吳寬負責召集；宗教學系則由於各規畫委員來自不同之宗教學者，故請他們共同指導，由籌備處邀請專人擬訂課程綱要初稿後，再一一向各規畫委員請教。（〈法鼓學院籌備處　推選三系一所召集人〉，《法鼓》，47 期，1993 年 11 月 15 日，版 1）

十月十日，於禪坐會開示「禪坐的基礎方法」。

一、如何使用方法：（一）放鬆身體；（二）用方法的目的；（三）數息的方法；（四）數息易犯的毛病；（五）數息的益處；（六）對初學者的忠告；（七）數數念佛；（八）何以要數數念佛。

二、如何處理打坐引起的身心反應。

三、日常生活中如何禪修：（一）身心合一；（二）心口一致；（三）心眼一如。（〈禪坐的基礎方法〉，《禪的世界》，法鼓全集 4 輯 8 冊，法鼓文化，頁 11-21）

十月十四日，法師赴美。

十月十八日，中華佛研所與泰國法身寺基金會，於中華佛研所會議室舉行學術交流合作續約儀式。法師因在美弘化，由中華佛研所董事今能長老代表，雙方學術交流合作至今年七月三年期滿，此次續約將持續至一九九六年。（〈中泰佛學交流十八日簽合約〉，《法鼓》，47 期，1993 年 11 月 15 日，版 1）

十月十九日，於《法鼓》撰文，勸請全體信眾對即將於十一月舉行之選舉踴躍投票。

一、為了選出有悲願、有能力、有智慧的賢良之士，給我們的國家帶來幸福，我們的每一位，均當踴躍前往投票。

二、為了擁護我們各自心目中最可信賴的候選人，也是能與法鼓山理念相應的候選人，我們的每一位，必須踴躍前往投票。

三、為了發揚法鼓山的理念，我們不以法鼓山的團體名義來參選、助選、競選而投入選舉活動，但我們的每一位成員，一定要珍惜神聖的投票權，務必踴躍前往投票。

四、法鼓山正在推動「建設人間淨土」及「心靈環保」的理念，必須投入社會、關心社會，所以奉勸本山的會員佛子們踴躍前往投票。（〈勸請踴躍投票〉，《法鼓》，47 期，1993 年 11 月 15 日，版 1）

十月二十三日，於紐約華埠中華公所大會堂主持大型演講，講題為「提起與放下」。到有聽眾近七百人，為歷年紐約華人佛教界之盛會。（〈提起與放下〉，《禪的世界》，法鼓全集 4 輯 8 冊，法鼓文化，頁 219-233）

十月二十四日，於紐約東初禪寺以「人生觀的層次」為題講演。（〈人生觀的層次〉，《禪門》，法鼓全集 4 輯 11 冊，法鼓文化，頁 54-70）

十月二十八日，應邀赴巴西聖保羅中觀寺主持西方三聖開光儀式。此寺係由原任臺灣獅頭山元光寺住持普獻法師負責勸建，當地華僑信眾張勝凱等共同助成。（〈受邀至聖保羅　主持開光儀式〉，《法鼓》，48 期，1993 年 12 月 15 日，版 4）

同日，中華佛研所與日本佛教大學簽署學術研究交流協定，儀式於中華佛研所舉行，由董事慧嚴法師與日本佛教大學校長高橋弘次代表簽署。高橋弘次校長表示，自一九八九年，該校佛教文化研究所與中華佛研所締約以來，雙方在學術研究上多所進益。此次更以佛教大學名義與佛研所簽約，繼續促進雙方學術交流。（〈佛研所與日本佛大學術交流〉，《法鼓》，48 期，1993 年 12 月 15 日，版 4）

十月二十九日，由法師與巴西國會議員兼交通部長代表該國總統，共同剪綵，並與中華民國駐巴西代表顏秉璠共同啟鑰。（〈受邀至聖保羅　主持開光儀式〉，《法鼓》，48 期，1993 年 12 月 15 日，版 4）

當晚，接受聖保羅大學（Universlty of San Paulo）東方語文系與中觀寺聯合邀請公開演講，講題為「禪的知與行」，現場以葡萄牙語翻譯，到場聽眾四百多位。（同上；講詞今收〈附錄：聖嚴法師談「禪的知與行」〉，《禪

的世界》，法鼓全集 4 輯 8 冊，法鼓文化，頁 333-340）

十月三十日上午，由隨侍弟子果稠法師，指導巴西人士初級禪坐課程，八十多人參加。（〈受邀至聖保羅　主持開光儀式〉，《法鼓》，48 期，1993 年 12 月 15 日，版 4）

晚，以華僑信眾為對象，於中觀寺大殿，由法師講演「佛教的人生觀」。（同上）

十一月一日，應邀至巴西和巴拉圭交界之福斯市，於普托依掛索活動中心，為當地兩國華僑信眾，以「禪如何用於日常生活」為題演述「七佛通誡偈」。我國駐當地總領事張洪源到場歡迎並聽講。（同上；講詞今收〈禪如何用於日常生活〉，《禪鑰》，法鼓全集 4 輯 10 冊，法鼓文化，頁 166-176）

十一月二日，轉往阿根廷首都布宜諾斯愛利斯市，應中觀寺住持宏澤法師之邀請，對當地信眾開示「佛教的人生觀」。（〈赴阿弘法　再創弘佛高潮〉，《法鼓》，48 期，1993 年 12 月 15 日，版 4）

十一月三日，接受阿根廷薩爾瓦多大學（University of Salvador）東方語文系邀請，至該校演講「禪如何用於日常生活」，由系主任教授露易莎．羅塞爾（Luisa

Rosell）女士引言介紹。由於國家報刊及地方報導均刊出演講預告及照片，聽眾甚為踴躍，為去年達賴喇嘛訪問後，佛教在阿根廷弘化又一熱潮。（同上）

十一月四日，再以「修行及閱讀經論」為題，為當地華僑信眾開示。（同上）

十一月六日，獲「中華民國社會運動協會」頒發第三屆「傑出社會運動領袖獎」。由於正在南美洲弘法，乃由今能長老代表受獎，並表達法師得獎感言。略云：

聖嚴乃是一介平庸的佛教僧侶，實不足以享有「社會領袖」這項尊銜。唯其一本釋迦牟尼世尊慈悲化世的精神，勸勉社會大眾，各盡本分的責任，行有餘力，則以「奉獻自己，成就大眾」，來共同關懷我們的社會，建設人間的淨土。（〈聖嚴師父獲頒傑出社運領袖獎〉，《法鼓》，47 期，1993 年 11 月 15 日，版 1）

十一月八日，應邀飛往美國西南部亞里桑那州。（〈師父：從禪的立場看天台止觀理論　雖好修成不易〉，《法鼓》，48 期，1993 年 12 月 15 日，版 4）

十一月九日，於杜松市（Tucson）亞里桑那大學（University of Arizona）東亞所詹密羅（Robert Gimello）教授課堂，為二十多位研究生講授「從禪的立場看天台的止觀」。

（同上）

晚，於亞里桑那大學公開演講「佛教對現代精神生活之貢獻」，略謂：「人生目的是為償債及還願，人的生活便是負責任盡義務。」演講會由詹密羅教授主持介紹。（同上）

十一月十日，《聖嚴法師學思歷程》榮獲中山文藝創作獎。評審委員評介此書「以傳記體裁闡揚佛教義理，深入淺出，匠心獨運，為哲學著述闢一新途徑。」

頒獎典禮假中央圖書館國際會議廳舉行，由於法師正於國外弘法，由弟子果暉法師代表受獎，並表達法師得獎感言。略云：

第一、作為一個佛教的僧侶，也能得到文藝創作獎，表示著今日若干佛教作品，已有其相當程度的可讀性，不僅是宗教的，也是文學的。

第二、我從十多歲的少年時代開始，便主張佛教的著作，必須通過文學的技巧及文學的角度來寫作，才能用豐富的佛法寶藏，普遍地美化人間社會，進而淨化人們的心靈。我今天得獎，便說明我們的社會，正需要這樣的宗教讀物。

第三、自古以來，佛教的許多作品，一向就是文藝創作的一環，例如翻譯文學、語錄文學、俗講文學等，歷代的高僧傳，便是傳記文學。我相信由於我的得獎，能夠鼓勵更多的優秀青年及作家們，以宗教的題材，寫出不朽的文學作品來。

第四、我要感謝我的時代環境，給了我磨鍊的機緣，才能寫出我的所學與所思，才能受到評審諸先生的欣賞。（〈聖嚴師父獲中山文藝獎〉，《法鼓》，48 期，1993 年 12 月 15 日，版 1；今收〈獲中山文藝獎感言〉，《教育．文化．文學》，法鼓全集 3 輯 3 冊，法鼓文化，頁 326-327）

法師將獎金三十萬元悉數捐與文基會，作為佛教文藝創作基金，以鼓勵社會人士從事佛教文藝創作。（〈師父捐款三十萬　鼓勵大眾從事文藝創作〉，《法鼓》，49 期，1994 年 1 月 15 日，版 1）

十一月十一日，返抵紐約。（〈於紐約大學勉大眾　放下自我處處自在〉，《法鼓》，48 期，1993 年 12 月 15 日，版 4）

十一月十三日，應紐約大學中國同學會邀請，至該校講演「禪——我們的身、心、世界」，該校東西方師生一百五十多人聽講。（同上）

晚，「美東地區法鼓山護法會會員代表會議」於東初禪寺召開，紐約州盧惠英、紐澤西州倪善慶分別報告會務概況，會員七十多人出席。法師應邀蒞會開示。

（〈美東護法會聯誼〉，《法鼓》，48 期，1993 年 12 月 15 日，版 4）

十一月十五日，接受紐約西北部以色佳康乃爾大學東亞研究部（East Asian Studies）第二度邀請，前往訪問。當日下午，以「特別在現在，為何修學佛法」為題，對該校師生演講。（〈至康乃爾大學談修學佛法〉，《法鼓》，48 期，1993 年 12 月 15 日，版 4）

十一月十六日上午，於康乃爾大學中國同學會佛學社吳佩勳居士家，為留學生舉行皈依儀式。（同上）

下午，為該校三十多位研究生作學術性演講，由該校約翰．馬克瑞（John McRae）及卡馬拉．提亞凡齊（Kamala Tiyavanch）兩位教授共同主持。演講主題為「以《法華經》為基礎的修行法」。（同上）

十一月十七日，接受費城天普大學宗教系研究所主任教授約翰．雷恩斯（John Rains）博士邀請，首度造訪，以「禪的知與行」為題講演。由該系傅偉勳博士及擔任天主教思想課程倫納德．斯威德勒（Leonard Swidler）博士共同主持。日籍教授長友繁法博士、臺灣佛光山留學僧慧開法師，《人生》月刊前主編陳美華等，均在會場接待。（〈應邀到天普大學　闡明智慧禪〉，《法鼓》，

48 期，1993 年 12 月 15 日，版 4；講詞今收《禪的世界》，法鼓全集 4 輯 8 冊，法鼓文化，頁 136-148）

十一月二十六日至十二月三日，主持東初禪寺第六十二期禪七。

十一月二十八日，為《念佛生淨土》補寫〈佛七的根源〉，後數日十二月二日並為本書撰序。（〈佛七的根源〉，《念佛生淨土》，法鼓全集 5 輯 8 冊，法鼓文化，頁 93-96；〈自序〉，《念佛生淨土》，法鼓全集 5 輯 8 冊，法鼓文化，頁 3-4）

十一月，《行雲流水》由東初出版社出版。本書為法師第七冊遊記，賡續《春夏秋冬》，記述一九九三元旦至同年七月事，重點為第三度率團訪問大陸之見聞感想。

《法鼓全集》典藏版出版發行，印行一千套。全集計七輯四十一冊，係蒐集法師四十餘年來著述，重新編排印刷。

法師著作宏富，《法鼓全集》自一九八八年籌議，經七年編輯校勘，歷見正法師、陳璽如居士等多位編輯始成，恆河沙（即陳璽如居士）〈《法鼓全集》出版緣起〉云：

聖嚴師父的著作範圍極廣，前後寫作時間很長，交付出版發行的書局又不統一，所以教內外人士不容易完整地擁有師父的所有著作，相對地，也就很難一窺全貌，深刻地了解到聖嚴師父的學術成就、弘法的深心悲願。基於這樣的想法，我們從七年前就開始著手整理師父的著作，重新校訂編排。

《法鼓全集》彙集了聖嚴師父中、日、英文的著作，重新增刪、打字、排版、校訂，編輯期間師父又有多本著作問世收錄在全集中，所以《法鼓全集》從構想到完成總共有八百餘萬言，文字及圖片共一萬二千餘頁，每套七輯四十一冊（含總目錄一冊）。（〈《法鼓全集》出版緣起〉，《法鼓》，48 期，1993 年 12 月 15 日，版 2）

十二月四日，法鼓山護法會新澤西州聯絡處，借該州羅特格斯大學，邀請法師演講，講題為「從佛教談人生價值」。由該聯絡處召集委員謝果嵩任司儀，該校宗教系教授于君方博士為引言人，仁俊長老蒞臨指導。（〈師父談「佛教的人生價值」〉，《法鼓》，49 期，1994 年 1 月 15 日，版 2）

十二月八日、九日，和成文教基金會、臺北市立交響樂團為響應聖嚴法師建校理念，於臺北市國家音樂廳舉辦臺灣民謠演唱會，兩日演出所得一百餘萬元全部捐獻文基會，作為中華佛研所建設基金。音樂會由著名男高音吳文修及女高音湯慧茹擔任主唱，臺北市立交響

樂團附屬合唱團及幼獅、榮光、金穗等合唱團二百人參加演出。（〈「和成」慈願舉辦音樂會　所得贊助佛研所建校基金〉，《法鼓》，49 期，1994 年 1 月 15 日，版 1）

十二月二十二日，撰〈日常生活中的四念處觀〉。（《禪的世界》，法鼓全集 4 輯 8 冊，法鼓文化，頁 29-33）

十二月二十五日至明年一月一日，主持東初禪寺第六十三期禪七。（〈大事記〉，《1989-2001 法鼓山年鑑》，法鼓山基金會，2005 年 10 月出版，頁 80）

Zen Wisdom: Knowing and Doing（《禪的智慧》）在美出版。一九八四年起，*Chan Magazine*（《禪雜誌》）開闢「法見」（Dharma View）專欄，由法師主答佛法及修學問題，本書即為八年來該專欄之結集。

十二月起，台灣英文雜誌社將禪訓納入該公司幹部在職訓練教育課程，選派績優幹部至農禪寺參加禪訓。台英社副總經理林其弘表示，希望將來推廣至該公司全體員工共修禪坐。（〈禪坐首次納入企業教育訓練課程〉，《法鼓》，49 期，1994 年 1 月 15 日，版 1）

民國八十三年／西元一九九四年

聖嚴法師六十五歲

國內外重要大事

- 南非首位黑人總統曼德拉就職。
- 盧安達大屠殺事件發生。
- 慈濟醫學院創校開學。
- 惟覺法師在南投埔里興建中台禪寺。

法師大事

- 《聖嚴法師學思歷程》一書，獲行政院「金鼎獎」。
- 提出「禮儀環保」，推動佛化聯合奠祭、佛化聯合祝壽、佛化聯合婚禮。
- 於美國成立「法鼓山佛教協會」（Dharma Drum Mountain Buddhist Association, DDMBA）。
- 電視弘法節目《大法鼓》開播。

訂定本年為「禮儀環保年」，以禮儀環保之主題為法鼓山年度活動重點。

法師並有「新年的祝福」：

識己識人識進退，時時身心平安；

知福惜福多培福，處處廣結善緣。

一月三日，自美返臺。

一月七日、八日，「佛教社會福利與現代社會」國際會議於新知藝術生活廣場舉行，中外法師學者共十七人發表論文。會議由中華慧炬佛學會主辦、信誼文教基金會協辦。七日上午開幕典禮，由該會理事長莊南田主持，邀請法師主題演講，法師再次提醒心靈環保之重要：

佛教的根本功能便是弘法利生，利益眾生的方法有多種層面，安置了食住行之後，更重要的是如何使得社會大眾心有所寄託期待。

提倡全面教育落實整體關懷，用以搶救失序的社會倫理，並建立正確的因果觀念及倫理觀念，這才是正本清源、標本兼治的社會福利工作。（〈佛教社會福利與現代社會　聖嚴師父應邀演講〉，《法鼓》，50期，1994年2月15日，版1）

一月八日，即日起一連三天，於農禪寺繼續講解《法華經》，每天約有上千名信眾聆聽。法師勉勵大眾「看住自己的心，遇到任何境界，以佛法的因緣果報觀去處理，就不會執著」。講經結束後舉行皈依儀式，約有三百多人皈依三寶。

一月十三日，總統府戰略顧問陸軍上將劉安祺於農禪寺由法師主持皈依儀式，成為三寶弟子。三十年因緣至今成熟。

三十年前，師父在美濃山中閉關修行，身為陸軍總司令的劉將軍親題「瓔珞關房」匾額贈與聖嚴師父。現年九十三歲高齡的劉安祺將軍身體健朗，在女兒及士林紙廠董事長陳朝傳的陪同下，與聖嚴師父交談甚歡，最後師父以其所著《聖嚴法師學思歷程》一書與劉將軍的「回憶錄」（《劉安祺先生訪問紀錄》）互贈。（〈陸軍上將劉安祺農禪寺皈依〉，《法鼓》，50 期，1994 年 2 月 15 日，版 1）

一月十五日，於第六次社會菁英禪修營共修會開示「放鬆身心」之呼吸方法。（〈放鬆身心〉，《禪鑰》，法鼓全集 4 輯 10 冊，法鼓文化，頁 146-149）

日本東京駒澤女子大學副校長、駒澤學園女子中學校長東隆真博士，及橫濱善光寺住持黑田武志先生至農禪寺拜會，並提供善光寺留學獎學金申請資訊。法師向訪客詳盡介紹法鼓山理念、未來建校計畫，並引導參觀文基會、中華佛研所等事業體。（〈駒澤女子大學副校長　善光寺住持拜會師父〉，《法鼓》，50 期，1994 年 2 月 15 日，版 1）

同日，於農禪寺念佛會開示「念念是新念頭，念念是

好念頭」。（〈念念是新念頭，念念是好念頭〉，《法鼓》，73 期，1996 年 1 月 15 日，版 3）

一月二十日至二十七日，於農禪寺主持第四十七期禪七。（〈大事記〉，《1989-2001 法鼓山年鑑》，法鼓山基金會，2005 年 10 月出版，頁 82）

一月三十日，法鼓山推動「全國清潔日」，全臺十四地區分支單位，集合六十餘政府機構、民間團體，共約五千餘人，共同清潔公共場所。

法師特針對身心與環境的關聯，開示：修行不可唯心，不可只偏重於內心清淨，「佛法的修行一定要與身、心、環境三項配合，才是真正的修行。」

或許有人說，只要「心淨國土淨」就夠了，沒錯，這是《維摩經》中的「唯其心淨，則佛土淨」。意思是說我們心中若能真正清淨，沒有煩惱，則我們看到的世界即是佛國淨土。可是當我們的心還沒有真正清淨以前，說這句話便是昧於事實。所以，照顧自己的身心，照顧大家的環境，才是一個禪修者的基本態度。

禪修的生活跟我們平常的生活是相應的，當自己的內在心性清淨了，也要帶動、協助外在環境清淨，以達成內外的清淨——身心清淨和國土清淨，這才是我們修行的真正目標。（〈禪修與環保生活〉，《人生》，177 期，

1998 年 5 月 1 日，頁 6-7；今收〈禪修與環保生活〉，《動靜皆自在》，法鼓全集 4 輯 15 冊，法鼓文化，頁 77-80）

二月一日、二日，分別於文化館及法鼓山舉行冬令慰問活動。法師親自主持並開示減除心靈垃圾之方法。發放慰問金及應用物品外，並舉辦義診。（〈冬令慰問〉，《法鼓》，51 期，1994 年 3 月 15 日，版 2）

二月十日，*Chan Newsletter*（《禪通訊》），發行滿一百期。（〈英文「禪通訊」滿一百期了〉，《法鼓》，54 期，1994 年 6 月 15 日，版 2）

二月十三日，新春諸山團拜今年度由法鼓山承辦，假北投農禪寺隆重舉行，來自全國一百二十五位教界大德出席盛會。新春諸山團拜係東初老人三十多年前所倡議發起。（〈新春團拜〉，《法鼓》，51 期，1994 年 3 月 15 日，版 2）

二月十四日至十六日，續去年九月「《維摩經》生活系列講座」，於臺北國父紀念館宣講「《維摩經》與心靈環保」、「《維摩經》與慈悲喜捨」、「《維摩經》與人間淨土」。（〈《維摩經》演講〉，《法鼓》，51 期，1994 年 3 月 15 日，版 2；講詞今收《維摩經六講》，法鼓全集 7 輯 3 冊，法鼓文化，頁 99-166）

二月十八日至二十日，農曆正月初九、十、十一，法鼓山農禪寺舉行第五屆新春園遊會。去年以「心靈環保」為主題，今年則以「禮儀環保」為重點。監察院院長陳履安、內政部部長吳伯雄，民政司司長鍾福山，臺北市黃大洲市長與民政局莊局長，了中長老及今能長老、淨心長老皆蒞會指導。（〈新春園遊會綜合報導〉，《法鼓》，51 期，1994 年 3 月 15 日，版 1）

二月二十日，於農禪寺，代表文基會捐助新臺幣五十萬元，協助籌組佛教蓮花醫療事業基金會，由臺北榮民總醫院林懷正醫師代表接受。法師讚歎蓮花醫院籌組之宗旨，呼籲法鼓山信眾、各界佛教人士慷慨贊助，為蓮花醫院催生。

蓮花醫院的緣起是由一群臺灣北區各大醫院資深醫護及行政人員，所組成的佛教醫事人員聯合會，集結社會名流及宗教界菁英人士，積極籌備財團法人佛教蓮花醫療事業基金會，並附設佛教蓮花醫院，醫院的特色在提供臨終病患的關懷服務，希望不僅止於減輕病痛，對於病患及家屬亦給予精神上的慰藉和引導，病人往生時，除如法的為其舉行佛教儀軌並不動遺體外，並由助念團為其助念，助其安詳往生極樂世界。（〈聖嚴師父捐助五十萬　為蓮花醫院催生〉，《法鼓》，51 期，1994 年 3 月 15 日，版 4）

二月二十六日，應邀至臺中參加中區企業界座談會。主題為「如何以禪法協助企業界的創新」，假臺中世貿聯誼社舉行，由法鼓山臺中分院主辦，文英文教基金會、臺中世貿聯誼社協辦，臺中市林柏榕市長及近百位企業界人士參加。

企業家就禪法與企業間關係，管理者與被管理者間衝突的處理，如何安定身心、如何修禪、如何開發生命的潛力、如何以宗教融入企業管理、如何降低企業員工的流動性、及佛教的企業經營理念等問題，提出討論，聖嚴師父也針對各問題一一詳細回答。（〈如何以禪法創新企業——聖嚴師父與企業家座談會〉，《法鼓》，52 期，1994 年 4 月 15 日，版 1）

《四眾佛子共勉語》錄音帶出版；〈如來如去〉、〈阿彌陀佛〉、〈人人有福〉等三首由法師作詞，楊秉忠教授作曲。（〈法音宣流　佛曲賞析〉，《人生》127 期，1994 年 3 月，頁 3-5）

二月二十七日，下午，出席臺中分院於臺中市國光國小舉辦之中區會員新春聯誼活動，並頒發三十二位新勸募會員證書。勉勵大眾福慧雙修、廣結善緣。活動約有八百多人參與，會後並有四百多人皈依三寶。

三月一日，中國佛教會理事長悟明長老獲頒文化大學名譽

哲學博士學位。此係由法師推薦，經文化大學審查會議中全票通過。（〈恭賀悟明長老榮獲文化大學名譽博士〉，《人生》，128 期，1994 年 4 月，頁 56-57）

三月一日至四日，於法鼓山上臨時寮主持第五屆社會菁英禪修營。（〈放下萬緣　提昇自我〉，《法鼓》，52 期，1994 年 4 月 15 日，版 1）

三月五日，助念團舉行聯誼會，蒞會開示「臨終助念——關懷最重要」。略云：

法鼓山的關懷理念是要從人的出生就開始關懷，一直到臨終，乃至於往生之後還要給予關懷。這種從「出生」至「往生」的種種過程全部都關懷到，即是「整體關懷」。

我們以助念的方式做關懷的工作，第一個受到利益的是病危或臨終的那位菩薩；第二是他們的親人；第三就是參加助念者的本人。而此中得到功德最大的又是誰？第一個是參加助念關懷的人，第二是病危或臨終者的眷屬，第三才是那個病危或命終的亡者。（〈臨終助念——關懷最重要〉，《法鼓》，80 期，1996 年 8 月 15 日，版 3）

三月六日至九日，於法鼓山上臨時寮主持第六屆社會菁英禪修營。（〈放下萬緣　提昇自我〉，《法鼓》，52 期，1994 年 4 月 15 日，版 1）

三月十二日，應邀於中壢市民代表大樓，與桃園、新竹、中壢三區企業家舉行座談：「企業家如何留住員工的心？」

大部分企業家心中最大的迷惑在於，宗教的信仰是否將使企業員工趨於消極、避世，降低了企業的競爭力。佛教講求無欲，但企業經營則需要積極的態度來面對商場上激烈的競爭，二者要如何取得平衡。

法師指出，一般人所講的積極是「爭取」，佛教則談「奉獻」。只顧爭取自己的利益，長久下來，社會受害、個人也受波及；若把方式改為奉獻，社會成長，自己也會隨之受惠。（〈如何以禪法創新企業——聖嚴師父與企業家座談會〉，《法鼓》，52 期，1994 年 4 月 15 日，版 1）

三月十四日，應邀至北投復興崗政治作戰學校，對全校師生講演「心靈環保」。該校校長鄧祖琳中將、總政治作戰部第二處處長郭年昆少將、張大華上校、及關杰立中校接待，並由鄧校長親自主持介紹。（〈聖嚴師父到政戰及央大演講〉，《法鼓》，52 期，1994 年 4 月 15 日，版 1；講詞收於《禪門》，法鼓全集 4 輯 11 冊，法鼓文化，頁 90-102）

三月十五日，上午，中國廣播公司董事長宋時選至農禪寺拜會。宋董事長為天主教徒，近日閱讀《聖嚴法師學思歷程》，甚為感動，冀望法師發揮宗教力量，改善

社會風氣。

三月十六日，法鼓山北區勸募會員舉行聯誼會，法師應邀開示：以無我的心量奉獻佛教、奉獻社會，並舉實例現身說法：

兩個星期前，研究所有位助教來找我談一個問題，她說：「師父，中部有一家佛研所要成立了，他們希望我們把中華佛研所的制度規約章程給他們。」她問我說：「是不是可以？」我說：「當然可以呀！」她說：「師父，我們花了十多年時間，用了很多頭腦、人力物力，辛辛苦苦把它建立起來的，我們白白給人家，不是很可惜嗎？為什麼這樣子做？」我說：「阿彌陀佛！佛教都是一樣的啊！我們做得那麼辛苦，難道我們忍心看人家也那麼辛苦地做嗎？我們不要做唯一的，不做獨一的，我們只是要奉獻我們自己，成就佛教，成就社會！」（〈孤掌與鼓掌〉，《法鼓》，52 期，1994 年 4 月 15 日，版 4）

三月十七日，應邀於中央大學演講「心靈環保——淨心與淨土」，提出：「用奉獻來代替爭取、以惜福來代替享福、以因果的觀念來面對現實、以因緣的觀念來努力以赴。」此次演講配合該校環保研究成果展，演講前，劉兆漢校長及呂世宗教授陪同參觀展示。（〈聖嚴師父到政戰及央大演講〉，《法鼓》，52 期，1994 年 4 月 15 日，版 1；講詞今題〈心靈環保——淨心與淨土〉，收於《平

安的人間》，法鼓全集 8 輯 5 冊之 2，法鼓文化，頁 29-40）

同日，代表中華佛研所與日本駒澤大學佛教學部，假中華佛研所二樓，簽訂學術交流合作計畫，雙方將積極推展佛教教育活動、交換研究師生、舉辦學術會議出版品流通等。（〈佛研所與駒澤大學簽署學術合作計畫〉，《法鼓》，52 期，1994 年 4 月 15 日，版 1）

三月十九日，「渾樸大地——景觀雕塑大展」於新竹華城舉行，展出雕塑大師楊英風及朱銘先生各期代表作，法師應邀前往觀禮。楊英風、朱銘兩位先生特來陪同參觀，並為逐件說明創作時心境，以及作品意涵。

觀禮後主持皈依儀式。包括新竹縣縣長范振宗、策展人葉榮嘉全家等約三十位皈依三寶。（〈真的藝術．善的淨心．美的邀約〉，《法鼓》，53 期，1994 年 5 月 15 日，版 1）

三月二十六日，在臺南市立文化中心主持企業家座談會。有一百五十位南部企業菁英與會。（〈聖嚴師父南下弘法〉，《法鼓》，53 期，1994 年 5 月 15 日，版 1）

三月二十七日，出席「法鼓山南部地區幹部座談會」，由臺南辦事處主辦，借臺南二中禮堂舉行，臺南、屏東、

高雄、嘉義等地約一千八百人參加。頒發新勸募會員證及開示後，舉行皈依典禮，計有五百多人請求皈依。（同上）

三月二十八日至四月五日，主持農禪寺清明佛七。佛七期間開示「西方淨土與人間淨土」，並講解〈慈雲懺主淨土文〉。

佛七後，法師將〈慈雲懺主淨土文〉重新整理，自述「更明確釐清西方淨土修持法門，更堅固阿彌陀佛淨土法門之信心。」（〈後記〉，《慈雲懺主淨土文講記》，法鼓全集 7 輯 4 冊之 3，法鼓文化，頁 52）

三月，《福慧自在》由皇冠公司出版。此係去年二月一日至四日於國父紀念館四場《金剛經》系列演講紀錄，經梁寒衣整理而成。

四月三日，婦幼節前夕，由中華民國兒童福利聯盟文教基金會邀集失蹤兒童家屬，於農禪寺舉行「失蹤兒家庭婦幼節聯誼暨祈福會」。十三位失蹤兒童家屬四十餘人參加。法師與大眾同寫祈福卡祝福。（〈失蹤兒家庭婦幼節聯誼暨祈福會〉，《法鼓》，53 期，1994 年 5 月 15 日，版 1）

四月九日，於農禪寺，對僧眾、中華佛研所、文基會、護法會、東初出版社等單位專職「精神講話」，提出「了解自己、掌握現在、努力未來」三原則，勉眾人盡責盡心，求新求變。

四月十日，應邀赴宜蘭參加「東部地區社會菁英座談會」。座談會由法鼓山護法會宜蘭辦事處主辦，假宜蘭縣立文化中心三樓會議廳舉行，討論主題是「佛法、禪修、生活、企業、教育」。共邀集臺東、花蓮、宜蘭地區社會各界七十位菁英參與座談，提出生活、教育、企業經營與禪修等問題請教法師；而與會者對法師之政治觀點尤感興趣。法師之政治態度為：

佛教徒若不參與政治就無立足之地，將會被社會遺忘而滅亡，故我贊成每個人均當參與政治活動。但就團體而言，由於其性質、宗旨、及工作項目，若不是以政治為目的而設立者，參加政治運動即可能會忘了設立該團體的原意。我個人非常珍視政治選舉時的投票權，卻不以我的力量及我們法鼓山的團體名義來影響或左右別人的投票對象，我支持個人參與政治，但不希望以我們團體的體系投入政治運動。（〈心淨則國土淨——記東區社會菁英座談會〉，《人生》，135 期，1994 年 11 月 1 日，頁 26）

四月十六日，第七次社會菁英禪修營共修會於農禪寺舉行，法師以「談心」為題開示。（〈談心〉，《法鼓》，78 期，1996 年 6 月 15 日，版 3；講詞收錄於《動靜皆自在》，法鼓全集 4 輯 15 冊，法鼓文化，頁 115-125）

四月十八日，召開出國前會議。因今年為法鼓山禮儀環保年，特指示進行佛化聯合婚禮、佛化聯合祝壽、佛化聯合奠祭等禮儀示範籌備。

四月十九日至二十四日，應北美佛教學會之邀請，率果元、果谷兩位法師及護法會會長楊正夫婦，法鼓山遷建工程委員會副主委施建昌等共計三十二人，首次蒞臨加拿大西部溫哥華從事弘法活動。（〈聖嚴師父赴加弘法〉，《法鼓》，53 期，1994 年 5 月 15 日，版 1）

四月二十一日中午，接受英屬哥倫比亞大學（University of British Columbia）校長大衛·史昌威（David Strangway）博士在其寓所盛宴款待，臺北駐溫哥華經濟文化辦事處處長王維傑、該校副校長歐拉夫·斯雷梅克爾（Olav Slaymaker）博士以及亞洲研究中心主任馬克·弗瑞因（Mark Fruin）博士等十多位高階主管人員與會。法師贈送每位兩種英文禪學著作外，並以《法鼓全集》捐贈該校亞洲圖書館庋藏。（同上）

下午，溫哥華信眾借泛太平洋飯店舉辦聯誼會，禮請

法師開示，略云：法鼓山建設理念在於「用關懷達成教育的功能，以教育完成關懷的任務」。（同上）

昨晚接獲通知，溫哥華市長擬於今日於市政廳安排官式接見，並望獲贈法師《法鼓全集》以收藏於市立圖書館。法師因已排定與信眾會面，不願臨時取消，因婉拒；然《法鼓全集》仍送與庋藏。（同上）

四月二十二日，應當地多位居士懇求，召集十數位熱心弟子，宣布成立「法鼓山護法會溫哥華辦事處」，並指派何國標擔任召集人。（同上）

四月二十三日，於泛太平洋飯店大禮堂，主持事先售票（每張加幣十元）之大型演講會，為東西方人士以「佛法與證悟之道」為題演講。講畢，舉行三皈五戒授戒儀式，求受皈戒者達一百零五位。演講由英屬哥倫比亞大學校長大衛．史昌威致介紹詞，市議員葉吳美琪女士代表市長致歡迎詞，北美佛教學會郭貞瑩會長任司儀。（同上）

四月二十四日，開辦兩班全天初級禪訓班，華語部分由果元法師擔任助教，英語部分由果谷法師擔任助教，法師親自教授。一百八十二人參加。（同上）

四月二十五日，返美國紐約。

四月二十七日，由公共電視策畫製作之《和風煦日》節目於華視播出「心靈領航員——聖嚴法師」。（〈大事記〉，《1989-2001 法鼓山年鑑》，法鼓山基金會，2005 年 10 月出版，頁 85-86）

四月二十九日，晚，紐約州及新澤西州護法會聯合於東初禪寺舉辦聯誼會，到有八十多人，法師以「自度度人」為題開示，並頒發全美第一張法鼓山護法會榮譽董事聘書及感謝狀予鄒吳芝華居士。鄒居士為寒山樓主鄒葦澄遺孀，師讚歎鄒居士往生前放下一切，還能引導家人學佛，十分難得。（〈美國法鼓山護法會舉辦新澤西州及紐約州跨州聯誼會〉，《法鼓》，54 期，1994 年 6 月 15 日，版 2）

五月一日，於紐約東初禪寺講演「慈悲與智慧」。（收於《禪門》，法鼓全集 4 輯 11 冊，法鼓文化，頁 16-22）

五月二日，大陸焦山定慧寺住持茗山長老，由汐止彌勒內院寬裕長老陪同至農禪寺訪問。焦山定慧寺為東初老人祖庭；茗山長老與法師同為東初老人法子。因法師刻正於國外弘法，由中華佛研所董事今能長老代表接待。

今能長老代表聖嚴師父，贈送《東初老人全集》、《法鼓全集》各一套，及東初出版社其他書籍與錄音帶予茗山長老，並捐贈十萬元予焦山常住。茗山長老亦以其於文革期間，親筆抄錄之《大佛頂首楞嚴經》及《茗山文集》相贈，場面溫馨而莊嚴。（〈茗山長老參訪農禪寺〉，《法鼓》，54 期，1994 年 6 月 15 日，版 1）

晚間，東初禪寺成立念佛會，首任會長由陳麗貞擔任。法師致詞時指出：

淨土念佛法門是近代中國佛教的主流，法門易學易用，可深可淺，又能上、中、下三根普化，與中國人最契機。希望大眾能以恆常心、精進心來念佛，將來每個人都可以念佛自利利人。（〈東初禪寺念佛會正式成立〉，《法鼓》，54 期，1994 年 6 月 15 日，版 2）

五月七日，主持東初禪寺第一屆社會菁英禪修會。因美國生活步調比臺灣更加緊湊，故將臺灣三天禪修課程濃縮成一天。本次主題為「自我肯定，自我成長，自我消融」。計有三十九人參加。（〈紐約東初禪寺第一屆社會菁英禪修會〉，《法鼓》，54 期，1994 年 6 月 15 日，版 1）

案：此次禪修內容經記錄整理，題為〈禪修的功能〉（《聖嚴法師教禪坐》，法鼓全集 4 輯 9 冊，法鼓文化，頁 99-119）。

五月十四日，應邀於紐約市曼哈頓中央公園主持修行弘法活動。活動由一佛教刊物 *Tricycle*（《三輪》）主辦。

這項活動的主題是 Change Your Mind（轉變你的心），邀請到中國、日本、西藏、韓國以及南傳等各佛教系統的十位禪師、比丘、仁波切、老師、先生等精神導師，各就其所授的修行觀念及修行方法，作半個小時的講解及傳授。聖嚴師父被該刊邀請為第一位演講師，也是唯一代表中國佛教的禪師。（〈放下即自在——聖嚴法師紐約中央公園弘法〉，《法鼓》，54 期，1994 年 6 月 15 日，版 1）

五月二十二日，於紐約東初禪寺主持浴佛法會，約有五百多人參與。同日，臺北金山法鼓山上亦舉辦浴佛朝山活動，全臺七千多位信眾參加。（〈浴佛淨心慶佛誕〉，《法鼓》，54 期，1994 年 6 月 15 日，版 1）

五月二十四日，於紐約東初禪寺撰就〈「五停心觀」修行法〉。（《禪鑰》，法鼓全集 4 輯 10 冊，法鼓文化，頁 14-46）

五月二十八日至六月四日，主持東初禪寺第六十四期禪七。開示以《來果禪師自行錄》為講本，對疑情、話頭等禪修方法，深入闡釋。（〈聖嚴師父弘化行程圓滿〉，《法鼓》，55 期，1994 年 7 月 15 日，版 1）

五月起，每週五有「法鼓鐘聲」專欄於《中國時報》刊出，每週二有「聖嚴法師看天下」專欄於《大成報》刊出。

六月十五日至二十日，第三度應邀至美國最東部緬因州摩根灣禪堂，主持精進禪修活動。上次來此為一九八八年十一月。（〈聖嚴師父弘化行程圓滿〉，《法鼓》，55 期，1994 年 7 月 15 日，版 1）

六月十八日，法鼓山雜項整地工程開始動工。因山坡地開發申請之程序繁複，審核亦格外謹慎，故耗時較久。（〈雜項整地可望今年內完成〉，《法鼓》，66 期，1995 年 6 月 15 日，版 1）

六月二十五日起至七月二日，主持東初禪寺第六十五期禪七。晚上開示，持續上期，以《來果禪師自行錄》為講本，解說疑情、話頭等禪法。（〈聖嚴師父弘化行程圓滿〉，《法鼓》，55 期，1994 年 7 月 15 日，版 1；開示文今題〈禪修的要領（一）〉，收於《禪鑰》，法鼓全集 4 輯 10 冊，法鼓文化，頁 56-83）

六月，《聖嚴法師心靈環保》由正中書局出版。法師自一九八九年創建法鼓山，提出「提昇人的品質、建設人間淨土」理念，受到普遍重視，引起傳播媒體不斷採訪報導，此書所收即係一九八七年五月至一九九三年九月各媒體採訪紀錄之選輯。採訪主題多環繞法師所提倡之「心靈環保」，因以為名。〈序〉云：

若想救世界，必須要從救人心做起，如果人的思想觀念不能淨化，要使得社會風氣淨化，是非常難的。心靈的淨化，便是理性與感性的調和，智慧與慈悲的配合，勇於放下自私的成見，勤於承擔責任及義務，奉獻出自己，成就給大眾，關懷社會，包容他人。唯有如此，人間淨土的實現，才不會僅是空洞的理想。

「心靈環保」的名詞，雖是新創，它的根源，則是《維摩經》所說的「隨其心淨則國土淨」；《華嚴經》說的「心佛及眾生，是三無差別」。《華嚴經》又說「心如工畫師，畫種種五陰」、「應觀法界性，一切唯心造」、「罪性本空由心造，心若滅時罪亦亡」。似此觀點，已告訴了我們，只要人心染惡，人間社會即會出現災難連連，如果人心淨善，人間社會即是康樂境界。（〈序〉，《聖嚴法師心靈環保》，法鼓全集 8 輯 1 冊，法鼓文化，頁 3-4）

《禪的世界》由東初出版社出版。為近十年弘法於國內外之講演紀錄。主要為講述禪法、推廣禪修來推動心靈環保、生活環保、自然環保，期以「提昇人的品質、建設人間淨土」。

六月起，文基會委請勤業會計師事務所查核簽證財務報表。

此係首開國內宗教慈善團體之先例。法鼓山創立之初，

即聘請勤業會計師事務所指導法鼓山財會系統之規畫；一九九二年十一月，進一步合作建立專業化財會制度。

「財務合理合法．徵信安全公開」「誠信處理捐款，妥善運用經費」，是法鼓山對全體護持會員最高的承諾，為了達成這個目標，前提是必須要有一個專業而又完善的財會制度。因此，法鼓山護法會成立不久，聖嚴師父指示務必建立健全、長遠的財會計畫，並揭櫫「合法、合理、公開、安全」四大原則與理念。在這個理念下，八十年下半年，法鼓山首開國內同類團體與專業會計師事務所合作的先例，聘請國內頗富盛名的「勤業會計師事務所」，以其獨立、超然、客觀的第三者角色，指導法鼓山財會系統之規畫。到了八十一年十一月，雙方又更進一步合作成立「臨時性專業小組」，以四個階段的計畫，建立專業化的財會制度。今年六月份，法鼓山文教基金會委請勤業會計師事務所查核簽證財務報表，這意味著法鼓山的財務作業已臻專業水準，值得社會各界的肯定與信任。（《八十三年護法大會特刊》，另參見：《商業周刊》，328 期）

七月三日返臺，旋於七日至九日，連續三晚，於農禪寺宣講《法華經》，此為一九九二年七月以來，第四度續講《法華經》。圓滿後，主持皈依儀式，有四百多人參加。（〈慈悲心願度眾生，法音宣流亦無邊〉，《法鼓》，56 期，1994 年 8 月 15 日，版 1）

七月十六日，於第八次社會菁英禪修營共修會開示「平常心」。（〈平常心〉，《法鼓》，87 期，1997 年 3 月 15 日，版 7；講詞今收《動靜皆自在》，法鼓全集 4 輯 15 冊，法鼓文化，頁 126-133）

七月十七日，於農禪寺專題演講「禮儀環保的理念及做法」，為禮儀環保年系列活動揭開序幕。此一系列活動係與內政部聯合舉辦，內政部吳伯雄部長及其夫人因應邀出席並致詞。

禮儀環保的理念，包括：（一）觀念及行為的淨化，並要由個人身心的淨化推廣為全面社會的淨化；（二）由個人的禮儀、群體的禮儀而提出禮儀環保的重要性；（三）禮儀環保對個人及社會整體的功能。

法鼓山與內政部聯合舉辦的佛化聯合奠祭、佛化聯合祝壽、佛化聯合婚禮，及配合三項活動所印製的禮儀環保手冊，祈望此項活動，能拋磚引玉，引起社會大眾的關心及參與。（〈禮儀環保年系列活動開鑼〉，《法鼓》，56 期，1994 年 8 月 15 日，版 1）

七月二十三日至二十五日，「佛教與中國文化」國際學術會議於國立中央圖書館舉行，會議由中華文化復興運動總會宗教研究委員會主辦，中華佛研所承辦。會長為羅光總主教，副會長有星雲法師、悟明長老，法師擔任執行副會長。總策畫人戚肩時將軍，副總策畫人

吳寬教授、鄭振煌教授。受邀學者包含日本、印度、香港、新加坡、中國大陸、加拿大、美國、德國、法國、南斯拉夫等國學者四十七位。（〈「佛教與中國文化」國際學術會議〉，《人生》，132 期，1994 年 8 月 1 日，頁 38-39）

法師於開幕式後發表主題演說：「佛教與中國文化」。（〈佛教與中國文化〉，《人生》，132 期，1994 年 8 月 1 日，頁 40-46；今收《學術論考》，法鼓全集 3 輯 1 冊，法鼓文化，頁 391-403）

當晚，應邀至華視視聽中心演講，講題是「淨化人生的責任、權利、義務」：

人的習慣是求生存，人的本能是求平安，而人的成長則是懂得自利利人；爭取權利是求生的條件，負責任盡義務卻是人性的光輝。（〈慈悲心願度眾生，法音宣流亦無邊〉，《法鼓》，56 期，1994 年 8 月 15 日，版 1）

七月二十四日，於大會中發表論文：〈中國佛教以《法華經》為基礎的修行方法〉。（〈「佛教與中國文化」國際學術會議〉，《人生》，132 期，1994 年 8 月 1 日，頁 38-39；論文今收《學術論考》，法鼓全集 3 輯 1 冊，法鼓文化，頁 181-209）

七月二十六日，至臺北安和分院參加「當前臺灣喪葬儀式的省思與改善」座談會。此為法鼓山禮儀環保系列活動首場座談會，由內政部、法鼓山文教基金會主辦，《人生》雜誌社策畫承辦。

座談會由高信譚擔任主持人，出席座談來賓另有內政部民政司副司長蕭玉煌、立法委員洪性榮、禮俗專家徐福全、臺北市政府殯葬管理處處長耀星輝。法師說明舉辦此次座談會目的，是希望以拋磚引玉方式，提倡佛化奠祭儀式，以宗教淨化理念，提供佛化臨終關懷。與會來賓亦從專業立場針對目前臺灣喪葬禮俗中種種現象提出檢討，認為簡單、隆重，符合時代潮流又能保有慎終追遠傳統美德之喪儀，需要政府、民間團體與宗教界大力推動。（〈生者安慰，死者莊嚴——提倡佛化的聯合奠祭〉，《法鼓》，56 期，1994 年 8 月 15 日，版 1）

法師說明舉辦座談會目的，並據佛教對死亡之態度，提倡佛化奠祭儀式：

佛教對死亡的看法：一、死亡不是前途的結束。二、死亡是生命過程中的一個段落。三、死亡是走向未來的起點。四、死亡是此生的功德圓滿。五、死亡是此生果報的終極。

提倡佛化的奠祭儀式，以宗教的淨化理念，提供佛化的臨終關懷，盼以節約、惜福、隆重、肅穆而又祥和的奠祭儀式，為我們的人類社會帶來生命的尊嚴和死亡的莊嚴。

什麼才是莊嚴的喪葬儀式？在我看來就是要合乎節約的原則。節約不等於小氣，節約本身就是積德、惜福、培福，是對亡者的一種功德。其次，一定要很隆重；隆重並不是指排場大，而是能表現肅穆的氣氛，讓參與者在儀式進行中達成教育與感化的目的。（〈當前臺灣喪葬禮儀的省思與改善〉，《人生》，133 期，1994 年 9 月 1 日，頁 48-55）

七月二十八日，於臺北市立圖書館總館與美國天普大學傅偉勳教授對談「現代生活與心靈調適——生命、生活、學問」，探討生命問題及面對死亡之態度。法師發言略云：

人生是無盡生命長流中的一個段落，死亡只是走向未來的一個起點，所以無需悲哀、恐懼；人生要有一定的方向，但不用有特定的目標追求，因為不論成功、失敗，都能令人成長；人生是為負因果責任而來，所以要盡心盡力；人生是為享受生命的權利而來，要注意健康，但不必擔心死亡。（〈聖嚴師父與傅偉勳教授對談〉，《法鼓》，57 期，1994 年 9 月 15 日，版 1）

七月三十日，應邀出席「如何協助吸毒者出苦海」座談會。座談會於臺北市立療養院舉行，聯合醫學界與宗教界，共同尋求協助毒癮患者脫離苦海之契機。出席者另有

基督教晨曦會劉民和牧師、淨化文教基金會淨耀法師及實際參與戒毒治療工作之醫界代表，以及戒毒成功者。法師日前亦曾捐贈中華民國精神醫學會新臺幣二百萬元，成立「心身重整基金」。（〈「如何協助吸毒者出苦海」座談會〉，《人生》，133 期，1994 年 9 月 1 日，頁 57）

同日，由法師、星雲法師、淨耀法師等多位宗教界人士，及一群佛教醫事人員發起之「佛教蓮花臨終關懷基金會」，正式成立。未來基金會將積極推廣臨終關懷觀念，教導民眾如何面對死亡，並以成立國內第一座蓮花安寧病院為目標。

七月三十一日至八月七日，於農禪寺主持第一屆大專青年禪七。（〈炎夏播佛種．粒粒皆歡喜〉，《法鼓》，57 期，1994 年 9 月 15 日，版 1）

七月，農禪寺於臺北市安和路安敦大廈，成立市中心分院，命名為：安和分院。開設佛學研究所推廣課程，舉辦定期佛學講座、禪修、念佛、禮懺等活動。（〈農禪寺市中心分院道場〉，《法鼓》，54 期，1994 年 6 月 15 日，版 1）

華視文化公司發行出版以心靈環保及環境保護為宗旨之《環保人》雜誌，敦請法師為發行人，期以法師提倡之環保理念為基礎，由心為起點，推行環保。每期並請法師主持「心靈環保」專欄。（〈《環保人》雜誌，創刊了！〉，《法鼓》，56 期，1994 年 8 月 15 日，版 1）

《中華佛學學報》第七期出版，刊布法師論文：〈中國佛教以《法華經》為基礎的修行方法〉。

即起，中華佛研所將該所教師、研究員之研究成果，研究生畢業論文，博碩士徵文，大陸學者徵文，特約邀稿，國際學術會議論文等，經審查後，以《中華佛學研究所論叢》名義出版發行。用以鼓勵佛教研究風氣，與國際佛學研究機構出版品交流，進而提高國內佛學研究之學術地位。法師撰有〈通序〉說明出版緣起。

八月一日，中華佛研所聘請第二屆研究生惠敏法師接任副所長職。惠敏法師於一九九二年取得日本東京大學博士學位後返佛研所任教。（〈大事記〉，《1989-2001 法鼓山年鑑》，法鼓山基金會，2005 年 10 月出版，頁 89）

八月九日，「佛化聯合奠祭」假臺北市立第二殯儀館舉行，法師親臨主持。祭典為首次舉行，由法鼓山農禪寺承辦，臺北市政府殯葬管理處協辦。臺北市市長黃大洲、社會局局長陳士魁等市政首長皆前往參加公祭。黃市

長致詞感謝法師率眾弟子，對推動禮儀環保所投注之心力，及對社會淨化之貢獻。（〈佛化聯合奠祭功德圓滿〉，《人生》，133 期，1994 年 9 月 1 日，頁 56）

法師於舉辦佛化聯合奠祭前，談及推動之動機在於改善風氣、建立正確之死亡觀念：「以佛教的立場來看，死亡不是喜事，也不是喪事，而是莊嚴的佛事。是亡者走上成佛之道的起點或過程；而對參與佛化喪儀的人，則是修學佛法的機會。」

釋果在，〈訪聖嚴法師談佛化奠祭的精神與意義〉：請問法師，您為什麼要推動佛化的聯合奠祭？

（法師）答：以佛教的立場來看，死亡與葬儀二者都很重要，但是對一般尚未進入信仰階段的人而言，喪儀往往比死亡更重要。

其實，要想改善現行喪禮中種種不良的風氣，首先應建立正確的死亡觀，唯有如此，才有可能接受簡單隆重的佛化喪儀，而不會覺得簡單樸素的儀式會對不起先人，同時也不違背中國傳統孝道精神。

問：以佛教精神進行喪葬儀式，對亡者和生者究竟有什麼好處？

答：我們說「慎終追遠」，就是對亡者的過世要非常慎重的處理，因此佛化喪儀是在簡樸之中要有莊嚴隆重，同時在儀式中讓參與者知道亡者生平的美德，使亡者覺得此生不虛度；而讚美亡者，等於勉勵後進，能激勵後人見賢思齊，對家屬也是最好的安慰。同時，以佛法開導亡者，可使亡者超生離苦，心開意解，得生佛國，也可使生者聞法修行。所以，以佛教的立場來看，死亡不是喜事，也不是喪事，而是莊嚴的佛事。是亡者走上成佛之道的起點或過程；而對參與佛化喪儀的人，則是修學佛法的機會。（〈但求莊嚴．莫論悲喜〉，《人生》，132期，1994年8月1日，頁27-30）

八月九日至十五日，中華佛研所舉辦八十三年度大專青年佛學夏令營，活動於臺北縣淡水鎮小坪頂聲寶訓練中心舉行。本屆主題為「戒定慧與生活」。（〈炎夏播佛種．粒粒皆歡喜〉，《法鼓》，57期，1994年9月15日，版1）

八月二十日，應邀出席警察廣播電台播出之「心靈環保鼎談會」。座談會由統一企業7-ELEVEN主辦、李文小姐主持，邀請法師、作家林清玄、丁松筠神父三位就主題討論，並開放聽眾發問。

聖嚴法師談到當我們發覺環境有問題時，真正要檢討反省的是自己內心的問題；並強調因果和因緣，勉勵人人應有慈悲、救世之心，以洗滌人心，做出更多善行。林清玄先生主張透過淨化、柔軟、智慧達到心靈的改革，使環境也得到改善；丁松筠神父則認為各宗教應共同合作，解決當今複雜的環保問題。（〈心靈環保鼎談會〉，《人生》，134期，1994年10月1日，頁54）

日前道格颱風過境，造成高雄地區重大水災，法鼓山文教基金會發動救災措施：由高雄分院，召集臺南及高雄會員至岡山地區受災最嚴重之兩萬戶災戶家中慰問，並協助清理環境。另由果暉法師及鑑心法師代表，捐款一百萬元，委託中央日報社轉交相關救助機構。（〈和舟共濟．風雨見真情〉，《法鼓》，57 期，1994 年 9 月 15 日，版 1）

八月二十五日，開示「臨終助念的三皈依文」。（《助念功德怎麼做》，法鼓山小叢刊）

八月二十七日，高雄分院喬遷，舉行「大悲懺法會暨聖嚴師父開示聯誼會」，共有來自嘉義、臺南、高雄、屏東四地六百多人參加，會後並有二百多人皈依三寶。

八月二十九日，於臺北安和分院「心靈環保、禮儀環保講座」主講「淨化人心，淨化社會」。該系列講座即起連續舉辦十場，邀請陳履安、鄭石岩、林清玄等名流主講。首場由法師開講。（〈法鼓山　臺北安和分院落成啟用〉，《法鼓》，57 期，1994 年 9 月 15 日，版 1）

中華佛研所第一屆研究生梅迺文，獲得美國威斯康辛大學博士學位。

九月五日，農禪寺有九位青年發心剃度出家，為取法名：果許、果肇、果演、果恆、果寰、果治、果慨等。典禮於上午九時舉行，由法師擔任得戒和尚，今能長老任教授阿闍梨，鑑心長老尼等任執剃阿闍梨。同時另有十二位菩薩受行同沙彌（尼）戒。（〈地藏菩薩日行剃度禮〉，《人生》，134 期，1994 年 10 月 1 日，頁 54）

即日起，每週一到週五，法師電視弘法節目《大法鼓》在華視頻道播出。《大法鼓》由華視製作人趙大深精心製作，主播陳月卿主持。法師在節目中以佛法觀點，為大眾解答生活及修行疑問。

案：此一節目每一集為十分鐘，題目涵括當代人會面臨的各種生活、生命議題，在華視共播出十年時間，且時有重播。

九月六日，上午，於農禪寺，對僧眾、中華佛研所、文基會、護法會、東初出版社等單位專職「精神講話」，談法鼓山工程波折與專職工作壓力，若當成是主動「受苦受難」，則有積極意義：「受苦受難，是為了救苦救難。把受苦受難當成『因』，受苦受難本身就是一分成就；如果把受苦受難當成『果』，心中一定憤憤不平。」期許大眾學習修身養性，反觀自照，體驗「日日是好日，時時是好時，處處是福地，人人是貴人」。

下午，參加「從祝壽談如何關懷年長者」座談會。該活動由內政部社會司與法鼓山文教基金會聯合主辦，《人生》雜誌社承辦。出席者有柴松林、葉英堃、董芳苑、袁凌雲等學者專家。與會者一致認為，年老為人生一過程，年長者應扮演更積極角色，發揮潛能。法師建議年長者應有宗教信仰，生活上才有方向。

（〈「從祝壽談如何關懷年長者」座談會〉，《法鼓》，58 期，1994 年 10 月 15 日，版 1）

九月九日，為《比較宗教學》再版發行撰序。該書完稿於一九六七年，一九六八年由中華書局發行。歷二十六年後，再版發行。法師〈再版序〉說明本書目的在使未有宗教信仰者，認識宗教學；有宗教信仰者，開展視野。

不論是哪一種宗教思想和宗教事實，彼此之間都有其關聯性、共通性、獨特性，若是欠缺比較宗教學的知識，往往會一方面肯定自己所信所屬的宗教，另一方面則否定批評他人所信所屬的宗教，這是很不公平的態度。有些人士盡然不信任何宗教，也不排斥任何宗教，認為一切宗教都在勸人為善，只要心存善良，就等於信了一切宗教，殊不知，世界各種宗教之間，各有其文化背景、社會環境、時代思潮的相異性，也有其人類起源、人心嚮往、人生現象的共同性。所以各宗教間，既有其差別處，也有其相似處。不信宗教，也不等於信了一切宗教。

（〈聖嚴法師自序——一九九四年新版〉，《比較宗教學》，臺北：臺灣中華書局，2014年10月1日10版，頁6-7）

九月十日，法鼓山臺北安和分院正式落成啟用。法師親臨主持灑淨儀式，並舉行佛像開光大典。（〈法鼓山臺北安和分院開光大典〉，《人生》，134期，1994年10月1日，頁55）

同日，應邀至宜蘭講演「佛法與教育」。（〈佛法與教育（下）〉，《人生》，155期，1996年4月1日，頁4-8）

九月十一日至十八日，於農禪寺主持第四十九期禪七。

九月二十一日，應邀至成功嶺，於大專院校新生暑訓營講演「談生涯規畫——立足點與方向感」。（《禪門》，法鼓全集4輯11冊，法鼓文化，頁119-141）

九月二十三日及三十日晚上，女性雜誌《美麗佳人》於法鼓山臺北安和分院，舉辦「佛法座談會」，邀請十位傑出女性參加座談，由總主編陳賀美主持，請法師主答有關佛法與現代女性問題。

出席者都是當今各種行業中的傑出女性，第一場出席座談的是名評論家臺大法律系教授賀德芬，名整型外科醫師林靜芸，名服裝設計師溫慶珠，名歌星伊能靜。第二場的與會者有名記者《李登輝傳》的作者周玉蔻，台視名主播葉樹姍，名作家《殺夫》的作者李昂，國大代表馬愛珍，名舞蹈家國立藝術學院的舞蹈系系主任羅曼菲，銓敘部長關中的夫人張惠君。他們都從各自的身分立場和體驗，將各種最難以解決的苦惱問題，向聖嚴法師請教，希望能用佛法來幫助她們，解決現代女性們的困擾及苦悶。（〈佛法與現代女性的問題〉，《人生》，135 期，1994 年 11 月 1 日，頁 55）

九月二十四日，晚，福慧念佛會於農禪寺舉行「第九屆會員大會」，約有一千多名會員參加。法師開示「助念」十分重要，鼓勵大眾多多參與。

九月二十五日，下午，出席禪坐會於農禪寺舉行「第八屆會員大會」，約有五百多名會員參加。法師關懷開示同時期勉禪坐會多關懷各地共修道場及會員，以提昇社會禪修風氣。

九月二十六日，為使參加「佛化聯合婚禮」新人對婚姻有正確了解，特於農禪寺舉辦「如何建立美滿婚姻」演講會，由法師與臺北護理學院王鍾和教授共同主講。法師從佛法觀點談婚姻意義，王教授則由心理學角度闡釋夫妻相處之道。二十二對新人均出席參加。（〈「談如何建立美滿婚姻」演講會〉，《法鼓》，59 期，1994 年 11

月 15 日，版 1；講詞見：〈如何建立美滿婚姻？〉，《佛化家庭手冊》，聖嚴教育基金會，2006 年 11 月修訂版四刷，頁 11-31）

法師並於日內發表「淨化人間始於佛化家庭」，說明佛化婚禮之意義云：「婚禮是佛化家庭的基礎，修行是佛化家庭的提昇。」（〈淨化人間　始於佛化家庭〉，《人生》，134 期，1994 年 10 月 1 日，頁 38-40；後收於前引法鼓山智慧隨身書，更名：〈佛化家庭〉）

九月二十八日，於農禪寺主持首度舉行之「佛化聯合祝壽典禮」。來自全臺六十位六十歲整之壽星參加，一千餘位蓮友在場祝福。法師有偈祝福曰：「夕陽無限好，不是近黃昏；前程美似錦，旭日又東昇。」（〈佛化聯合祝壽典禮〉，《法鼓》，58 期，1994 年 10 月 15 日，版 1）

九月三十日至十月一日，輔仁大學為響應一九九四年「國際家庭年」而舉辦「現代社會中家庭的平衡與發展」學術研討會。法師應邀於「宗教對談」座談會中，代表佛教學者，擔任引言人。引言人另有天主教羅光總主教、道教李豐楙教授、伊斯蘭教趙錫麟博士。該校法學院院長楊敦和教授任主持人，出席者有輔大校長李振英神父、宗教系主任陸達誠神父等五十多位學者。法師以「佛教對家庭的看法」為題發言，認為佛法化

世的目的在於淨化人間，淨化人間應始於佛化家庭。（〈「現代社會中家庭的平衡與發展」學術研討會〉，《人生》，135期，1994年11月1日，頁54-55；講詞今題〈佛化家庭〉，收於《平安的人間》，法鼓全集8輯5冊之2，法鼓文化，頁70-74）

九月起，法鼓人文社會學院聘請中央研究院副院長張光直、院士李亦園擔任諮詢委員。（〈「為法鼓人文社會學院添翼」〉，《人生》，135期，1994年11月1日，頁54）

十月一日，於第九次社會菁英禪修營共修會開示「妄念不起、萬緣不拒」，再次指導生活中保持心緒和諧方法。

有了妄念就要用方法的正念來取代妄念。以規律的妄念，取代散亂的妄念，便是正念。

要做到妄念不起，有四個層次。

一、沒有雜念，但是還有方法。

二、是在同一個念頭上維持下去。

三、在用方法時，不論是念佛也好，數息也好，數到沒有數目可數，沒有佛號可念，沒有呼吸可數。不是故意不要念佛，也不是故意不要數呼吸，而是心境非常寧靜、安定。

四、自我中心的意識已不存在，方法也不存在。（〈妄念不起，萬緣不拒〉，《動靜皆自在》，法鼓全集4輯15冊，法鼓文化，頁97-100）

十月二日，「法鼓山八十三年護法信眾聯誼大會」假板橋市立體育館舉行，來自全臺近八千位護法會員代表參加。目前法鼓山護法會會員數已逾十六萬人。法師擔任大會主席，高信譚與謝佳勳擔任主持人。臺北縣尤清縣長亦到場致意。

法師於大會特刊發表〈如何做一個萬行菩薩——教育自己．感動他人〉開示大眾：

「提昇人的品質，建設人間淨土」是法鼓山的理念，而要提昇人的品質，必須要從教育開始。通常，我們只看到別人有問題，只想到要用教育改革他人，卻很少有人想到教育，其實是對自己最有用、也是最需要的。人間淨土的建設，同樣要從每一個人自己做起：不起瞋心、失望、悲觀、無奈、嫉妒、怨恨的情緒，對所有的人，不管於己有利或無利，均應以尊重、關懷、乃至感謝的心來對待。

我們的世界尚不是淨土，娑婆世界的眾生都還在苦難之中，為了救世、救人、救自己，所以要用佛法的慈悲和智慧來教育自己，感動他人；向內淨化心靈，對外淨化社會，人間淨土便會在我們的面前出現。（《八十三年護法大會特刊》）

並提出法鼓山之工作重點為：「一大使命，三大教育」；以推動全面教育為使命，落實大學院教育、大普化教

育、大關懷教育為方法。描繪法鼓山之發展目標及藍圖。

大學院教育，包括中華佛學研究所、法鼓山人文社會學院，以及函授教育舉辦寒暑期的進修班。在整體的規畫中，佛研所未來將成為單純的研究機構，學校教育由法鼓人文社會學院所取代。該學院將分三期來建設，第一期有三系一所，包括宗教系、語言系、社會系及佛學研究所，第二期擴增為六系三所，第三期則步入完整的大學體制，預計有十二系九所。

大普化教育，透過各項弘化、修持研習、文化活動，讓正信的佛法深入社會各階層、各角落。以培養能攝導信眾的僧眾人才，與能襄助法業的在家菩薩。

大關懷教育，用關懷來達成教育的功能，以教育來完成關懷的任務。目前正積極推動的有包括生活、心靈、禮儀在內的三大環保運動。（同上）

特刊中並對法鼓山金山道場之硬體建設有完整介紹，計畫分三期工程，期能達成兩大功能：一、培養、儲備佛教學術與文化人才，推動佛學教育；二、長期培養出家眾，以成就修行與弘化人才，弘揚正法，指導修行。建設法鼓山成為一大型佛教園區，更期許成為人間淨土典範。

第一期工程：第一演講廳大殿、第二演講廳兼齋堂（可容納一千六百人）、接待大廳、禪修中心、關房、寮房、教育行政大樓、國際會議廳、圖書館、教職員、貴賓宿舍及餐廳。

第二期工程：以法鼓人文社會學院的建校工程為主。

第三期工程：包括佛教歷史文化博物館、世界佛教圖書館、世界佛教編譯館、世界佛教紀念館，以及可作長期修行安養的淨土院、禪修院。（同上）

當日，法鼓山護法會改組，楊正會長功成卸任，由台灣英文雜誌社董事長陳嘉男接任。（〈大事記〉，《1989-2001 法鼓山年鑑》，法鼓山基金會，2005 年 10 月出版，頁 93）

十月四日，上午，於農禪寺，對僧眾、中華佛研所、文基會、護法會、東初出版社等單位專職「精神講話」，談「需要」與「想要」，勉勵大眾培養惜福觀念。

下午，至安和分院參加「從婚禮談幸福美滿的婚姻」座談會，座談者另有輔仁大學理學院院長詹德隆神父、溝通專家吳娟瑜、省立博物館研究員阮昌銳參加。此為法鼓山文教基金會推動「禮儀環保」之系列座談會。（〈「從婚禮談幸福美滿的婚姻」座談會〉，《法鼓》，59 期，1994 年 11 月 15 日，版 1）

法師表示「婚姻是家庭的基礎，也是家庭幸福的鎖鑰。

而經過佛教儀式的婚姻較為穩固，是因為在佛前宣誓而結婚。」並說明法鼓山「佛化聯合婚禮」儀式之制定過程。

天主教的婚禮早在十七世紀就已經有了，佛教的婚禮卻是在五十年前的上海才開始有人舉辦。當時還因為有人認為寺廟是修行的清淨地，反對在寺廟舉行婚禮，使得所謂的佛教婚禮還是在餐廳裡舉行；真正在寺院中辦婚禮，只是最近的事，而且尚在學習階段。所以，我們一方面吸收天主教婚禮的經驗，一方面將傳統婚禮作適度的調整，以因應現代的社會，再加上我們自己的構想，制定出法鼓山的「佛化聯合婚禮」儀式。（〈「從婚禮談幸福美滿的婚姻」座談會〉，《人生》，135 期，1994 年 11 月 1 日，頁 52）

十月七日至十日，於農禪寺主持第七屆社會菁英禪修營，七十一位各界菁英參加。法師指導禪坐基礎方法、體驗禪修的生活。開示主題為「肯定自我、超越自我、消融自我」。（〈第七屆社會菁英禪三〉，《人生》，136 期，1994 年 12 月 1 日，頁 54）

十月十三日，前往香港。

十月十四日至十六日，應香港佛教青年協會邀請，於香港灣仔伊利沙伯體育館宣講《法華經・方便品》。每天

約有三千五百多人前來聽講。宣講時，特別針對香港九七大限，人心浮動現象，秉持倡導心靈環保，淨化社會的理念與悲願，闡釋唯一無二，真實不妄的佛法。（〈聖嚴師父香江講經播佛種〉，《法鼓》，59 期，1994 年 11 月 15 日，版 1）

十月十五日，出席香港聯絡處假銅鑼灣太古廣場光華新聞文化中心首度舉辦之「香港信眾聯誼會」，有三百多位信眾與會。

首先由丁珮之女，向詠恆居士以粵語向當地信眾介紹法鼓山的理念；法師就香港聯絡處的發展現況，以及法鼓山一向「不挖人牆角」、「弘法重於勸募」等重點，作一簡單而明確的開示。（〈香港信眾聯誼大會〉，《法鼓》，59 期，1994 年 11 月 15 日，版 1）

十月二十日，在文化館大廳，錄製《大法鼓》十五集。後另於十一月十三、十四、十五日在紐約東初禪寺錄製三十五集。該節目九月五日起於華視播映，原計畫只播出五十集，因普受歡迎，故華視提供同時段續播，再製播五十集。（〈華視「大法鼓」續拍五十單元〉，《人生》，137 期，1995 年 1 月 1 日，頁 54）

十月二十二日，主持農禪寺首度舉辦之「佛化聯合婚禮」。來自全臺二十二對新人，由法師擔任祝福人，內政部

吳伯雄部長任證婚人，名主持人高信譚擔任司儀，近千位親友與蓮友觀禮。（〈梵音喜氣繞樑間‧菩提姻緣結佛前〉，《法鼓》，59期，1994年11月15日，版1）

法師為新人授三皈依、為新人祝福。並開示夫妻相待當遵守六個原則：

一、互相感謝，不要計較，但是要有接受對方計較的寬大心懷。

二、互相尊敬，不要輕慢，但是要有接受對方輕慢的寬大心懷。

三、互相禮讓，不要侵犯，但是要有接受對方侵犯的寬容心懷。

四、互相關懷，不要冷漠，但是要有接受對方冷漠的心理準備。

五、互相信賴，不要懷疑，但是要有接受對方懷疑的心理準備。

六、互相諒解，不要誤會，但是要有接受對方誤會的寬宏大量。（〈美滿婚姻的原則——一九九四年佛化聯合婚禮致詞〉，《法鼓山的方向》，法鼓全集8輯6冊，法鼓文化，頁356）

「佛化婚禮」國內尚少舉行，五十年前上海開始舉辦時即有反對之聲，今日亦然。法師本意著眼於透過佛化儀式，讓新人認同佛教，進而建設佛化家庭、修學

佛法。典禮承辦人述其義云：

（有人）認為結婚是男女情愛的結合，是不清淨的，而佛家講求的是清淨的梵行，因此堅決反對在聖潔的佛殿舉行婚禮，唯恐它們染汙了聖地，會遭受惡報。這樣的看法，似是而非。

不錯，清淨的梵行是佛教所重視的，可是如果以此嚴格標準來要求所有學佛的人，將會使人望佛生畏，佛法又如何能普施人間？因此對於已經準備要結婚的人，我們提供簡單、莊嚴、隆重的佛化婚禮，一方面藉此導正社會鋪張浪費、輕率浮誇的陋習，一方面則是希望透過佛化的儀式，讓新人及其親友們更認同佛教，進而建設佛化家庭、修學佛法，以期達到淨化人間的目的。（〈佛化聯合婚禮進行曲〉，《法鼓》，60 期，1994 年 12 月 15 日，版 4）

十月二十三日，赴美。

十月二十九日，晚，美國新澤西州護法會於羅特格斯大學主辦專題演講，由法師主講「禮儀和學佛」，說明法鼓山禮儀環保年宗旨及實施內容與成果。

十月三十日，於東初禪寺講演「開悟成佛」。（《禪鑰》，法鼓全集 4 輯 10 冊，法鼓文化，頁 117-134）

十月，《法鼓傳法音（二）》小冊由東初出版社出版。

十一月五日，應邀至紐約西藏中心講演「讀經與修行」。介紹讀經與修行以及讀經方法、讀經功能等。（《禪門》，法鼓全集 4 輯 11 冊，法鼓文化，頁 174-186）

十一月十日，「法鼓山大專青年學佛會」正式成立，以認同法鼓山理念之大專以上在學學生為對象。即日起舉行定期聚會共修。（〈「法鼓山大專青年學佛會」正式成立〉，《人生》，136 期，1994 年 12 月 1 日，頁 54-55）

十一月十二日，於紐約東初禪寺，主持第二屆華人社會菁英禪修營。參加者共計四十五位。課程同前，將臺灣三天禪修營濃縮成一天。本屆主題為「無我的智慧與平等的慈悲」。（〈紐約華人社會菁英禪修營〉，《人生》137 期，1995 年 1 月 1 日，頁 54）

十一月十九日，於東初禪寺舉辦「美國東區法鼓山護法會會員聯誼」，法師頒發勸募會員證，並開示「如何做好一個勸募會員」。（〈大事記〉，《1989-2001 法鼓山年鑑》，法鼓山基金會，2005 年 10 月出版，頁 95）

十一月二十日，鳳山佛教蓮社舉行「煮雲老和尚紀念圖書館落成大典」，致贈《法鼓全集》與《東初老人全集》

各一套以為祝賀。

十一月二十五日，應印度德里大學（University of Delhi）與噶瑪巴國際佛學研究所要求，分別致贈二十冊學術論著予該機構圖書館。

十一月二十五日至十二月二日，主持東初禪寺第六十六期禪七。（〈聖嚴師父在美演講、禪七圓滿〉，《法鼓》，61 期，1995 年 1 月 15 日，版 1；開示文今收〈禪修的要領（二）〉，《禪鑰》，法鼓全集 4 輯 10 冊，法鼓文化，頁 84-102）

十一月二十八日，法師著作《聖嚴法師學思歷程》繼去年榮獲中山文藝獎後，再獲今年金鼎獎圖書類文學創作獎。（〈大事記〉，《1989-2001 法鼓山年鑑》，法鼓山基金會，2005 年 10 月出版，頁 96）

十二月三日，應邀至「中國研究中心」演講。該會為一中國武術團體，負責人馬佛仁居士，為法師初抵美國弘化時，三位美籍弟子之一。演講題目為「清明心的重要」，以佛法觀點及禪修方法，闡釋中國少林武術真正涵義，在啟發無我的智慧。

少林武藝，出發點不在於攻擊敵人，而在於防身、健身，乃至於捨身、忘身；倘若能從有我的層次，化入無我的境界，便是以無招勝有招的禪境了。（〈清明心的重

要〉，《禪門》，法鼓全集 4 輯 11 冊，法鼓文化，頁 89）

十二月五日，〈序《印順導師九秩華誕紀念論集》〉，盛讚印老乃中國佛教之瑰寶，著述範圍廣、思想密、考究精、數量豐。（〈序「印順導師九秩華誕紀念論集」〉，《人生》，140 期，1995 年 4 月 1 日，頁 45-47；今收《書序》，法鼓全集 3 輯 5 冊，法鼓文化，頁 99-103）

十二月八日，於曼哈頓紐約佛教堂大講堂，主講「佛陀成道」。此為日本淨土真宗與紐約佛教會議所主辦「佛陀成道紀念週」系列演講之一，主辦單位特別邀請各系高僧大德擔任講者，法師為第三場，以中國佛教觀點，闡述佛陀成道之意義、經過、內容及影響等。演講中特別指出：佛陀成道前之降魔記載，確為天魔擾亂，不可以「心理掙扎」視之。略云：

小乘佛教，不以為眾生皆能成佛，大乘密教不承認釋迦世尊是最究竟佛，唯有顯教的大乘佛教，特別是禪宗，以為眾生皆能成佛，釋迦佛成道是禪宗的法脈源頭。

佛陀成道之前的降魔記載，絕對是天魔的擾亂，非如近世學者們以為只是釋迦世尊成道之前的心理掙扎，依據禪修者的實際經驗，大修行者的招致魔擾，決不可以僅用現代心理學的觀點妄加揣測。（〈琉璃法音廣宣流〉，《法鼓》，61 期，1995 年 1 月 15 日，版 2）

十二月十日下午，於紐約柏松高中（Murry Bergtraum High School）大禮堂演講「二十一世紀的佛教徒」。講會由東初禪寺與美國佛教聯合會共同主辦，講詞內容有：

一、二十一世紀將是宗教盛行的世紀，原因是物質文明的環境破壞，緊張不安的生活方式，科學哲學的極限功能，人文道德的衰退墮落。

二、二十一世紀將是佛教徒走向世界各民族地區的時代。

三、二十世紀末的佛教徒已在轉變消極出世的印象為積極化世的宗教。

四、二十一世紀的佛教徒將會有互相尊重的寬大雅量。

五、二十一世紀的佛教徒將會扮演承先啟後、住持正法及多元弘化的角色。

六、二十一世紀的佛教徒將會以入世的方式做化世的事業。

七、二十一世紀是推動法鼓山理念建設人間淨土的時代，法鼓山正在以大學教育、普化教育、關懷教育，來提昇人的品質，建設人間淨土。（《禪門》，法鼓全集 4 輯 11 冊，法鼓文化，頁 160-173）

十二月十三日至二十五日，撰成〈十善業道是菩薩戒的共軌〉。刊布於明年（一九九五）七月出版之《中華佛學學報》第八期。（請參見該條譜文）

十二月二十五日至明年一月一日，主持東初禪寺第六十七期禪七。（〈聖嚴師父在美演講、禪七圓滿〉，《法鼓》，61 期，1995 年 1 月 15 日，版 1）

民國八十四年／西元一九九五年

聖嚴法師六十六歲

國內外重要大事

- 日本發生阪神大地震，六千多人死亡。
- 陳履安辭監察院長，宣布參選第九屆總統。
- 臺灣開辦全民健保。

法師大事

- 聖嚴法師巡迴全臺演講，宣導「四安」（安心、安身、安家、安業）運動。
- 榮獲臺北市政府頒發本年度「推行社會教育有功人員獎」。

訂定本年為「人品提昇年」，以四安運動之主題為法鼓山年度活動重點。

並題辭「新年的祝福」：

以禮敬禮謝禮讓待人，人人都遇貴人，
以盡心盡力盡責做事，事事可成大事。

一月四日返臺。

一月七日，應邀至北一女中與傅偉勳教授對談「現代生活與心靈調適——生命、生活、調適」。法師提示：不論遭逢任何苦難，均應勇敢面對，並以智慧改善現實，方為生命應有之態度。（〈讓生活生命的調適　更加圓融〉，《法鼓》，62 期，1995 年 2 月 15 日，版 1）

一月八日，法鼓山文教基金會全臺二十二縣市各分支單位同時展開「惜福、培福、造福」清潔日活動。（〈清潔日一月八日全省熱烈展開〉，《法鼓》，62 期，1995 年 2 月 15 日，版 1）

一月九日至十一日，於農禪寺宣講《普賢菩薩行願讚》。法師開示：普賢法門涵括一切法門，修普賢行即修一切佛法。然須修行與發願相符，方為普賢菩薩精神。（〈聖嚴師父宣講《普賢菩薩行願讚》〉，《法鼓》，62 期，1995 年 2 月 15 日，版 1）

一月十三日至十四日，於文化館主持冬令慰問。（〈法鼓山中華佛教文化館冬令慰問〉，《法鼓》，62 期，1995 年 2 月 15 日，版 1）

一月十四日，第十次社會菁英禪修營共修會於農禪寺舉行，法師以「自我肯定、自我成長、自我消融」為題開示。

一月十七日，接受「世界商業經理人成長策略高階研究班」之邀請，演講「如何利用佛法改善企業品質」。該活動由經濟部商業司、中華民國中小企業主辦。（〈為企業品質的改善　另闢新機〉，《法鼓》，62 期，1995 年 2 月 15 日，版 1）

一月二十一日至二十八日，於農禪寺舉辦第二屆大專青年禪七。（〈法鼓山八十四年大事記〉，《法鼓》，72 期，1995 年 12 月 15 日，版 4）

一月二十九日，法鼓山溫哥華辦事處舉辦第一次法鼓山信眾聯誼會，宣布成立護法會，正式展開勸募活動。溫哥華辦事處係於去年四月法師蒞臨時成立。（〈溫哥華辦事處成立兩週年紀念〉，《法鼓》，77 期，1996 年 5 月 15 日，版 5）

二月六日至十二日，農禪寺分兩梯次舉辦第二屆「傳授在家菩薩戒」。法師與基隆靈泉禪寺住持晴虛長老、聖靈寺住持今能長老共同主持。共有一千多名居士參加，其中多屬法鼓山體系所屬幹部及會員，亦有從美、加、港、澳等地回國參加者。

第二梯次圓滿時，特指示成立菩薩戒「同戒會」，期許兩屆共兩千多名受戒菩薩，透過讀戒、學戒等活動，

堅固道心。（〈法鼓山傳授菩薩戒〉，《法鼓》，63 期，1995 年 3 月 15 日，版 1）

二月十二日，法鼓山助念團於農禪寺舉行新春聯誼會，南北各地助念團員近三百位團員參加。法師蒞會開示助念意義與方法：

第一，助念團就如同互助會，是一個相互幫助，利人利己的行為。

第二，助念是幫助亡者往生西方，每一次助念就是送一位菩薩、未來佛到西方極樂世界去。

第三，助念亦能安慰亡者的家屬，減少他們在喪失親人時的哀傷與恐懼。

第四，助念雖是為亡者念佛，其實最大的功德還是自己的，而且曾接受過我們助念的蓮池海會眾菩薩們，在我們臨命終時一定也會來幫助我們。（〈助念功德怎麼做？〉，《法鼓》，64 期，1995 年 4 月 15 日，版 3）

二月十七日至十九日三晚，於臺北市國父紀念館宣講「《心經》與人生——生活、生命、人生的實踐與超越」。果祥法師現場臺語翻譯，葉樹姍擔任主持人。（〈《心經》生活、生命、人生的實踐與超越〉，《法鼓》，63 期，1995 年 3 月 15 日，版 1；講詞今題〈心經實踐〉，收於《心經新釋》，法鼓全集 7 輯 1 冊，法鼓文化，頁 122-168）

二月二十二日至三月一日，於農禪寺主持第五十一期禪七。有二百五十四人參加。

三月一日，應「留日梅櫻會」與「中華中小企業人研究學會」之邀請，於臺大校友會館以「佛法與人生——談因果、因緣」為題演講。（〈聖嚴師父演講〉，《法鼓》，64 期，1995 年 4 月 15 日，版 1）

三月二日，總統府資政高玉樹至安和分院，由法師主持皈依儀式，成為三寶弟子。（〈高玉樹資政皈依〉，《法鼓》，64 期，1995 年 4 月 15 日，版 1）

三月四日，致贈大學院校及全臺各縣立圖書館《法鼓全集》，合計八十七套共三千餘冊，由教育部部長郭為藩代表接受，現場觀禮者有教育部次長李建興，以及高教司、中教司、國教司等各單位主管。（〈致贈《法鼓全集》　教育部代表接受〉，《法鼓》，64 期，1995 年 4 月 15 日，版 1）

三月五日，於農禪寺禪坐會開示「佛在心中、口中、行為中」。（《禪鑰》，法鼓全集 4 輯 10 冊，法鼓文化，頁 158-165）

法鼓山舉行「規畫與協調人才研習營」，法師蒞會開示：法鼓山義工精神為「盡心、盡力、盡可能學習；不勉強、不挑剔、不可能失望。」（〈法鼓山的義工精神〉，《法鼓》，81 期，1996 年 9 月 15 日，版 3）

三月八日，農禪寺舉行剃度典禮，七位青年求度出家，為取法名：果良、果光、果謙等。（〈發心出家　荷擔如來家業〉，《法鼓》，64 期，1995 年 4 月 15 日，版 1）

三月十日至十三日，於農禪寺主持第八屆社會菁英禪修營。

三月十五日，為《智慧的花串》撰序。本書為法師語錄，由劉洪順編輯，漢光文化公司出版。（〈智慧的花串〉，《智慧的花串》，臺北：漢光文化，1995 年，頁 5-6）

三月十八日，前往臺中，於中興大學惠蓀堂演講「淨化人心、淨化社會」，來自全臺近六千名觀眾到場聆聽。演講主要內容為「如何安心、如何安身」，說明人心四種性質，指導「少欲者必能知福惜福，知足者能培福種福」。（〈如何安心．如何安身〉，《法鼓》，64 期，1995 年 4 月 15 日，版 1）

三月十九日，法鼓山臺中分院假國光國小舉行中區新春聯誼會，法師蒞會主持皈依典禮，共有一千餘人皈依三寶。（同上）

三月二十二日，一行禪師至農禪寺訪問，並與法師進行「禪與環保」對談；一致認為「心靈」為一切環保之根源。一行禪師出生於越南，旅居法國，為越南臨濟法脈第四十二代傳人，在歐美享有盛名。（〈聖嚴師父 VS. 一行禪師　「禪與環保」對談〉，《法鼓》，64 期，1995 年 4 月 15 日，版 1）

同日，應邀至臺北醫學院，以「禪修與身心健康」為題發表演講。

禪修可使人達到身心平衡與自我超越的目的。觀念上以放鬆為第一步，方法則包括以禪觀禪數的方法求入定，用參話頭及公案以求開智慧，當然最重要的，還是要用「現在觀」在平常生活中求身心的安頓。（〈禪修與身心健康〉，《法鼓》，64 期，1995 年 4 月 15 日，版 1）

三月二十五日，文基會於安和分院召開本年度榮譽董事聯誼大會，兩百多位榮譽董事參加。大會由聲寶公司董事長陳盛沺擔任總召集人，法師與會闡述本年度「人品提昇年——安身、安心、安家、安業」之精神與意義，並邀請與會者參與活動。（〈法鼓山榮譽董事聯誼大會〉，《法鼓》，64 期，1995 年 4 月 15 日，版 1）

三月二十六日，於農禪寺舉辦人品提昇年「四安講師培訓研習會」。此次研習係為年度活動培訓講師，藉由教

育傳達關懷、凝聚共識，使會員充分了解安身安心安家安業之精神。法師以「安身、安心、安家、安業」開示「人品提昇年」之精神與意義：

一般人是先求安身才來求安心，其次，認為自己先求得安全的保障，然後再考慮到社會上其他的人。但是學佛的人，一個菩薩道的修行者、實踐者，觀念恰好相反，是以安心來做為安身的基礎與根本、原點與原則，以安人而來自安。一名修行菩薩道的人，一定是捨己而利人，捨身而安心。

如何安心？最重要的就是讓我們的心不受環境汙染，也不因個人心念的蠢動而影響社會環境，此即法鼓山向來所提倡的「心靈環保」。

安身則是去年度提出的「禮儀環保」。

當我們心內有矛盾、痛苦、不平衡的時候，第一要先注意自己的呼吸，然後注意自己的心在想什麼？能夠馬上把心念移轉到自己身體上的反應時，心情便會立刻平和下來。

安身——在於生活的勤勞儉樸。

安心——在於生活的少欲知足。

安家——在於家庭中的相愛和相助。

安業——在於身口意三類行為的清淨和精進。（〈安身、安心、安家、安業（上）〉，《法鼓》，65 期，1995 年 5 月 15 日，版 2、〈安身、安心、安家、安業（下）〉，《法鼓》，66 期，1995 年 6 月 15 日，版 2）

三月二十八日至四月五日，於農禪寺主持清明報恩佛七，開示時宣講《無量壽經》。（〈大事記〉，《1989-2001 法鼓山年鑑》，法鼓山基金會，2005 年 10 月出版，頁 102）

三月三十日，《神通與人通——宗教人生》由東初出版社發行。

農禪寺前監院果鏡法師進入與中華佛研所締約交流之日本佛教大學文學研究所專攻淨土學。

四月一日，法鼓山文教基金會與佛教青年文教基金會共同於安和分院舉辦「慶祝印順導師九秩嵩壽座談會」。座談會由法師主持，與會者有：佛青文教基金會董事長宏印法師、臺南妙心寺住持傳道法師、臺大哲學系楊惠南教授、中華佛研所楊郁文教授，以及遠從美國而來之仁俊、印海兩位長老。

法師致詞指出，許多佛教團體理念方針，包括法鼓山五年前提出「提昇人的品質，建設人間淨土」，均受到印老思想啟發。推崇印順導師為繼承太虛大師教理、僧制、寺產三大革命現代化啟蒙期，而開展中國佛教新契機之大師。

印順導師從太虛大師所倡導的人生佛教而弘揚人間佛教的理念。太虛大師是為對治中國佛教末流重視死後及鬼的風氣，也為顯示佛教的根本當重視現實的人生。印順導師主張我們應繼承人生佛教的真義，來發揚人間佛教，一邊擺脫重視死後而近於鬼教的色彩，他的《妙雲集》第十四冊，便是命名為《佛在人間》，他的依據是《阿含》與各部廣律，這對於當代的中國佛教思想，有著決定性的影響力。我們法鼓山推行「提昇人的品質，建設人間淨土」的理念，已有五年，慈濟功德會於幾年前曾推出「預約人間淨土」的運動，佛光山也在闡揚人間佛教，以及其他僧俗大德的佛教人間化，這些均與受到印順導師的思想啟發有關。

印順導師將菩薩道的修證過程，分為凡夫菩薩、賢聖菩薩、佛菩薩的三個階段。第一階段是初發菩提心的新學菩薩，是凡夫身，當以修十善業為菩薩道的基礎，即以十善行為菩薩戒。今天的臺灣佛教之所以受到朝野普遍的認同，就是因為我們以人間的凡夫身，在修第一階段的菩薩道。也告訴大家，菩薩道是人人都能實踐的。（〈印順導師思想與當代〉，《人生》，141 期，1995 年 5 月 1 日，頁 20-21；今題〈印順導師的人間佛教〉，《法鼓山的方向》，法鼓全集 8 輯 6 冊，法鼓文化，頁 497-499）

四月五日，中央研究院院士許倬雲、李亦園偕同臺灣大學心理系教授楊國樞來訪，並對法鼓人文社會學院課程、設系、經營，提出具體建議。法鼓人文社會學院籌備處並於今日送交「建校籌設計畫書」至教育部。（〈中

研院許倬雲、李亦園訪問農禪寺〉，《人生》，141 期，1995 年 5 月 1 日，頁 55）

四月七日，浙江普陀山妙善長老及普陀山普濟寺監院道生法師一行八人至農禪寺訪問。長老認為僧才培育是大陸佛教當務之急，期望未來佛教界能提供人力、資源，以助振興大陸佛教。（〈普陀山妙善長老訪農禪寺〉，《人生》，141 期，1995 年 5 月 1 日，頁 54）

四月八日，在金山法鼓山上，首度為金山鄉當地仕紳及信眾共四十九人舉行皈依儀式。會後表示：將使法鼓山建設成為金山地區之光榮；施工期間，嚴守環保標準，絕不妨礙居民安寧及環境清潔。

法鼓山是屬於臺北縣金山鄉的建設，將來法鼓山完成後，凡是國內外人士要到臺北縣參訪，將會以法鼓山為最重要的目的地之一，因為法鼓山是包含教育、文化、宗教等的綜合性文教事業中心，將金山鄉建設成為全國性、世界性的宗教園區，而這一切的財產將來都屬於金山鄉所有。

我本來沒有錢，現在也沒有，將來也不會有。我把所有的一切奉獻在臺北縣金山鄉的法鼓山，我死後將骨灰灑在金山的法鼓山，絕不占用一寸土地。

施工期間，法鼓山會要求承包商達到環保的標準，以不妨礙居民的安寧及環境的清潔為原則，倘若有疏忽之處，請將意見告訴我們以利改善，並與我們一起來建設金山鄉。(〈金山鄉民法鼓山上皈依三寶〉，《法鼓》，65 期，1995 年 5 月 15 日，版 1)

四月九日，於農禪寺召集成立三年之法鼓山合唱團，開示並加勉勵。(〈法鼓妙音傳法音〉，《法鼓》，75 期，1996 年 3 月 15 日，版 4)

同日，於農禪寺禪坐會開示「修行者的修行態度」。(〈修行者的修行態度〉，《法鼓》，75 期，1996 年 3 月 15 日，版 3；講詞今題〈禪修者的修行態度〉，收於《動靜皆自在》，法鼓全集 4 輯 15 冊，法鼓文化，頁 162-170)

立法委員洪秀柱至農禪寺拜會，並由法師主持皈依三寶。

四月十二日，至安和分院出席「新興宗教」座談，座談會主題為「從奧姆真理教事件談新人類的宗教信仰」。日本近日發生真理教於東京地下鐵施放毒氣事件，引發全球性震撼與關注。法鼓山文教基金會與《中國時報》於是邀請法師、中央研究院院士李亦園、臺灣大學心理系教授楊國樞，共同參與此次座談，《中國時報》總編輯黃肇松任主持人。

李亦園表示商品式宗教比狂熱式宗教更危險，宜引導青年進入哲理、終極關懷、認識人生之信仰。

法師則指出新興宗教之局限及傳統宗教努力方向：

新興宗教，多半只能有創教主個人的特異經驗，並且僅以他們的特異功能來吸引徒眾。可惜無法開創宗教的哲學思想，也無法將他們的特異經驗，全部轉移傳授給他們的後代，所以無法歷久彌新。若不是消失於歷史，便流入於民間的信仰。

傳統宗教應當適應青少年的興趣及所需，不妨吸收新興宗教的若干可取之處，成為吸引青少年的方便法門，再以正規的宗教理念及正確的宗教信仰，加以疏導，使之成為身心健康的社會棟樑。（〈從奧姆真理教事件談新人類的宗教信仰〉，《人生》，142 期，1995 年 6 月 1 日，頁 17）

四月十三日，接受故宮博物院院長秦孝儀之邀請，前往故宮，擔任金銅佛像收藏複審之評審委員。（〈故宮收藏品　聖嚴師父細品評〉，《法鼓》，65 期，1995 年 5 月 15 日，版 1）

四月十五日，第十一次社會菁英禪修營共修會於農禪寺舉行，法師以「從無到有，從有到無」為題開示。

四月十六日至二十日，率領果暉、果元兩位法師，再度蒞臨加拿大溫哥華市弘法。

四月十七日，前往福慧寺，拜訪正在該寺講經弘法之仁俊長老。（〈聖嚴師父加拿大開示安心、安身之道〉，《法鼓》，65 期，1995 年 5 月 15 日，版 1）

四月十八日，參加溫哥華護法信眾聯誼大會。（同上）

四月十九日，假泛太平洋飯店，演講「如何安心？如何安身？」，計有一千名聽眾參加。與會貴賓，有臺北駐溫哥華經濟文化辦事處處長王維傑等人，仁俊長老亦特別將原訂同時間之講經活動延後，前來與會。演講結束後，舉行皈依，一百五十多位信眾參加。（同上）

四月二十日，法師與弟子果元法師搭機返美。原自臺灣隨侍之果暉法師，留下帶領溫哥華地區信眾舉行念佛共修、禪訓班、禪坐共修。（〈果暉法師溫哥華領眾共修〉，《法鼓》，65 期，1995 年 5 月 15 日，版 1）

四月二十一日，於東初禪寺為西方弟子四十多人，主持法集會（Dharma Gathering），以「禪法在美洲」為題，開示禪法在美國傳播開展之歷史、性質、內容與趨向，強調今後禪修當以日用生活品質之提昇為入手。略云：

以往在美國弘傳禪法的人士，都強調禪修的目的是在開悟，以致造成只求開悟不務修行的現象，今後當以禪修的觀念及方法，實用於每一個人的平常生活中，藉以提昇人品、淨化社會為宗旨。

禪修與開悟是因果關係，只要觀念正確，方法用對，工夫成熟，便水到渠成。縱然不能因禪修而開悟，禪修本身就是非常有用有益的人格陶冶。（〈禪法在美洲〉，《法鼓》，65 期，1995 年 5 月 15 日，版 1）

四月二十二日，應邀赴紐約上州賴市（Rye）一基督教會開放性基金會（Wainwright House Foundation）演講「執著與轉變」。（〈執著與轉變〉，《法鼓》，65 期，1995 年 5 月 15 日，版 1）

四月二十三日上午，於紐約東初禪寺，主持皈依儀式及禪坐會開示。（〈明心見性〉，《法鼓》，65 期，1995 年 5 月 15 日，版 1）

下午，演講「明心見性」。（講詞收〈明心見性〉，《禪鑰》，法鼓全集 4 輯 10 冊，法鼓文化，頁 103-116）

四月二十五日，第五度應邀進入紐約大學演講。於宗教系主任哲斯克（Kenneth G. Zysk）教授通識教育課堂，擔任特別來賓，為該校師生一百二十多人，介紹「禪

的修行與證悟」。（〈修行與證悟〉，《法鼓》，65 期，1995 年 5 月 15 日，版 1；講詞今題〈禪的修行與證悟〉，收錄於《動靜皆自在》，法鼓全集 4 輯 15 冊，法鼓文化，頁 9-24）

四月二十九日、三十日，應邀至美國南部佛羅里達州弘法。隨行者有弟子果稠法師及七位紐約地區護法會幹部。上次訪問佛州時間為一九八一年。

四月二十九日下午，應佛州中部大學（University of Central Florida）中國同學會會長高明珠邀請，假該校講演「禪與淨土修行法門」。

不管是學禪還是學淨土，都可以在生活中隨時隨地得到好處，而且也能開悟，也能往生到淨土；開悟的人一定可生淨土，未開悟而願生淨土的人，也可以生淨土，生到淨土的人也必定能開悟。（〈佛州邀請師父演講〉，《法鼓》，65 期，1995 年 5 月 15 日，版 1；講詞今題〈禪與淨土的修行法門〉，收錄於《動靜皆自在》，法鼓全集 4 輯 15 冊，法鼓文化，頁 32-40）

同日，旅居美國之沈家楨博士，在安和分院為七百多名聽眾介紹《金剛經》日用。法鼓山公關文宣室主任果祥法師，致詞道出沈家楨居士二十年前接濟聖嚴法師之因緣。

現年八十三歲的沈居士表示，他是在夫人居和如往生後發願每日讀誦《金剛經》，不僅倍覺受用，也發生許多不可思議的感應。法鼓山文教基金會公關文宣室主任果祥法師，在致詞中道出了一段二十年前的因緣，當時正在日本留學的聖嚴師父，曾因學費無著打算回國，後來接到一筆從瑞士寄來的匯款，才得以度過難關，順利完成博士學位。這位默默行善不為人知的無名氏，就是沈家楨居士。（〈佛教界大護法沈家楨談《金剛經》的日用〉，《法鼓》，65 期，1995 年 5 月 15 日，版 1）

四月三十日下午，應邀於佛州天柏灣南佛州大學（University of South Florida）管理學系講演「禪與正信之佛教」。

正統的宗教，應該具備以下三個條件：歷史悠久的背景，歷久常新的教理，適時適地的道德。

正信的佛教：（一）不是世俗化，但是人間化。（二）不是鬼神教，但有人天教。（三）不是厭世的，但是出世的。（四）不是戀世的，但是入世的。（〈佛州邀請師父演講〉，《法鼓》，65 期，1995 年 5 月 15 日，版 1；講詞今題〈禪學與正信之佛教〉，收於《動靜皆自在》，法鼓全集 4 輯 15 冊，法鼓文化，頁 25-31）

法鼓山中華佛研所財務帳目，經勤業會計師事務所詳細查核後，完成正式「查證報告書」。報告指出，中華佛研所會計作業嚴謹，財務制度已相當完備。法

鼓山為國內首先委請專業會計師事務所簽證之宗教團體。（〈勤業會計師法鼓山財務簽證〉，《法鼓》，65 期，1995 年 5 月 15 日，版 1）

五月六日，於東初禪寺勸募會員聯誼會開示：「如何做好勸募會員」。指示應有計畫地以讀書會充實成長，以獲得佛法利益。

做為法鼓山的勸募會員，不是以募款為主要目標，而是要以推廣、推動、推行法鼓山的理念為目的，能夠將佛法在人間推行，使得人人都能用佛法幫助自己、家庭以及社會相關之人。並且也要有計畫地成立讀書會。（〈如何做好勸募會員〉，《法鼓》，72 期，1995 年 12 月 15 日，版 8）

五月七日上午，東初禪寺舉行浴佛盛典，典禮邀請達賴喇嘛派駐紐約西藏中心負責人芎拉惹對仁波切，及印度佛教史學者，威斯康辛大學佛學系教授那拉因博士與會致詞。

下午，法師以「佛陀降生人間的重要意義」為題演說。（〈紐約浴佛節活動　聖嚴師父親自主持〉，《法鼓》，66 期，1995 年 6 月 15 日，版 1）

五月十三日，新澤西州護法會舉行聯誼會，仁俊長老蒞會。法師以「日常生活中的佛法」為題開示。（講詞收於《平

安的人間》，法鼓全集 8 輯 5 冊之 2，法鼓文化，頁 75-84）

五月十五日，針對讀書會之規畫與發展，於東初禪寺開示「為什麼要推行讀書會」、「如何做一位稱職的讀書會主持人」、「法鼓山讀書會準則」。將讀書會目的、推動方法以及研讀書目作明白開示。

讀書會是自願參加並互相帶動的活動，它不僅僅是一團體活動，而且是自利利人、弘法學法的活動。

法鼓山讀書會的目的如下：

一、能產生共鳴，培養共識。

二、培養「真」讀書的能力。

三、增益對正信佛法的掌握能力。

四、將佛法與生活緊密結合。

五、奠定佛學的基礎常識。

六、培養弘法的善巧方便。

七、培養寬容包涵的基本修養，增益讀書會員慈悲與智慧的掌握能力。

建議研讀書目：

【第一階段】

《四眾佛子共勉語》、《法鼓傳法音（一）》、《法鼓傳法音（二）》（參考《金山有鑛》）、《法鼓山的方向》、《聖嚴法師》（參考《聖嚴法師學思歷程》、《歸程》、

《法源與血源》)、《正信的佛教》、《學佛群疑》、《佛教入門》、聖嚴法師的各種小叢刊及手冊、《聖嚴法師心靈環保》。

【第二階段】

《學佛五講》、《戒律學綱要》、《禪的生活》、《禪與悟》等禪修指引系列,及印順法師的《成佛之道》。

【第三階段】

《世界佛教通史》、《中國佛教史概說》、印順法師的《中國禪宗史》。(〈聖嚴師父為什麼要推行讀書會〉,《法鼓》,72 期,1995 年 12 月 15 日,版 8)

五月二十六日至六月二日,主持東初禪寺第六十八期精進禪七。(〈法鼓山八十四年大事紀〉,《法鼓》,72 期,1995 年 12 月 15 日,版 4)

五月二十八日,撰寫〈如何推動法鼓山的理念?〉。(《法鼓山的方向》,法鼓全集 8 輯 6 冊,法鼓文化,頁 115-117)

五月三十日,為《法鼓山的方向》撰〈序——為什麼要出這本小書〉。(《法鼓山的方向》為法鼓山小叢刊第 6 本,序文今題〈《法鼓山的方向》自序〉,收入《書序》,法鼓全集 3 輯 5 冊,法鼓文化,頁 275-277)

六月一日,「禪證」專欄即起於《人生》與《經濟日報》

同步刊出，本次主題為「企業與禪修」。專欄內容為法鼓山菁英禪修營學員心得感想。日後結集出版《禪證》一書。（臺北：聯經出版事業公司，2001 年 7 月初版）

六月三日至十日，第三度赴英國威爾斯主持禪七，華視《點燈》節目製作人張光斗等三人隨行拍攝記錄英國弘法。

本次禪修開示以宏智正覺〈默照銘〉為教材，禪修方法指導也以默照禪之逐層修行為準則。此為主持禪七以來唯一之特例。默照禪法為法師所特擅，自早年高雄山中閉關所修禪法即此。法師略云：

宏智正覺的默照禪是開悟以後寫的，它是從悟境中，告訴我們什麼是默照禪？然而，對於尚未達此程度的人，想要實踐是相當不容易的，因此，必須從基礎的方法開始，才能知道開悟以後，所體會的默照禪是什麼？

如何開始學習，我將它分為三個層次：

一、只管身體

把姿勢坐好，身心放鬆，以有心無心的注意自己整個的身體；不是只感覺身體的某一部位，而是在同一時間內，觀照整個身體的任何部位，同時要放輕鬆；緊張的話，很快會累。

二、把環境當作身體的一部分

清楚的知道身體在哪裡，但是，它並沒有給你負擔及感覺，雖然身體的痛還在；甚至於，痛也沒有，而周遭之環境如同你身體的一部分.，此時有風吹聲、鳥叫聲，但是，對你來講，環境沒有打擾到你的心，而是很自然地，跟你的身體在一起。身體在、環境在、你的心也在；有主觀的自己、客觀的身體，同時被觀照得很清楚，但是，就是沒有負擔，沒有受到干擾。

三、以空作為觀照

向內觀照，內心無限的深遠；向外觀照，外境無窮的廣大。環境在、身體在，但是自己已經不在；沒有主觀的自己及客觀的環境，一片明朗、清淨。到了這個程度，身心世界，整個宇宙，都是我自己；以為沒有境界，事實上，空境即為觀境。此時，是否開悟了呢？還是沒有。

空和有，內和外，不相妨礙、不是對立、也不是統一，不執著境界，不否定現實時，還能和現實融合在一起。沒有時間、空間，沒有自我、對象；心念不動，但是歷歷分明。心中無物、無相，但是明淨靈活，此時，就是默而常照，照而常默；默中有照，照中有默，到了這個層次，便是大開悟。

初學者須從第一階段開始，自然而然會進入第二、第三個層次，一步步地做到，一步步地不要執著，這是開悟的過程。

默照，其實就是止觀並用，止的時候，心中沒有雜念，觀的時候，很清楚的知道自己沒有雜念；因此，觀的時候止，止的時候觀；照的時候也在默，默的時候也在照。將觀用作照，將止用作默。所以雖然源出於止觀，卻不是止觀。（〈默照禪（上）〉，《人生》，154 期，1996 年 6 月 1 日，頁 34-36）

六月十日下午，應邀至英國布里斯托大學演講，講題為「中國佛教與禪宗傳統」。（〈法鼓山八十四年大事記〉，《法鼓》，72 期，1995 年 12 月 15 日，版 4）

六月十一日下午，於英國倫敦哈佛史塔克學校（Haverstock School）禮堂演講「禪在日常生活中」，介紹如何正確認識佛教、如何將佛法運用於日常生活。演講由黃果天居士籌畫，中華民國駐英代表簡又新先生亦蒞臨會場。（〈聖嚴法師不辭辛勞　美、英弘法圓滿〉，《人生》，143 期，1995 年 7 月 1 日，頁 55）

六月十五日，撰文追悼美國西部金山寺宣化法師。（〈宣化上人圓寂了〉，《人生》，144 期，1995 年 8 月 1 日，頁 38-41；今收《悼念・遊化》，法鼓全集 3 輯 7 冊，法鼓文化，頁 102-108）

六月二十八日至七月五日，主持紐約東初禪寺第六十九期精進禪七。（〈法鼓山八十四年大事記〉，《法鼓》，72 期，

1995 年 12 月 15 日，版 4）

七月四日，為於幼華教授等主編之《人與環境》撰序，說明提倡心靈環保之精神所在，呼籲環保科技當配合心靈淨化，俾以標本兼治。（〈序於幼華居士編著《環境與人》〉，《書序 II》，法鼓全集 3 輯 10 冊，法鼓文化，頁 11-15）

七月七日，返臺。

七月九日起，每週日，於農禪寺宣講「地藏菩薩大願法門」。（〈大事記〉，《1989-2001 法鼓山年鑑》，法鼓山基金會，2005 年 10 月出版，頁 106）

下午，來自印度，以教授內觀禪法聞名歐美之葛印卡居士（S. N. Goenka），由《慧炬》雜誌社安排至農禪寺拜訪。

葛印卡並與法師就禪修舉行對談，由該雜誌社發行人鄭振煌居士擔任翻譯。

聖嚴師父首先談到我們的禪觀法門，在動中有安定，在靜中有清明，方法包括數息、經行、參話頭、默照等，使用上則往往會因人而異。透過放鬆身心、統一身心、放下身心的過程與目標，修行禪法可以幫助大家認識自我，從煩惱的自我中心獲得解脫。葛印卡居士則從他學習內觀禪法（毘婆舍那）的因緣談起，內觀禪法的重點在於觀察覺受，不加任何造作、思惟，如此便能一層一層體會無常、因緣的甚深佛法。（〈中國禪與內觀禪的同與異〉，《法鼓》，68 期，1995 年 8 月 15 日，版 1；另參見：〈我們的禪觀法門〉，《人生》，144 期，1995 年 8 月 1 日，頁 29-30）

七月十一日，於農禪寺，對僧眾、中華佛研所、文基會、護法會、東初出版社等單位專職「精神講話」，指出今年是法鼓山「提昇人品年」，要從禮儀環保開始，保護身儀、口儀、心儀。「心儀」，即是鍊心、觀心，使自心不受外在環境影響，此之謂「心靈環保」。

七月十一日起，分兩梯次於農禪寺舉辦第一屆「教師禪修營」，七月十一至十四日、八月十五至十八日，共有一千多位各級學校校長、教師參與，法師全程主持指導。（〈教師禪修營〉，《法鼓》，68 期，1995 年 8 月 15 日，版 2）

七月十五日、十六日，召集全臺二十四區，共八十五位新舊任正副召集委員，舉辦今年度第二次全臺組織發展幹部會議。會議由護法會會長陳嘉男主持，法師蒞會開示，期許各區舉辦並推廣讀書會，以達到傳燈、傳

心功能，並希望多多推廣。（〈護法會召開全省組織發展會〉，《法鼓》，68 期，1995 年 8 月 15 日，版 1）

七月十五日，至安和分院參加法鼓文化公司舉辦四安系列「人品提昇年活動」第一場座談會，主題為「其實你不懂我的心——談現代青年的生活環境與身心安定」。座談會由《人生》雜誌社主辦，參與座談者另有國立臺灣大學校長陳維昭、立法委員洪秀柱，由《時報周刊》發行人簡志信擔任引言人。法師建議現代青年安定身心於現實環境，確定方向，步步踏穩；陳維昭提出：愛的關懷與溝通才是正本清源之道；洪秀柱提出：親子間應學習角色互換與平等對待。（〈關懷現代青年身心安定．生活環境座談會〉，《法鼓》，68 期，1995 年 8 月 15 日，版 1；講詞今題〈現代青年的生活環境與身心安定〉，收於《平安的人間》，法鼓全集 8 輯 5 冊之 2，頁 53-58）

七月二十六日，分別接受法務部司法官訓練所、臺北市警察局之邀請，同以「安定人心，安定社會」為題，為新進司法官及臺北市警察人員專題演講。

政治、法律、教育等世間法雖然可以發揮一定的社會功能，但仍只是治標非治本。以佛法的觀點來看社會上的種種變動，皆是由於人心不安。人心可善可惡，端看環境如何轉動。只有智慧清淨心，才能超越善惡、是非，不為境界所牽引。

人間只有壞事，沒有壞人，對壞事要以智慧處理，不要帶有強烈的主觀意識，並且要以慈悲心相待。（〈司法‧警察人員學習自安、安人之道〉，《法鼓》，68期，1995年8月15日，版1；講詞今題〈安定人心‧安定社會〉，收於《平安的人間》，法鼓全集8輯5冊之2，法鼓文化，頁7-11）

下午，於助念團聯誼開示「再談助念功德」。（《助念功德怎麼做》，法鼓山小叢刊）

七月二十七日，中華航空公司董事長蔣洪彝及工會理事長黃兆基等一行十人，至農禪寺拜會並請益佛法。法師並允諾每月提供華航公司五百本《人生》雜誌供機上乘客閱讀，以宣揚「心靈環保」理念。（〈華航董事長等人拜訪聖嚴師父〉，《法鼓》，68期，1995年8月15日，版1）

同日，國立師範大學學務長尤信雄，由《慧炬》雜誌社發行人鄭振煌陪同至農禪寺，在法師主持下皈依三寶。

目前擔任師大學生事務輔導工作的尤信雄表示，在充滿浮躁、不安的校園中從事這樣的工作，讓他深受壓力。皈依是正式親近佛法的開始，也是對自己的期許，希望藉由佛法，能在教學及與學生接觸的過程中，讓學生也有機會接近佛法。（〈師大學務長尤信雄發心皈依三寶〉，

《法鼓》，68 期，1995 年 8 月 15 日，版 1）

下午，至安和分院參加「青少年出版品座談會」。座談會以「我們應該給下一代什麼樣的書籍？」為主題，與會者另有：《自由時報》董事長吳阿明、新聞局出版事業處處長許秋煌、森林小學校長朱台翔，以及關心青少年出版品的出版商、家長、青少年。法師略謂：

傳媒應為青少年身心健康，多所節制；教育部門應以政策及法令輔導獎勵好書、取締戕害青少年身心的壞書。宗教界也當有計畫地以青少年為對象，編印有深度、可讀性高的優良圖書；出版家應運用出版品風格，帶動閱讀力。（〈我們應該給下一代什麼樣的圖書〉，《人生》，146 期，1995 年 10 月 1 日，頁 14）

七月二十九日，於農禪寺舉行第十二次社會菁英禪修營共修會。法師蒞會開示「直覺、直觀、絕觀」：

直覺是一種直接的反應；直觀有主觀的自我和客觀的對象；絕觀則是超越於自我，以及自我的得失、利害。所以，直覺是不可信賴的，絕觀是智慧，直觀不是智慧。直觀只是一個觀照，可是常常用直觀，用久了，漸漸地也成了絕觀。（〈直覺、直觀、絕觀〉，《法鼓》，95 期，1997 年 11 月 15 日，版 7）

七月三十日，於農禪寺禪坐會開示「妄念、雜念與正念」。

（〈妄念、雜念與正念〉，《法鼓》，74期，1996年2月15日，版3；講詞今收於《動靜皆自在》，法鼓全集4輯15冊，法鼓文化，頁101-105）

七月，〈十善業道是菩薩戒的共軌〉刊布於《中華佛學學報》第八期。經考察大小乘諸聖典，明見十善法為最根本之菩薩戒，因主張將過往以《梵網經》為菩薩戒受持準則，轉成以十善法配合三聚淨戒為受持菩薩戒準則。

前年（一九九三）於農禪寺舉辦法鼓山國內第一屆菩薩戒傳戒法會時，便提出以三皈、四願、三聚、十善組成之菩薩戒法，此已有〈從三聚淨戒論菩薩戒的時空適應〉詳述三聚淨戒總綱，此文則著重說明十善戒為世間善法、解脫戒、以至菩薩戒之基礎。「提要」云：

（本文）詳細查考大小乘諸經論，介紹說明十善法不僅是人天善法，也是如《大智度論》所說：「十善為總相戒」，又說：「十善則攝一切戒」。十善是世間倫理的根本，是佛教七眾別解脫戒的根本，也是菩薩戒的根本。

本文從阿含部諸經、阿毘曇部諸論、大乘各期經典、大乘諸論典，以及從印度佛教、漢傳大乘、藏傳大乘諸論師的著述中，找出有關於十善法的內容，雖僅身三、口四及意三的十條，而其涵蓋層面則可淺可深，可狹可廣，並且在凡則凡、在聖則聖、遇小即小、遇大即大，內外道同轍、僧俗眾共軌，世出世間、有佛無佛，都能適用，又易實踐的道德軌範。十善法具有無限的包容性和伸縮性，所以也是極富彈性的菩薩戒法。則從對於十善法的研究，發現了漢、藏、巴利三種語系的聖典中，均有脈絡分明的共通性。

因此，本文主張：既然已在大小乘諸聖典中，明確地發現了易受、易行、易持的十善法為最根本的菩薩戒，就該及時調整，把已往以《梵網經》為菩薩戒受持準則的觀念和作法，轉成以十善法配合三聚淨戒為受持菩薩戒準則的觀念和作法，這是回歸佛陀本懷的無上功德。（《中華佛學學報》第 8 期，今收於《菩薩戒指要》，法鼓全集 1 輯 6 冊，法鼓文化，頁 19-74。「提要」見於該學報。）

八月一日，於農禪寺，對僧眾、中華佛研所、文基會、護法會、東初出版社等單位專職「精神講話」，期勉眾人但求付出，不求名利。

八月一日起，法鼓山一九九五年度兒童學佛營假金山國小展開，一連兩梯次，每次為期五天，計有來自全臺七百多位中、高年級兒童參加。（〈兒童學佛營〉，《法鼓》，68 期，1995 年 8 月 15 日，版 2）

晚間，環保署署長張隆盛偕三位處長至農禪寺訪問，

與法師就環保及法鼓山興建工程等問題交換意見。署長對法師環保建設理念十分讚歎。署長知悉法師向來關心流浪狗與環境問題，特別將有關資料相贈。法師特別強調，為狗請命其實是為人請命，因為狗造成之汙染嚴重破壞我人生存環境與品質。（〈環保署長張隆盛洽談合辦活動〉，《法鼓》，68 期，1995 年 8 月 15 日，版 1）

八月八日，美國康乃爾大學亞洲研究系教授馬克瑞至中華佛研所拜訪法師，並舉行研究座談。（〈法鼓山八十四年大事記〉，《法鼓》，73 期，1996 年 1 月 15 日，版 4）

八月十一日，即起聘請建築工程界專家陳洽由擔任法鼓山建築工程總工程師。

八月十二日，應邀出席「弘一大師遺墨真跡文物展」揭幕典禮。展覽由「中華民國弘一大師紀念學會」創辦人陳慧劍居士策畫，海峽兩岸研究弘一大師之文藝界、學術界，共同舉辦。兩岸多位貴賓、學者、專家應邀出席。與會兩岸學者、專家十餘人，並接受法師邀請於十六日至農禪寺晚宴款待。

同時受邀貴賓有林洋港資政、總統府吳伯雄祕書長、《民生報》發行人王效蘭女士等。來自中國大陸者為弘一大師生前、往生後素有因緣人士，包括弘一法師兩位孫女李汶娟、李莉娟姊妹，弘一大師多數墨寶收藏者劉質平之公子劉雪陽，以及研究弘一大師之學者林子青、陳珍珍、李載道等人。（〈弘一大師遺墨真蹟展師父應邀出席〉，《法鼓》，69 期，1995 年 9 月 15 日，版 2）

法師致詞盛讚弘一大師是一位藝術家，更是一位宗教家，尤其是唐朝道宣律師以來，中國最偉大之律師，對後人影響深遠。並自述身受弘一大師之影響：

在撰寫第一本學術性著作《戒律學綱要》時，主要的參考資料之一，便是弘一大師三十一種律學著作。

弘一大師以書法作品，廣結善緣弘化人間，法鼓山也深受其遺澤所被，從農禪寺照壁上「應無所住而生其心」幾個字，到法鼓山山徽所用的標準字，用的都是弘一大師的墨寶。而法鼓山每年印的月曆，用的也都是大師手書的嘉言錄。（同上）

同日，至安和分院參加四安系列座談會：「追求美好的成功人生——談家庭事業的雙贏策略」。座談會由《人生》雜誌社、《時報周刊》社主辦。參與座談者另有交通部部長劉兆玄、臺北市副市長白秀雄，引言人由《中國時報》總編輯黃肇松擔任。

聖嚴師父以禪修者的立場指出，現代人由於過分強調伸展個人自主價值，往往形成親子間的代溝和夫妻間的裂痕，加上社會價值觀混亂顛倒，多數人只知以財產、名望、地位、權勢等，當作事業成功的標竿，卻不知那是要靠先天的福報及後天的努力來促成。對於家庭與事業，只要以無私的真誠心關懷家庭，用無價的全生命投入工作，必定能夠雙贏全勝。（〈「追求美好的成功人生」四安系列談會〉，《法鼓》，69 期，1995 年 9 月 15 日，版 1；講詞今題〈家庭美滿與事業成功〉，收於《平安的人間》，法鼓全集 8 輯 5 冊之 2，法鼓文化，頁 65-69）

八月十五日，全印比丘僧伽會會長達瑪帕拉法師、副會長緬丹卡法師，由中華民國佛教青年會連惠研女士陪同，至農禪寺拜訪。兩位訪客分別隸屬目前佛教在印度弘揚兩大方向，達瑪帕拉法師代表原始佛教，緬丹卡法師則代表印度新佛教。法師非常關心佛教在印度發展情況，希望彼此多溝通、聯繫，兩位來客則力邀法師前往印度實地了解。（〈全印比丘僧會正副會長來訪〉，《法鼓》，69 期，1995 年 9 月 15 日，版 1）

八月十六日，海峽兩岸研究弘一大師之專家學者一行十多人，至農禪寺拜會並餐敘，交流各自與弘一大師之因緣。來訪者包括法師少年就讀上海靜安佛學院時之老師林子青老居士，法師敬重師長，藉此敦請子青老居士編輯生平著作，並承諾協助出版。

八月十九日起，法鼓山各會團正副會（團）長、組織發展委員，以及各地區護法會正副召集委員，分兩梯次參加護法會主辦之「護法幹部傳薪營」，計有一百二十多人出席。法師親自慰勉，並開示法鼓山方向。（〈「護法會兩梯次幹部傳薪營〉，《法鼓》，69 期，1995 年 9 月 15 日，版 1）

八月二十日，於「一日教師禪修營」演講「認識自我、提昇自我、消融自我」。此次活動係因法鼓山第一屆教師禪修營向隅者眾；故將原本三天課程濃縮為一天，提供大臺北地區向隅之一百多位老師參加。（〈教師禪修營　理論與實修雙向進行〉，《法鼓》，69 期，1995 年 9 月 15 日，版 1）

八月二十五日至二十七日，第六屆各佛研所聯合佛學論文發表會，在中華佛研所舉辦。首日開幕典禮，由佛研所副所長惠敏法師主持，法師以創辦人身分應邀專題演講「我的辦學理念與願景」：

辦學的基本精神，是為了培養研究與弘法的一流人才，以提昇佛教在學術上的地位，及佛教徒在社會上的聲望；而所謂的一流人才要有宏偉的心胸、國際的視野、深入紮實的歷史觀，以及遠大的出世悲懷。（〈「佛研所辦佛學論文發表會〉，《法鼓》，69 期，1995 年 9 月 15 日，版 1）

八月二十五日，地藏菩薩聖誕日，舉行「三時繫念法會」。

今年為抗戰勝利五十週年，農禪寺與內政部聯合為抗戰捐軀三軍將士及同胞舉行超薦儀式，由內政部黃昆輝部長代表政府拈香致敬。（〈大事記〉，《1989-2001 法鼓山年鑑》，法鼓山基金會，2005 年 10 月出版，頁 109）

法會同時為北投區及大業路、大度路車禍亡魂暨法界水陸有情眾生、無主孤魂超薦，北投區蕭副區長、北投警察分局陳局長，及十多位鄰里長蒞臨拈香致敬。（〈三時繫念　內政部長黃昆輝前來拈香致敬〉，《法鼓》，69 期，1995 年 9 月 15 日，版 1）

八月二十八日，於農禪寺主持第五十三期禪七。

八月，《法鼓山的方向》出版，列為法鼓山小叢刊第六種，供勸募會員以上幹部研讀。

《念佛生淨土》由東初出版社出版。內容多為一九九三年農禪寺清明佛七之開示。法師歷來以指導禪修聞名，此為少數指導修習淨土法門之專著。

案：法師所提出之法鼓山理念為「提昇人的品質．建設人間淨土」，又以禪修指導名於世，故有以其淨土法門為人間淨土，非關西方淨土。唯法師於一九九二年十月四日曾提出：「往生西方淨土，先要建設人間淨土；建設人間淨土，往生西方淨土。」於人間淨土與西方淨土兩者提出通路之可能。（參見：〈十萬菩薩一條心　共建

法鼓山〉，《法鼓》，34 期，1992 年 10 月 15 日，版 1）

九月三日，中秋節前夕，邀請周邊里民至農禪寺共度中秋。（〈邀請好厝邊　聯誼慶中秋〉，《法鼓》，70 期，1995 年 10 月 15 日，版 1）

九月五日，於農禪寺，對僧眾、中華佛研所、文基會、護法會、東初出版社等單位專職「精神講話」，勉眾人落實禮儀環保，不可使用「粗、俗、滑、流」四語。「粗」係粗俗，「俗」指低俗，「滑」為油腔滑調，「流」則為流俗之意。

九月九日，於農禪寺主持第二屆「佛化聯合祝壽」，五十五位壽星參加。（〈法鼓山八十四年大事記〉，《法鼓》，73 期，1996 年 1 月 15 日，版 4）

九月十四日至二十四日，應吳尊賢文教公益基金會之邀請，前往嘉義、臺南、高雄、臺東、宜蘭等地，以「如何用禪法來安心、安身、安家、安業」為題巡迴演講，同時巡訪各分院、辦事處，與當地護法信眾會面，籲請精讀《法鼓山的方向》小叢刊、鼓勵當地成立讀書會，此外，首度提出以「悅眾」一詞，來替代原先「幹部」之稱呼。（〈嘉義、臺南、高雄、臺東、宜蘭關懷行〉，《法鼓》，70 期，1995 年 10 月 15 日，版 1）

九月十四日晨，與隨行僧眾弟子、護法會會長陳嘉男伉儷等一行十餘人，搭機赴嘉義。

下午，參觀中正大學。該校校長因公外出，由教務長張真誠教授接待主持。法師表示，前來觀摩學習，吸取經驗，做為創建法鼓人文社會學院之參考。

陪同接待者有總務長莊金看、學務長何雍慶、圖書館館長楊美華等。參與法鼓山建設工程之果暉法師、果品法師、果祺法師、工務室經理劉明山、景觀設計鄭燕和建築師、法鼓人文社會學院籌備處副主任吳寬博士等人亦南下出席。（〈法鼓法音寶島巡迴行〉，《法鼓》，70 期，1995 年 10 月 15 日，版 4）

晚，於嘉義農專瑞穗館，演講「如何用禪法來安心、安身、安家、安業」。（同上）

九月十五日，前往臺南。與臺南各界人士展開「成功有約——社會菁英座談會」。座談會由大億集團總裁吳俊億居士主持，成功大學航太研究所教授王覺寬引言。與會者包括臺南市工商企業界負負人、大學教授、醫師、文化人士等計有八十多名。

會中針對成功的定義、當前日益惡化的家庭、青少年、以及子女的教育等問題，有一番極為深入的探討。聖嚴師父首先對「成功」提出了嶄新的詮釋，他認為成功不

僅在於名利、權勢、地位等有形之物的追求，以佛法的觀點，成功還包括對生命價值的認定。（同上）

下午，與臺南地區會員見面。晚間在臺南市立文化中心，以「安心、安身、安家、安業」為題開示，會後並主持皈依儀式，總計五百多人皈依三寶。（同上）

九月十六日，抵高雄分院。下午，前往長谷世貿大樓參加社會菁英座談會，探討「如何用禪法因應二十一世紀的社會環境」。座談會由《中國時報》主辦、法鼓山文教基金會承辦，應邀參加之高雄、屏東各界菁英人士五十多位。座談會由高雄市副市長黃俊英主持，前立法委員王志雄、《中國時報》南部編輯部總編輯李彪擔任引言人。（同上）

晚間七點，在高雄師範大學以「如何用禪法來安心、安身、安家、安業」為題發表演說，近兩千名聽眾與會。（同上）

九月十七日，於高雄新興區共修處主持灑淨儀式。並會見高屏兩地勸募會員。（同上）

九月二十日，率領一行十餘人延續上週行程，搭機飛往臺東。此為法師首次前往臺東弘法關懷。（同上）

當晚在臺東文化中心，以「如何用禪法來安心、安身、安家、安業」開示。雖在賴恩颱風即將來襲之風雨中，一千六百餘座位仍不敷使用，分坐於走道、講台。（同上）

九月二十一日上午，出席護法會於臺東老爺飯店會議廳舉行之法鼓山悅眾聯誼會；晚上在山地青年活動中心舉辦信眾聯誼，五百多位信眾參加，並有兩百多位現場皈依。（同上）

九月二十二日，因昨夜賴恩颱風來襲，前往宜蘭之火車延後發車，當晚於宜蘭舉辦之講座因後延至明晚。臺東信眾獲此因緣恭請法師為臺東共修處灑淨。（同上）

九月二十三日上午，於宜蘭與六位小學校長進行教育對談。此係昨晚抵宜蘭時法師主動提出。（同上）

下午，於悅眾菩薩聯誼會，開示向下扎根具體方法，指導加強對護持會員關懷，使護持會員成長。（同上）

晚，於宜蘭運動公園體育館演講「如何用禪法來安心、安身、安家、安業」。共計有二千餘位信眾及民眾參加，三百餘人現場皈依。（同上）

九月二十四日，於臺北第二殯儀館景仰廳主持第五屆佛化聯合奠祭。

紐約東初禪寺監院果元法師，代表法師出席聯合國成立五十週年之紀念活動。（〈受邀請出席聯合國五十年慶〉，《法鼓》，70 期，1995 年 10 月 15 日，版 1）

九月二十八日晚，於臺北國父紀念館演講：「禪的觀點——成功、方法、目標」。名作家林清玄擔任引言人。與會者約有四千多人。（〈師父談：禪的成功、方法、目標〉，《法鼓》，70 期，1995 年 10 月 15 日，版 1）

九月二十九日晚，於臺北國父紀念館演講：「如何用禪法來安心、安身、安家、安業」。此為「吳尊賢文教公益基金會」邀請全臺巡迴講演之第五場。該基金會董事長張麗堂，特別為每一場演講作引言，介紹法師生平與修學過程。其創辦人吳尊賢伉儷，更相偕出席此次講座。演講結束後舉行皈依儀式，監察委員謝崑山亦成為佛門弟子。本場次與會者約有四千多人。（〈全省五場禪法與四安講座〉，《法鼓》，70 期，1995 年 10 月 15 日，版 1）

九月三十日晚，在臺北市國父紀念館舉行一九九五年度法鼓山護法信眾代表大會。共有海內、外各地護法代表四千多人與會。目前法鼓山勸募系統成員已有二十多萬人。

法師於大會節目手冊〈我們的使命〉一文中，說明法鼓山創建之目的與責任：

「佛法這麼好，知道的人這麼少，誤解的人這麼多。」這是我數十年來經常說的沉痛話，也是我數十年來苦學苦修矢志弘揚佛法的原因所在。法鼓山的籌建，便是為了承擔起這項重大的使命。

我們籌建法鼓山的目的，便是在於大量培養弘揚佛法的人才。朝向高深與普及的兩個方向，努力培養佛教的人才。不能成為專業專職的弘法人才，至少也是普及基層的弘法人才。

法鼓山是屬於整體佛教的，也是屬於全民教育的一個地方，法鼓山不是一座普通的寺院，而是涵括了學校與提昇人品的修行中心；法鼓山不僅是臺灣的，也是國際的，不但關注現在，更要放眼未來。

今日的社會人心，需要用佛法來挽救，今日的弘法人才，需要我們的法鼓山來培養；今日的法鼓山，需要期待有更多更多的人士來參與護持。（〈我們的使命〉，《法鼓》，70期，1995年10月15日，版3；今收《法鼓山的方向》，法鼓全集8輯6冊，法鼓文化，頁118-121）

法師於開幕致詞時報告工程進度，並強調推動勸募工作之必要，一則是法鼓大學（法鼓人文社會學院）需要建設基金，再則是以勸募活動推動法鼓山理念。會中，並代表文化館捐助「佛教蓮花臨終關懷基金會」一百萬元。

活動安排精彩表演，由趙寧、葉樹姍擔任主持人。名編劇詹德茂受邀擬台詞稿，另又為名嘴曹啟泰、董至成脫口秀「菩薩以眾生為福田」撰寫劇本。由此因緣，詹德茂、曹啟泰、董至成、歐陽慧珍，由法師主持皈依三寶。（〈法鼓山1995信眾代表大會福慧圓成〉，《法鼓》，70 期，1995 年 10 月 15 日，版 1、2、3）

十月一日，法鼓人文社會學院籌備處召開第二階段第一次硬體規畫委員聯席會議。

十月三日，應中國青年救國團之邀，至臺北總團部演講。演講由團主任李鍾桂主持，來自總團部與臺北地區專任幹部兩百餘人參加。講題為「現在最美好」，開示：現在之重要、現在之責任，以及現在所以珍貴之原因。（〈聖嚴法師演講　開示現在最美好〉，《人生》，147 期，1995 年 11 月 1 日，頁 62）

十月四日，於農禪寺，對僧眾、中華佛研所、文基會、護法會、東初出版社等單位專職「精神講話」，提出團體行事六要領：一、堅守原則。二、充分授權。三、尊重他人。四、關懷對方。五、主動溝通。六、隨時檢討自己。

十月五日，於農禪寺主持第二屆佛化聯合婚禮。來自全臺二十對新人參加。婚禮由法師擔任說法祝福人，政治大學校長鄭丁旺任證婚人、法鼓山護法會會長陳嘉男夫婦任介紹人，名新聞主播陳月卿擔任司儀。（〈法鼓山舉辦第二屆佛化聯合婚禮〉，《法鼓》，71 期，1995 年 11 月 15 日，版 4）

十月七日至十日，於農禪寺主持第九屆社會菁英禪修營。

十月十三日、十四日，中華佛研所至新竹獅頭山元光寺舉辦校外教學活動，共有所內師生、職員、校友、農禪寺常住法師等共六十人參加。法師陪同參加晚會並與大眾一起爬山。（〈佛研所新竹獅頭山課外教學〉，《法鼓》，71 期，1995 年 11 月 15 日，版 1）

十月十四日，第十三次社會菁英禪修營共修會於農禪寺舉行，法師以「拜佛，心無罣礙」為題開示。

十月十五日，五十位中小企業經理人協會「商業經營班」學員至農禪寺參訪。（〈商經班學員　農禪寺修一日禪〉，

《法鼓》，71 期，1995 年 11 月 15 日，版 2）

《法鼓鐘聲》、《叮嚀——聖嚴法師談天下事》二書由皇冠文化公司出版。二書為年來刊載於《中國時報》及《大成報》之專欄，由法師口述，林淑蓉筆錄。內容係「以出世的身心，談論世間的俗事」。有〈序〉云：

我以出世的身心，談論世間的俗事，若以傳統的刻板印象來看，我不僅是外行人說外行話，似乎也超越了我出家人的本分。其實，佛法就是為了化迷導俗而設，如果與世俗脫節，佛法豈不成了無用之物。

我既不是用冷眼看待世間，也沒有以狂熱迷戀世間，而是常用佛法所示清涼的智慧和溫暖的慈悲來關心世間。（〈自序〉，《法鼓鐘聲》，法鼓全集 8 輯 2 冊，法鼓文化，頁 3-4）

十月十八日，法鼓山義工團總分隊於農禪寺舉辦聯誼，法師蒞會開示「萬行菩薩度眾生」，勉勵大眾：萬行菩薩並非萬能，而是發弘願成長學習做「難行能行，難忍能忍，難捨能捨」之菩薩。（〈萬行菩薩度眾生〉，《法鼓》，84 期，1996 年 12 月 15 日，版 6；今收《法鼓山的方向》，法鼓全集 8 輯 6 冊，法鼓文化，頁 218-222）

十月二十日，出國赴美弘化，首站抵達洛杉磯。當天下午接受《中央社》、《世界日報》、《自由時報》等媒體記者採訪，介紹法鼓山理念以及所做社會服務工作。當晚於法鼓山護法會該地聯絡人李秋頻家中會見當地義工悅眾及熱心協助人士。（〈聖嚴師父洛城弘法〉，《法鼓》，71 期，1995 年 11 月 15 日，版 1）

十月二十一日下午二時至四時，應加州大學洛杉磯分校佛學社、加州大學爾灣分校佛學社、加州理工州立大學佛學社、洛城法鼓山護法會、南加州學佛會等聯合邀請，於洛城中華第二文教中心大會堂專題演講，演講題目為「如何用禪法安心、安家」。聽眾到有一千多位，會後受三皈五戒者二百人，為僑界難得盛會。中華民國駐洛杉磯經濟文化辦事處處長歐陽瑞雄蒞會致歡迎詞，並於會後致贈：「禪宗巨擘」紀念座。（同上）

十月二十二日上午，出席洛城聯絡處「法鼓山信眾聯誼會」，並頒發新任勸募會員證。活動於中國文化中心舉行，到有一百五十多人。

中午，訪問法印寺印海法師，向一百多位信眾開示：「因果因緣及修行方法」。下午，假洛城聯絡處召集人李秋頻家中，召開勸募會員及悅眾會議。會中透露佛學教育之艱困。

國內有多所佛學研究所，都因為師資聘請困難而停辦。在國內的教育體系與制度下，有孤掌難鳴之感，尤其多年來中華佛學研究所培育出來的人才，不能充分發揮他們的力量，以致於也面臨師資缺乏的問題。（〈洛杉磯悅眾會議、讀書會〉，《法鼓》，71 期，1995 年 11 月 15 日，版 1）

十月二十三日，返抵紐約。各項定期弘法活動有：每週一念佛會，每週三禪坐會講大慧宗杲禪法，週五為西方人士開設禪坐課程，週日主持例行共修以及續講《楞嚴經》。（〈聖嚴師父在美主持佛法演講與弘化活動〉，《法鼓》，72 期，1995 年 12 月 15 日，版 1）

十月二十四日，法鼓山接受臺北金山鄉「功在環保」表揚。（〈法鼓山八十四年大事記〉，《法鼓》，73 期，1996 年 1 月 15 日，版 4）

十月二十七日，於東初禪寺為西方弟子群之「法集」特別講座，講解「佛教的倫理觀與平常生活」，指出佛陀制戒律有三個原則，中國禪宗百丈清規，即是以此三原則而立：

一、與當時當地風俗民情不合者不得做，所以不道德的事不得做。

二、與開發智慧及不傷害慈悲相悖的事不得做。

三、不適合自己身分的事不得做。（〈聖嚴師父在美主持佛法演講與弘化活動〉，《法鼓》，72 期，1995 年 12 月

15日，版1）

十月二十九日，於東初禪寺，舉行擴大弘法講座，為東西方人士演說「揭開心性的祕密」。（〈聖嚴師父在美主持佛法演講與弘化活動〉，《法鼓》，72期，1995年12月15日，版1；講詞今題〈明心見性〉，收錄於《動靜皆自在》，法鼓全集4輯15冊，法鼓文化，頁106-114）

十月三十日，農禪寺為推廣禪修，出版《禪修手冊》供禪坐會會員使用。

十月，接受《人生》雜誌專訪談「佛法的教育」。

法師指出：佛陀時代即已注重青少年教育，現代佛教寺院也積極透過佛學營隊，在心靈、道德觀念、生活規範，給青少年啟發輔導，但不考慮他們未來是否成為佛教徒。法師表示，若要把禪坐課程納入教育體制，需留意觀念與技術須配合，亦即以佛法之慈悲智慧配合靜坐技術，方能發揮長遠正面影響。並建議青年學佛者能發願不退道心，訂下每日功課，方不會在畢業後紊亂方向。（〈聖嚴法師談佛法的教育〉，《人生》，147期，1995年11月1日，頁16-18）

法鼓山小叢刊《佛化婚姻與佛化家庭》出版。

十一月一日，法鼓文化事業股份有限公司正式成立。此係法鼓山相關文化事業，如東初出版社、《人生》月刊、《法鼓》雜誌等之整合。總經理由張元隆擔任。（〈大事記〉，《1989-2001 法鼓山年鑑》，法鼓山基金會，2005 年 10 月出版，頁 113）

十一月四日，東初禪寺為籌募遷建基金，於紐約法拉盛北方大道臺灣分館舉辦「禪——身心健康日」募款義賣活動。有東西方人士兩千多人到場，共計募得美金十三萬多元。（〈東初禪寺遷建募款義賣活動〉，《法鼓》，72 期，1995 年 12 月 15 日，版 1）

十一月六日、七日，應邀至紐約曼哈頓市中心臺北劇場演講「禪與精神健康」、「禪與心靈環保」。活動由駐紐約臺北經濟文化辦事處新聞文化中心、紐約市立大學亨特學院教授馮抒闔，紐約大學近東語文學系哲斯克教授聯合主辦，法鼓山東初禪寺協辦。中華民國駐紐約辦事處處長吳子丹，七日晚間蒞會致詞介紹。「禪與心靈環保」介紹禪修者心靈領域云：

常人總是向心外的環境追求和抗爭，禪修者發現內心世界廣大無垠：

一、因願心和決心而潛力無限。

二、定中能夠經驗到時間與空間無限。

三、放下自私的立場，便發現心量之大，可以包容無限。

四、開悟之後即能體會到超越一切的無限。

五、內心之大，大於身外的宇宙，內心之深，深過無垠的宇宙。（〈聖嚴師父在美主持佛法演講與弘化活動〉，《法鼓》，72 期，1995 年 12 月 15 日，版 1；兩篇講詞收錄於《動靜皆自在》，法鼓全集 4 輯 15 冊，法鼓文化，頁 41-52、64-76）

十一月十五日，《法鼓》雜誌刊載法師於一九九四年三月二十日在禪坐會開示：「心如日輪在虛空」（上）。（《法鼓》，71 期，1995 年 11 月 15 日，版 3）

十一月二十四日至十二月一日，主持東初禪寺第七十期精進禪七。（〈法鼓山八十四年大事記〉，《法鼓》，73 期，1996 年 1 月 15 日，版 4）

十一月二十九日，中華佛研所遷建工程取得雜項使用執照。（同上）

十一月起，至二〇〇五年六月，於東初禪寺《楞嚴經》講座系列，開講第六卷耳根圓通觀音法門。此部分之講授紀錄經法師於二〇〇七年五月完成修訂，二〇一〇年一月，由法鼓文化出版《觀音妙智——觀音菩薩耳根圓通法門講要》。

華視《大法鼓》電視弘法節目，榮獲本年度行政院新聞局社會建設獎。

十二月八日，為農禪寺《佛七手冊》撰序。

案：該書係編輯法師歷年於佛七及念佛會之相關開示，以方便參加佛七之會眾了解念佛之目的、方法及心態等相關問題。為對內刊物，不對外發行。（序文今收《書序》，法鼓全集 3 輯 5 冊，法鼓文化，頁 293-294）

十二月十日，法鼓山於臺北第二市立殯儀館舉行第六屆佛化聯合奠祭。（〈蓮友助念　佛化聯合奠祭功德莊嚴〉，《法鼓》，73 期，1996 年 1 月 15 日，版 1）

十二月十四日，撰文追悼十二月一日圓寂之真禪法師。真禪法師為中國佛教協會副會長，上海市佛教協會會長，同時擔任上海玉佛寺、靜安寺，以及河南開封市大相國寺三寺住持。法師於一九八八年四月返大陸探親時與真禪法師結識，對其維護寺院之功盛讚不已。

真禪法師對於上海玉佛寺的維護功德也不小，在文革期間，為了協助當時的方丈葦舫法師，搶救該寺收藏的佛教文物及法器，裝了九十九箱，運到上棉一廠，委託該廠居士將之混在棉紗堆中貯藏，並且用毛澤東畫像掩蓋了大玉佛像，用「破舊立新」四個大字遮住了「大雄寶殿」的橫額，在天王殿橫額「莊嚴慈護」則蒙上「破除迷信」四字，樑柱上的「阿彌陀佛」四字，掩以「革命到底」。故在一九七九年以後，玉佛寺雖不能算是上海古剎，卻很快恢復開放成為全國性的重點寺院之一。（〈悼念真禪法師〉，《人生》，150 期，1996 年 2 月 1 日，頁 53；今收《悼念．遊化》，法鼓全集 3 輯 7 冊，法鼓文化，頁 109-112）

十二月十五日，《法鼓》雜誌刊載法師於禪坐會開示：「心如日輪在虛空」（下）。（《法鼓》，72 期，1995 年 12 月 15 日，版 3）

十二月十六日，法鼓山護法會美國新澤西州聯絡處舉辦聯誼會，禮請法師演講。題目為：「將佛法應用於家庭與事業」。（〈聖嚴師父美國新州演講〉，《法鼓》，73 期，1996 年 1 月 15 日，版 1）

十二月二十三日至二十五日，農禪寺舉行「念舊愛，迎新歡——跳蚤市場」惜福活動，共三千多人參加。兩千多件舊物達成交換重複使用。（〈傳遞惜福、愛物的消費觀〉，《法鼓》，73 期，1996 年 1 月 15 日，版 1）

十二月二十五日至明年一月一日，主持東初禪寺第七十一期精進禪七。（〈法鼓山八十四年大事記〉，《法鼓》，73 期，1996 年 1 月 15 日，版 4）

十二月二十九日，福建省佛教協會會長界詮法師等人，蒞農禪寺及中華佛研所參訪，對法鼓山現代弘法方式留下深刻印象。（〈界詮法師來寺參訪〉，《法鼓》，73 期，1996 年 1 月 15 日，版 1）

十二月三十日，臺北市政府舉辦一九九五年度推行社會教育有功人員頒獎典禮。法師受推選獲獎，由農禪寺都監果暉法師代表領獎。（〈聖嚴師父獲頒兩項大獎〉，《法鼓》，73 期，1996 年 1 月 15 日，版 1）

本年，*Zen Wisdom*（《禪的智慧》）西班牙文譯本於阿根廷 Empresa Grafica 出版發行。該書原作於一九九三年由美國法鼓出版社出版。

《助念功德怎麼做》小叢刊出版。

民國八十五年／西元一九九六年

聖嚴法師六十七歲

國內外重要大事

- 臺灣首次民選總統、副總統，李登輝、連戰當選。
- 南華管理學院成立，開學。該校為佛光山星雲法師創辦。
- 中台禪寺因剃度百人出家，爆發家長鬧山事件。
- 臺北發生「宋七力影像紀念館」事件。
- 演培老法師圓寂於新加坡。
- 《佛光大辭典》光碟版完成。

法師大事

- 主持法鼓山奠基大典及地宮安寶典禮。
- 電視弘法節目《不一樣的聲音》開播。
- 榮獲「國際傑人獎」。

訂定本年為「菩薩成長年」，提出祝福與期許，在「四安運動」、「心靈環保」之基礎更加成長：

法鼓山的形象是什麼呢？是：心理是健康的，生活是健康的，禮貌是周到的，人格是健全的；不但能使得自己平安、家庭平安，也能使得每個人都平安。唯有成長自我才能影響他人，如果我們僅是期待他人成長，世界是不會淨化的；要淨化人心就一定是要先淨化自己的心，要淨化社會一定從自己先淨化起。在各會團會員、團員人數方面，是否能夠成長雖然重要，但更重要的是人品、人格的提昇，修行、修養的成長，這才是我所期待的，也是諸佛菩薩所希望的！（〈聖嚴師父的祝福與期許〉，《法鼓》，74 期，1996 年 2 月 15 日，版 1；今題〈對「菩薩成長年」的祝福與期許——一九九六年新春賀詞〉，《法鼓山的方向》，法鼓全集 8 輯 6 冊，法鼓文化，頁 412-413）

一月三日，自美返臺，七日起至四月十四日，每週日於農禪寺宣講《楞嚴經》。（〈大事記〉，《1989-2001 法鼓山年鑑》，法鼓山基金會，2005 年 10 月出版，頁 116）

一月八日至十日，連續三晚，於農禪寺開講「阿彌陀佛的大願法門〉。（〈聖嚴師父一月份主講「阿彌陀佛的大願法門」〉，《法鼓》，72 期，1995 年 12 月 15 日，版 2）

一月十二日，主持中華佛研所八十四學年度佛教博、碩士學術論文甄選頒獎典禮。

一月十四日，南投縣靈巖山寺大雄寶殿落成，法師應邀出席，與該寺住持妙蓮法師，以及悟明長老、星雲法師、淨行法師、真華法師、永惺法師、惟覺法師等國內外諸山長老，共同主持萬佛開光安位大典。法師有法語云：

「靈山勝會儼然未散，能仁釋尊妙法常演；阿難目連二大羅漢，多聞神通輔化大千。」妙蓮長老，悲願宏深；演教攝眾，導歸淨土。樹大法幢於香江，建大伽藍於蓬萊。寰宇福被，含靈蒙潤。一句彌陀聖號，萬千迷津總開。釋迦如來為本尊，阿難目連為脅侍。傳古英靈巖遺風，揚印祖念佛道範。此其地也，此其時也，此其人也。（〈靈巖山寺大雄寶殿落成〉，《法鼓》，74 期，1996 年 2 月 15 日，版 1）

一月十九日至二十四日，「臺北國際書展」在臺北世貿中心展覽大樓舉辦，「法鼓文化」以嶄新面貌參展。法師於十九日開幕時蒞會場關懷。展覽現場，《正信的佛教》一書慶祝出版三十週年紀念，以此為特展主題。（〈法鼓文化國際書展中備受肯定〉，《法鼓》，74 期，1996 年 2 月 15 日，版 1）

一月二十日，第十四次社會菁英禪修營共修會於農禪寺舉行，法師開示「零缺點」：

隨時隨地面對自己的缺點，了解自己的缺點，希望自己從此以後不再有缺點，雖然下一次可能還會有，但那是另外一回事，至少在當時希望下一次不再有缺點，就是回到零缺點，是真的歸於零。（〈零缺點〉，《法鼓》，88 期，1997 年 4 月 15 日，版 7；講詞今收《動靜皆自在》，法鼓全集 4 輯 15 冊，法鼓文化，頁 144-150）

一月二十一日，法鼓山文教基金會第三屆「知福、惜福、培福」清潔日活動，於全臺二十二縣市同時展開。活動以「社區關懷」為重點展開資源回收、惜福市場、心靈環保春聯義賣等活動。計有二十四個定點，上萬名法鼓山義工、社區居民、一百多個民間團體、機關學校，以及地方政府共襄盛舉。

法師於當日至士林、桃園、永和、北投、三重等活動現場關懷，並與各級政府官員交換環保心得。（〈清潔日深入社區　全省 24 地展開〉，《法鼓》，74 期，1996 年 2 月 15 日，版 1）

一月二十三日，獲頒首屆「國際傑人獎」。頒獎典禮於臺北晶華酒店舉行，法師與其他共十二位受獎人接受頒獎。陪同前往觀禮有：遷建工程委員會楊正委員、護法會陳嘉男會長、徐重仁副會長、農禪寺都監果暉法師等三十多人。法師由於推動心靈環保、持續關懷社會，因此獲頒「宗教教育獎」。法師表示，點燈工作受到社會大眾肯定，正表示社會需要法鼓山理念與活動。

國際傑人獎由國際傑人會中華民國總會主辦，今年為第一屆舉行，由總統府祕書長吳伯雄先生擔任評審委員會主任委員，獲選的傑出人士，還包括：高何土先生、吳舜文女士、包德明女士、歐陽醇先生、嚴道先生、曾文雄先生、陳清義先生、陳澄雄先生、林信山先生、連漢濱先生、曾宜臻先生，其中聖嚴師父是唯一入選的宗教界人士。（〈聖嚴師父獲頒國際傑人獎〉，《法鼓》，74 期，1996 年 2 月 15 日，版 1）

一月二十四日，與「國際傑人獎」全體受獎人，獲李登輝總統接見茶敘，李總統以「當前我們的社會需從心靈建設做起」肯定法鼓山對改善社會所作努力。（同上）

一月二十八日至二月四日，主持農禪寺第五十四期禪七。此次禪七以大專學生為主。（〈大事記〉，《1989-2001 法鼓山年鑑》，法鼓山基金會，2005 年 10 月出版，頁 117）

一月，中華佛研所第一屆校友梅迺文於一九九四年八月獲得美國威斯康辛大學哲學博士學位，本月起應聘回所服務。

二月五日、六日，於文化館與法鼓山上展開冬令慰問活動。法師親至兩地問候關懷。（〈歲末冬令關懷　文化館法鼓山兩地慰問〉，《法鼓》，75 期，1996 年 3 月 15 日，版 1）

二月五日，一百多位曾參加去年農禪寺舉辦教師禪修營之學員，回返農禪寺，參加「教師研習聯誼會」成立大會。法師開示：用方法幫助學生。

處在當今這個瞬息萬變的社會，浮躁不安的人心是最大的問題，身為教育工作者，應該要懂得用方法，不驚慌、不逃避，更要幫助我們的孩子把心安定下來。而在輔導學生之外，也得時時輔導自己，要肯定自己當下所擁有的一切。（〈教師研習聯誼會成立〉，《法鼓》，75 期，1996 年 3 月 15 日，版 1）

二月六日，於農禪寺，對僧眾、中華佛研所、文基會、護法會、法鼓文化等單位專職「精神講話」：「力量來自合作」。

二月七日至十四日，主持農禪寺第五十五期精進禪七。（〈大事記〉，《1989-2001 法鼓山年鑑》，法鼓山基金會，2005 年 10 月出版，頁 118）

二月八日至十二日，農禪寺與臺北縣政府合辦「青少年成長營」。活動設計以共同參與、彼此分享、肯定自我為出發點，計有十六位輟學國中生參加。活動圓滿，法師應邀主持皈依典禮，親自為每位同學戴上念珠、佛菩薩聖像項鍊，並一一頒發皈依證，深予祝福。（〈青少年成長營打開生命新旅程〉，《法鼓》，75 期，1996 年 3 月 15 日，版 1）

二月二十三日至二十九日，法鼓山農禪寺舉行第三屆傳授

在家菩薩戒會，兩梯次共有近千人發心受戒。聖嚴法師、晴虛長老及今能長老擔任尊證師。（〈法鼓山第三屆傳授菩薩戒〉，《法鼓》，75 期，1996 年 3 月 15 日，版 1）

二月，《菩薩戒指要》由法鼓文化出版。法師研學戒律三十多年，相關著作已出版有《戒律學綱要》及《律制生活》，本書為研究戒律學第三種專著。最大特點為專注於菩薩戒之弘揚。

法師自述弘律方向與古德有別。古人弘律，以講說戒律為主，法師則是消化相關文獻，提出問題，理清問題。經數十年修學，確立：菩薩戒心要，端在僧俗四眾通用之三聚、十善、十無盡戒。〈序〉云：

我從事大小乘戒律的研探著作，已歷三十多年，目的是在通俗、簡易、實用。既不落於古人的陳軌，也不脫離古人的芳範；既希望使得讀者易看易懂，也要保留提供原始資料的根據。在普及推廣的原則下，仍不失其有學術基礎的內涵。

自從我深入律藏以及古人的戒律註疏以來，知道以今日的時代環境，墨守完成於二千五百多年前印度境內的戒律條文，根本是不可能的事。但是，若無佛制的戒律，作為佛教徒的生活準則，清淨身、口、意三業的目的，也就很難達成。因此，我是注重佛陀制定戒律的精神，不主張死守其全部的戒律條文。經過數十年的醞釀，待因緣成熟時，把菩薩戒做了全體整合與條理的工作。

菩薩戒的心要，端在於僧俗四眾都能通用的三聚、十善、十無盡戒。以三聚淨戒攝盡一切淨戒、一切善法、一切濟世利物的全體佛法；十善法為一切淨戒的基礎，當然也是菩薩戒的總綱；以《梵網經》的十無盡戒，為盡未來際永恆不渝的菩薩戒準繩。本書弘揚的，便是這種可大可久，遇淺即淺，遇深即深，在凡即凡，在聖即聖，而且一律以清淨三業、發菩提心、修菩薩道，為其根本精神的菩薩戒法。（〈自序〉，《菩薩戒指要》，法鼓全集 1 輯 6 冊，法鼓文化，頁 3-6）

《聖嚴法師教禪坐》由法鼓文化出版。內容為社會菁英禪修營之教學。〈序〉云：

我和我的出家弟子們，提供的是：盡心盡力的服務精神，正知正見的佛法觀念，安全實用的禪修方法。在短短的三天之中，除了每日的作息時間表之外，有五個主題：

一、實用的禪修方法。

二、健康的禪修觀念。

三、因人而異的禪修層次。

四、灑脫自在而又精進不懈的禪修精神。

五、以禪者的修養活用於自我的調適及環境的因應。

（〈自序〉，《聖嚴法師教禪坐》，法鼓全集 4 輯 9 冊，法鼓文化，頁 3-4）

三月一日至三日，於臺北國父紀念館主持「《法華經》人生系列」講座，為大眾宣講「《法華經》與清淨人生」、「《法華經》與積極人生」以及「《法華經》與智慧人生」。分別以「清淨是少欲知足、積極是包容奉獻、智慧是光明慈悲」點出題旨。三天演講，每天聽眾均超過三千人。（〈《法華經》清淨　積極　智慧人生系列講座〉，《法鼓》，75 期，1996 年 3 月 15 日，版 1）

三月三日，元宵節前夕，農禪寺以「厝邊情，元宵樂」為主題邀請周邊鄰居一起過節。法師向大眾開示：現代人應透過社區意識、社區活動，用關懷增進彼此了解。（〈做燈籠、提燈籠　農禪寺敦親睦鄰元宵夜〉，《法鼓》，76 期，1996 年 4 月 15 日，版 1）

即日起，《不一樣的聲音》電視弘法節目在中視開播。此為製作人張光斗策畫，邀請社會各界名人與法師對談，主持人為名作家蘇偉貞。（〈法鼓山八十五年度大事記〉，《法鼓》，84 期，1996 年 12 月 15 日，版 7）

三月五日，於農禪寺，對僧眾、中華佛研所、文基會、護法會、法鼓文化等單位專職「精神講話」：「法鼓山中好修行」。

三月七日至十日，於法鼓山上臨時寮主持第十屆社會菁英禪修營。

三月十六日，法鼓山桃園辦事處舉行新佛堂啟用，法師親臨主持灑淨，並舉辦皈依儀式，約有三百人皈依三寶。（〈新佛堂新氣象　師父主持灑淨儀式〉，《法鼓》，78 期，1996 年 6 月 15 日，版 1）

三月十七日起，法鼓山護法會分三梯次舉行北區勸募會員研習。三天共有一千三百多位勸募會員參加接受指導。法師期許大眾以身作則，接引人學佛：

希望不但能進一步提昇我們的品質和素質，在人數上也能成長，而其中最有效的方法就是以身作則來感動人。期許每個人要做「無底的垃圾桶，無塵的反射鏡」，本身不受沾染，但能清晰周到地為對方解決問題，以便接引更多的人學佛。

菩薩們不一定要募到很多錢，而是要募到很多人，人來了，福報、信心也跟著來。要盡量接引還沒有學佛、沒有皈依三寶的人，要盡可能去影響他們，使他們學佛。

（〈北區勸募會員——年度團聚盛會〉，《法鼓》，77 期，1996 年 5 月 15 日，版 1）

三月二十六日，於農禪寺主持剃度典禮，十一位青年求度出家，為取法名：果增、果毅、果會、果南、果傳等十一位。（〈法鼓山十一人落髮出家〉，《法鼓》，76 期，

1996 年 4 月 15 日，版 1）

三月三十一日，法鼓山護法會屏東辦事處舉行南區勸募會員大會，計有嘉義、臺南、高雄、臺東等各地悅眾一千多人齊集屏東，法師蒞臨關懷與開示。（〈法鼓山八十五年度大事記〉，《法鼓》，84 期，1996 年 12 月 15 日，版 7）

四月六日、七日，法鼓山上舉行「感恩大地萬人朝山」活動，共有來自全臺近萬名信眾參加。（〈法鼓山八十五年度大事記〉，《法鼓》，84 期，1996 年 12 月 15 日，版 7）

四月九日，於農禪寺，對僧眾、中華佛研所、文基會、護法會、法鼓文化等單位專職「精神講話」：「有整體感才能發揮團體的力量」。

四月十三日，第十五次社會菁英禪修營共修會於農禪寺舉行，法師以「人」開示日常生活中之禪修。（〈禪的智慧——人（上）、（下）〉，《法鼓》，90 期，1997 年 6 月 15 日，版 7、91 期，1997 年 7 月 15 日，版 7；講詞今收《動靜皆自在》，法鼓全集 4 輯 15 冊，法鼓文化，頁 171-178）

四月十五日，上午，陪同旅居美國之仁俊老法師，一同至新竹福嚴精舍拜見印順導師。福嚴佛學院院長真華法師接待。印順導師為仁俊長老之老師，而仁俊長老又是聖嚴法師之老師，師生三代相聚，因緣殊勝。（〈二、拜訪印順長老〉，《步步蓮華》，法鼓全集6輯9冊，法鼓文化，頁17-19）

下午三時，出席臺中分院舉辦之「中部地區榮譽董事、社會菁英菩薩聯誼會」。四十多位與會。（〈中部地區榮譽董事、社會菁英聯誼會〉，《法鼓》，77期，1996年5月15日，版1）

晚上，出席中部地區企業界座談。座談會由美加美鞋業總經理唐進賢發起，永豐棧董事長何豐棧提供場地。來賓包括行政院政務委員黃石城，以及臺中、彰化、員林一帶六十位優秀企業界人士。（〈解開禪法與企業經營的迷思〉，《法鼓》，77期，1996年5月15日，版1）

四月十六日，上午，中國文化大學董事長張鏡湖至農禪寺拜訪。（〈文大張鏡湖董事長拜訪聖嚴師父〉，《法鼓》，77期，1996年5月15日，版1）

下午，立法委員蕭萬長伉儷至農禪寺拜訪。（〈解開禪法與企業經營的迷思〉，《法鼓》，77期，1996年5月15日，版1）

四月十八日，應香港佛教青年協會邀請赴香港，於十九至二十一日作為期三天之弘法活動，宣講《無量壽經》及傳授三皈五戒。

弘法活動假香港灣仔伊利沙伯體育館舉行，由香港佛青會主辦，丁珮居士負責聯繫及擔任法會司儀，向華強居士贊助。香港諸山長老：松泉法師、永惺法師、願炯法師、宏通法師等均蒞臨會場，由佛教青年協會導師暢懷法師致歡迎詞。法師開示重點為：

一、慈悲沒有敵人，智慧不起煩惱。

二、需要不是貪，想要才是貪。

三、忙人時間最多，勤勞健康最好。「累累累，累得很歡喜；忙忙忙，忙得很快樂。」

四、老年人應該建立「夕陽無限好，不是近黃昏；前程美似錦，旭日又東昇」的信心。

五、在學佛中，布施供養是容易做到的，但修行是難的。修行就是持戒、忍辱、精進、禪定，最好是既布施又修行。

六、不要捨不得發願，也不要發做不到的願。（〈聖嚴師父香江弘法記行〉，《法鼓》，78 期，1996 年 6 月 15 日，版 8）

四月二十日下午，至香港光華新聞文化中心出席「香港信眾聯誼會」，有二百多人出席。法師以「淨化人心，

建設淨土」為題開示。（〈聖嚴師父香江宣講《無量壽經》〉，《法鼓》，77 期，1996 年 5 月 15 日，版 1）

案：即起，指派農禪寺法師赴港指導初級禪訓。至一九九八年，香港已舉辦五次初級禪訓和一次精進禪一，分別由果舫法師、果理法師和果品法師等指導帶領。

四月二十二日至五月六日，帶領「一九九六法鼓山大陸佛教聖蹟巡禮團」一行二百九十九人赴中國大陸，進行十五天之尋根探源，此為法師第三度率團巡禮大陸聖蹟。

此次以中國大陸東南，九華山、天台山、普陀山為參訪範圍，法師詳細介紹每座寺院特色，與法鼓山法脈關係或淵源，期望大眾深入祖師大德內心世界，體驗祖師開山、弘法、護教智慧與大悲願心，進而體認創建法鼓山之時代意義與使命。（〈巡禮大陸佛教聖蹟　走入祖師的內心世界〉，《法鼓》，78 期，1996 年 6 月 15 日，版 1）

四月二十二日，由香港飛南京。

四月二十三日，由南京市經安徽馬鞍山市赴九華山。於九華山肉身寶殿開示大眾，應發願將人間變成淨土。（〈七、肉身寶殿〉，《步步蓮華》，法鼓全集 6 輯 9 冊，

法鼓文化，頁 33-37）

四月二十四日，參訪九華山：古拜經台、天台正頂、化城寺、祇園寺、旃檀林大悲殿。天台正頂天台禪寺，為地藏菩薩道場最高峰，坐落於天台頂上，住持宏學法師，目前住有比丘尼十六人。（〈一〇、拜經台〉、〈一一、天台正頂〉，《步步蓮華》，法鼓全集 6 輯 9 冊，法鼓文化，頁 44-49）

四月二十五日，訪問甘露寺。此係九華山佛學院所在地，法師特別指定參觀以了解其人才培育情形。（〈一七、甘露寺的佛學院〉，《步步蓮華》，法鼓全集 6 輯 9 冊，法鼓文化，頁 66-71）

四月二十六日上午，自金陵前往江蘇棲霞山，參訪棲霞古寺。該寺有「中國佛學院棲霞山分院」，現有三十多位年輕比丘求學。佛學院師資：茗山、圓湛、雪煩三位法師，均為民國三十年代焦山之住持或當家，與東初老人所辦焦山佛學院人員相關；雪煩法師為東初老人法兄，茗山法師及圓湛法師為東初老人法子。（〈一九、棲霞山佛學院〉，《步步蓮華》，法鼓全集 6 輯 9 冊，法鼓文化，頁 76-80）

下午，抵達句容縣寶華山隆昌寺。寶華山為東初長老

受大戒道場。開示大眾：取法古德發大願，使中國佛教精神發揚全世界。

我於這天下午，勸勉我們全團的僧俗四眾，在寶華山隆昌律寺的大殿前廣場花崗巖塊石板上，短短地跪了幾分鐘，並且要求大家體驗一下古大德們建立規矩、執行規矩、接受規矩，磨鍊薰陶的內心感受。我告訴大家，我深深感到遺憾，未能有福報來到寶華山求戒。但願寶華山的律宗門風重現於世，存其菁而汰其蕪，改革其過分而增益其不足。則佛門的龍象人才，便可成群結隊的遊化人間了。因為戒定慧的三無漏學，是整體佛法的骨幹，其中的戒律，乃是我們由人成佛的基礎。（〈二六、還是「律宗第一山」〉，《步步蓮華》，法鼓全集 6 輯 9 冊，法鼓文化，頁 102）

四月二十七日上午，前往焦山，參訪剃度恩師東初老人祖庭。方丈茗山長老為法師師兄，高壽八十四歲，為大陸教界高層領導，親自以隆禮接待，盛情難忘。

禮佛後，茗山長老親自陪同至祖師塔院掃塔上供。一九八八年法師首度歸來，託焦山常住代建東初老人舍利塔。今更有智光老人，以及智老人之師父吉堂老人塔座。上供儀式由法師及茗山長老共同主法。（〈二七、焦山定慧寺〉，《步步蓮華》，法鼓全集 6 輯 9 冊，法鼓文化，頁 105-107）

上午十一時四十分，抵金山江天寺，八十四歲高齡方丈慈舟長老於山門外接待。大殿禮佛後，向方丈禮座，而後由方丈帶領參觀金山禪堂。於首座和尚班首位盤坐，體會金山禪堂打坐感受。（〈二九、金山江天寺．禪堂〉，《步步蓮華》，法鼓全集 6 輯 9 冊，法鼓文化，頁 114-119）

晚，至張家港會晤俗家親人。（〈三〇、張家港會晤俗家親人〉，《步步蓮華》，法鼓全集 6 輯 9 冊，法鼓文化，頁 120-122）

四月二十八日，參訪祖庭南通狼山廣教寺。南通宗教局局長匡志森、狼山監院演誠法師及月朗法師於山門外迎接，而後引領至原來之大殿禮佛。於殿前開示大眾，此其學佛生涯之初始地。

原來是大雄寶殿的「法乳堂」。在這兒的台階前，我向全團大眾介紹了兩位監院法師，同時告訴大家：「這座大殿是我初次上山來時，第一座拜佛的佛殿，也是第一次見到了那般巍峨的釋迦佛像。我出家學佛的生涯，就從這裡開始。過了半個世紀，同樣的地方有了新的佛像，可以讓我來禮拜，內心十分的感激。」（〈三五、狼山廣教寺〉，《步步蓮華》，法鼓全集 6 輯 9 冊，法鼓文化，頁 136）

參訪狼山，原在引領弟子大眾，體驗法師成長過程。

狼山，那是我童年出家的道場，是我的源頭。

希望你們也能體驗一下，你們的師父是怎麼成長的，怎麼開始的。我不是什麼了不起的高僧，只是個普通人，但我的悲願就是從那個時候開始的。所以，諸位菩薩一定要發願，你們發願後也會跟我一樣的，雖然普通人還是普通人，但是能夠成就自己、利益他人，就是不一樣。（〈聖嚴師父的開示〉，《法鼓》，79 期，1996 年 7 月 15 日，版 4）

禮佛禮祖後，與常住論及僧才培養問題，法師建議其籌辦佛學院，並獲居士之支持。

我建議山上應該把法聚庵改為佛學院，才能從基礎扎根而培養出優秀的僧才，不論是為了佛教、社會、國家，應該朝著這個正確的方向去努力。他們都回答說：「是、是！好、好。」當我見到現年八十七歲的育枚長老，再度建議把三賢祠（法聚庵）改成佛學院。法師們都說：「對！對！」育枚長老則說：「我們想辦，在籌備了。」因此當我們離開南通之後，有幾位居士向我提議，願意籌措一筆基金，來支持狼山成立佛學院。我回到美國後，立即去信向月朗法師請教他的意思。（〈三七、祖堂・八小名山・佛學院的可能性〉，《步步蓮華》，法鼓全集 6 輯 9 冊，法鼓文化，頁 142-143）

四月二十九日，參訪蘇州寒山寺、靈巖山寺、西園戒幢律寺。

寒山寺住持聖智性空法師，為東初老人弟子，與法師誼屬同門，然素未謀面，因特前往拜會。性空法師一再感謝法師照顧東初老人，並料理善後。

我們在寒山寺，來去匆匆，目的不在於要看張繼那首詩中的楓橋，和附庸風雅體驗夜半寒山寺的鐘聲，而在探訪在我出家生命中的法源法脈、同根同幹，甚至於同枝的師兄。先師東初老人一生，剃度的弟子極少，在海外的臺灣，只有收我和我的師弟聖開，在大陸到目前為止，也只知道我這位師兄聖智性空；東初老人的法子也僅茗山及圓湛二法師。為了認識事相的根源，這是一種懷念的表示；為了本源心地的發明，這種工作，就未必要做了。因為我在提倡「人間淨土」，必須先要重視人的倫理，對於人間的大眾而言，形式的和認識的尋根探源，還是有它的必要。(〈四一、懷恩・寺志・尋根〉，《步步蓮華》，法鼓全集 6 輯 9 冊，法鼓文化，頁 158)

而後往靈巖山寺參訪，對其念佛堂，及佛學院等施設特加留意，並至印光大師關房前參拜，以深體其與人間佛教旨趣之相關。

我在關房門前的階沿上，深深的頂禮三拜。我雖不是印光大師門下專修淨土法門的人，但是我從印光大師的

《文鈔》中得到很多的受用，所以一面禮拜，一面在心中默禱：「晚學聖嚴業重福薄，出世較遲，在大師生前無緣親近，今來關房前致敬，唯願大師的洪範永垂，法燈長明。」

去禮拜印光大師雖是形式的，主要是為了深切體驗印光大師在此自利利人，接引眾生的影響力。我們法鼓山在提倡「提昇人的品質，建設人間淨土」的理念，好像跟印光大師沒有什麼關係；其實很有關係，他常訓勉弟子們，要敦倫盡分，加上發菩提心，才能談到往生淨土，蓮花化生。求生淨土是目標，把人做好是基礎。這不就是先要建設人間淨土，臨終便能往生極樂淨土的內容嗎？（〈四三、印光大師在靈巖山〉，《步步蓮華》，法鼓全集 6 輯 9 冊，法鼓文化，頁 162-164）

四月三十日，參訪杭州淨慈寺、靈隱寺。淨慈寺為永明延壽禪師道場；靈隱寺為弘一大師受具足戒處。

我的戒律思想，也受弘一大師律學撰著的啟蒙，我自己的具足戒源流，也與見月律師的系統相關，我的剃度師即是受寶華山的具足戒，我的學術思想的基礎就是建立在蕅益大師的《靈峰宗論》，我從印光大師的著述中也吸收了不少與淨土法門相關的法益。因此我到靈隱寺的體驗與感受，孺慕與懷念，真不是用語言所能表達的了！（〈五七、弘一大師受戒處〉，《步步蓮華》，法鼓全集 6 輯 9 冊，法鼓文化，頁 214）

晚，宿於杭州望湖賓館，開示大眾：推動法鼓山理念，人才、品質最重要。

我們推動法鼓山的理念，必須朝三方面成長：人才第一，品質第二，募款第三。雖然三者環環相扣，缺一不可，但是錢少一點沒關係，人才、品質一定要有。人品若不提昇，有了錢容易出問題，如果人品成長，就會拿錢去做利益眾生、弘法利生的事業，而不是用在消耗、浪費。

你們不要說：「師父好可憐喔！我要替師父去募款。」這些錢並不是我要的，我不要錢，我用不著錢，也不是法鼓山要錢；而是眾生需要佛法，人間需要淨土，所以我們才要募款來推動佛法，弘揚佛法。（〈聖嚴師父的開示〉，《法鼓》，80 期，1996 年 8 月 15 日，版 8）

五月一日，**從杭州出發，經過蕭山、紹興、嵊縣、到達新昌大佛寺。此為天台宗道場，初創於東晉，有彌勒大佛石刻坐像，號稱江南第一，高十五．六公尺，兩耳各長二．八公尺。**

我帶著全團的僧俗四眾，參訪了寺內的各項建築物之後，特別在大佛像之前禮拜瞻仰良久。因為智者大師就在這尊佛像的座下圓寂。

僧祐律師完成大佛的造像工程，他是一位重視戒律和佛教歷史的高僧，他的一生，蒐集、保存、考證、著作、實踐、弘法、護法。他留下的智慧遺產非常豐富，關於佛教史傳的，撰有《釋迦譜》五卷，《出三藏記集》十五卷；關於戒律的，撰有《菩薩戒經記》、《菩薩地持經記》、《十誦義記》十卷、《薩婆多部相承傳》五卷；關於護教的，輯有《弘明集》十四卷等．他真是一位著作等身的高僧。其中，特別是《弘明集》對我個人的影響良深，以他那種護教的熱忱、愛教的悲心，把五十七篇辯論邪正、內外的文章，編集在一起，既保存了歷史的文獻，也為我們提供了護國、護法、愛國、愛教的範例。離開寺內，即到寺前的路側，拜了「曇光塔」，又在放生池前山坡上的「智者大師衣缽紀念塔」塔院，致敬禮拜。（〈六〇、大佛寺的彌勒大佛〉，《步步蓮華》，法鼓全集 6 輯 9 冊，法鼓文化，頁 225-226）

五月二日上午，參訪天台山國清寺、智者大師塔院、奉化雪竇寺。

國清寺為隋煬帝遵奉其師智者大師遺囑所創建，並敦請智者大師首席弟子灌頂章安為第一代住持，灌頂大師將智者大師天台三大部及五小部，整理傳世。嗣後此寺即成天台宗根本道場。（〈六一、天台山的國清寺〉，《步步蓮華》，法鼓全集 6 輯 9 冊，法鼓文化，頁 227-231）

訪國清寺後，至附近之金地嶺禮拜諸師塔院，於智者大師、章安大師、湛然大師、行滿大師、傳燈大師碑

前，一一就地頂禮致敬。（〈六四、智者塔院．高明寺〉，《步步蓮華》，法鼓全集 6 輯 9 冊，法鼓文化，頁 236-240）

中午，於天台賓館開示：如何體驗智者大師之內心世界。智者大師、太虛大師皆是「以凡夫身修菩薩行」，法師自述亦以凡夫而在人間建立淨土。

諸位菩薩到天台山，一定要體驗智者大師的內心世界，這位影響後世極大的一位大師，本質上只是一位凡夫；但是他和我們不一樣，他信心堅固、智慧無量。尤其難得的是，智者大師曾說過，如果他不化眾、不領眾，他可以修得更好些；由於領眾的關係，他只得五品位，沒有得到六根清淨位。所謂五品位，就是普通凡夫進入信心不退轉的層次。可是如果智者大師只顧修行，不化導眾生，我們就沒有辦法親近到他所弘傳的佛法。

近代高僧太虛大師說，他是「以凡夫身修菩薩行」。我也是這樣，我從來沒有想到這一生要修成佛、成為聖人，我只是以凡夫身來發菩提心、修菩薩行。這一點，請諸位菩薩用心體會。所謂人間淨土就是淨化凡夫的身心，以人來修淨土，在人間建立淨土。（〈聖嚴師父的開示〉，《法鼓》，80 期，1996 年 8 月 15 日，版 8）

午餐後出發，下午六時抵奉化雪竇寺。寺為太虛大師肉身舍利歸葬處，亦其法身舍利結集處。（〈六八、雪竇寺的祖師們〉，《步步蓮華》，法鼓全集6輯9冊，法鼓文化，

頁 250-253）

五月三日，參訪寧波天童寺、阿育王寺。

天童寺為日本曹洞宗派下諸寺之源頭祖庭，其創派祖師希玄道元禪師得法於天童山長翁如淨。天童寺亦為太虛大師、印順導師受大戒道場。

天童寺與近代佛教的幾位大師也深有淵源，特別是現代化的僧教育以及中國佛教會的組織基礎，都跟寄禪長老有關。所以我們這次來到天童寺也是尋根探源之行。

今天國內外的禪宗諸系，已經很少有人傳授宏智正覺所倡默照禪的修行方法，多年來我在國內外卻把臨濟宗的話頭禪與曹洞宗的默照禪，對禪眾們作應機指導。所以覺得來到天童寺的意義特別深長。（〈七一、近世諸大師〉，《步步蓮華》，法鼓全集 6 輯 9 冊，法鼓文化，頁 262）

之後，赴阿育王寺參訪，並得特許上藏經樓瞻仰佛舍利。

阿育王寺不僅跟近代中國的臨濟宗有相當密切的關係，也跟唐朝的鑑真律師有些淵源。而大慧宗杲的話頭公案禪和鑑真律師的菩薩戒，直到如今，還是在日本有著深遠廣泛的影響，所以阿育王寺在中國的禪宗史上及中日戒律史上有其重要性，在佛教的國際交流史上，也都占有相當重要的地位。就是我今天提倡的話頭禪也是淵源於大慧宗杲，所以到達阿育王寺，不僅是為了瞻仰佛的舍利，更是為了尋訪法的源流。（〈七三、歷代高僧・寧波到普陀〉，《步步蓮華》，法鼓全集 6 輯 9 冊，法鼓文化，頁 267-268）

五月四日、五日，巡訪舟山普陀山。

五月四日，至普陀山佛教協會所在普濟寺參訪。此亦全山首剎。而後往福泉庵拜訪普陀山佛學院。福泉庵為印順長老出家道場。普陀山佛學院重視天台三大部教學研究，法師大作：《印度佛教史》及《戒律學綱要》，為其教科書。（〈七九、印順長老出家處・佛學院〉，《步步蓮華》，法鼓全集 6 輯 9 冊，法鼓文化，頁 286-289）

午後，至佛頂山上之慧濟寺參訪。太虛及印順二師閱藏處已成一片廢墟，仍於其處頂禮致敬。此實影響近代中國佛教、臺灣佛教發展之根深遠源處。

民國三年（一九一四）八月，大師二十六歲，就到普陀山的錫麟禪院禁足；十月掩關於錫麟禪院，印光大師為其封關，顏其關房為「遯無悶廬」。一直到民國六年（一九一七）二月初四出關時，大師已二十九歲。不但太虛大師早期的重要著作，都在此關中完成，他融貫世出世間的學問，也成熟於這段閉關期間。他對於佛教的振興、僧制的改革，都已於此一時期提出了具體的主張。人間佛學的思想也完成在這個階段，故在關中有《人乘正法論》，同時也在關中重現他於十九歲時在西方寺閱藏的悟境。可見普陀山對於太虛大師的影響，而太虛大師對中國佛教的影響也就奠基於這個時期。

慧濟寺當家戒忍法師在我的要求下，便帶我去憑弔禮拜閱藏樓舊址；我也告知全體的團員前往禮拜。雖然不確定太虛大師是在那兒閉關，這兒是全山最高處，我們就把這兒當成普陀山的代表，來朝拜太虛大師的遺跡！當天下午，滿天陰霾，可是當我在泥地上禮拜時，戒忍當家告訴我說：「法師禮拜有感應，突然天空出現了陽光。」因為那是一片荒地，是預期中的建築工地，雜著一些破磚破瓦。可是我們有一車的菩薩們，在此處禮拜之時，見到天空出現瑞相，有的見到法輪，有的見到飛天，有的見到蓮花；使得那三十幾位菩薩都感動得涕泣不已。

佛頂山上的閱藏樓，對今日的臺灣佛教，的確有著很多很深的淵源，那就是印順長老曾經在這兒看了多年的藏經。印順長老曾經六進六出普陀山，與佛頂山閱藏樓的因緣，前後達三年多，在這兒閱讀完全部藏經。（〈八二、太虛及印順二師閱藏處〉，《步步蓮華》，法鼓全集 6 輯 9 冊，法鼓文化，頁 294-297）

晚，開示大眾應體會祖師創建道場之苦心悲願。

在到普陀山佛頂的慧濟寺之前，我們經過一條巷子，地上鋪的磚塊，每三塊就是一個蓮花，那就是步步蓮花，而且每一朵的造形都不太一樣。

過去的祖師真是了不起，胸懷著大悲願，苦心設計，付出許多的心力來營造環境，使得很多人願意去禮拜參訪。佛頂本來是一個荒山，建造者用了很大的悲願心，然後就有人千百里遠、千百萬人來朝山，我們要把這種精神帶回法鼓山。（〈聖嚴師父的開示〉，《法鼓》，79 期，1996 年 7 月 15 日，版 4）

五月五日，參訪法雨寺。

我們到該寺參訪的目的，是因為近代中興淨土宗的印光大師，在移往上海及蘇州之前，就是在法雨寺靜修閉關三十多年。後來幾度進出普陀山法雨寺，直到六十多歲，總共在普陀山前後住了三十多年，從一個默默無聞的僧人，成為全國知名的大師，這都跟他在法雨寺韜光養晦有關。因此，我要求道慈法師，允許我們到印光大師紀念堂禮拜瞻仰。遂由現年七十歲的光智法師，開啟二樓的一間紀念堂。據說那就是印光大師當年的關房，空間約十坪大小。（〈八三、法雨寺的印光大師關房〉，《步步蓮華》，法鼓全集 6 輯 9 冊，法鼓文化，頁 298-300）

而後，從普陀山出發，於下午三時三十分抵上海市「新錦江」大飯店。法師對普陀山培養人才之方式，深致

歎賞，然亦開示不可妄自尊大學步。

普陀山，真是一座偉大的靈山，近代中國佛教的五位大師中，竟有四位與普陀山有殊勝的因緣，除了弘一大師之外，虛雲、印光、太虛、印順，都是從普陀山走入人間來的。普陀山之所以能夠孕育近世幾位最傑出的大師級僧才，也不全是靠的風水好，而是由於山上的住持長老們有遠見、有心量，山上除了備有藏經，也準備了閱藏樓、閱藏室、關房，接納資質優秀、道心堅固、卓立不群、又有學養基礎的比丘。雖然物質條件貧乏，卻能給予自由用功研修的環境。如果普陀山也常指派閱藏樓的比丘們去拜梁皇寶懺，印順長老這樣的人才，就難得出現了。寺院為維持生活及維修殿宇，不能沒有日常的服務工作，而對於具有特殊資稟的僧青年，宜有方便的培養方式。像弘一大師這樣的龍象人才，也是不適合被某一寺院的生活方式所限制的。不受一般寺院規制約束，而又自我要求極其嚴格，正所謂出格的高僧。

大師級的人物，也不是一般僧尼所學得來的，否則畫虎不成反類犬，希望變龍，終究像蛇！能夠有心閉關閱藏，當然很好，但也見到一些遊手好閒自命清高而收聽電台、電視，閱讀武俠小說，徒然浪費光陰、虛耗信施，真是罪過來哉。（〈八四、虛雲和尚等四位大師的參學修行處〉，《步步蓮華》，法鼓全集 6 輯 9 冊，法鼓文化，頁 304-307）

五月六日，赴上海，參訪法師少年求學所在之靜安寺。

雖然是重建的殿宇，其規模形式亦如往年。所以我也告訴隨行人員，那兒是我上殿經常站的位置，我還清楚地記得當年每天早上在尚未天亮的摸黑之中如何洗臉、漱口，趕著上殿的情景。之後我們去客堂，會見了現年七十七歲的都監德悟長老。幾位年輕監院帶著我，去客堂的二樓，參觀當年的佛學院院長及靜安寺住持——持松老法師紀念堂以及文物館。（〈八六、訪靜安古寺〉，《步步蓮華》，法鼓全集 6 輯 9 冊，法鼓文化，頁 311-312）

午餐前，應邀參訪龍華寺。（〈八七、龍華寺．功德圓滿〉，《步步蓮華》，法鼓全集 6 輯 9 冊，法鼓文化，頁 314-315）

十二時正，趕往虹橋機場。搭乘二時四十分班機經洛杉磯赴美國紐約。（同上）

此次大陸參訪，法師於日後撰成寰遊自傳，於一九九八年由法鼓文化出版，題名：《步步蓮華》。（〈自序〉，《步步蓮華》，法鼓全集 6 輯 9 冊，法鼓文化，頁 3-8）

五月十日，於東初禪寺，為西方人士「法集會」開示「大陸朝聖之行的意義、目的和感想」。（〈法鼓山八十五年度大事記〉，《法鼓》，84 期，1996 年 12 月 15 日，版 8）

五月十一日，全美法鼓山聯誼會於東初禪寺召開，法師開示：「成長年的意義與作法」，應以會員人數成長、會員品質成長、勸募成長為目標。（同上）

五月十二日，母親節，於東初禪寺以「智慧是三世諸佛之母」為信眾開示。（同上）

五月十四日及十六日，為《不一樣的聲音》系列節目連續錄製八集，製作單位邀請美國技術工業大學校長張鍾濬、名作家劉大任、僑聲廣播電台台長薛純陽等八位特別來賓與法師對談。（〈聖嚴師父赴美展開系列弘法活動〉，《法鼓》，78 期，1996 年 6 月 15 日，版 1）

五月十八日，應邀出席紐約佛教聯合會主辦之浴佛典禮，與顯明長老、法雲法師共同主持，並擔任「浴佛的意義」主題開示，共有五百多人參與。會後果元法師等僧俗四眾，參與華埠遊行慶祝。（同上）

五月十九日，東初禪寺舉行浴佛典禮，由仁俊長老與法師共同主持，六百多位東西方信眾參加。午齋後，法師以「生命的價值」為題演說。（同上）

五月二十四日至三十一日，主持東初禪寺第七十二期禪七。以《宏智正覺禪師廣錄》為開示講本。共有三十四人

參加。（同上）

六月一日，法鼓山護法會紐約分會，假紐約皇后區臺灣會館舉辦弘法演講，邀請法師對臺灣僑胞講演「禪——日日是好日」。與會聽眾約四百人，包括名作家王鼎鈞教授，美華婦女聯誼會陳道英會長等，邱保康律師擔任主持人。（同上）

六月八日，應邀於紐約市立中央公園作露天公開演講。演講由佛教英文季刊社 *Tricycle*（《三輪》）主辦，邀請美國正統佛教三大系統：日本及中國禪宗、西藏密宗、南傳上座部之代表人物演講。講題為「轉變你的心」。法師以「不動心便是心的轉變」向七百多位西方人士開示：

> 人心的不平衡，就是因為隨著環境變動而做不了自己的主人，若能採用禪修的觀念和禪修的方法，便能幫助我們從多變的心轉為不變的心，從煩惱的心轉為智慧的心。禪的觀念是一切現象無時不變，心不受現象影響，心即不變，心從一切現象獲得自由，便是開悟解脫。禪的方法是放鬆身心，統一身心，放下身心和世界，便是開悟解脫。（〈聖嚴師父受邀於紐約中央公園演講〉，《法鼓》，79 期，1996 年 7 月 15 日，版 1）

六月九日，法鼓山於臺北市立第二殯儀館舉辦第八次佛化

聯合奠祭。（〈法鼓山八十五年度大事記〉，《法鼓》，84期，1996 年 12 月 15 日，版 8）

六月中旬，返臺。

六月十七日，福建高等教育訪問團十五人來訪，與法師交換兩岸辦學經驗。訪問團由閩臺高校促進交流會朱旭領軍，福建師大校長陳一琴、教育廳副廳長陳孔德等人組成。（〈大事記〉，《1989-2001 法鼓山年鑑》，法鼓山基金會，2005 年 10 月出版，頁 124）

六月二十日，北京大學哲學系兼宗教系系主任葉朗，至農禪寺拜訪，並討論未來與中華佛研所、法鼓人文社會學院進行學術交流之可行性。

聖嚴師父特別讚歎葉朗主任能在中國大陸推動宗教系的設立，藉由北京大學的帶動，必然影響其他大學，相信對佛教的弘傳會有極大的助益。當日偕同拜訪聖嚴師父的有夏威夷大學哲學系鄭學禮教授、澳洲雪梨大學漢學系系主任姜允明教授、文化大學哲學系石朝穎教授、中華佛研所方甯書所長，以及法鼓人文社會學院籌備處李志夫主任。（〈北京大學葉朗主任拜訪聖嚴師父〉，《法鼓》，79 期，1996 年 7 月 15 日，版 1）

六月二十二日，接受政治大學校長鄭丁旺邀請，出席該校八十五年度畢業典禮，在典禮上為二千七百二十三位應屆畢業生專題演講，題目為：「走向光明和健康的未來」。此為首度於國內國立大學畢業典禮作專題演講。同時代表上台致詞者有政大同學會會長、現任國家圖書館館長曾濟群，家長代表新竹縣縣長范振宗，皆是由法師接引皈依三寶者。（〈政大畢業典禮中　聖嚴師父演講〉，《法鼓》，79 期，1996 年 7 月 15 日，版 1）

六月二十三日，飛返美國。

六月二十八日至七月五日，主持東初禪寺第七十三期禪七，三十四人參加。（〈聖嚴法師赴美展開系列弘法活動〉，《法鼓》，78 期，1996 年 6 月 15 日，版 1）

六月三十日，撰文追悼三月十九日圓寂之聖印法師。法師與聖印法師結識於一九五五年。（〈悼念聖印法師〉，《人生》，158 期，1996 年 10 月 1 日，頁 53-55；《悼念．遊化》，法鼓全集 3 輯 7 冊，法鼓文化，頁 113-116）

Dharma Drum: The Life and Heart of Chan Practice（《法鼓禪風》）在美法鼓出版社出版。

七月六日，於東初禪寺禪七圓滿後返臺。（〈大事記〉，《1989-2001 法鼓山年鑑》，法鼓山基金會，2005 年 10 月出版，

頁 125）

七月十四日上午，在農禪寺舉行佛學講座暨千人皈依大典，總計一千五百多人正式成為三寶弟子。法師以「信佛與學佛」為題演講，勉勵大眾學習佛陀慈悲與智慧，做個有正知正見的佛教徒。（同上）

七月十四日至二十一日，主持農禪寺第五十六期禪七，二百三十人參加。（同上）

七月二十一日至二十八日，主持農禪寺第五十七期禪七，二百二十七人參加。（同上）

七月二十二日，紐約東初禪寺由果稠法師代表，出席「世界宗教僧侶對話」團體舉辦之「蓋茲摩尼對話」大會。大會於美國中西部肯塔基州川貝斯特郡蓋茲摩尼修道院舉行，為期六天，來自世界各地之佛教以及天主教代表近百位參加。果稠法師並代表法師發表「中國禪師應具備什麼條件？」。

這次宗教對話的緣起，是因為達賴喇嘛在一九九三年，參加了一個在芝加哥舉行的「世界宗教會議」對談之後，深深覺得宗教對談，對世界和平有很深刻的重要性。所以，他要求「世界宗教僧侶對話」團體，著手準備進行另一次對話會議，也就是此次的宗教性對話聚會。

這次對話的內容非常豐富，重點在對佛教的重要教義方面、修行的方法、修行的層次，以及天主教祈禱的方法、層次、修行現象提出討論。甚至，修行的老師、僧團對修行的影響等等，都做了廣泛討論以及意見交換。（〈果稠法師代表法鼓山參加世界宗教蓋茲摩尼對話〉，《法鼓》，81 期，1996 年 9 月 15 日，版 4）

七月二十八日至十月二十日，每週日上午於農禪寺講解《楞嚴經》。（〈大事記〉，《1989-2001 法鼓山年鑑》，法鼓山基金會，2005 年 10 月出版，頁 126）

七月三十日，於農禪寺，對僧眾、中華佛研所、文基會、護法會、法鼓文化等單位專職「精神講話」，說明「法鼓山辦公室公約」。內容為：一、用四眾共勉語，行法鼓山共識。二、遵守作息規律，珍惜公款公物。三、隨時做好環保，節約水電資源。四、保護牆櫃乾淨，勿釘勿掛勿貼。五、主動配合服務，維持全面整潔。六、衣著樸質端莊，接談輕聲細語。七、照顧盆景花卉，勿置雜物險物。八、輕鬆安定愉快，工作即是修行。九、隨時注意禮儀，尊重體制倫理。十、逢人微笑問好，隨口阿彌陀佛。

七月三十一日，法鼓人文社會學院籌備處邀請多位中央研究院院士、國立大學校長等，成立「遴選創校校長委員會」。

案：「遴選創校校長委員會」成員有：中央研究院院士李亦園、許倬雲、張光直，哈佛大學教授杜維明，臺大校長陳維昭、政大校長鄭丁旺、師大校長呂溪木、前中正大學校長林清江、花蓮師院校長陳伯彰。（參見〈法鼓人文社會學院校長遴選會議〉，《法鼓》，82 期，1996 年 10 月 15 日，版 1）

七月，中華佛研所方甯書所長卸任，專任董事會常務董事；李志夫教授接任所長，仍兼法鼓人文社會學院籌備處主任。（〈大事記〉，《1989-2001 法鼓山年鑑》，法鼓山基金會，2005 年 10 月出版，頁 124）

《禪門》、《禪鑰》二書由法鼓文化出版。二書共收三十二篇文章，多為應邀至各地弘化之講詞。法師據根本佛教觀點，建議禪者莫急求開悟，開示因多著重實用、活用之禪修方法及禪修觀念。

八月二日，臺北市市長陳水扁、北投區區長楊勝雄至農禪寺探視颱風災情。由於日前賀伯颱風侵臺，農禪寺遭受風災，浸泡一公尺深水中兩日夜，受災嚴重，市長、區長因連袂前往探慰。

賀伯颱風造成農禪寺的大淹水，颱風當夜，寺內淹水的緊急狀況是難以形容的，戶外是狂風驟雨，室內更是四處的漏雨和倒灌的海水，一夜間，雨水從屋外淹進了大殿，將整座農禪寺吞沒於大水中，水深及於大腿，能夠站立之處僅約二十坪左右。（〈農禪寺風雨夜〉，《法鼓》，81 期，1996 年 9 月 15 日，版 4）

八月五日，代表法鼓山捐贈三百萬元，賑濟強烈颱風賀伯侵襲臺灣造成之災情。（〈法鼓山八十五年度大事記〉，《法鼓》，85 期，1997 年 1 月 15 日，版 2）

八月五日至十二日，第一屆大專行政主管禪修營，分兩梯次在法鼓山舉行，共有來自全國大專院校一百七十多位主管參加。（同上）

八月十日、十一日，南加州護法會舉辦「法鼓萬行菩薩研習營」、「法鼓之夜」聯誼會。（同上）

八月十二日，「反毒、節酒、反暴力」系列活動在環亞飯店舉行行動大會典禮，農禪寺都監果暉法師代表法師出席並致詞。此系列活動，由法師、趙寧博士、黃昭順立委、朱鳳芝立委及孟憲庭等人發起，社會無醉文教基金會、法鼓山文教基金會聯合主辦。社會無醉基金會董事長為趙寧博士。（〈參與無醉基金會　發起反毒節酒活動〉，《法鼓》，81 期，1996 年 9 月 15 日，版 1）

八月十三日，於法鼓山教師禪修聯誼會開示：「人生為何」。（〈人生為何〉，《平安的人間》，法鼓全集 8 輯 5 冊，法鼓文化，頁 85-94）

八月十四日，印度內觀禪葛印卡居士由《慧炬》雜誌社發行人鄭振煌、太子建設董事長莊南田及中華佛研所兼任研究員林崇安陪同，再度蒞臨農禪寺拜訪。雙方就禪修、臨終關懷交換意見。（〈印度內觀禪葛印卡大師來訪〉，《法鼓》，81 期，1996 年 9 月 15 日，版 2）

八月十七日，第十六次社會菁英禪修營共修會於農禪寺舉行，法師以「身心安定」為題開示。

八月二十日至二十七日，於法鼓山主持悅眾菩薩精進禪七。（〈法鼓山八十五年度大事記〉，《法鼓》，85 期，1997 年 1 月 15 日，版 2）

八月二十七日，於農禪寺，對僧眾、中華佛研所、文基會、護法會、法鼓文化等單位專職「精神講話」：「以感恩的心奉獻」。

八月，《聖嚴說禪》由法鼓文化出版。本書為一百則禪語解說，不在教授禪修方法，而是引導讀者體驗禪修者心境。內容為一九九四年十一月至一九九六年五月《中央日報》副刊之專欄。

九月一日，發表「談生命價值觀」，討論生命中之需要和想要。（〈聖嚴法師談生命價值觀〉，《人生》，157 期，1996 年 9 月 1 日，頁 12-14）

九月十二日，於農禪寺主持剃度典禮，五位青年求度出家，為取法名：果冶、果界、果諦等。（〈我今得入如來家〉，《法鼓》，82 期，1996 年 10 月 15 日，版 4）

九月十四日，聖開法師追思讚頌大典於南投埔里覺華園舉行，法師親往主持。

當天共同主持追思讚頌大典者，尚有中國佛教會理事長淨心長老、靈巖山寺開山妙蓮長老、福嚴佛學院前任院長真華長老、南山放生寺住持蓮航長老、中台禪寺開山惟覺長老、南投縣佛教支會理事長本覺長老、佛光寺住持印德法師。總計僧俗四眾六千多人出席了這項盛會，典禮中慈光山僧團由副住持大願果孝法師領眾上香，並禮謝諸山長老；並由其首席比丘弟子大航果上法師，代表慈光山僧團致謝辭。（〈聖開法師追思讚頌大典〉，《法鼓》，82 期，1996 年 10 月 15 日，版 1）

聖開法師八月四日在美圓寂。法師為其在臺唯一師兄，故應其弟子大航法師等之邀請指導會儀並擔任主任委

員。法師並特撰紀念詞，詞曰：

三寶住世，人天安寧；佛化宇宙，萬億千年。法門隆興，普世和平；僧中龍象，遍開法筵。聖開師弟，提倡人乘；同門披剃，法乳同飲。佛由人成，人成佛成；人間有佛，悲願大乘。建大法幢，群機接引；清風春暖，幻身化身。世法佛法，如鳥兩翼；身前身後，不一不異。放下著！人間是非得失；提起吧！佛法常照常寂！（同上）

九月十五日，參加「出家，究竟該怎麼說」座談會。此係緣於日前之中台山事件，引發各界對宗教，以及對媒體之討論。與會者另有臺大黃光國教授、盧俊義牧師、文化評論名家南方朔及黃肇松先生。法師依據律制，說明中台山並未違背佛法，應是對歷史教訓缺少認識。並由此而反省云：

我非常認同黃光國教授、南方朔先生從歷史、社會的角度來看宗教，當佛教非常盛行、蓬勃的時候，通常也是最有危機的時候。當佛教界在比寺院大、香火盛、觀光客多、法會的人數多時，是一個危機，但也可以說是一個轉機！

雖然我對佛教興盛感到很歡喜，但我也擔心有一天會出現危機。所以中台禪寺事件，對佛教來說是一個很好的試金石，對佛教徒而言也是一個絕佳的反省、檢討機會。經由這樣一個機會，可以讓我們看到許多以往佛教界沒有察覺到的盲點，暴露佛教界隱藏著的問題，例如出家的制度、出家人的前途等。

因此我們真正應該問的是：寺院多了，出家人多了，究竟他們能做什麼？出家人的學歷高了，他們的精神的品質、對人間的態度，以及對社會的貢獻究竟是如何？如果不談這些，而只是求出家人數多，寺院建多大，法會的次數多，信眾人數龐大，究竟要做什麼呢？

佛教徒本身也該反省，我們佛教是不是還只停留在玩弄神祕經驗與民間信仰的層次？還是已經超越，而能使得我們的社會更進步、更安詳、更有未來的希望？（〈出家，究竟該怎麼說？——社會大眾如何看待宗教生活〉，《人生》，158 期，1996 年 10 月 1 日，頁 24-30）

九月二十日、二十一日，於臺北市國父紀念館宣講「《法華經》與人間淨土」、「《法華經》與佛國淨土」，此為文基會主辦之「聖嚴法師《法華經》淨土系列講座」。（〈聖嚴師父宣講《法華經》淨土要義〉，《法鼓》，82 期，1996 年 10 月 15 日，版 1）

九月二十二日，應邀主持「關懷全國勞工『四安』祈福大會」，並為在場勞工代表及與會人士演講「從四安中提昇工作安全——安身、安心、安家、安業」。大會由行政院勞委會、中國廣播公司及《中國時報》主辦，法鼓山文教基金會承辦。勞委會主委謝深山、中廣公司主任祕書廖遠泰、中華民國工作傷害受害人協會理

事長詹欽榮均參與盛會。法師並代表法鼓山文教基金會捐贈五十萬元予中華民國工作傷害受害人協會，由該協會張理事長代表接受。（〈聖嚴師父主持全國勞工四安祈福大會〉，《法鼓》，82 期，1996 年 10 月 15 日，版 1）

九月二十四日，於農禪寺，對僧眾、中華佛研所、文基會、護法會、法鼓文化等單位專職「精神講話」：「法鼓山的精神」。

九月二十七日，出席於農禪寺舉辦之中秋晚會，常住法師邀請周邊鄰居、信眾、義工，共度中秋。行政院新聞局局長蘇起、陳月卿夫婦亦應邀參加。

九月三十日，接受中華民國佛教青年總會理事長淨耀法師及明光法師之邀請，至普賢講堂為「一九九六年世界佛教靜坐日」特別講座講演「心靈環保」。（〈師父普賢講堂談心靈環保〉，《法鼓》，82 期，1996 年 10 月 15 日，版 1）

同日，教育部舉辦法鼓人文社會學院建校環境影響評估現場勘查暨聽證會。

十月一日，原於中華電視台播出之《大法鼓》節目，本月起亦提供影片在佛教衛星電視台播出。

十月六日，法鼓山舉行隆重盛大之奠基典禮，法師親自主持，邀請諸山長老、政府首長、各級民意代表、演藝界名人等眾多貴賓，及國內外一萬兩千名信眾參加。內政部部長林豐正、教育部部長吳京、臺北縣縣長尤清等皆致詞肯定，考試院副院長關中則以信眾代表身分上台致詞。

法師以「人間淨土法鼓山」為題，強調法鼓山弘揚正信、正統、正確、正常健康之佛法，再度說明法鼓山在教育與社會所做努力。

法鼓山的團體，是在弘揚正信、正統、正確和正常健康的佛法，是在敲響「提昇人的品質，建設人間淨土」的法鼓。這就是釋迦牟尼佛開創的人間佛教。

正信正確的佛法，必定是以人為本，提昇人品、尊重人性、淨化人間的觀念和方法；凡是虛張聲勢、玩耍花招、賣弄神奇、利用神怪的手段來譁眾取寵、威脅利誘的宗教現象，都不是我們法鼓山所堅持的正信的佛教。正常健康的佛法，必定是智慧的、慈悲的、合情合理的、入世化世的；凡是神鬼化、世俗化、厭世的、不合因果原則、違背正常倫理、乖離善良風俗的宗教行為，都不是我們法鼓山所弘揚的正確的佛教。

法鼓山的教育工作與關懷工作，能夠包括人的一生，是貫徹始終的人性教育與人格教育。從佛化的婚禮、慈愛的胎教、幼兒乃至青少年的家庭倫理教育、宗教的人格教育、社會的群體教育、大學院校的人文教育、環境的淨化教育與美化教育，尚有成年人的修養教育、老年人的安養教育，乃至於臨終關懷的生死教育。因此，凡是法鼓山的僧俗四眾，都是終身接受教育培養的學生，也都是終身推廣法鼓山全面教育的教師人才。（〈人間淨土法鼓山〉，《法鼓》，82 期，1996 年 10 月 15 日，版 2、3；今收〈人間淨土的實現〉，《法鼓山的方向》，法鼓全集 8 輯 6 冊，法鼓文化，頁 505-509）

表演節目及來賓致詞後，法師與晴虛長老、宏印法師、今能長老、淨耀法師、廣慈長老進行灑淨，林豐正部長等貴賓一同為奠基剪綵、揭開奠基石，進行「地宮安寶」。

法鼓山地宮位於大殿基地正下方，地宮中埋設諸多象徵佛、法、僧三寶之當代佛教文物法寶，並設計層層保護，標明一千年後始得開啟，期望當代文物留傳後世，祈願佛陀教法跨越千年。

聖嚴師父與五位長老法師，林豐正部長、吳京部長、臺灣省政府民政廳廳長陳進興、尤清縣長、金山鄉長許春財、金山鄉代表會主席何嬌、華視總經理張家驤、楊麗花小姐、陳麗麗小姐、張小燕小姐、佛研所遷建委員會楊正主任委員、法鼓山護法總會陳嘉男會長、奠基大典紀念品設計師王俠軍等十九位，共同將象徵佛、法、僧三寶的當代佛教文物法寶，以及光碟《大藏經》等經典安在地宮中，為臺灣佛教歷史留下豐富的一頁。（〈法鼓山奠基　地宮安寶　萬人觀禮〉，《法鼓》，82 期，1996 年 10 月 15 日，版 1）

十月十日，法鼓山護法總會新任悅眾菩薩授證典禮於農禪寺隆重舉行，來自各地四百多位新舊任正副召集人、關懷委員，以及各會團悅眾菩薩參加。法師一一授證期勉。（〈護法總會新任悅眾菩薩授證典禮〉，《法鼓》，83 期，1996 年 11 月 15 日，版 1）

十月十日至十三日，第十一屆社會菁英禪修營於法鼓山上臨時寮舉行。

十月十八日，於農禪寺，對僧眾、中華佛研所、文基會、護法會、法鼓文化等單位專職「精神講話」，闡述「安住深耕，才有力量」。

十月十九日，第十七次社會菁英禪修營共修會於農禪寺舉行，法師以「宗教、佛法、禪及邪魔」為題開示。

十月二十日，主持第三屆「佛化聯合祝壽」典禮。本次活動由法鼓山與中華文化復興總會、《聯合報》共同主辦，在士林中正高中擴大舉行；桃園、臺中、臺南、臺東四地區亦同步舉行。全臺總計四百餘位七十歲以上壽星參加。法師於開示時說明聯合祝壽目的在於：使壽星得到更多祝福，提倡孝道精神，提倡惜福、培福、種福觀念。（〈佛化聯合祝壽　全省五縣市熱烈展開〉，《法鼓》，83 期，1996 年 11 月 15 日，版 1）

十月二十一日，離臺赴美。

十月二十七日，於東初禪寺公開演講，東西方人士二百多人聽講。講題為「生與死的尊嚴」，略云：

佛教徒的生死觀，看生命與死亡是一體的兩面。

能生則必須求生，非死不可則當歡喜地接受；感恩生存，也當感謝死亡。

努力求生，生存時能使自己提昇生命的品質，淨化自己的心靈。但不可求死，也不用怕死，對死亡要存有感謝的心，因為死亡能使自己放下此生千萬種的責任，帶著一生的功德，迎向一個充滿著希望和光明的生命旅程。（〈生與死的尊嚴〉，《平安的人間》，法鼓全集 8 輯 5 冊之 2，法鼓文化，頁 95-105）

十一月九日，美國新澤西州法鼓山聯絡處舉辦弘法大會，禮請法師主講「如何因應嶄新的二十一世紀」。活動假當地朋頓高中（Boonton High School）大禮堂舉行，計約千人參加，為美國東岸華人社會罕見之盛會。演講後，五十七位來賓參加皈依。講演以四安、四環為內容，提出二十一世紀如何安定身心、如何安家樂業、如何保護人類環境。略云：

二十一世紀安定身心之道：

一、信仰宗教——但不可依賴靈異現象及崇拜神格化人物。

二、求助哲學——但不能僅僅討論問題和指出問題。

三、期待科學——但不能指望以此解決超心理的問題。

四、提倡文化藝術——卻無法幫助人的終極關懷及生死問題。

五、提倡教育——人品重於財富，奉獻重於積蓄，智慧重於技術。

如何樂業：

一、精進不懈，惜福培福。

二、以全體眾生為安業的對象。

三、樂業必須安業——身、口、意三業清淨。

四、在安定和諧中，把握現在的今天，走出新鮮的明天。

五、積極進取中，時時踏穩腳步，步步站穩立場。（〈如何因應嶄新的二十一世紀〉，《平安的人間》，法鼓全集 8 輯 5 冊之 2，法鼓文化，頁 106-127）

十一月十日下午，演培長老於新加坡福慧講堂安詳捨報。法師聞訊後，即飛函問候長老師友，並由弟子果舫法師代表前往拈香致敬，執紼送別。（〈演培長老圓寂果舫法師代表前往致敬〉，《法鼓》，84 期，1996 年 12 月 15 日，版 1）

法師後於十二月二十七日撰文〈悼念演培長老〉，讚其為「華人之寶，星洲國寶」，並追述一九五八年演老任善導寺住持時對法師慷慨贈書，以及一九八二年法師初訪南洋時蒙受接待等事。（〈悼念演培長老〉，《悼念．遊化》，法鼓全集 3 輯 7 冊，法鼓文化，頁 118-124）

十一月二十六日晚，應邀至紐約哥倫比亞大學法國館演講「開發內心的智慧──禪的修持」。演講由哥大「佛學禪修會」以及哥大華裔學生社團「臺灣論壇」聯合主辦。（〈師父紐約哥倫比亞大學演講〉，《法鼓》，85 期，1997 年 1 月 15 日，版 1）

十一月二十九日至十二月六日，於東初禪寺主持第七十四期禪七。共有二十三人參加。

十二月四日，「私立法鼓人文社會學院建校工作申請籌設計畫書」經教育部核准，同意備查。計畫書凡經三度修改。

十二月二十一日，至法鼓山新州聯絡處參加聯誼會，開示應以智慧抉擇，實踐難行能行、難忍能忍、難捨能捨之行，並以佛法來幫助自己、幫助別人。

菩薩不容易做，所謂的難行能行、難忍能忍、難捨能捨，是從小處、易處開始做起，是從可行、可忍、可捨點上開始，慢慢地、慢慢地做，愈做就會愈有成就感，愈做就會愈覺得值得去做，漸漸就可以難行的也能行、難忍的也能忍、難捨的也能捨了。常常以菩薩的精神勉勵自己，看待他人，這是學佛修行的基本原則。

法鼓山的體系分成兩部分：一是僧團部分，是出家人以修行佛法、弘揚佛法為目的；一是居士部分，是在家居士以佛法來幫助自己也幫助別人，因此也要修行佛法才行。

唯有出家人及在家居士都在修學佛法、護持佛法、弘揚佛法、接引眾生，才可能做到普遍地淨化人心、淨化人間。（〈做個自度度人的萬行菩薩（上）〉，《法鼓》，105 期，1998 年 9 月 15 日，版 7；今收《法鼓山的方向》，法鼓全集 8 輯 6 冊，法鼓文化，頁 223-232）

十二月二十五日至明年一月一日，於東初禪寺主持第七十五期禪七。三十四人參加。

十二月三十一日，中華佛研所獲行政院國家科學委員會納入「專題研究計畫」及「研究獎勵」之補助對象，此

為國內佛學研究所之創舉。

為開拓佛研所師生之研究補助與獎勵之社會資源，使研究生畢業後可繼續擔任研究助理工作，中華佛研所特於八月二十四日檢送有關資料向國科會申請納入補助單位案。約經三個月後，國科會訪察團一行六人於十一月十八日上午九時蒞臨訪察。

此次獲國科會補助，是國內佛學研究所之創舉，可見佛研所多年來的努力受到國家級單位的肯定，對今後佛學研究的提昇及未來發展都有很大助益。（〈佛研所獲國科會補助〉，《法鼓》，86 期，1997 年 2 月 15 日，版 1）

民國八十六年／西元一九九七年

聖嚴法師六十八歲

國內外重要大事

- 香港政權移交中華人民共和國，建立香港特別行政區。
- 嘉義香光寺發生地方民間信仰群眾，暴力喧鬧事件。
- 妙然老法師圓寂。
- 玄奘大學成立，開學。該校為了中法師創辦。
- 法鼓山僧團首次結夏安居。

法師大事

- 於美國紐約成立象岡道場。
- 首度前往波蘭華沙指導精進禪修。
- 首度前往克羅埃西亞指導禪修。
- 出席義大利「第十一屆國際宗教領袖和平會議」，會後晤見天主教教宗若望保祿二世。

訂定本年為「人間淨土年」，以推動人間淨土之主題為法鼓山年度活動重點。

一月，發表〈「人間淨土」是什麼？〉，提示今年法鼓山年度重點活動精神。

建設人間淨土的理念，不是要把信仰中的十方佛國淨土，搬到地球世界上來，而是用佛法的觀念，來淨化人心，用佛教徒的生活芳範淨化社會，通過思想的淨化、生活的淨化、心靈的淨化，以聚沙成塔，水滴石穿的逐步努力，來完成社會環境的淨化和自然環境的淨化。

我們從佛教的原始聖典中，例如四種《阿含經》及諸部律藏，所見的釋迦牟尼佛，是非常人性化的聖人，佛的言教身教，都是為了淨化人心及淨化社會的目的，教導人們如何生活得清淨、精進、簡樸、平安。

在大乘經典之中，也處處提示，只要人的心念淨化、行為淨化，便可體驗到這個世界，就是佛國淨土。

因此，要想淨化世界，首先要著重人心的淨化；要拯救人類世界，必先要搶救人類的心志。釋迦牟尼佛說法四十多年，為的也就是拯救人心。我們法鼓山也推出了「心靈環保」、「禮儀環保」的運動，運用佛教的理念及方法，推廣不良風俗的改革，以期提昇人的品質，弘揚人的尊嚴。（〈「人間淨土」是什麼？〉，《人生》，161期，1997年1月1日，頁30-32；今收《法鼓山的方向》，法鼓全集8輯6冊，法鼓文化，頁500-505）

一月二日，從紐約飛抵臺北。

一月五日，於農禪寺宣講「《法華經》與自心淨土」，演講後舉行千人皈依。

要達到人間淨土的目標，就要從自心的清淨開始做起。

而一個學佛的人，在初發心時就要相信心中有佛，自己會成佛，相信自心即佛心，讓自己的心能與佛的心相應。（〈人間有淨土　千人皈依成菩薩〉，《法鼓》，85 期，1997 年 1 月 15 日，版 1）

一月六日起至七月，展開「分享人間淨土」全臺巡迴關懷活動，分批會見全臺約三千名勸募會員。以小型座談方式，慰問關懷勸募會員身心近況；活動於臺北農禪寺以及臺中、臺南、高雄、臺東、花蓮、屏東展開，總計四十五場。（〈與全體勸募會員分享人間淨土〉，《法鼓》，86 期，1997 年 2 月 15 日，版 1）

一月九日至十二日，法鼓山香港辦事處首度舉辦初級禪訓班，計有百餘人參加。由護法會輔導師果舫法師主持。（〈香港禪修班　百餘人熱烈響應〉，《法鼓》，86 期，1997 年 2 月 15 日，版 1）

一月十八日，於農禪寺舉行第三屆「佛化聯合婚禮」，擔任說法祝福人。政治大學校長鄭丁旺擔任證婚人、法鼓山護法會會長陳嘉男與陳美智伉儷擔任介紹人、華視新聞主播胡婉玲擔任司禮人，並邀請第二屆佛化婚禮參加者到場，為新人祝福。

在三寶前發願締結的婚姻，和在法院與自己家中舉行的婚禮不同，由於是真誠的出自夫妻雙方內心，立誓生死不渝，婚姻基礎會非常穩固。結婚不只是兩情相悅，夫妻更要共同承擔家庭責任，相互包容，促進家庭和樂。（〈心靈的、環保的佛化聯合婚禮〉，《法鼓》，86期，1997年2月15日，版1）

一月十九日，法鼓山社區關懷環保日，於全臺二十八地區展開，全國五百多社團及地方單位熱烈響應。北部地區特別安排四條關懷路線，分別由法師、護法會會長陳嘉男、副會長郭超星，以及基金會祕書長戚肩時，親至現場關懷。（〈溫馨1.19　法鼓山社區關懷環保日〉，《法鼓》，86期，1997年2月15日，版1）

一月二十二、二十三日，於文化館主持冬令慰問。（〈冬令慰問情　財施法施遍十方〉，《法鼓》，86期，1997年2月15日，版1）

一月二十四日，「法鼓人文社會學院籌備處」於安和分院召開法鼓人文社會學院初期五年整體規畫案第一次會議。

一月二十五日，於農禪寺齋堂，對法鼓山全體僧眾及專職「精神講話」：「毅力是點滴培養而來」，特別叮嚀：「師父的事業是弘法，師父的悲願是續佛法慧命，師父心目中的巨人是釋迦牟尼佛」，期勉眾人與師同一事業、

同一悲願，方能承擔弘法重任，持續推動法鼓山理念。

一月二十六日，代表法鼓山捐贈小叢刊、書籍及錄音帶予全臺四十八所監獄、看守所、輔育院以及臺北縣家庭扶助中心，法務部部長廖正豪、監所司長林茂榮、保護司副司長馬鎮華及臺北縣家扶中心主任游清梅親至農禪寺接受。（〈1997 大事記〉，《法鼓》，96 期，1997 年 12 月 15 日，版 2）

一月二十六日至二月二日，於農禪寺主持第六十二期精進禪七。（同上）

一月，《修行在紅塵——維摩詰經六講》由法鼓文化出版。《維摩詰經》為法師提倡「心靈環保」之根據所在，故於一九九三年九月及一九九四年二月，兩度共六次，於臺北國父紀念館講述其要義。本書即其紀錄。〈序〉云：

法鼓山正在提倡心靈環保，正在倡導建設人間淨土的理念。我們的理論依據，便是出於《維摩經．佛國品第一》所說：「若菩薩，欲得淨土，當淨其心，隨其心淨則佛土淨。菩薩心淨則佛土淨。」

《維摩經》鼓勵在家居士修學清淨莊嚴的菩薩道，卻未忽略出家比丘的清淨律儀；鼓勵菩薩宜入世，宜處於眾生群中，但又主張離欲不貪著。《六祖壇經》所說「佛法在世間，不離世間覺」的思想，實與本經（《維摩經》）有密切的關係。本經從基本的五乘共法人天十善道，通過三乘共法的解脫道，提昇至大乘不共法的佛道。（〈自序〉，《維摩經六講》，法鼓全集7輯3冊，法鼓文化，頁9-10）

二月六日，首次於農禪寺舉辦除夕圍爐，除常住外，有五百名信眾參與。

二月七日，關懷農禪寺、文化館各項新春法會活動。

二月十一日至十七日，法鼓山「第四屆傳授在家菩薩戒」分兩梯次於農禪寺舉行，計有來自海內外千餘人參加。聖嚴法師、今能長老和宏印長老擔任尊證師。（〈法鼓山第四屆菩薩戒圓滿殊勝〉，《法鼓》，87期，1997年3月15日，版1）

二月十八日，法鼓山教師聯誼會於農禪寺召開，法師蒞會開示。（〈教師攜手發揮淨化社會的功能〉，《法鼓》，87期，1997年3月15日，版1）

二月二十二日，印度駐臺北協會會長（印度駐臺代表）康維諾（Vinod C. Khanna）訪問中華佛研所、農禪寺，法師於農禪寺接待。（〈大事記〉，《1989-2001法鼓山年鑑》，法鼓山基金會，2005年10月出版，頁135）

同日，於農禪寺念佛會開示「念佛共修即助念」：

一般民間習俗的「做七」，是請出家人或職業誦經團到家裡誦經，但是亡者家屬自己卻不參與。農禪寺則提倡由家屬自己來共修念佛，並請其他念佛會的全體會員幫忙助念。

不要將助念看成一個買賣的交易，這是絕對錯誤的。來到農禪寺請求助念，參加念佛共修，完全是為提倡助念，使亡者超昇，生者安寧；法鼓山農禪寺提倡的是，由親屬一起為亡者念佛迴向，這才真正是做冥陽兩利的佛事。（〈念佛共修即助念〉，《法鼓》，104 期，1998 年 8 月 15 日，版 7）

二月二十三日，護法總會於農禪寺舉行「悅眾菩薩誦戒聯誼會」，約有三百人參加。法師開示勉勵大眾：不要擔心犯戒，但是要經常警惕自己，犯戒後重新懺悔，如此仍是保持戒體。

二月二十五日，於農禪寺齋堂，對法鼓山全體僧眾及專職「精神講話」，從近期教界二三事，分享心得：（一）面對群眾事件，不反擊、不罵人、不反抗、不對抗；當以靜制動，面對它、處理它、放下它、原諒它，此為佛法最重要精神。（二）今年是人間淨土年，籲請睦鄰敦親，守望相助。

二月二十七日，主持「法鼓山土城教育訓練中心」啟用灑淨儀式，約有二百人參加。該中心為資深悅眾楊正雄、楊紀梅提供使用，將做為短期禪修、共修及教育訓練之用。（〈教育新里程　土程訓練中心啟用〉，《法鼓》，87 期，1997 年 3 月 15 日，版 1）

三月七日至十日，第十二屆社會菁英禪修營於法鼓山上臨時寮舉行。

三月九日，「太虛大師圓寂五十週年學術座談會」於臺北慧日講堂舉行，由佛青文教基金會與慧日講堂共同主辦。與會者另有傳道法師、宏印法師、楊惠南教授。法師原應邀主持，然屆時未克出席，致詞專文〈人間佛教之啟蒙〉請如虛法師代讀。文中讚揚太虛大師對現代佛教最大貢獻，在於「人間淨土」之弘揚；今日中國佛教諸多團體皆承此而發揚。

在中國佛教的思想方面，太虛大師對於現代佛教的最大貢獻，應該是「人生佛教」及「人間淨土」觀念的提出。他是為糾正中國社會一向對於佛教看法的扭曲，因此提倡大乘菩薩以人生修養為服務目標的宗教。民國七年以前，主張以五戒十善為修持軌範的「人乘佛教」。民國七年到十六年，強調由「人乘漸階佛乘」，主張建立「人間淨土」的特區。到民國十七年（一九二八）以後，提出「人生佛教」、「人間佛教」的理念。嗣後印順導師提倡人間佛教，先師東初老人鼓揚人生佛教，目前我們法鼓山以「提昇人的品質，建設人間淨土」為根本理念，慈光山闡揚「人乘佛教」，其他如佛光山、慈濟功德會等臺灣諸佛教團體，以及大陸許多道場，都在提倡人間佛教或人間淨土，雖其彼此的內容也有若干差異，而在今天提倡這樣的思想，絕對是正確的。追本溯源，我們豈能忘了太虛大師乃是這條路的首創者。（〈人間佛教之啟蒙〉，《人生》，164 期，1997 年 4 月 1 日，頁 35）

三月十二日，接受國大代表陳亦文邀請，於基隆文化中心「基隆市幸福家庭表揚大會」中，演講「如何建設人間淨土」，約有一千六百位市民與會。（〈基隆弘法師父帶來智慧妙語〉，《法鼓》，88 期，1997 年 4 月 15 日，版 1）

三月十四日至十六日，法鼓山以「人間有淨土——跨入嶄新的二十一世紀」為主題，於國父紀念館展開「人間淨土年」系列活動。除每晚法師演講外，十五日、十六日，為「健康關懷」系列活動，聯合健康、醫療、衛生、環保等社團機構，於國父紀念館廣場作相關服務，並且邀請專家學者專題演講。

十四至十六日晚上，於國父紀念館大會堂，分別以「輕鬆自在過生活——安心、安身」、「用愛心營造溫馨的家庭——安家」和「找回祥和的社會——安業」為題講演。大會由名演員李玉琥擔任司儀，《中華日報》董事長詹天性、聲寶公司董事長陳盛沺，以及太子建設副董事長莊南田引言，三位引言人均以皈依弟子身分發言。講演略云：

二十一世紀的生活是快速變動的，人際關係密集互動，社會狀況複雜多元，心靈生活與物質生活都會起很大的變化。因此：應以心靈行為的重建，作為跨入二十一世紀的動力；以身體行為的重建，作為實踐開發人間淨土的基礎。

對於家庭的經營，則要「以慈悲心待家人，以智慧心待自己」、「以慈悲對待人，以智慧處理事」。

找回祥和的社會，四個方法為：要有長遠的眼光處理自己的問題；有寬大的心懷包容他人的問題；以利益他人的行為來利益自己；以感恩的心態面對所處的環境。

（〈迎接 21 世紀　落實身心靈整體關懷〉，《法鼓》，88 期，1997 年 4 月 15 日，版 1）

三月十七日至二十四日，於法鼓山上主持第六十三期禪七，共有一百一十二人參加。

三月十七日，「法鼓人文社會學院建校工作環境影響評估報告書」獲行政院環保署審查通過。

三月二十二日，法鼓山推行節約用水活動，獲經濟部水資源局推薦為全國節約用水績優團體 。（〈法鼓山節約用水獲表揚〉，《法鼓》，88 期，1997 年 4 月 15 日，版 1）

三月二十三日至二十八日，一九八九年諾貝爾和平獎得主、西藏精神領袖達賴喇嘛接受中國佛教會理事長淨心長老之邀請來臺弘法六天，並於高雄中正體育場、桃園巨蛋體育館，向十餘萬信眾說法、灌頂。期間，接受中山大學頒贈榮譽博士學位，走訪各大寺剎，與總統李登輝、省長宋楚瑜及佛教界領袖歡敘。

系列活動由中國佛教會主辦，國內各佛教團體共同協辦；法鼓山文教基金會擔負總務、醫療、環保三項工作。（〈達賴喇嘛訪臺　法鼓山負責總務、環保、醫療〉，《法鼓》，88 期，1997 年 4 月 15 日，版 1）

法師對達賴喇嘛來臺表示歡迎，認為能帶來良善而積極風氣，促使佛教各宗派，以及各宗教之間，以寬廣心胸，包容、承認、容許他人特色與不同點，並能發揮其優點，學習他人長處。

西藏精神領袖達賴喇嘛是當今之世，唯一能夠代表正統佛教向世界發言的宗教領袖，他以謙虛、和藹、可親的態度，將佛法介紹給世人，使得藏傳佛教在世界各地，都受到極大的歡迎。而達賴喇嘛本人所宣揚的和平與慈悲，他所享有的國際聲望，在在顯示出他是一位不分宗教、國界，具有真知卓見的世界級領袖人物。今天，達賴喇嘛能有此一殊勝因緣來到臺灣，我們非常歡迎他的來訪。

他的到訪，對臺灣宗教界而言，應是有相當正面積極的意義；特別是不久前，臺灣社會發生一些宗教事件，達賴喇嘛此行，可說為臺灣佛教界帶來許多新的氣象。尤其對顯教的法師或居士們，受了他的感召與激勵後，相信將會更虛心經營弘法的事業，加強教理的研究與修行的實踐，若能因此吸引更多優秀的人才加入，相信未來我們佛教將會有更光明的發展。

藉著達賴喇嘛的訪問，希望能讓臺灣民眾了解到，藏傳佛教並不是專門用來求財、學神通的，也不是只用神祕方式加持、祈福、消災、治病，而能進一步地了解到藏傳佛教的精義。

如果能夠學習藏密的優點，以開放的心態接收其精髓，取長補短，對我們漢傳佛教的復興將有很大的幫助。（〈達賴喇嘛來臺的意義與啟示〉，《人生》，165 期，1997 年 5 月 1 日，頁 58-59）

三月二十四日，上午，於臺北福華飯店與達賴喇嘛單獨會面。就比丘尼戒傳承、制度、內容，進行對談。雙方相談甚契，並約定今年五月於紐約相見，進一步交流。

我在事前並不知道會有怎樣的機會與達賴喇嘛見面，

僅從連日來的新聞報導中，得悉他這趟來臺灣希望了解一下漢傳佛教的比丘尼戒，所以在他房間的會客室見面後，主動向他提起漢傳比丘尼戒的傳戒起源、傳承歷史，以及漢地所用《四分律》和道宣律師的觀點。發現達賴喇嘛對於藏傳的有部律也很清楚，但他還不知道我們的《四分律》、南山宗是什麼？不過，由於彼此對戒律都很熟悉，所以一見如故。（〈二、達賴喇嘛訪問臺灣〉，《空花水月》，法鼓全集 6 輯 10 冊，法鼓文化，頁 13-14）

達賴喇嘛二十四日早上九點，與對戒律素有研究的聖嚴師父會面，就比丘尼戒的傳承、制度、內容，進行了半小時的談話。

聖嚴師父還特別致贈了《戒律學綱要》、英文著作 *Dharma Drum*，以及親筆所題「智者無有畏難，仁者不見怨敵，一位謙虛的智者，一位真誠的仁者。」贈送給達賴；而達賴喇嘛則贈送了十二本個人的著作和一尊釋迦牟尼佛像給聖嚴師父。最後，達賴喇嘛並特別慎重的搭衣和聖嚴師父合照，並竭誠的邀請聖嚴師父，到印度的達蘭莎拉做一長期的講學，兩人並約定於今年五月在紐約相見，並希望雙方能做進一步的學術交流。（〈師父與達賴喇嘛個別會談〉，《法鼓》，88 期，1997 年 4 月 15 日，版 1）

三月二十五日，於農禪寺齋堂，對法鼓山全體僧眾及專職「精神講話」，從西藏宗教暨精神領袖達賴喇嘛來臺

弘法談起，讚歎達賴喇嘛是人間智者、仁者，並分享心得：（一）法鼓山不是「山頭」，而是社會、國家、宗教及佛教界一分子。（二）佛教沒有祕密。（三）人品提昇，從「謙虛、慈悲、包容、誠實」做起。

三月，中華佛研所《中華佛學研究》創刊出版，為佛研所第二份學術年刊，提供碩士以上學者發表論文。創刊於一九八七年之《中華佛學學報》則提供助理教授以上學者發表論文。

法鼓小叢刊《人間淨土》出版。此係選輯與「人間淨土」主題相關文章，作為今年重點活動之參考。〈序〉中自述其淨土觀念，有層次之不同，而無方越之差別。略云：

《六祖壇經》說：「佛法在世間，不離世間覺。」也就是說，能體驗佛法的話，這個所處的世間，就是淨土；換句話說，自心清淨就能見到自性淨土。另外，中國天台宗智者大師，主張一念三千的思想，就是在凡夫的現在這一念之中，已經包括著凡聖十類法界、一切的因緣果報等，所以，凡夫的這一念虛妄心之中，就含有諸佛的功德。因此，《六祖壇經》說：煩惱就是菩提，生死就是涅槃。永明延壽禪師的《宗鏡錄》強調，一念心與佛的悲智相應，當下就是佛，所見的就是佛國淨土。

因此，我的淨土觀念，是有層次的不同，而沒有一定的方越差別。人間淨土是最基本的，然後是天國淨土，還有他方佛國淨土，最高的是自心清淨的自性淨土。如果在日常生活中體驗佛法，那怕一個念頭與佛法的慈悲與解決煩惱的智慧相應，當下見到的，就是人間淨土。也就是說，一念心中有慈悲及智慧，就一念見到人間淨土；念念與慈悲及智慧相應，就念念見到人間淨土。……換句話說，凡夫可以見到淨土，如果念佛念到一心不亂，也可見淨土，參禪參到明心見性也可見到淨土；如果既不念佛，也不參禪，而修行五戒十善，或盡責任、奉獻社會，能與慈悲心與智慧心相應，也能見到人間淨土。

當釋迦牟尼佛在世時，經常遊化人間，老早就在建設人間淨土；到了近代的太虛大師，主張建設人間淨土、人成即佛成；到了印順導師，主張人間佛教；法鼓山的理念是「提昇人的品質，建設人間淨土」。而今年法鼓山的年度重點活動課題，就叫「人間淨土年」，所以蒐集了七篇比較具體的文章，彙印成冊，勉勵大家一起來從事人間淨土的建設。（〈淨土在人間〉，《法鼓山的方向》，法鼓全集 8 輯 6 冊，法鼓文化，頁 491-493）

四月八日，「真心擁抱——關懷臺灣、迎向新世紀」大型演講會，由中國生產力中心舉辦，於臺北國際會議中心舉行，三千多位傳銷界菁英參加，法師應邀出席，以「自我消融，自我成長」為題開示。（〈關懷臺灣．迎向新世紀〉，《法鼓》，89 期，1997 年 5 月 15 日，版 1）

四月九日，應邀至輔仁大學參加「靈驗事蹟之探討」座談會。座談會由輔仁大學宗教系主辦，該系系主任陸達誠神父主持，邀請法師代表佛教、中華道教學院副院長李豐楙代表道教、輔大神學院副教授王敬弘代表天主教參加座談。法師以「神通是宗教現象的副產品」為題發言。（〈大事記〉，《1989-2001 法鼓山年鑑》，法鼓山基金會，2005 年 10 月出版，頁 165）

四月十三日，全臺巡迴關懷前往屏東關懷當地會員。一百二十多位勸募會員與會。高雄市副市長黃俊英特地前來參加。（〈同心同願　共擊大法鼓〉，《法鼓》，89 期，1997 年 5 月 15 日，版 8）

四月十七日，至農禪寺出席「榮譽董事聯誼會」首次年會，約有二百四十多位來自全球各地榮董與會，分享學佛、護法心得。法師期勉大眾將佛法應用在事業、生活中，一起推動「提昇人品，淨化社會」工作。

四月十九日，前往臺中分院，展開一天四場之關懷活動。計有一百八十餘位勸募會員、十一位新榮譽董事、二十二位新勸募會員參加。（〈同心同願　共擊大法鼓〉，《法鼓》，89 期，1997 年 5 月 15 日，版 8）

四月二十日，臺北市政府舉行低收入戶優秀青少年獎助金頒發典禮暨冬令救濟績優單位表揚，文化館因推展公益慈善事業，獲臺北市政府社會局推薦為冬令救濟績優單位，由文化館鑑心法師代表接受感謝狀。文化館自民國四十五年（一九五六）開始舉辦冬令救濟，至今未曾中斷。（〈推展冬令救濟　文化館獲頒感謝狀〉，《法鼓》，89 期，1997 年 5 月 15 日，版 1）

四月二十一日，前往臺東關懷當地會員。會場設於臺東山地青年活動中心，臺東縣縣長陳建年伉儷亦到場與會。（〈同心同願　共擊大法鼓〉，《法鼓》，89 期，1997 年 5 月 15 日，版 8）

四月二十二日，前往花蓮關懷當地會員，並參觀慈濟護專、東華大學，作為法鼓大學建校參考。（同上）

四月二十三日，於農禪寺齋堂，對法鼓山全體僧眾及專職「精神講話」，提出「一師一門，同心同願」。「一師」謂以釋迦牟尼佛教法為唯一師承，「一門」指身心安住法鼓山；「同心」在於觀念、想法與佛心相應，「同願」則在共同建設人間淨土。

四月二十六日至五月三日，於法鼓山上主持第六十四期禪七，共有一百一十五人參加。

四月二十六日，第十九次社會菁英禪修營共修會於農禪寺舉行，法師以「現在觀」為題開示。

四月二十七日，於農禪寺主持法鼓山首屆「佛化成年禮」。計有一百零八位青少年，在父母親陪同下，接受佛法祝福。法師期許受禮青年，學習獨立，以報恩心，充分發揮生命價值。（〈佛化成年禮古味足　謝親恩溫馨感人〉，《法鼓》，89 期，1997 年 5 月 15 日，版 1）

四月三十日，飛往香港，展開第八次香江弘法。四眾弟子六十多人隨行。

四月，《心的詩偈——信心銘講錄》由法鼓文化出版。該書為法師在美國四次禪七開示紀錄，原書 *Faith in Mind* 於一九八七年在美出版，中譯本經多次潤改，十年後始得出版。

五月一日至三日，接受香港佛教青年協會邀請，連續三晚在伊利沙伯體育館宣講《華嚴經．淨行品》，慧淨法師擔任粵語口譯。

當我初讀《華嚴經》時，就覺得〈淨行品〉及四十卷本的第四十卷〈普賢菩薩行願品〉，最使我感動。我們唱的三皈依偈，以及在我做小沙彌時所讀《毘尼日用》的諸偈，便是出於《華嚴經．淨行品》；禪門日誦的「懺悔文」末段共十六偈，中有十二偈是取自〈普賢菩薩行願品〉。該品講的人很多，因此，我於去年（一九九六）在農禪寺，選講了〈普賢菩薩行願讚〉，這次則特別選了〈淨行品〉。（〈五、記者訪問　講《華嚴經》〉，《空花水月》，法鼓全集 6 輯 10 冊，法鼓文化，頁 21）

五月二日下午，接受香港中文大學崇基學院「宗教與中國社會研究中心」主任教授李熾昌博士邀請，至該校演講，為該校首次邀請佛教法師擔任特別講座。講題為「中國佛教對後現代社會的回應」。

所謂後現代，指的是對於現代主義的繼續發展，同時也是對現代主義的否定和拒絕，主要是繼承學術思想而採取批判的態度。

中國佛教思想對後現代社會的回應，可以分成兩方面，第一是學術方面，第二是實踐方面。在學術方面，從傳統的宗派轉為多元化及非宗派之趨向，又如對男尊女卑思想的反省、對俗卑僧尊觀點的批判、對圓融含混觀念的反省、對本體論所持本覺思想的批判等。在實踐方面，有否定中國傳統的大乘佛教，提倡所謂原始佛教內觀禪、四念處、《阿含經》的運動；有新興獨立在家教團的出現，有比丘尼團體自成一家的活躍，有社會服務及人間關懷工作的推展，有教育事業及學術研究的推廣，還有人間佛教及人間淨土運動的普及。（〈六、演講「後現代的佛教」〉，《空花水月》，法鼓全集 6 輯 10 冊，法鼓文化，

頁 24-26）

五月三日上午，至法鼓山香港辦事處參加「香港—臺灣悅眾菩薩聯誼會」，會見當地悅眾菩薩。

下午，於伊利沙伯體育館主持皈依儀式，百餘人參加。（〈第八度香江弘法　宣講華嚴妙意〉，《法鼓》，90 期，1997 年 6 月 15 日，版 1）

五月四日，初次應邀訪問菲律賓。此次行程係由菲律賓佛學社主辦，鄭振煌教授接洽安排。

下午，在馬尼拉大飯店大會議廳演講，菲律賓天主教樞機主教弗南度．開普羅（Fernando Capella）博士，泰國國會議員、太空工程博士艾雅翁．強賽（Art-Ong Jumsoi），菲國著名心理學家傑姆．里卡各（Jaime Licauco）、菲律賓神智學會負責人維盛特．豪欽（Vicente Hao Chin）等回應座談。活動由菲律賓佛學社主辦，天主教會協辦，為菲國天主教與佛教界人士之首次對談。演講主題為「自性覺悟」，所述修行理念與方法獲得與會座談來賓包括樞機主教、天主教徒等之一致肯定，頗出意外。講詞略云：

一、佛教的修行觀念和修行方法，就是達成智慧心和慈悲心的開發。任何一個宗教，在這方面，都會有它共通性的認知。

二、用禪修來開發智慧心和慈悲心，應該有三個層次：集中心、統一心、無心。

三、要完成無心，就要用佛教所說的「放下自我中心、拋開分別執著」，不僅僅是放下集中心所體驗到的個人的小我，也要放下統一心所體驗到的大我，這就是無我的智慧心和無私的慈悲心的顯現，也就是明心見性的開悟境界。（〈一一、宗教對談會〉，《空花水月》，法鼓全集 6 輯 10 冊，法鼓文化，頁 39-40；另參見〈首度前往菲律賓　受到熱烈歡迎〉，《法鼓》，90 期，1997 年 6 月 15 日，版 1）

傍晚，至信願寺拜訪，由信願寺瑞今長老及廣範法師招待。瑞今長老高齡九十，為東初老人同學。（〈一五、信願寺晚宴上的故事〉，《空花水月》，法鼓全集 6 輯 10 冊，法鼓文化，頁 48-50）

晚，於信願寺出席盛大晚宴。（同上）

五月五日，再訪信願寺，致贈《東初老人全集》及《法鼓全集》，並參觀其創辦之能仁中學。（〈一六、馬尼拉的佛教界〉，《空花水月》，法鼓全集 6 輯 10 冊，法鼓文化，頁 51-53）

下午，訪華藏寺、隱秀寺、普濟寺。（〈一七、自立法師〉，《空花水月》，法鼓全集 6 輯 10 冊，法鼓文化，頁 54-56）

五月六日晚，率同侍者及英文翻譯果谷法師、影視製作張光斗、攝影師郭重光，搭乘德航直飛德國法蘭克福轉飛波蘭華沙。（〈二〇、馬尼拉的風土民情〉，《空花水月》，法鼓全集 6 輯 10 冊，法鼓文化，頁 65-66）

五月七日至十三日，於華沙指導精進禪修，以《臨濟錄》上堂法語為開示要旨。本次參加禪眾共四十一位，波蘭人士三十三位，德國人士五位，瑞典二位、法國一位。參加禪眾多已有相當基礎，且翻譯十分優秀，禪修指導非常成功。禪修期間特別強調：「禪七中所學為自安安人之方法與觀念，因此一定也要用在日常生活中。」（〈二二、華沙的禪堂〉，《空花水月》，法鼓全集 6 輯 10 冊，法鼓文化，頁 70-74）

五月十四日晚，應邀至華沙歷史最悠久之農業大學，以「禪」為題公開演講，聽眾三百多人，為該國佛學演講人數最多者。當地幾位佛教徒，趕工將法師英文新作 *Dharma Drum*（《法鼓禪風》）以波蘭文譯出發行。（〈聖嚴師父走過東西半球弘法〉，《法鼓》，90 期，1997 年 6 月 15 日，版 1）

五月十五日上午，搭機飛往克羅埃西亞首都札葛雷勃（Zagreb）。係應當地「法集佛學會」資深會員查可．安德列塞維克（Žarko Andričević）以及雅桑（Sanja Jurkovic）等人邀請前來弘法。渠等曾至紐約東初禪寺參加禪七。（〈三三、出入兩個東歐國家〉，《空花水月》，法鼓全集 6 輯 10 冊，法鼓文化，頁 106-109）

當晚，於市中心歐洲之家公開演講「禪悟之道」。五元美金入場券之講會，僅一百五十座位，湧進三百多位聽眾，且絕大多數為青年人。現場有人將法師三篇重要文章，譯成該國語文發售。（〈聖嚴師父走過東西半球弘法〉，《法鼓》，90 期，1997 年 6 月 15 日，版 1）

五月十六日至十九日，於克羅埃西亞進行禪修指導。禪眾計二十六人，二位來自瑞典、一位來自德國，餘均為當地人士。因時間有限，故課程緊湊，期留下完整禪修模式。（〈三七、有所不同的禪修指導〉，《空花水月》，法鼓全集 6 輯 10 冊，法鼓文化，頁 120-122）

五月二十日，返抵美國。（〈四三、飛到了紐約〉，《空花水月》，法鼓全集 6 輯 10 冊，法鼓文化，頁 138-140）

五月二十二日，正在哈佛大學客座研究之果稠法師，應聯合國組織之一宗教研究機構邀請，與福特漢大學

（Fordham University）宗教文化研究所所長赫利博士，作公開宗教對談。法師亦列席答問。（〈聖嚴師父走過東西半球弘法〉，《法鼓》，90期，1997年6月15日，版1）

五月二十三日，勘察紐約上州烏爾斯特郡（Ulster County）土地，以做為北美禪修道場之用。

五月二十四日，美國莊嚴寺舉行大佛殿落成開光典禮，率領法鼓山美國分會四眾代表一百餘位前往祝福。來自世界各國之華僧長老雲集，與會來賓約六千人。大會主席由美國佛教會新任副會長印海法師擔任，莊嚴寺住持明光法師任總招待。達賴喇嘛擔任大殿啟鑰儀式，臺灣陳履安、莊南田二位居士擔任大佛揭幕儀式，法師與達賴喇嘛等十九位長老法師擔任大佛開光及灑淨儀式。（〈四五、莊嚴寺大佛開光〉，《空花水月》，法鼓全集6輯10冊，法鼓文化，頁144-146）

午餐，與達賴喇嘛、悟明、淨心、廣元、浩霖等長老法師同席，略及法義儀典之討論。（〈四六、與達賴喇嘛同桌交談〉，《空花水月》，法鼓全集6輯10冊，法鼓文化，頁147-151）

晚，參加美國佛教會「三十年回顧座談會」。致詞回顧與美國佛教會之因緣，並特別祝福感謝沈家楨先生多年來之護持與培植。(〈四七、我與美國佛教會的沈家楨先生〉,《空花水月》,法鼓全集 6 輯 10 冊,法鼓文化,頁 152-155)

五月二十五日,上午,於莊嚴寺召開之「世界佛教僧伽大會」,講演「現代世界佛教青年僧伽的新使命」。

下午,於東初禪寺演講「人間淨土的展現」。(〈人間淨土的展現〉,《人生》,176 期,1998 年 4 月 1 日,頁 4-6)

五月二十九日至六月五日,於東初禪寺主持第七十六期禪七。

六月六日,即起至十二月十九日,於東初禪寺之週五禪修特別課程開講曹洞宗祖師萬松行秀《從容錄》。

六月七日,東初禪寺舉行「一九九七年法鼓山大紐約聯誼會」,蒞會開示期勉會眾謙虛謹慎、做事實在、關懷社會,尤其「臨終關懷」。(〈大紐約聯誼會 師父親自蒞會參與〉,《法鼓》,91 期,1997 年 7 月 15 日,版 1)

六月二十三日,東初禪寺念佛會助念組舉辦聯誼會,播放《西藏度亡經》影片。法師蒞會開示;並說明《西藏度亡經》之「破瓦法」即「淨土宗」之念佛與助念。

（師父）舉先總統蔣公往生例，鼓勵大家不要怕有人生前不信佛，不敢前往助念，怕其起瞋恨心。至於有人質疑淨土經典的真偽，師父表示：「只要合乎『三法印』即可印證是真佛法是真經，毋庸置疑。」（〈東初禪寺助念組聯誼會　師父開示念佛與助念關懷〉，《法鼓》，94 期，1997 年 10 月 15 日，版 1）

六月二十六日至七月四日，於東初禪寺主持第七十七期禪七。

七月二日，將兩年前所講〈普賢菩薩行願讚〉紀錄重寫畢。

這一篇講稿釋義，可以作為《華嚴經》的心要來讀，也可以當作理解《華嚴經》不可思議境界的入門參考，也可以用作研究講演普賢行願法門的初級教材。

普賢行願是「以願導行，以行踐願」，是「以大悲行為立足點，以大弘願為總方向」，大乘佛教徒實踐菩薩行，應當弘揚普賢菩薩的行願法門。（〈後記〉，《普賢菩薩行願讚講記》，法鼓全集 7 輯 4 冊之 2，法鼓文化，頁 77）

七月三日，東初禪寺於紐約上州購得道場用地，法鼓山美東象岡道場成立，此為歷經五年尋覓所得。

象岡（Shawangunk）坐落於距紐約市一百三十英里的上州，位於一座白山的山麓，印地安人稱此為朔旺港，故取其諧音命為象岡。這裡本來是青年會的夏令營地，占地八七．一五英畝，有三棟建築物可用。土地連地上物是以六十四萬五千美元成交。（《法鼓一九九八年報》，頁22；另參見:〈四九、紐約上州的象岡道場〉，《空花水月》，法鼓全集6輯10冊，法鼓文化，頁159-161）

說起紐約上州的道場，其實已經物色了五年多，原因是現在紐約市區的東初禪寺，已不敷使用，每次禪七，報名人數愈來愈多，我們限於空間太小，只能接受三十人以下，許多人經過幾次報不上名，就不再來了。同時，市區道場的用途是多元化的，故也無法連續舉辦禪修活動，這就促使我們不得不向郊外去尋找適合的地方。

原則上希望房屋要寬大夠用，地點要不超過一小時至兩小時的車程，環境要有山、有水、有平地、有草、有林、要安靜，價錢不能超過我們的財力負擔，最好是有那一位菩薩發心捐出我們需要的房地產來。這樣多的條件之下，果元法師和我，經常被房地產仲介商的電話喊來喊去，不斷地在紐約的上州、新澤西州、賓州、康州，來來去去看地找房子，看得上而又談得攏的太難了。到了前年（一九九五）秋天，終於在紐約上州找到一塊勉強可用的農莊，只有二十英畝，花了訂金，花了律師費，尤其花了大筆的規畫設計費，結果發現沼澤的面積太大，不能使用而解約了。目前這塊土地，幾乎都合我們的條件，竟遇到好事多磨。直到六月三十日，總算已在一波三折中買到了手。（〈四四、一波三折的美國新道場〉，《空

花水月》，法鼓全集 6 輯 10 冊，法鼓文化，頁 141-143）

七月六日，返抵臺灣。隨即於下午兩點展開弘法活動，以「信佛學佛的好處」為題演講。講後，主持千人皈依大典。（〈聖嚴師父返國後首次演講暨皈依法會〉，《法鼓》，91 期，1997 年 7 月 15 日，版 1）

七月九日至十六日，於農禪寺主持第六十六期精進禪七。（〈1997 大事記〉，《法鼓》，97 期，1998 年 1 月 15 日，版 2）

七月十一日，赴嘉義，參加護法會嘉義地區勸募會員聯誼會。（〈聖嚴師父嘉南地區關懷行〉，《法鼓》，92 期，1997 年 8 月 15 日，版 8）

七月十三日，應邀至臺南，先至臺南分院關懷勸募會員。晚上，於市立文化中心主講「如何建設人間淨土」，約有二千人與會。會後有數百人參加皈依儀式。（同上）

七月十六日，法鼓山文教基金會為紀念傅偉勳教授之卓越貢獻，在安和分院舉辦兩場「傅偉勳教授與生死學」座談會，第一場主題為「傅教授學術思想與行誼」，第二場主題為「生死學與臨終關懷」。分別由法師及中華佛研所所長李志夫教授主持。法師並以「生死學與臨終關懷」為題講演，紀念傅偉勳教授謝世一週年。參與座談者，有傅教授遺孀華珊嘉女士，臺灣大學教授楊惠南、《西藏生死書》譯者鄭振煌等。（〈紀念傅偉勳教授座談會〉，《法鼓》，92期，1997年8月15日，版1）

七月十九日至二十一日，「第三屆中華國際佛學會議」於國家圖書館舉行。會議由法師擔任總召集人，中華佛研所主辦，國家圖書館等十四個單位協辦。

協辦單位有：中華民國國家圖書館、臺灣大學佛學研究中心、輔仁大學宗教研究所、文化大學哲學研究所、法鼓山文教基金會、法鼓人文社會學院籌備處、法鼓文化公司、《人生》雜誌、日本佛教大學、日本立正大學佛教學部、日本駒澤大學佛教學部、泰國法身寺基金會、美國密西根大學佛教文化研究所、美國亞利桑那大學東亞研究所等十四個單位。（《人間淨土與現代社會：第三屆中華國際佛學會議中文論文集》，臺北：中華佛學研究所，1998年2月）

會議主題為「人間淨土與現代社會」，副題為「傳統淨土思想的人間性及其現代意義」。共有來自國際四十六位佛教學者發表論文，海內外一百六十多位宗教、哲學學者與會熱烈討論。

第一屆（一九九〇）會議主題是：「佛教倫理與現代社會」；第二屆（一九九二）會議主題是：「傳統戒律

與現代世界」；此次第三屆（一九九七）會議主題是：「人間淨土與現代社會」。

該會議網羅來自世界各地，在佛教領域具有國際知名度的學者，有來自美國、加拿大、日本、泰國、斯里蘭卡、紐西蘭等世界各國的國際知名學者，從佛學、社會學、管理學、文學、生死學等各種不同的角度，探討人間淨土如何在現代社會中實踐。（同上）

七月十九日下午二點，舉行開幕典禮。李總統登輝先生、佛教界悟明長老、淨心長老、今能長老、明光法師等，以及內政部部長葉金鳳、教育部次長楊朝祥、臺北縣縣長尤清等，均參與此佛教與學術盛會。

李總統登輝先生應邀致詞，推崇法師推動「建設人間淨土」之成果。

法師以「人間淨土與現代社會」為題致開幕詞，說明本次學術會議主要功能與目標，期許學術研究與現實人間需要相結合，使研究成果能在生活中實踐「人間淨土」思想。

大會開幕主題演說，邀請日本國寶級學者東京大學名譽博士平川彰擔任，以「淨土之現代意義」為題演說。

（〈第三屆中華國際佛學會議探討人間淨土的可能〉，《法

鼓》，92 期，1997 年 8 月 15 日，版 1）

同日，法師於大會發表論文〈戒律與人間淨土的建立〉，提出：依發心程度而持守不同戒法以淨化身心、淨化人間。

戒律是為了淨化人類的身心而設，是為了淨化人間的社會而設。是以人間的善良風俗人情及合理的國家規章法令，為佛陀制戒的參考基礎，加以佛法的正知正見作引導，便成了有小有大、能略能廣、可淺可深，可以適應任何時空環境的生活準則。

當認識了戒律的功能，明白了佛陀制戒的用心，便不會拘泥於枝末小節，應著重於人類之身、心、語言，三種行為的淨化。

佛教的戒律，是相當人性化且富於人情味的，因其重視實用性，故也富有伸縮性。佛教雖有種種戒律，並未規定所有的人都受同樣多的戒律，那是依照各人發心的程度，來自由決定的。（〈戒律與人間淨土的建立〉，《學術論考》，法鼓全集 3 輯 1 冊，法鼓文化，頁 404-405）

七月二十一日，主持大會閉幕式。致詞表示：提倡人間淨土、重視現實世界之同時，必須肯定他方佛土之信仰，以及自內證體驗之自性淨土，否則，佛教將失去其超越性、解脫性。

為了求生信仰中的佛國淨土或天國淨土，必須先在現實的人間，努力於心靈的淨化、生活的淨化、環境的淨化。在重視現實世界的人間性之同時，必須肯定信仰中的他方佛土，及自內證經驗的自性淨土，否則，佛教便失去它的超越性，而會流於世俗性的社會運動。也就是說：講求人心安定、人類幸福、世界和平，乃是宗教徒的基本工作；由對於生死的關懷，而達成往生佛國、解脫生死、圓滿自在，才是佛法的最高境界。（〈淨土思想的人間性及其時代意義〉，《法鼓》，92 期，1997 年 8 月 15 日，版 2；今收《教育．文化．文學》，法鼓全集 3 輯 3 冊，法鼓文化，頁 101-103）

七月二十二日，「法鼓山佛教基金會」完成登記，正式成立。此基金會係以「興辦佛教宗教、社會、教育及文化等事業」為主旨，與「法鼓山文教基金會」之以推廣佛教學術文化有所區隔。（〈大事記〉，《1989-2001 法鼓山年鑑》，法鼓山基金會，2005 年 10 月出版，頁 145）

七月二十三日，第二十次社會菁英禪修營共修會於農禪寺舉行，法師蒞會開示：「共修的力量與共修的功能」。

我們一定要相信共修的力量，這力量不是迷信，而是集合了共修者共同的「心」力所成，共修的功能就在於同心協力，當大家的心力方向是一致時，才能成為共鳴，這種共鳴的聲音雖然聽不到，但確有其無形的力量相互支援著。（〈共修的力量與共修的功能〉，《動靜皆自在》，

法鼓全集 4 輯 15 冊，法鼓文化，頁 157）

七月二十五日，於農禪寺齋堂，對法鼓山全體僧眾及專職「精神講話」，法師重申法鼓山是非營利事業團體，「錢」與「人」為兩大資源，又以人力資源為要。假使一個非營利事業團體成員，無法從中生起榮譽感、收穫與成長，團體便會萎縮、消失。因此，非營利事業團體之成敗，繫乎理念，而更與負責人及其成員息息相關。法師總結非營利事業團體永續經營，具有三特質：一、理念與實踐，須名副其實，不可將非營利事業視為形象包裝工具；二、善用義工人力資源；三、眾志成城，結合眾人為共識、理念努力。

七月二十五日至八月七日，分兩梯次，於金山法鼓山上，首度舉辦「出家生活體驗營」，共有來自全臺各地，以及香港、新加坡、印尼、加拿大等三百七十多位男眾參加。活動期間，剃髮易服，持受沙彌戒。

每期七天，正式儀式包括出家典禮、沙彌十戒正授典禮、以及捨戒典禮。由法師、今能長老、晴虛長老擔任戒和尚。法師每日詳細說戒，期望大眾以戒律規範達到清淨生活，並期許將七天體驗之少欲知足、利人利己，勤修戒、定、慧等精神，帶回生活工作中。（〈出家生活體驗營首次舉辦〉，《法鼓》，92 期，1997 年 8 月 15 日，版 1）

案：「出家生活體驗營」，一般道場多以「短期出家」

或類似名稱，法師則從戒法精神論其不宜。此於十年前（一九八八）初遊香港時，即有論此曰：

由於香港青年很少出家，故有模仿泰國風俗，舉辦短期出家的剃度法會，此由一位具有弘法熱忱而少佛法學養的某法師，首創於十多年前的香港，雖有泰國的風俗為例，卻與律制不合。佛制的出家戒是終身（盡形壽）受持，豈可在求受出家戒時，即已預定於數日或數週之後捨戒還俗？否則既是存心打妄語，也就無法得戒體。可是，此一風氣，如今已吹到星馬地區，乃至臺灣也有在學著推行了。唯其既是短期出家，並不能為香港佛教界留下資質優秀的青年僧眾人才。（〈香港四日遊〉，《悼念．遊化》，法鼓全集 3 輯 7 冊，法鼓文化，頁 290）

因此，本類型活動定名為「出家生活體驗營」。（另參見：〈五二、出家生活體驗營〉，《空花水月》，法鼓全集 6 輯 10 冊，法鼓文化，頁 173-179）

七月，法鼓山護法會美國分會、東初禪寺接受紐約西藏之家（Tibet House）負責人羅伯．舒曼（Robert A. F. Thurman）博士邀請，共同於明年合辦「達賴喇嘛弘法大會」。活動預計三天，並計畫於最後一日，安排法師與達賴喇嘛進行一場「漢藏佛學對談」。（〈一、漢藏佛學大對談的籌備〉，《兩千年行腳》，法鼓全集 6 輯 11 冊，法鼓文化，頁 21-26）

八月八日至八月三十一日，法鼓山體系所有出家眾，於金山法鼓山上臨時寮進行「結夏安居營」，以凝聚道心、培養共識。此為法鼓山首度舉辦。法師於結夏期間，對八十餘位常住法師講解《梵網經菩薩戒本》，講說特著重於現代出家生活中，應如何表現出菩薩道精神。

我這次講解十重四十八輕的梵網菩薩戒，並沒有用學術的立場去參考這些古大德的看法，我是貼切著現代人的出家生活所重視的威儀、重點，以及作為一個處身於現代生活中的初發心菩薩，應該如何表現出菩薩道的精神；特別是出家菩薩，在今天的社會中應該具備什麼樣的條件和形象，才算是正確的。我沒有做復古的工作，而是強調古為今用、今不離古、溫故知新、新出於古的原則。所以在講完戒本之後，使得常住大眾對於出家菩薩的身分和責任，有了更深一層的體驗和認識。（〈五三、結夏安居〉，《空花水月》，法鼓全集 6 輯 10 冊，法鼓文化，頁 181）

八月中旬，中度颱風溫妮來襲，造成全臺災情，北部且有重大傷亡。法師於二十日親至臺北縣汐止林肯大郡關懷溫妮風災崩塌事故受災民眾，安慰臺北縣縣長尤清，並希望尤縣長以救人為第一要務，協助生還受災民眾的生活。（〈同體大悲關懷溫妮風災〉，《法鼓》，93 期，1997 年 9 月 15 日，版 1）

八月二十五日，帶領四眾弟子參加臺北縣政府於縣立殯儀館舉辦之「溫妮颱風罹難者超度法會」。法師主法，縣長尤清率縣府一級主管全程參與。（同上）

八月二十六日，帶領四眾弟子參加臺北市政府於市立第二殯儀館舉行之「追悼溫妮颱風罹難者超度法會」。法師主法，市長陳水扁、社會局局長陳菊、教育局局長吳英璋等出席參加。（同上）

八月二十八日，撰文〈悼念妙然法師〉。（〈悼念妙然法師〉，《人生》，171 期，1997 年 11 月 1 日，頁 48-53；今收《悼念．遊化》，法鼓全集 3 輯 7 冊，法鼓文化，頁 125-136）

案：妙然法師於今年六月三日示寂。妙然法師為法師早年肄業上海靜安佛學院時之授課教師，來臺後對法師鼓勵有加。法師一九六二年掩關高雄時，妙然法師亦遠來送關，為早年影響法師甚有關係者之一。法師撰此文悼念妙然法師，亦追憶一九六八年出關後至臺北善導寺任講座、以及一九七七年為執行東初老人遺囑，與雲霞法師、悟一法師間發生誤會之憾事。

八月三十、三十一日，南下高雄，關懷護法會高雄地區悅眾、會員。三十日為「勸募會員暨護持會員聯誼大會」及皈依典禮，於高雄圓山飯店舉行。三十一日則為「榮董暨社會菁英聯誼會」，於三民道場舉行。（〈1997

大事記〉，《法鼓》，97 期，1998 年 1 月 15 日，版 2）

九月一日，於農禪寺主持剃度典禮，八位青年求度出家，為取法名：果峙、果興、果耀、果樞、果密、果弘等。（〈法鼓山舉辦隆重剃度典禮〉，《法鼓》，93 期，1997 年 9 月 15 日，版 1）

九月五日，為 *State of the World*（《世界徵象》）中譯本撰序〈化危機為轉機〉。該書由《商業周刊》社出版，陳美岑、沈麗卿翻譯。原書由一推動永續發展而設立之非營利組織「看守世界研究中心」發行，為雷斯特．布朗（Lester R. Brown）等九位世界級傑出學者撰寫之研究報告。（今收《書序》，法鼓全集 3 輯 5 冊，法鼓文化，頁 109-111）

九月八日至十五日，於金山法鼓山上主持第六十七期精進禪七。（〈大事記〉，《1989-2001 法鼓山年鑑》，法鼓山基金會，2005 年 10 月出版，頁 148）

九月十四日，於農禪寺會見全臺各地二百八十多位護法委員代表，除關懷慰勉委員，並提示明年「人間淨土年」工作重點，勉勵繼續推動「四安」、「四環」理念。（〈1997 大事記〉，《法鼓》，97 期，1998 年 1 月 15 日，版 2）

九月十六日，於農禪寺中秋晚會開示「明月照淨土」。（〈1997大事記〉，《法鼓》，97期，1998年1月15日，版2）

九月十九日至二十一日，假臺北市國父紀念館舉辦「人間淨土年」系列活動，三天中展開「同心同願，法鼓傳薪」、「全球悅眾大會」、「自然健康飲食大觀」、「生活禪修體驗講座」。來自全球三千多位幹部悅眾與護持會員與會。（〈法鼓山帶領社會朝向新世紀環保生活〉，《法鼓》，94期，1997年10月15日，版1）

九月十九日，於國父紀念館主持「同心同願，法鼓傳薪」，針對「悅眾」及「同心同願」名義詳解，勉勵大眾發成佛大願，而首先以完成法鼓山理念為基礎。並就悅眾幹部所應具備之心態與精神，開示具體方法。

法鼓山是積極入世、積極參與世間的，但跟世間一般的人是不一樣的；是入世而化世的，是淨化自己、淨化人心、淨化社會的。

具體的行動是什麼？我舉出六點與大眾勉勵：

不說粗俗、低俗、流俗的話，用尊敬、勸勉、安慰、讚歎讚美的語言。

不捲入政治恩怨的漩渦、男女曖昧的關係，以及錢財糾紛的是非。這三點請諸位務必遵守。

常用二十句〈四眾佛子共勉語〉，做為我們自利利人的基本準則。

隨時隨地做好「四環」：心靈環保、禮儀環保、生活環保、自然環保。

以佛的圓滿人格，來自我期許，也就是要發願成佛，並且常常以初發心的嬰兒菩薩自我看待。

嬰兒菩薩犯了錯怎麼辦？要知慚愧，常懺悔。（〈同心同願．法鼓傳薪（下）〉，《法鼓》，102 期，1998 年 6 月 15 日，版 2；另參見：〈修行菩薩道利益眾生〉，《法鼓山的方向》，法鼓全集 8 輯 6 冊，法鼓文化，頁 244-246）

九月二十日，續昨日，於臺北市國父紀念館主持法鼓山「全球悅眾代表大會」。首先進行祈福法會，而後以「法鼓山的鐘聲」為題，再度強調法鼓山理念，以及所應擔負社會責任，勉勵大眾繼續以「四安」和「四環」為努力方向：「用溫馨的慈悲心擁抱人間，以清涼的智慧心營造淨土。」

四環運動：心靈環保，禮儀環保，生活環保，自然環保。我們法鼓山正在推行四環運動，而以心靈環保為起點，也以心靈環保為根本。

四安運動：安心，安身，安家，安業。安心在於生活的少欲知足，安身在於生活的勤勞儉樸，安家在於家人的相助相愛，安業在於身口意三類行為的自利利人。

四環運動及四安運動的推行，便是運用正知正見正行的佛法，來實現法鼓山的理念：「提昇人的品質，建設人間淨土」，我們法鼓山的諸位菩薩，正是接受著這個理念的教育和關懷，也正在推動著這個理念來教育和關懷社會大眾；我們都是法鼓山這個搖籃中的嬰兒菩薩，我們也都是正在敲著佛法大鼓的鼓手。（〈法鼓山的鐘聲——一九九七年法鼓山年會講詞〉，《法鼓》，94 期，1997 年 10 月 15 日，版 2）

法師並特別對大眾關心之建築工程問題提出報告，說明法鼓山財務制度與人事結構，合理、合法、安全、透明，進度落後實因山坡地開發不易。

法鼓山的建築工程，一年以來得到不少助緣，也遇到不少逆緣，眼見著今年八月份可以發包建房子了，又接二連三碰到了阻礙，山坡地的開發安全，以及建築物的設計，我們自己就非常謹慎，集合專家顧問，經過再三再四的研究檢討、改進，加上政府法令要求愈來愈嚴格，以致迄今尚未建造房子，但已不會久了，請大家相信聖嚴師父的心願，一定會完成的。（同上）

九月二十一日，於國父紀念館廣場舉辦「新世紀環保生活——二十一世紀自然健康飲食大觀」園遊會；結合法務部、臺大醫院、師大體育系、資源回收中心，以及各大專食品營養、農藝科系等三十多單位協辦。園遊會以「養生、護生、厚生」為主題，計共十萬人參加。開幕典禮，法務部部長廖正豪特別蒞臨，參加由法務部協辦之「健康行為法治教育區」。（〈法鼓山帶領社

會朝向新世紀環保生活〉，《法鼓》，94 期，1997 年 10 月 15 日，版 1）

當晚，於國父紀念館主持「生活禪修體驗講座」，邀請專業經理人等社會菁英參加，期將禪修觀念與方法帶回工作崗位，使更多人獲得禪法利益。與會貴賓包括國民大會議長錢復、行政院院長蕭萬長夫人、環保署署長蔡勳雄、《自由時報》董事長吳阿明等。（同上）

九月二十六日，上午，於農禪寺齋堂，對法鼓山全體僧眾及專職「精神講話」，主題為「終身的關懷」，指出法鼓山是非營利團體，專職與義工均從事奉獻與服務工作，而其福利則是終身關懷。

下午，應邀赴臺中市參加「企業與人際關係」座談會。座談會於永豐棧麗緻酒店舉行，由臺中分院與興農集團合辦，臺中市企業經理人協進會協辦；共有臺中區企業經理與社會菁英人士一百八十多人參加。興農集團總裁、法鼓山臺中區榮董召集人楊天發主持，臺中市林柏榕市長代表引言。法師開示並回答問題。（〈臺中區「企業與人際關係」座談會　師父以「利人便是利己」勉勵企業界人士〉，《法鼓》，95 期，1997 年 11 月 15 日，版 1）

九月二十八日至十月四日，為紀念農禪寺開山祖師東初老人九十冥誕暨圓寂二十週年，農禪寺首次啟建梁皇寶懺及齋天、瑜伽焰口法會，法會所得淨資，捐由中華佛研所主辦「東初老人紀念講座」及「東初老人紀念獎學基金」。（〈紀念東初老人　將舉辦梁皇寶懺法會〉，《法鼓》，93 期，1997 年 9 月 15 日，版 1）

法師於法會首日開示說明，法會雖為紀念東初老人而啟建，亦為報答法鼓山所有護法信眾，希望藉共同修持力量，為自己、為親屬乃至為先亡、累劫祖先、怨親超薦，可謂冥陽兩利。（〈農禪寺首次梁皇寶懺法會圓滿〉，《法鼓》，94 期，1997 年 10 月 15 日，版 1）

九月，《心經新釋》由法鼓文化出版。此係歷年於東、西兩地道場四次講釋之紀錄，經多次潤改而成。

《人間擺渡》、《紅塵道場》由法鼓文化出版。該書為法師語錄，係以「人間淨土」為主題，選輯法師著作相關法語而成，由林其賢主編。

十月一日，佛研所李志夫所長交卸法鼓人文社會學院籌備處主任之兼職，由國家圖書館前館長曾濟群教授接任。二日，在安和分院舉行交接典禮。聖嚴法師、方甯書教授、吳寬教授等，及政大校長鄭丁旺、中央研究院

研究員單德興、臺大教授陳宏宇、臺大和淡大圖書館館長林光美、黃源珠等學人觀禮。

曾濟群校長擔任公職三十一年，曾任教於政大二十一年，並先後擔任國立編譯館和國家圖書館館長職務。由於非常地認同聖嚴師父重視人文教育，以及法鼓山的理念，因此，在聖嚴師父的力邀下，決定提前退休，投入法鼓大學籌建工作。（〈曾濟群榮任法鼓大學校長〉，《法鼓》，94 期，1997 年 10 月 15 日，版 1）

十月四日，於紀念東初老人梁皇寶懺法會中主持「紀念東初老和尚學術論文甄選」頒獎典禮。計錄取黃國清、徐立強、許勝雄、釋大睿等共十名。（〈紀念東老人　論文揭曉〉，《法鼓》，93 期，1997 年 9 月 15 日，版 1）

晚間，率領果稠、果谷二位弟子飛往義大利，代表臺灣佛教界參與於威尼斯、帕特瓦舉行之「第十一屆國際宗教領袖和平會議」。

聖嚴師父於九月初收到世界宗教領袖和平會議祕書長的邀請函之後，因為是我國首次受邀，所以立即取消原定的活動日程，包括社會菁英禪修營等，而決定前往參與。和平運動正是法鼓山理念「建設人間淨土」的工作項目之一。（〈聖嚴師父代表我國出席國際宗教領袖會議〉，《法鼓》，95 期，1997 年 11 月 15 日，版 1）

十月五日至七日，參加第十一屆國際宗教領袖和平會議。世界各宗教領袖，天主教、伊斯蘭教、佛教、印度教等四十多國家四百多人參加。

五、六、七日的三天是大會議程，法師參加了開閉幕典禮及各組的分組討論。參加的世界各宗教領袖，包括以天主教為主的各派及回教、佛教、印度教等四十多個國家的新舊宗教四百多人。臺灣另一位受邀者星雲法師未能成行，派弟子慧開法師出席，我國駐教廷大使戴瑞明先生也是代表之一。（同上）

十月八日，由我國駐教廷大使戴瑞明陪同，訪問梵蒂岡，晤見教宗若望保祿二世，贈送一代表法鼓山精神之玉珮，祝福其健康並祈願世界和平運動成功。（〈六三、梵蒂岡見教宗〉，《空花水月》，法鼓全集 6 輯 10 冊，法鼓文化，頁 224-230）

下午，訪問擁有五百萬名會員、五十年歷史之普世博愛運動總會，受到熱烈歡迎。該會為天主教之在家信眾組織。法師對其運作方式特加留心。而後至聖彼得大教堂參觀，並攀爬九百七十二台階登上七十五公尺高之教堂中心圓頂。登頂時，既不氣喘也未流汗，頗引起好奇。

有人問我有什麼祕訣？我說：「沒有。我只知道現在正在往上攀登，往上一階、再往上一階，不急不緩，好像是在爬山坡，不去想到已經攀登了幾階，也不需要問還得攀登幾階；好好享受現在、現在、現在，觀察體驗現在所攀每一步動作的感覺。」其實，這是極簡單的修行方法，只要願意嘗試，人人都可以做得到的。（〈六七、羅馬訪古〉，《空花水月》，法鼓全集 6 輯 10 冊，法鼓文化，頁 240-242）

晚，出席戴大使之歡迎晚宴，並接受梵蒂岡電台中文部主播蕭曉玲女士訪問，訪談主題為「宗教的衝突與交流」。法師肯定此次和平會議能包容其他教派，然覺其於基督新教、伊斯蘭教等各派間之溝通交流尚有可盡力處。（〈六四、普世博愛運動．大使晚宴〉，《空花水月》，法鼓全集 6 輯 10 冊，法鼓文化，頁 231-234）

十月九日上午，訪晤梵蒂岡宗教對談會負責人安霖澤樞機主教，討論法鼓山舉辦類似世界性宗教協談和平會議之可能。法師未正式允諾，然透露充分具備舉辦之能力。（〈六五、訪宗教對談會．耶穌會演講〉，《空花水月》，法鼓全集 6 輯 10 冊，法鼓文化，頁 235-237）

同日，至羅馬耶穌會梵蒂岡總會，就個人經驗以「學術修養與靈修經驗的訓練」為題演講，此係由正在臺灣傳教之法國神父馬天賜聯絡安排。（同上）

十月十日，應邀參加駐教廷大使館舉辦之雙十國慶宴會。（〈六七、羅馬訪古〉，《空花水月》，法鼓全集 6 輯 10 冊，法鼓文化，頁 240-242）

十月十一日，返臺北。離開羅馬前，與戴瑞明大使長談。戴大使以天主教會為例，建議及早規畫建立久遠性規制，使教團得永續經營，庶免人亡政息之憾。法師則以佛教原始體制益以中國文化特性影響，我國佛教欲仿效教皇制度並不容易。（〈六八、與戴大使談心〉，《空花水月》，法鼓全集 6 輯 10 冊，法鼓文化，頁 243-246）

返抵臺北，旋於安和分院舉行記者會，報告羅馬行之見聞感想。法師並表示，佛教徒應主動爭取天主教之友誼，包容他們、尊重他們，然後讓他們來包容我們、尊重我們。（〈聖嚴師父代表我國出席國際宗教領袖會議〉，《法鼓》，95 期，1997 年 11 月 15 日，版 1）

十月十三日上午，赴日本，應母校東京立正大學邀請返校演講。四眾弟子四十多位隨侍同行。飛抵東京時，我駐日經濟文化代表處羅坤燦先生，以及正於日本留學之弟子果暉法師、果鏡法師等列隊歡迎。

晚，日本僑界舉行歡迎會。法師說明此行為飲水思源之報恩行，報答母校、追悼恩師。（〈飲水思源報恩行〉，

《法鼓》，95 期，1997 年 11 月 15 日，版 8）

十月十四日上午，由北川前肇教授帶領，參訪東京本納寺，在該寺為其已故三位指導教授坂本幸男先生、金倉圓照先生、野村耀昌先生等三位恩師舉行追思法會。法會由法師主祭，並致詞感念教授之厚待。

一行在北川前肇教授的帶領下，來到本納寺，受到住持，也是師父同期同學，桐谷征一的親切接待並引導參觀。本納寺特別為聖嚴師父的三位恩師舉行追思法會，並由師父主祭、誦經，法師、居士分坐兩側，氣氛莊嚴。坂本先生的女兒也應邀參與法會。

師父在致詞中，感念坂本教授對他完成博士論文的幫助，除了每週一次的討論外，還特別安排他在清靜優美的箱根寫博士論文，坂本教授的厚待與用心由此可見一斑。師父也為此次未能親往恩師墓祭拜、獻花表示歉意，特致禮金請坂本教授的女兒代為致意。

同行的護法居士也捐贈本納寺日幣四十萬禮金，以表示敬意。最後，桐谷先生以中文致詞時說道，立正大學師生深以聖嚴師父的國際弘法和學術成就為榮，三位指導教授有如此傑出的學生當可告慰在天之靈。（〈感恩之旅——記聖嚴師父日本行〉，陳嘉男，《法鼓》，95 期，1997 年 11 月 15 日，版 8。另參見：施叔青，《枯木開花》，頁 155）

下午，立正大學舉辦歡迎茶會，由該校前任校長渡邊寶陽博士主持，佛教學部部長三友健容博士陪同，應邀與會者有佛教學部十位教授、臺灣十位法師及六位悅眾代表。茶會中，法師以歷年版稅收入捐贈母校日幣三百萬元，用為感謝回饋立正大學栽培之恩。（同上）

晚，於立正大學發表專題演講，主題為「人間淨土與現代社會——我們今後要探討的課題」，探討人間淨土思想由來，以及法鼓山成立八年來努力方向與工作：不止在於心淨，更在於行淨。約有六百多人聽講。演講後有皈依儀式，接受三皈依者四十多人。講演略云：

太虛大師，弘揚彌勒信仰，以鼓吹人生佛教及人間佛教來建設人間淨土。這是佛教史上提出「人間淨土」這個構想的第一人。

太虛大師為了挽救中國佛教的命運，為了使佛法有利於人間社會，所以首創「建設人間淨土」的人間佛教觀念，主張「人圓佛即成」，人格完成之時便是成佛的條件圓滿。普遍推動佛所說的十善等法，他說：「人人有此心力，人人能發造成此土為淨土之勝願，努力去做，即由此人間可造成淨土。」

人間佛教，即是佛教在人間，擔起淨化人間的心靈，使人間的社會大眾，以戒、定、慧三無漏學的修行，從貪、瞋、無明等的三毒得到解脫，超越一切煩惱的苦海。

依據《維摩詰經》的僧肇《註》卷一有云：「土之淨者，必由眾生」；「夫行淨則眾生淨，眾生淨則國土淨。」又云：「淨土蓋是心之影響耳。」此又回到眾生的心淨則所住國土即是淨土的原點。只要眾生的心淨，國土即淨。這不是僅憑主觀的自我意識而說心淨即見國土淨，必須讓眾生的心淨，才見國土淨。如何使得眾生心淨，必須勸勉眾生的身、口、意三種行為清淨，每一個人使得自己行為清淨，亦助他人的行為清淨，便見國土清淨。這就是大乘佛法的自利行及利他行，兼顧並重。也可以說，推廣大乘佛法的自利利他行，便是推廣「人間淨土」的不二法門。（〈人間淨土與現代社會——我們今後要探討的課題〉，《人生》，172 期，1997 年 12 月 1 日，頁 32-34）

十月十五日，探望果暉法師及護法總會總會長陳嘉男之日本寓所，而後至東京舉辦禪訓班現場簡單開示後，離日赴美。

十月十六日至十八日，國際知名越南籍一行禪師，及其弟子一行四十餘人至紐約東初禪寺訪問。（〈1997 大事記〉，《法鼓》，97 期，1998 年 1 月 15 日，版 7）

十月十七日，與一行禪師共同主持英文新書 *Complete Enlightenment*（《完全證悟》）發表會。法師一九八二

至一九八五年於紐約東初禪寺之週日法會宣講《圓覺經》，此書即以該講錄為基礎，經果谷法師等多人編譯而成。今由紐約法鼓出版社出版發行。（〈大事記〉，《1989-2001 法鼓山年鑑》，法鼓山基金會，2005 年 10 月出版，頁 150）

十月十九日，於紐約東初禪寺演講「禪與現代生活」，開示云：少欲知足外，還當用禪修方法，保持心靈之安定平靜。講詞略云：

一、禪修與忙碌的現代生活——忙而不亂，享受呼吸。
二、禪修與緊張的現代生活——放鬆身心，體驗感受。
三、禪修與快速的現代生活——趕而不急，動中有靜。
四、禪修與疏離的現代生活——人人是佛，血肉同體。
五、禪修與物質的現代生活——需要不多，知足常樂。
六、禪修與汙染的現代生活——知福惜福，淨化環境。
七、禪修與焦慮的現代生活——本來無事，萬事如意。

（〈1997 大事記〉，《法鼓》，97 期，1998 年 1 月 15 日，版 7；講詞收於《動靜皆自在》，法鼓全集 4 輯 15 冊，法鼓文化，頁 53-63）

十月二十四日至二十六日，法鼓山護法會美國分會第一屆年會，在紐約上州新購之象岡道場舉行，來自美國各州共六十位悅眾代表參加。法師蒞會為十位新任召集人授證、為美國各州法鼓山聯絡處授旗，並正式委任

新澤西州謝滴筠為美國分會總召集人。法師並多次開示工作中之修行要義。

大會的重點是師父開示「法鼓山的萬行菩薩」。師父說，萬行菩薩是發了大悲願行的菩薩，這是慈悲的表率，但是一定要加入智慧為指導原則，凡夫有自我中心，法鼓山的鼓手要把自我中心放淡、放下，萬行菩薩一定要難行能行，但這是不容易做到的，因此一定要發願，有願必成。

十月二十六日早課時，師父意猶未盡地開示「慈悲行」，他苦口婆心地教誨悦眾代表們，要深具七心：即感恩心、懺悔心、包容心、謙讓心、奉獻心、讚歎心及自信心，這七種慈悲心的相對：是抱怨心對感恩心、傲慢心對懺悔心、對立心對包容心、嫉妒心對謙讓心、占有心對奉獻心、計較心對讚歎心、懷疑心對自信心。勸募會員必須具有慈悲七心，放下相對的七心，才能順利推廣勸募工作。（〈護法心切不分畛域〉，《法鼓》，96 期，1997 年 12 月 15 日，版 2）

十一月二日至十七日，依據數年前農禪寺清明佛七開示，重寫《無量壽經講記》。（〈自序〉，《無量壽經講記》，法鼓全集 7 輯 6 冊，法鼓文化，頁 3-4）

十一月十五日，應邀至羅特格斯大學演講，講題為「人間淨土對現代人的重要性」。略云：

《無量壽經》裡說：娑婆世界雖是多苦、多難、多惡，人們若能依佛法在此世界修行的話，要比到極樂世界修行的功德，來得大而且來得快！我看到這段話時，感到好歡喜，慶幸我是生在這個世界上，更能體會到佛法的可貴。

淨土，一定是由有形相到無形相，從我們這個現實的世界到他方的佛國淨土；這兩個觀念一定要建立起來，否則，就會變成一般宗教的天國信仰了。至於我們這個人間淨土，是要在現實的社會環境條件下，盡量努力，使我們的心能體驗到安靜與清淨，那麼，這個世界才會是一個有意義的人間淨土，而不是一個空想幻思中的烏托邦。（〈人間淨土對現代人的重要性（上）〉，《人生》，185 期，1999 年 1 月 1 日，頁 5-9）

十一月二十八日至十二月五日，於紐約象岡道場主持第七十八期禪七。此為象岡道場購得後，首次舉辦禪七。即起，法師於紐約所主持的禪七，轉至象岡道場舉行。參加禪眾共五十位，分別來自英國、法國、墨西哥、瑞士、加拿大、克羅埃西亞、臺灣、及美國。為法師在西方主持禪七中，人數最多者。（〈美國象岡新道場開展弘法新契機〉，《法鼓》，97 期，1998 年 1 月 15 日，版 1）

十二月六日至九日，於紐約東初禪寺傳授第二屆在家菩薩

戒，共有一百一十一人參加。（〈美臺兩地菩薩戒　中外戒子千餘人〉，《法鼓》，97 期，1998 年 1 月 15 日，版 1）

十二月二十五日至翌年一月一日，於紐約象岡道場主持第七十九期精進禪七。（〈1997 大事記〉，《法鼓》，97 期，1998 年 1 月 15 日，版 7）

十二月二十五日，臺東辦事處擴大組織，遷入「法鼓山臺東信行寺」。該寺原已有三十多年歷史，由會徹法師捐贈，目前由果祥法師擔任副寺。

法師今年同時有七種專欄於不同報刊進行。計有：《天下》，「人生管理」；《自由時報》，「人行道」；《中華日報》，「禪悅」；《中央日報》，「智慧禪」；《聯合報》，「智慧語」；《中國時報》，「聖嚴觀點」；《長春》，「浮世安心錄」。

本年，*Faith in Mind*（《心的詩偈》）法文譯本由 Editions Dharma 出版發行。該書原作於一九八七年由美國法鼓出版社出版。

Dharma Drum（《法鼓禪風》）波蘭文譯本在華沙出版發行。該書原作於一九九六年由美國法鼓出版社出版。

民國八十七年／西元一九九八年

聖嚴法師六十九歲

國內外重要大事

- 北、高兩市選舉，由馬英九、謝長廷當選北、高市長。
- 臺灣佛光山寺於印度菩提伽耶大覺寺舉行「比丘尼三壇大戒」，恢復南傳佛教失傳千餘年之比丘尼戒法。
- 中華佛學研究所、北美印順導師基金會共同支持成立「中華電子佛典協會」（CBETA）。

法師大事

- 獲《天下》雜誌票選為四百年來對臺灣最具影響力五十位人士之一。
- 在紐約與達賴喇嘛進行「漢藏佛教世紀大對談」。
- 首度前往俄國聖彼得堡主持禪修。

延續去年，訂定本年為「人間淨土年」，以此為主題推動建設人間淨土。去年以成長為重點，今年以加強關懷為法鼓山年度重點。並於《法鼓》雜誌發表〈一九九八年新春賀詞〉，再次強調四安、四環工作目標：

去年是我們的成長年，今年是關懷年，由縱的關懷做到橫的關懷，由身邊的人關懷做到周遭上下的人彼此關懷。由內部的關懷做到對外對社會的關懷，推動人間淨土的實現。因此，我們展望未來，還是要繼續推動四安和四環的運動。所謂四安，就是安心、安身、安家、安業；所謂四環，就是心靈環保、禮儀環保、生活環保，還有自然環境的保護。這幾種運動我們要繼續不斷地推廣，這是完成「建設人間淨土」理念的具體工作目標。（〈人間淨土年——加強關懷〉，《法鼓》，98 期，1998 年 2 月 15 日，版 1；另參見：《法鼓山的方向》，法鼓全集 8 輯 6 冊，法鼓文化，頁 415）

一月一日，法鼓山推出「法鼓大悲願，持誦千萬遍」活動，為親友、社會及世界持誦〈大悲咒〉祝福。

一月三日，自美返臺。

一月四日上午，至臺北市慧日講堂參加「佛教建築設計與發展國際研討會」。研討會由《慧炬》雜誌及覺風佛教藝術文化基金會聯合主辦，法師應邀發表主題演講「中國佛教建築」云：

中國寺院脱胎於宮殿的模式，但異於印度的伽藍，也異於中國的宮殿。它是以中國宮殿的外觀，增加了佛塔、祖塔、佛像、壁畫等的內容。若從空間的布局上說，在整體殿堂院落配置方面大致是依道宣律師《戒壇圖經》的模式。（〈中國佛教建築——佛教建築設計發展國際研討會主題演講〉，《學術論考》，法鼓全集 3 輯 1 冊，法鼓文化，

頁 490）

演講結束，接受某晚報記者訪問宗教亂象問題。因刊出報社編者標題聳動，引起佛教界譁然。經師迅速聲明而告平息。（〈自序〉，《兩千年行腳》，法鼓全集 6 輯 11 冊，法鼓文化，頁 3-4）

下午，於農禪寺主持千人皈依大典。首先以「信佛、學佛與皈依儀式的重要性」為題，開示皈依三寶之意義、以及皈依後如何作為，其後舉行皈依儀式，共有一千二百人成為正信三寶弟子。（〈千人皈依　歡喜邁向信佛學佛的菩提人生〉，《法鼓》，97 期，1998 年 1 月 15 日，版 1）

國內《天下》雜誌，在其第二百期特刊中，特別遴選二百位對臺灣具影響力之人物，包括：鄭成功、蔣經國、李遠哲、王永慶、施振榮等人。法師以推動「心靈環保」受肯定獲列為具有前瞻觀念之啟蒙重要人物。佛教界另有印順導師、及慈濟功德會證嚴法師。（〈人心微塵勤灑掃　聖嚴〉，莊素玉，《天下》，200 期，1998 年 1 月 1 日，頁 133）

該雜誌後續舉辦活動，邀請讀者票選心中最具影響力人物，法師再次受到肯定，獲選為五十位具影響力人物。(〈天下雜誌讀者票選五十位「影響力人物」〉,張戌誼,《天下》,203 期,1998 年 4 月 1 日,頁 82-83)

一月九日,於農禪寺齋堂,對法鼓山全體僧眾及專職「精神講話」:「從內心做起」。

一月十日,應邀參加《天下》雜誌舉辦之「飛越二〇〇〇美麗臺灣希望」座談會,與中研院院長李遠哲、宏碁電腦集團創辦人施振榮、美學家蔣勳、評論家龍應台,同時受邀發表演說。座談會由該雜誌社總編輯殷允芃主持,法師說明具體推動運動方向為四安、四環——安心、安身、安家、安業;心靈環保、禮儀環保、生活環保、自然環保。

我對於未來,永遠不會失望,也永遠不會滿足,菩薩的心胸是「虛空有盡、我願無窮」。記得我在二十年前提出「建設人間淨土」理念時,很多人笑我不切實際,因為人間永遠是萬丈的紅塵,怎麼可能建立起一個淨土;但在今天,「人間淨土」已經是許多有識之士努力奉獻的方向了。

十多年前提出「心靈環保」的主張,許多人努力於人與人爭、人與天爭、改革社會、征服自然,卻忽略了向內心的價值觀及認知面來修正改善,也忽略了欲望的節制和情緒的化解。所以到了前年,「心靈改革」的運動,已由政府結合民間的力量來共同推動了。

我能夠確信，再經十至十五年的努力，人間淨土及心靈環保，必將為臺灣社會帶來更多的光明、更大的願景、更安定的人心。（〈在未來十年或十五年的臺灣〉，《人生》，174 期，1998 年 2 月 1 日，頁 34-35；今收《法鼓山的方向》，法鼓全集 8 輯 6 冊，法鼓文化，頁 525-527）

傍晚，第二十一次社會菁英禪修營共修會於農禪寺舉行，法師以「修行」為題開示。

一月十一日，法鼓山舉辦環保日。師與臺北縣政府環保局局長高源平，在臺北縣立體育館共同為「一九九八年法鼓山社區關懷環保日」活動揭開序幕。法鼓山環保日今年為第五年舉辦，全臺二十五地區同步展開；內容包括：惜福市場、資源回收、社區環境清潔、廚餘堆肥 DIY 等。（〈法鼓山全體總動員　讓大地回復生機與清淨〉，《法鼓》，98 期，1998 年 2 月 15 日，版 1）

同日，為《耕耘心田》撰序〈關照生命的感動〉。法鼓山為呼籲社會大眾營造「人間淨土」之共識，一九九七年於安和分院開設「社會公益系列講座」，每週一場，共計邀請五十位講師擔任，講詞由林保寶記錄，即今《耕耘心田》一書，由法鼓文化發行。（〈序林保寶居士《耕耘心田》〉，《書序》，法鼓全集 3 輯 5 冊，法鼓文化，頁 112-113）

一月十五日，於安和分院與美國西藏之家負責人羅伯．舒曼博士共同主持「聖嚴法師與達賴喇嘛世紀對談」行前記者會。舒曼博士為此專程來臺，並應邀出席《中國時報》在臺北國父紀念館舉辦「慈悲、智慧——藏傳佛教藝術大展」揭幕儀式。

一月十八日起，自臺北石牌、士林、天母地區展開「八十七年度分享人間淨土」聖嚴法師全臺關懷行，陸續至全臺各地關懷地區會員、勸募會員。（〈聖嚴師父展開分享人間淨土關懷之行〉，《法鼓》，98 期，1998 年 2 月 15 日，版 1）

一月十九、二十日，法鼓山冬令慰問救濟分別在文化館及金山法鼓山上舉行，並於北市福德平宅舉辦「寒冬溫情送角落」，關懷平宅老人。（〈法鼓山冬令慰問四十多年　財施法施皆溫馨〉，《法鼓》，98 期，1998 年 2 月 15 日，版 1）

一月二十五日，佛基會在臺北市政府中庭，舉辦第四屆「佛化聯合婚禮」，共有四十對新人參加，由總統府資政吳伯雄擔任證婚人，臺北市市長陳水扁及文建會主委林澄枝擔任男女雙方主婚人，法鼓山護法總會會長陳嘉男伉儷為介紹人，謝佳勳為典禮主持人，法師擔任說法祝福人。（〈四十對新人接受三寶慈光的祝福〉，《法

鼓》，98 期，1998 年 2 月 15 日，版 1）

一月二十八日、二十九日，於法鼓山上及農禪寺參加新春普佛法會。

一月三十一日，撰成〈護國需要佛法〉，引《仁王護國般若經》「鬼神先亂則國土亂」，說明當前社會亂象叢生是因為人心先亂，與十善法違背而與十惡法相應，因此惡神、鬼神趁勢而起，形成種種群魔亂舞怪異現象；人與人之間矛盾衝突增加，人與自然失卻平衡。應以明因果、識因緣、實踐善法以轉化。（〈護國需要佛法〉，《法鼓》，103 期，1998 年 7 月 15 日，版 7）

《步步蓮華》由法鼓文化公司與圓神圖書公司同步發行。該書為法師寰遊自傳系列之第九冊，記述一九九六年四月至五月行事，而以帶領二百九十九人參訪大陸為重點。有〈序〉云：

如果沒有歷代的古聖先賢，為我們留下了豐富的儀軌芳範，以及他們的智慧財產，我們今日的人間社會就不堪想像。所以每到一處曾有高僧大德駐錫過的古道場，不僅要緬懷他們、禮敬他們，也希望學習他們。所謂見賢思齊，不應僅為自己受益而感恩，更應體驗他們為法忘軀的堅韌心和利益眾生的悲願心，試著來做更多自己當做而能做的佛事。

我們便以這樣的心境，到處感恩，到處禮拜，到處憑弔，到處緬懷；我稱之謂「進入歷代祖師菩薩們的內心世界」。不論目前那些古道場的情景如何，我總是揣摩著去與那兒的古代大德們，作生命的結合。

本書記載了一千多年來中國佛教的根源，現代臺灣佛教的法脈，尤其是我個人及法鼓山的源頭所在，包括了近代佛教四大師：印光、弘一、太虛、虛雲，加上印順，應該合稱為五大師的事蹟，以及和他們相關的道場。至於跟我剃度師東初老人的禪教戒法相關的道場及法眷，我自己出家及讀書的道場和相關的長輩及同輩，也在本書中作了一次實地尋根的介紹。好讓讀者們了解，法鼓山的出現，不是由於我聖嚴一個人的努力，除了跟我同時奉獻的廣大菩薩群之外，也不可忘了法鼓山的源頭活水是從何時何處流傳下來的。（〈自序〉，《步步蓮華》，法鼓全集 6 輯 9 冊，法鼓文化，頁 5-7）

二月一日至七日，於農禪寺分兩梯次傳授第五屆在家菩薩戒。共有來自臺灣各地，以及加拿大、新加坡、日本、香港等地近一千人圓滿受戒。典禮由法師、如虛長老、今能長老擔任尊證師。（〈第五屆菩薩戒圓滿〉，《法鼓》，98 期，1998 年 2 月 15 日，版 1）

二月四日，泰國法身基金會祥代、勝明等三位法師來訪。（〈大事記〉，《1989-2001 法鼓山年鑑》，法鼓山基金會，

2005 年 10 月出版，頁 157）

二月七日，芎拉惹對仁波切受達賴喇嘛之託，特地至農禪寺拜訪法師。（〈瑞布仁波切來訪　帶來達賴喇嘛的問候〉，《法鼓》，99 期，1998 年 3 月 15 日，版 1）

二月八日，持續「聖嚴師父全臺關懷行」活動，於臺北市成淵高中音樂廳關懷大同、社子、中山、松山等地區勸募會員。（〈分享人間淨土　聖嚴師父全省關懷之行〉，《法鼓》，99 期，1998 年 3 月 15 日，版 6）

二月九日，「法鼓山教師聯誼會」在農禪寺舉辦新春聯誼活動，法師應邀蒞會開示：「關懷與和敬」。（〈關懷與和敬（上、中、下）〉，《法鼓》，107 期，1998 年 11 月 15 日，版 7；108 期，1998 年 12 月 15 日，版 7；109 期，1999 年 1 月 15 日，版 7）

二月十日，上午，於農禪寺齋堂，對法鼓山全體僧眾及專職「精神講話」：「聖嚴師父的成長歷程」。

下午，「聖嚴師父全臺關懷行」，關懷信義、大安、南港、中正、萬華等地區勸募會員。（〈分享人間淨土　聖嚴師父全省關懷之行〉，《法鼓》，99 期，1998 年 3 月 15 日，版 6）

二月十二日至十九日，於農禪寺主持第七十一期進階禪七。（〈大事記〉，《1989-2001 法鼓山年鑑》，法鼓山基金會，2005 年 10 月出版，頁 158）

二月十五日，「中華電子佛典協會」（CBETA）正式成立。該協會由中華佛研所及北美印順導師協會共同支持。中華佛研所副所長惠敏法師擔任主任委員，該所資訊室主任杜正民擔任總幹事，辦公室設於慧日講堂。（同上）

二月十六日，中華航空公司於桃園發生空難，機上人員全部罹難，甚至波及民宅，二百餘人意外喪生。

其時，法師正於農禪寺主持禪七，然仍對接觸之華航人員關懷慰勉，鼓勵其以慈悲、智慧面對善後。並指示助念團輔導師果東法師，全力協助該公司善後工作。（〈代序〉，《兩千年行腳》，法鼓全集 6 輯 11 冊，法鼓文化，頁 8）

二月二十一日，「聖嚴師父全臺關懷行」，關懷新莊、樹林、林口等地區勸募會員。活動假新莊輔仁大學演講廳舉行。（〈慈悲關懷　溫馨祝福　聖嚴師父全省關懷行〉，《法鼓》，100 期，1998 年 4 月 15 日，版 2）

二月二十二日，「聖嚴師父全臺關懷行」，關懷基隆、北海岸地區勸募會員。（〈分享人間淨土　聖嚴師父全省關懷之行〉，《法鼓》，99 期，1998 年 3 月 15 日，版 6）

同日，中華航空公司邀請法鼓山助念團協助，於板橋市臺北縣立殯儀館舉辦超薦法會，悼念空難事件之往生者，同時期望平撫家屬悲痛心緒。法師特指示農禪寺七位常住法師、一百五十多位蓮友，代表法鼓山，為華航六七六班機空難罹難者啟建彌陀法會。（〈同體大悲關懷華航空難〉，《法鼓》，99 期，1998 年 3 月 15 日，版 1）

二月二十四日，前往臺北市立第二殯儀館參加前副總統李元簇夫人李徐曼雲居士佛化告別儀式。儀式由法鼓山助念團參與規畫，法師、悟明長老、中國佛教會理事長淨心長老共同主法致祭。（〈前副總統李元簇夫人公祭　法鼓山推動禮儀環保受肯定〉，《法鼓》，99 期，1998 年 3 月 15 日，版 1）

下午，「聖嚴師父全臺關懷行」，關懷新竹地區勸募會員。（〈分享人間淨土　聖嚴師父全省關懷之行〉，《法鼓》，99 期，1998 年 3 月 15 日，版 6）

同日，於《聯合報》發表〈祈求人心的安寧〉。蓋鑒

於華航空難事件發生，社會人心惶惑不安，於是呼籲社會大眾以慈悲與智慧面對重大災難，並強調：改善人類命運要從調整人心著手。二十八日，再於《聯合報》發表〈祝福大家皆能得度〉，期望大眾於遭遇苦難時，求撫慰與勉勵，在絕望中找出希望。

《仁王護國般若經》提到，因為人心動盪，所以鬼神界亂，由於鬼神亂，所以國土不安。所謂人心亂的意思是指整個社會大眾的心態、價值觀的顛倒，誤認為自私才是取得利益的途徑，人人紛紛地追求不勞而獲的好處，不以自己的智慧、技能、體力與時間換取；同時不懂得以勤勉地努力與感恩、慈悲的心，來踏實地生活。

空難的發生並非純然由於某某人造了某些惡業而受的惡報，而是由於整個大環境中人心不安的影響。如何使得大家得到安全的保障？除了由社會制度方面用心之外，正本清源，更需要從每個人心理觀念的改變做起。有許多的天災與人禍，都可經由人心轉變而得到改善或補救的可能。其實最能改善人類命運的還是人心。人心險惡，社會便多了無妄之災；人心向善，便為社會添了分平安。我不想說華航的空難，是給社會大眾慘痛的教訓，但不能不說應該為我們帶來警惕！不論生者、亡者，我均為他們深深祈禱、祝福平安。（〈祈求人心的安寧〉，《法鼓》，99 期，1998 年 3 月 15 日，版 7）

二月二十六日，「聖嚴師父全臺關懷行」，關懷宜蘭地區

勸募會員。（〈分享人間淨土　聖嚴師父全省關懷之行〉，《法鼓》，99 期，1998 年 3 月 15 日，版 6）

二月二十七日，「聖嚴師父全臺關懷行」，關懷中壢地區勸募會員，於中壢藝術館以「人間淨土的實現」為題演講，會後並舉行皈依典禮。（〈慈悲關懷　溫馨祝福　聖嚴師父全省關懷行〉，《法鼓》，100 期，1998 年 4 月 15 日，版 2）

二月二十八日，「聖嚴師父全臺關懷行」，關懷桃園、板橋、土城等地區勸募會員。（〈分享人間淨土　聖嚴師父全省關懷之行〉，《法鼓》，99 期，1998 年 3 月 15 日，版 6）

二月，發表〈臨終病患的佛法照顧〉，提出應建立正確之死亡觀：不要怕死、不要等死、要準備死。（〈臨終病患的佛法照顧〉，《法鼓》，98 期，1998 年 2 月 15 日，版 7）

三月一日，「聖嚴師父全臺關懷行」至臺中關懷會員，並主持千人皈依典禮。（〈分享人間淨土　聖嚴師父全省關懷之行〉，《法鼓》，99 期，1998 年 3 月 15 日，版 6）

三月二日，「聖嚴師父全臺關懷行」，關懷豐原地區勸募會員。（〈慈悲關懷　溫馨祝福　聖嚴師父全省關懷行〉，《法鼓》，100 期，1998 年 4 月 15 日，版 2）

三月四日，「聖嚴師父全臺關懷行」，關懷內湖、三重、蘆洲等地區勸募會員。（〈分享人間淨土　聖嚴師父全省關懷之行〉，《法鼓》，99 期，1998 年 3 月 15 日，版 6）

三月六日至九日，於法鼓山上臨時寮主持第十三屆社會菁英禪修營。

三月十日，至法鼓人文社會學院籌備處出席「法鼓大學建築競圖評審會」，大元建築師事務所、仲澤還建築師事務所作品，名列第一、二名。（〈法鼓大學建築競圖評審揭曉〉，《法鼓》，100 期，1998 年 4 月 15 日，版 1）

三月十一日，「聖嚴師父全臺關懷行」，關懷新店、文山等地區勸募會員。（〈分享人間淨土　聖嚴師父全省關懷之行〉，《法鼓》，99 期，1998 年 3 月 15 日，版 6）

三月十三日至十五日三晚，於臺北市國父紀念館主持「我為你祝福——新世紀共修共願祈福法會」，三日演講以「從《心經》談如何安定人心」、「從《普門品》談如何自助助人」、「從〈大悲咒〉談如何祈福」為題，分別從：認清「需要、想要、能要、該要」、學習「感謝、感恩、感化、感動」、用心「知福、惜福、培福、種福」為主題，祝福大家從內心、觀念轉變，俾能隨時隨地平安。法會由法鼓山佛教基金會主辦。平均每

日超過六千位聽眾到場聆聽。（〈我為你祝福共修共願祈福法會、全民許願博覽會　萬人齊聚盛況空前〉，《法鼓》，100期，1998年4月15日，版1；講詞今收〈我為你祝福〉，《法鼓山的方向》，法鼓全集8輯6冊，法鼓文化，頁460-481）

三月十五日，於國父紀念館廣場舉行「新世紀全民許願博覽會」，法師率領近萬名民眾齊誦《心經》，並與李登輝總統一起啟動「〈大悲咒〉許願球」，並於許願牆題詞祝福。

當天，除了李登輝總統特別蒞臨盛會，響應此一有意義的活動外，與會的還有副總統連戰、行政院院長蕭萬長、內政部部長黃主文、教育部部長林清江、勞委會主委詹火生、民進黨黨主席許信良等貴賓，也共同為全國民眾祈福。聖嚴師父在許願牆上寫下了「同體大悲，無緣大慈」的心願，李總統則是願「民生樂利，國步安康」。（〈我為你祝福共修共願祈福法會、全民許願博覽會　萬人齊聚盛況空前〉，《法鼓》，100期，1998年4月15日，版1）

三月二十一日，「聖嚴師父全臺關懷行」，關懷臺東地區會員、勸募會員，並拜訪原信行寺住持會徹法師。會見陳建年縣長、國代楊荊生、臺東縣議會副議長吳俊立、臺東女中趙安雄校長。（〈歡欣迎接師父的到來　聖嚴師父全省關懷之行〉，《法鼓》，101期，1998年5月15日，版2）

三月二十二日，「聖嚴師父全臺關懷行」，關懷瑞穗、花蓮等地區勸募會員，舉辦百人皈依典禮。（同上）

三月二十四日，「聖嚴師父全臺關懷行」，關懷苗栗地區勸募會員，並舉行千人皈依祈福法會。（〈二二、九場千人皈依的祈福法會〉，《兩千年行腳》，法鼓全集6輯11冊，法鼓文化，頁126-127）

三月二十五日，「聖嚴師父全臺關懷行」，關懷彰化地區勸募會員，並舉行千人皈依祈福法會。（〈二二、九場千人皈依的祈福法會〉，《兩千年行腳》，法鼓全集6輯11冊，法鼓文化，頁127）

三月二十六日，「聖嚴師父全臺關懷行」，關懷南投地區勸募會員，並主持千人皈依祈福法會。

臺灣省副省長賴英照、南投縣縣長彭百顯、省府新聞局長，以及多位省府、縣府的官員們，皆全程參與。這群大多出身學術界的官員們，對聖嚴師父所提倡人品提昇的理念，以及法鼓山以教育為主要目標，更表達敬佩與讚歎。多位地方官員也強烈表達希望法鼓山能在南投設立共修處，讓南投地區的人也能在法鼓山的關懷下，獲得身心的安定。（〈聖嚴師父東、中部關懷行〉，《法鼓》，100期，1998年4月15日，版1）

三月二十七日至四月四日，農禪寺舉行清明報恩佛七。（〈大事記〉，《1989-2001 法鼓山年鑑》，法鼓山基金會，2005 年 10 月出版，頁 161）

三月二十九日，於安和分院舉辦「公益講座講師聯誼茶會」，感謝曾經受邀在安和分院演講之學者專家。出席者有靜宜大學校長李家同、中央大學教授曾昭旭、電影名製作人李崗、臺北市議員龐建國、心理學者游乾桂等六十多位貴賓出席。茶會由世新大學新聞系主任劉新白與《中國時報》資料室主任黃銀滿共同主持，法師感謝大家發心。（〈公益講座講師聯誼茶會〉，《法鼓》，100 期，1998 年 4 月 15 日，版 1）

三月三十一日，印度達蘭莎拉辯經學院院長丹丘格西（Geshe Damchoe），至農禪寺拜訪法師，並參訪中華佛研所，就兩校合作事宜進一步討論。（〈達蘭莎拉辯經學院院長 Damchoe 格西來訪〉，《法鼓》，100 期，1998 年 4 月 15 日，版 1）

三月，法鼓山僧團都監果暉法師，通過日本立正大學文學碩士班入學考試，取得正式入學資格。

《中華佛學研究》第二期出版，特為東初老和尚九秩冥誕暨圓寂二十週年發行紀念專輯。法師有〈序〉述

紀念活動圓滿。（〈序〉，《中華佛學研究》，2 期，臺北：中華佛學研究所，1998 年 3 月，頁 1）

《是非要溫柔》由《天下》雜誌出版。該書原為該雜誌「人生管理」專欄，由該社副總編輯莊素玉出題發問採訪，請教對於安頓現代人心想法。（〈代序〉，《兩千年行腳》，法鼓全集 6 輯 11 冊，法鼓文化，頁 6）

四月一日，召開座談會，邀請楊國樞、李亦園、柴松林等學者專家參與，討論中華佛研所擬訂之「法鼓山獎助學金基金會」組織草案。

於北投文化館五樓大殿，佛研所「創辦人時間」為學生開示：「學之生涯、本所及本山」。談話重點為：學之生涯、本所、本山，指點研究生要有方向，佛研所精神在培養求法者而不止是學者。

學之生涯

在我十五、六歲青少年時期，因為感覺到佛法是給人用的，而且非常有用，只可惜用的人很少，會用的人更少，教人享用的人更是少之又少，於是便發了一個願——但願把自己的生命奉獻給佛法，用一生來學習佛法、實踐佛法，還有傳播佛法，這可說是我唯一的志願，也是我一向的原則。

今天為什麼佛教會缺少人才？原因就在於缺少學佛的方向。因此，同學們來這裡三年，就應該對自己負責，這三年對你們來說，是非常寶貴的，所以要好好運用這三年來奠定人生的基礎。

本所的精髓——護持正法、實用為先

所訓：「立足中華，放眼世界。專精佛學，護持正法。解行互資，悲智雙運。實用為先，利他為重。」不但是我們創辦中華佛研所的精神，也是我們對同學的期待。尤其是「護持正法」、「實用為先」兩句，要請諸位同學特別重視。

我們的制度與風氣，雖然主要是學習日本佛學教育和學術研究，但又加進了一點西方、美國的觀念。日本學的是德國的治學態度，學問歸學問，而不管是否實踐，學問與實踐是分道揚鑣的；實踐是屬於寺院、教團，學術研究則是屬於學校。現代大部分的學者，都是採取這種作法，但不是我創辦研究所的本意。

我們是接近傳統佛教的系統。譬如南傳的佛教大學，像錫蘭（斯里蘭卡）、泰國，還有尼泊爾、西藏、印度，佛教辦的學院、研究機構，也是重視道心，重視學法、弘法這種觀念。

如果沒有持戒、修定的基礎，而說自己是在學法、是在學佛，這是自欺欺人，那僅是「學者」而不是「學法者」。「求學者」和「求法者」是不一樣的。如果僅僅是為了學問而學問，只是來做學問而不是來求法的，那不是本所的本意，也不是佛教國家、地區推動佛教教育的本意，我們應該要有玄奘大師到印度求法、學法的精神。（中華佛學研究所紀錄稿）

四月四日，農禪寺舉辦三時繫念法會，華航董事長、總經理，以及總務主任率多位員工，全程七小時參與。法會後，法師特別慰勉也是受難者之華航公司，希望社會大眾給予支持和關懷，協助華航度過此一難關。華航員工代表感恩不已，分別向法師及大眾頂禮感謝。（〈大事記〉，《1989-2001 法鼓山年鑑》，法鼓山基金會，2005 年 10 月出版，頁 161）

四月六日，行政院院長蕭萬長至農禪寺拜訪，請益佛法，並就安定社會人心等議題，進行意見交流。（同上）

四月七日，第二十二次社會菁英禪修營共修會於農禪寺舉行，法師以「放鬆自己」為題開示。

四月九日，中華佛研所遷建工程，取得「小三合一」（教育行政大樓、圖書資訊館、國際會議廳）、「男眾寮房」兩棟建築物之建築執照。

案：法鼓山遷建工程因係山坡地開發，手續繁複，耗費時日，其間又因臺北縣地政局局長弊案、林肯大郡案而延遲。迄今終於取得第一批建照。

四月十日，於農禪寺齋堂，對法鼓山全體僧眾及專職「精神講話」：「教育．僧團．事業體」。

四月十一日至十二日，「佛教文學與藝術學術研討會」假臺灣大學思亮館舉行，中華佛研所主辦，現代佛教學會承辦。法師於開幕典禮發表主題演說「佛教藝術的承先啟後」，期許學術會議能兼顧傳統與創新間之承先啟後，不僅當有時代特色，更須負起走向未來之使命。

凡是一個偉大而有悠久歷史文化的宗教，必會給人類後代，留下偉大的文化遺產，包括哲學、文學、藝術。宗教藝術的作品，正是以具象的手法，表達宗教信仰所依據的哲學思想及文學內涵。

如果沒有博大精深的哲學思想，不可能受到上層社會知識分子群的持續信仰及普遍擁戴，就不可能培養及招集高明的藝術人才，繼續不斷地創作出偉大的藝術作品。如果缺少豐富的文學內涵，也不可能有創作宗教藝術品的大量題材。

古代的宗教藝術，是為少數人的信仰做表達，現代的宗教藝術，當與社會大眾的生活相接合。創作雖屬於藝術家的專業修養，功能則在於提供全體大眾善及美的教育環境。藝術品應當有其各自的創作生命，宗教藝術又必須兼顧傳統與創新之間的承先啟後。（〈佛教藝術的承先啟後〉，《人生》，178、179 期，1998 年 6、7 月 1 日；今收《學術論考》，法鼓全集 3 輯 1 冊，法鼓文化，頁 474-489）

四月十二日，法鼓山榮譽董事會年會在農禪寺舉行，兩百多位榮董參加。（〈榮董齊聚農禪寺　分享學佛護法心得〉，《法鼓》，101 期，1998 年 5 月 15 日，版 1）

法鼓山助念團全臺悅眾聯誼會，在農禪寺舉行。共有各地五百人與會。法師開示勉勵發長遠心，落實助念關懷。（〈聲聲佛號　心心相契〉，《法鼓》，101 期，1998 年 5 月 15 日，版 7）

四月十五日，《法鼓》雜誌發行滿一百期，法師欣慰之餘，更期許：「把佛法給每一個需要的人」。（〈把佛法給每一個需要的人〉，《法鼓》，100 期特刊，1998 年 4 月 15 日，版 1）

出國前夕，於安和分院對華航三十多位高階主管，就「危機感與希望心」為題開示，並就主管所提問題，如：如何面對社會責難、如何自我認識、如何建立企業共識等，一一解答。（〈代序〉，《兩千年行腳》，法鼓全集 6 輯 11 冊，法鼓文化，頁 8）

同日，法鼓山與臺北市政府合辦第十五屆佛化聯合奠祭，在臺北市立第二殯儀館舉行。

四月十六日，大陸南開大學孫昌武教授、日本立正大學三友量順教授分別來訪。

下午，前往香港弘法。果理、果舫、果昌等法師，及居士數十人隨行。（〈聖嚴師父香港宣講《華嚴經》〉，《法鼓》，101期，1998年5月15日，版1）

四月十七日至十九日，接受香港佛教青年協會之邀請，於伊利沙伯體育館，接續去年未講完之經文續講《華嚴經．淨行品》之文殊菩薩智慧法門。（〈代序〉，《兩千年行腳》，法鼓全集6輯11冊，法鼓文化，頁14）

四月十八日，法鼓山香港分會舉辦「工商界領袖聯誼會」，法師應邀出席並闡述安心之道。聯誼會由已退休知名藝人冉肖玲主持，與會者有我國派駐香港辦事處主任鄭安國、惠記集團總裁單偉豹，以及商界領袖陳天明、黃坤、張作鑫、袁立明等約兩百人。（〈代序〉，《兩千年行腳》，法鼓全集6輯11冊，法鼓文化，頁14-15）

四月十九日上午，法鼓山香港分會假黃鳳翎中學禮堂舉行祈福法會；下午於伊利沙伯體育館，由法師主持皈依

典禮，一百多人參加。（〈代序〉，《兩千年行腳》，法鼓全集 6 輯 11 冊，法鼓文化，頁 15）

四月二十日，參觀香港鑽石山志蓮淨苑，該寺為全部仿唐式木造寺院建築。與該寺住持宏勳法師就佛教寺院建築交換意見。日後，並派遣果品法師率同法鼓山總工程師陳洽由及承造法鼓山大殿佛像之林聰惠，專程自臺灣前往討教。（〈代序〉，《兩千年行腳》，法鼓全集 6 輯 11 冊，法鼓文化，頁 15）

當天結束香港弘化行程，搭機前往紐約東初禪寺。（〈聖嚴師父香港宣講《華嚴經》〉，《法鼓》，101 期，1998 年 5 月 15 日，版 1）

四月二十八日，達賴喇嘛駐紐約僧團代表羅伯森喇嘛（Lama Lobsang），陪同達蘭莎拉辯經學院副院長丹道格西（Geshe Damdul），以及該校學生蔣揚仁欽（Jamyang Rinchen）至東初禪寺拜訪。因法師擬將五月初與西藏之家合辦法會收入之盈餘捐助辯經學院，是以渠等先來表達謝意，同時商討與法鼓大學或中華佛研所合作交流之可能。（〈三、與達賴喇嘛緊鄰而住〉，《兩千年行腳》，法鼓全集 6 輯 11 冊，法鼓文化，頁 34）

五月一日至三日，於美國紐約玫瑰廣場音樂廳，與達賴喇

嘛共同主持「文殊菩薩智慧法門——漢藏佛教世紀大對談」。活動由法鼓山東初禪寺、美國西藏之家共同主辦，期望透過兩位宗教領袖對談，促進漢藏佛教交流，並為全人類尋求安定之力量與方法。計有三千位東西方人士與會。

這場盛會的因緣，要追溯於去年三月達賴喇嘛訪臺時，與聖嚴師父相識後，即十分讚歎聖嚴師父「是一位非常謙虛、學問淵博的真正修行人」。而主辦此次活動者之一的西藏之家負責人舒曼博士，在今年一月來臺召開記者會，被記者問及為何會邀請聖嚴師父與達賴喇嘛對談時，他表示：「聖嚴師父的學識淵博，修行嚴謹，而弘傳佛法的悲願更令人敬佩。」舒曼博士更譬喻聖嚴師父是現代的玄奘大師，因為師父不但有厚實的學術基礎，並有不斷向外吸取新知的精神，致力於將各宗的精義與漢傳佛教做融合，重新發展出漢傳佛教的光芒，這種精神當可比擬玄奘大師當年到印度取經的精神。（〈達賴喇嘛讚歎聖嚴師父是一位有學問的真正修行人〉，《法鼓》，101 期，1998 年 5 月 15 日，版 1）

三天活動，第一、二天，由達賴喇嘛主講「文殊菩薩的智慧法門」與加持灌頂；第三天則由法師主講「中國佛教的清淨智慧」，並與達賴喇嘛進行對談。大會由果谷法師擔任司儀，中文翻譯由蔣揚仁欽沙彌擔任。

法師於對談前發表〈漢傳佛教的智慧生活〉，說明對漢傳佛教之認識云：漢藏佛教同源而異流，個人對傳統大乘八宗的智慧寶藏有絕對信心。漢傳大乘佛法無上大法是不落階梯、頓悟佛性、直指人心的禪宗。（〈漢傳佛教的智慧生活（上）〉，《人生》，180 期，1998 年 8 月 1 日，頁 4-8；〈漢傳佛教的智慧生活（下）〉，《人生》，181 期，1998 年 9 月 1 日，頁 4-9；今收入《漢傳佛教的智慧生活》，法鼓文化，2000 年 2 月）

五月一日，聖嚴法師致開幕詞「慈悲與智慧的佛教」感謝達賴喇嘛尊者，不辭辛勞，從印度來到紐約，普施甘露，普降法雨。（〈慈悲與智慧的佛教〉，《法鼓》，101 期，1998 年 5 月 15 日，版 1）

而後由達賴喇嘛主講「文殊菩薩的智慧法門」，以宗喀巴大師《聖道三要》為主題，說明出離心、菩提心以及空正見。

達賴喇嘛講述為什麼教理和禪修是成就開悟不可缺的基礎；如何透過這個基礎，驗證到空性的智慧，得到全然的解脫，而產生無我的慈悲來利益眾生。他並介紹宗喀巴大師所說的《聖道三要》，極有次第的解釋了出離心、菩提心，以及空正見為修行人最終之目的，也就是得到佛果位的圓滿涅槃。達賴喇嘛在講到菩提心時，因感念龍樹菩薩之恩德，而不禁落淚。（〈智慧對話　妙語

如珠〉，《法鼓》，102 期，1998 年 6 月 15 日，版 8）

五月二日，延續昨日法會。

午餐時，與達賴喇嘛共進午餐，並就今後漢藏兩傳佛教人才之交流與培養、漢譯藏譯佛典之互補交換意見。（〈五、午齋桌上的漢藏交流〉，《兩千年行腳》，法鼓全集 6 輯 11 冊，法鼓文化，頁 43-50）

五月三日上午，達賴喇嘛傳授文殊師利菩薩智慧灌頂。法會結束午休時，於休息室舉行簡單儀式，捐贈達賴喇嘛創辦之辯經學院七萬元美金，用為支持藏傳佛教之辦學。（〈七、捐款辯經學院．接見影星貴賓〉，《兩千年行腳》，法鼓全集 6 輯 11 冊，法鼓文化，頁 56-60）

午餐後，好萊塢著名演員李察．基爾（Richard Tiffany Gere）來訪請教修行方向，並表達至法鼓山禪修期望。法師表示歡迎並贈以近著 *Complete Enlightment*（《完全證悟》）。（同上）

下午，由法師以「中國佛教的清淨智慧」為主題，簡要而完整介紹中國佛教之發展、及其思想及修行方法，並歸結於目前推動之「建設人間淨土」運動。

所謂中國的佛教，是印度傳到漢地，漢傳之後再發展而成的十個宗派。

受到漢文化的影響，而把印度佛教重新組織的，有兩個大宗派，一個是天台宗，一個是華嚴宗，由於天台宗的禪觀和教義，加上華嚴宗的教義和禪觀，才成熟了禪宗。

禪宗最主要的經典有三部，一部是《楞伽經》，一部是《金剛經》，另外一部則是《維摩詰經》。可是中國文化向來不喜歡繁雜的東西，希望愈簡單愈好，於是反應在禪宗最重要的一部經典——六祖惠能的《六祖壇經》，這部經整合了所有的佛教思想。

《金剛經》主要是講發菩提心和空性；《楞伽經》主要是講如來藏，《維摩詰經》主要是告訴我們，如果真正要開悟，一定要放下分別心與執著心，也就是放下煩惱心。

真要學禪宗，一定要發菩提心，所以也必須受菩薩戒，持三聚淨戒。

三聚淨戒就是止一切惡，修一切善，度一切眾生；或是持一切淨戒，修一切善法，願度一切眾生。其實我認為這三聚淨戒，就跟達賴喇嘛講的聖道三要的出離心、菩提心，以及空正見一樣。

禪宗講的定，要跟空性的慧完全一致，才是真正的定。它不注重次第，而特別重視智慧，空性的智慧如果發起，才是真正的定，否則不承認你是得大定。所以即定即慧，定慧是均等的。

根據這些原則，我現在正在推動一個運動，叫作「建設人間淨土」，希望讓佛國淨土在我們人間出現。這要從心的清淨開始，然後是行為的清淨；行為清淨之後，就會自己清淨，也影響你周遭的人清淨，然後逐漸擴大影響力，讓其他的人也能夠一個一個的心清淨、行為清淨，那佛國的淨土就可以在我們面前出現。（〈中國佛教的清淨智慧〉，《人生》，179 期，1998 年 7 月 1 日，頁 21-24；今收入《漢傳佛教的智慧生活》，法鼓文化，2000 年 2 月）

而後，法師與達賴喇嘛就漢藏佛教思想、學術、修行等課題舉行對談。達賴喇嘛對法鼓山理念十分讚歎敬佩，並不斷發問，表達對漢傳佛法之深切興趣。法師則於藏傳佛教之細膩思惟與次第修學有所省思。二位大德一致同意：佛教基本觀念為「慈悲與智慧」；而認為漢傳與藏傳佛教同源異流，可以彼此截長補短，互相學習，互相印證。（〈八、一場空前友好充滿智慧的對談會〉，《兩千年行腳》，法鼓全集 6 輯 11 冊，法鼓文化，頁 61-68）

兩位大德於對談結束時相約，寄望能於文殊菩薩道場——中國大陸五台山再度舉行對談。（〈相約五台山〉，《人生》，179 期，1998 年 7 月 1 日，頁 27）

由於二位佛教僧侶之學問道德與知名度，故其對談引

起國際媒體與全球佛教界之高度矚目。法師對能藉此機會，將漢傳佛教聲音提昇至國際，亦深感可貴。

這場大會為什麼不選在臺灣而要在美國舉辦，我只能回答：「一切都是因緣促成的，這不是我意料中和計畫中的事。」不過，能在美國紐約這樣的國際舞台上，和一位諾貝爾和平獎的得主達賴喇嘛，同時對談漢藏佛學問題，無異是將漢傳佛教的觸角，延伸到了國際間。因為目前的達賴喇嘛，不僅僅是代表著西藏文化，事實上已被世界各國認作是佛教的代表。反觀漢傳佛教的聲音，不但在國際上很難聽到，就是在國內臺海兩地，也是被民間信仰和新興宗教所混淆；甚至連臺灣佛教界的僧俗四眾，也對漢傳佛教認識不清，而沒有堅固的信心。

我看到今天的臺灣，有許多佛教徒，不是一窩蜂的去學習藏傳佛教，就是一面倒的去依靠南傳佛教。原因就是不知道由祖先們努力了近兩千年的漢傳佛教，留下了龐大的智慧遺產，其可貴處是什麼？所以我非常樂意讓藏傳佛教的代言人達賴喇嘛，以及國際間的佛教徒們，聽到一些漢傳佛教也不錯的資訊。我是漢人，在漢傳佛教的環境中長大，受到的恩惠是無可比喻的，所以也想趁此機會向國內外人士提醒一下：漢傳系統的佛教徒們不要忘了，我們也有不少值得發揚光大，和世人分享的智慧財產。直到今天，日本、韓國、越南，還有許多人使用著它。（〈一、漢藏佛學大會談的籌備〉，《兩千年行腳》，法鼓全集 6 輯 11 冊，法鼓文化，頁 25-26）

案：本次對談弘法，新聞媒體披露報導者，臺灣方面有：《聯合報》、《中央日報》、《自由時報》、《中國時報》、《中華日報》、《臺灣新生報》、《自立早報》、《自立晚報》、《聯合晚報》、《中時晚報》、《新臺灣新聞周刊》以及 *The China Post*（《中國郵報》）等十二家，共計五十九篇；另又有電視媒體如：中視、台視、華視、TVBS 及多家電台等。美國方面有：《世界日報》、《明報》、《星島日報》、《自由時報》、《國際日報》、《民眾日報》、《世界週刊》、《青年佛教通訊》、《佛青慧訊》、《太平洋時報週刊》以及 *The New York Times*（《紐約時報》）等十一家，共計六十八篇；以及世界衛視及華聲電台等。

五月四日上午，至莊嚴寺探訪沈家楨居士，感恩其多年來之支持與幫助。（〈一〇、拜訪沈居士・在象岡期勉悅眾菩薩〉，《兩千年行腳》，法鼓全集 6 輯 11 冊，法鼓文化，頁 73-77）

師父表示，從早年留日的學費、生活費，到學成回國後，沈居士邀請他到美國大覺寺，幫他請英文老師教英文等等，真心感謝沈居士的幫助。記得以前我們每當問及沈伯伯是否記得此事，沈伯伯總是回答：「不記得了。」……他謙沖的表示，他幫的忙很小，這些錢如果當年是買件古董或是一幅畫，現在保存的也只是古董或畫作，但幫了師父，師父所做的事，卻利益了更多的眾生，聖嚴師父才是他的恩人，為他種下福田，他要感謝聖嚴師父。

聽了這一番話，我們早已感動得淚流滿面，而師父竟然也拿下眼鏡拭淚。師父表示，在他的這一生中，受到的打擊、挫折很多，因此，只要有那麼一絲絲的溫暖，一點點的鼓勵都會令他銘記在心，沈居士對他的幫助，真的是雪中送炭。（〈聖嚴師父的感恩行〉，陳果淳，《法鼓》，103 期，1998 年 7 月 15 日，版 8）

下午，趕至象岡道場接待由臺灣來美參加漢藏對談之聞法信眾。法師說明向西方人弘揚漢傳佛法之願心與艱難，並將系統性培養人才之計畫，寄望於臺灣法鼓山。勉勵大眾發大宏願，以支持佛教教育事業，作為成就自己道業之不二法門。（〈一〇、拜訪沈居士．在象岡期勉悅眾菩薩〉，《兩千年行腳》，法鼓全集 6 輯 11 冊，法鼓文化，頁 73-77）

五月六日，於紐約東初禪寺，以「中國佛教未來的希望」為題開示，發表與達賴喇嘛對談之感言。

參與籌辦本次對談的一項願心，除了希望達成漢藏二系佛法觀念的趨近之外，更希望讓世界上的其他人知道，佛教除了有達賴喇嘛這樣的西藏僧侶，也有漢傳的出家人；而漢文化與漢傳佛教，對整個佛教的發展，更占有相當重要的地位。（〈中國佛教未來的希望〉，《人生》，

179 期，1998 年 7 月 1 日，頁 36-39；今收入《漢傳佛教的智慧生活》，法鼓文化，2000 年 2 月）

五月九日，紐約美國佛教聯合會假華埠中華公所大會堂，舉行佛誕節擴大慶祝。由佛教青年會主辦，法師及莊嚴寺顯明長老、錫蘭籍比雅替沙長老，共同擔任主法並作簡短開示。（〈一二、從紐約到劍橋〉，《兩千年行腳》，法鼓全集 6 輯 11 冊，法鼓文化，頁 81）

五月十日，於紐約東初禪寺舉行佛誕節法會。上午，於法會中開示「宗教徒的三個層次」為：崇拜具魅力之個人、崇拜神、學習開發智慧心。並說明斷煩惱三步驟：知道什麼是煩惱，知道自己內心有什麼煩惱，學習消除煩惱之觀念與方法。（〈一二、從紐約到劍橋〉，《兩千年行腳》，法鼓全集 6 輯 11 冊，法鼓文化，頁 81-82）

下午，以「願消三障諸煩惱」為題講演如何除煩惱，得智慧。（同上）

如何諦觀煩惱有四個步驟：一、知道什麼是分別起的煩惱障及所知障。二、知道什麼是俱生的煩惱障與所知障。三、知道什麼是見惑和思惑。四、知道如何斷除見惑及思惑。

至於消除煩惱，宜有四個層次：一、明察自己的煩惱心，是初發心的菩薩位。二、調伏自己的煩惱心，是三賢位的菩薩位。三、伏斷自己的煩惱心，是初地以上的無生忍菩薩位。四、斷盡最後一分無明，是佛果位。

如要明察自心的煩惱，乃至伏斷自心的煩惱，應當修行戒定慧三學，修行戒、施、忍、進、定、慧的六波羅蜜。必須發菩提心、發出離心、發大悲願心、發慚愧心及感恩心，才能持久下工夫，並且下深工夫，才能漸漸地由伏而斷，直到把煩惱斷盡。（〈願消三障諸煩惱〉，《人生》，183 期，1998 年 11 月 1 日，頁 7）

五月十二日，即起至十二月二十一日，於東初禪寺特別課程中級班講授《阿毘達磨俱舍論》。

五月十四日，應邀前往美國麻省劍橋內觀禪中心（Insight Meditation Center）。（〈一二、從紐約到劍橋〉，《兩千年行腳》，法鼓全集 6 輯 11 冊，法鼓文化，頁 82-83）

下午，至香巴拉（Shambhala）出版公司訪問。該公司主動要求發行法師著作，因順道前往參觀。（〈一三、訪問香巴拉出版公司〉，《兩千年行腳》，法鼓全集 6 輯 11 冊，法鼓文化，頁 84-87）

晚，於內觀禪中心演講「默照禪」，介紹默照禪源流及方法。說明默照禪源流即是止觀，由次第止觀演為頓悟默照。其修行要領在於放鬆身心、觀照全身、觀

照環境、內外無限、常寂常照之各層次中，常觀「無我」。（〈一四、內觀中心演講「默照禪」〉，《兩千年行腳》，法鼓全集 6 輯 11 冊，法鼓文化，頁 88-91）

五月十五日至十七日，轉赴麻省巴瑞（Barre）內觀禪佛教研究中心，以「禪佛教的理論與修行」為主題，進行兩天半特別講座，對默照禪修持方法有細膩之講解。參加成員主要為內觀禪學社（Insight Meditation Society）老師和工作人員。

他們（內觀禪佛教研究中心）修行內觀的南傳上座部禪法已二、三十年以上，傳授內觀禪法門，主持指導內觀禪的長短期禪修活動，也相當成功。由於他們從聖嚴師父的英文開示及英文著作中，讀到中國默照禪及禪宗的止觀雙運、定慧一體，頗能與南傳的內觀禪毘婆舍那（Vipassana）相契，而且在用於日常生活中，更有其優越之處，所以邀請聖嚴師父前往介紹。對師父強調以三聚淨戒、五戒十善為基礎，定慧一貫為宗旨，由心念清淨、行為清淨，而環境清淨、國土清淨的禪修次第，極為讚歎。並有幾位資深的禪修指導老師相約報名參加師父主持的禪七，也懇邀前往主持禪七。

這些老師，多半是泰緬著名禪師，如佛使比丘、阿姜查、烏巴慶、摩訶希撒耶道、摩訶波哇等的直傳弟子，也是多半出過家的美國居士。例如傑克．康斐爾德、約瑟夫．高特斯旦、峽隆．沙爾斯貝爾，以及勞瑞．羅森貝爾等人，都已擔任老師職務二十年以上，並且也出版了數種介紹南傳禪觀方法及理念的著作。（〈聖嚴師父美國內觀禪學社主講中國默照禪〉，《法鼓》，102 期，1998 年 6 月 15 日，版 1。另參見：《兩千年行腳》，法鼓全集 6 輯 11 冊，法鼓文化，頁 98-110）

五月十七日下午課程結束，至其中心訪問，了解其運作方式與職掌分工。（〈一九、參訪內觀禪修中心〉，《兩千年行腳》，法鼓全集 6 輯 11 冊，法鼓文化，頁 111-114）

五月二十三日至三十日，於紐約象岡道場主持第八十期禪七，有四十二人參加。

五月二十六日，文化館再度獲得內政部頒贈宗教團體興辦公益慈善及社會教化「金壺獎」，由文化館住持鑑心法師代表受獎。（〈中華佛教文化館　再度獲金壺獎肯定〉，《法鼓》，102 期，1998 年 6 月 15 日，版 1）

五月，「佛教唯識學研究中心」成立，法師擔任主任委員，全度法師為副主任委員，中華佛研所所長李志夫為主任研究員；副所長惠敏法師、如實佛學研究室老師許洋主為副主任研究員。中心成立宗旨，在會通當代與唯識學有關學術，以開唯識學研究新頁，增進唯識學對佛教、對人類社會之貢獻。（〈為唯識學的研究造橋鋪

路——佛教唯識學研究中心〉，《人生》，178期，1998年6月1日，頁38-41）

六月五日，「法鼓人文社會學院」之籌設申請，獲教育部通過。（〈大事記〉，《1989-2001法鼓山年鑑》，法鼓山基金會，2005年10月出版，頁165）

案：法鼓人文社會學院於一九九二年九月向教育部提出籌設申請，迄今將近六年。期間由於土地購買、政府機關環保評估、土地勘察審議階段，直到今年五月二十八日，內政部才發給同意函，教育部隨即於同年六月五日正式核准許可籌設。

同日，法鼓文化公司榮獲行政院新聞局評選為全國圖書EDI（Electronic Data Interchange，電子數據交換）示範展出單位，並榮獲經濟部與資策會評選為「網路商業應用計畫」優良成功單位，於十六日接受頒獎表揚。（〈獲選為網路商業應用計畫優良單位〉，《法鼓》，104期，1998年8月15日，版1）

六月十一日，《神會禪師的悟境》修訂畢，撰序說明神會禪師於六祖圓寂後承先啟後之重要地位。（〈序〉文見二〇〇〇年八月）

六月十九日，撰成〈人間佛教的人間淨土〉。此係應邀為

日本京都佛教大學前校長水谷幸正博士七十大壽紀念專輯而作，計費三天而成，將印度以至近代太虛大師、印順導師之人間淨土思想作通盤探討。結論云：

一、佛法本來就是以人類為教化對象的。

二、人間淨土說的源流，是來自印度的大小乘諸種經論。

三、人間淨土的思想，在中國是歷經天台、淨土、華嚴、禪等諸宗對淨土觀的激盪，到宋初的永明延壽，結合諸宗，匯歸華嚴的理事等齊，唱出「一念成佛」之說。

四、人間淨土的主要根據，乃是：

（一）《仁王般若經》的「唯佛一人居淨土」。

（二）《華嚴經》的「初發心時，便成正覺」。

（三）《法華經》的「我此土安隱」。

（四）《維摩經》的「直心是淨土」。

（五）《般若經》的「成熟有情，嚴淨佛土」。

（六）《觀無量壽經》及《無量壽經》的淨土生因說。

五、中國首創建設人間淨土論的人是二十世紀初的太虛大師，首創人間佛教的是太虛的門生印順長老。

六、我本人綜合大小乘聖典以及古聖先賢們的智慧，構成如下的三點結論：

（一）信佛學法者，初發菩提心；成熟有情，嚴淨佛土；由人心清淨而行為清淨，由個人的三業清淨而使社會的環境清淨。

（二）一念清淨一念見淨土，一日清淨一日見淨土；

一人清淨一人居淨土，多人清淨多人居淨土。

（三）此心由煩惱而顯菩提，此土由穢土而成淨土。便是《維摩經》的「隨其心淨則佛土淨。（〈人間佛教的人間淨土〉，《學術論考》，法鼓全集 3 輯 1 冊，法鼓文化，頁 472-473）

同日，法鼓山建設第一工區完成發包作業，由國內知名潤泰建設得標，擔負法鼓山第一期營造工程任務。（〈法鼓山建設　完成第一工區發包作業〉，《法鼓》，103 期，1998 年 7 月 15 日，版 1）

六月二十日至二十五日，中華佛研所副所長惠敏法師、以及維習安、杜正民老師前往日本東京大學、京都大學及花園大學洽談有關電子佛典合作事宜，並代表佛研所至花園大學作親善訪問。（〈大事記〉，《1989-2001 法鼓山年鑑》，法鼓山基金會，2005 年 10 月出版，頁 166）

六月二十七日至七月四日，於象岡道場主持第八十一期禪七。（同上）

六月，新加坡法鼓山佛學圖書館成立，護法會輔導師果理法師前往關懷，並開辦兩梯次禪訓班。（〈新加坡圖書館成立　果理法師前往關懷〉，《法鼓》，104 期，1998 年 8 月 15 日，版 6）

七月七日至十一日，召開「兩岸佛學教育交流」博覽會、座談會以及佛學院參訪活動。此係為紀念佛教傳入中國兩千年，故由法師倡導，聯合臺灣佛教教育界邀請大陸佛教教育代表來臺召開。大陸與會者有：中國佛學院副院長傳印法師、中國佛教協會副祕書長學誠法師、中國佛教文化研究所所長吳立民等，以及各佛學院代表共十八位。臺灣則有悟明長老、如虛長老、大航法師、悟因法師、昭慧法師等教界大德與各佛學院代表，以及藍吉富、游祥洲等多位學者蒞臨盛會。（〈兩岸佛學教育交流博覽會、座談會〉，《法鼓》，103 期，1998 年 7 月 15 日，版 1）

七月七日上午，於臺北市國立師範大學綜合大樓舉行開幕式，以「兩岸佛學教育交流」為題致詞說明召開會議目的：

目前佛教界已有共識：今天不辦教育，佛教沒有明天。佛學教育是佛教的命脈所繫，在佛教界以更多元的管道參與社會，學佛人口因而增加。當財力、人力資源相對提高的同時，審視當前的佛學教育，如何更具時代性、社會性，確實值得深省。

近半個世紀，兩岸佛學教育在不同的時空、環境下開展，雖各具特色，但我們希望經由兩岸佛學教育的交流，以促進彼此的了解與發展，透過經驗、理念的交換，提昇整體佛教教育的品質，迎向二十一世紀的佛學教育。

（〈兩岸佛學教育交流〉，《人生》，180 期，1998 年 8 月 1 日，頁 20）

法師致詞後，有「電子佛典」運用展示，以展現佛教與現代科技結合之成果。大會同時有各佛學院發展概況介紹之博覽會。（〈兩岸佛學教育交流博覽會、座談會〉，《法鼓》，103 期，1998 年 7 月 15 日，版 1）

下午舉行座談會，先以「當代的佛教教育」為題，介紹目前三大教育工作方向：僧教育、學院教育、普化教育，期望透過交流提昇整體佛教教育品質。略云：

我們兩岸的佛教界，大家都有一個共識，就是：「今天若不辦教育，明天便沒有佛教」。由於兩岸實際狀況的不同，辦佛教教育的方式以及造就人才的成效，略有差異，若朝未來的十年二十年看，彼此的差距，必然愈來愈近。

我們從寺院接受養成教育的人，往往會把僧教育當作佛教教育的全部，其實僧教育雖是佛教教育的重心所在，佛教教育的涵義應該包括得更廣。例如對於信徒、以及在家居士之中有意願弘揚佛法、從事專業的佛教教育及文化工作者，也應有計畫地培養他們。所以今天我做的教育工作，分成三個方向：

一、僧團的宗教師教育。

二、大學及研究所教育。

三、對社會大眾的關懷教育。

我們的佛教教育的目的是在建設人間淨土，佛教教育的範圍，是從僧團拓展到每一個人的家庭、社會的每一個階層、學校的每一個層面，不一定勉強人人成為佛教徒，卻願以佛法的利益，分享給人間大眾。（〈當代的佛教教育〉，《人生》，180 期，1998 年 8 月 1 日，頁 21-24）

七月八日，返抵臺灣。上午隨即於農禪寺齋堂，對法鼓山全體僧眾及專職「精神講話」：「放下個人習氣」。

七月九日至十六日，於農禪寺主持第七十二期精進禪七。（〈二一、兩岸佛學教育交流座談會〉，《兩千年行腳》，法鼓全集 6 輯 11 冊，法鼓文化，頁 121）

七月十一日，「兩岸佛學教育交流大陸參訪團」至中華佛研所、農禪寺、法鼓山參訪。法師正主持禪七，然仍抽空至法鼓山上接待。並期許相互激勵，為二十一世紀佛學教育而貢獻。（同上）

七月十七日至二十日，延續上半年「分享人間淨土——聖嚴師父全臺關懷行」活動，南下屏東、嘉義、臺南、高雄等四地，關懷各地會員，同時主持千人皈依祈福法會。（〈二二、九場千人皈依的祈福法會〉，《兩千年行腳》，法鼓全集 6 輯 11 冊，法鼓文化，頁 122-128）

七月十七日，「聖嚴師父全臺關懷行」，關懷屏東地區會員，同時主持皈依祈福法會。（同上）

七月十八日，「聖嚴師父全臺關懷行」，關懷嘉義地區會員，同時主持皈依祈福七月法會。（同上）

七月十九日，「聖嚴師父全臺關懷行」，關懷臺南地區會員，同時於金城國中主持皈依祈福法會。（同上）

七月二十日上午，臺南分院舉行「榮董、社會菁英茶會」，法師蒞會開示。（同上）

下午，「聖嚴師父全臺關懷行」，關懷高雄地區會員，同時於勞工育樂中心主持皈依祈福法會。（同上）

七月二十一日至八月十七日，僧團在金山法鼓山上臨時寮結夏安居，法師以法鼓山的三大教育、人間淨土等主題為僧眾弟子上課。

七月二十五日，第二十三次社會菁英禪修營共修會於農禪寺舉行，法師以「感恩的心」為題開示。

七月二十六日，於臺北市中正高中大禮堂，擴大舉辦「皈依祈福法會」，計有一千五百多人皈依。與前昔略異

者，法師並為全體出席信眾約二千多人授五戒。（同上）

七月二十八日，召開「法鼓人文社會學院創校董事會議」。會議由法師主持，全體董事十一位均出席，教育部並派員指導。（〈二三、忙碌的行程〉，《兩千年行腳》，法鼓全集 6 輯 11 冊，法鼓文化，頁 130-131）

本次會議通過董事會組織章程，全體董事並一致推選法師為董事長。法師隨即提名曾濟群博士為首任校長並獲通過，學校正式進行運作。預估於二〇〇一年開始招生，初設宗教系（含碩士班）、應用外語系、社會工作系、企業管理系、資訊管理系。

法鼓大學董事會成立，董事長：聖嚴師父，董事：太子建設莊南田副董事長、花蓮師範學院陳伯璋校長、中研院吳京院士、中研院副院長楊國樞院士、中研院李亦園院士、政大鄭丁旺校長、中華佛學研究所副所長惠敏法師、法鼓山文教基金會副執行長果肇法師、永森企業公司常董周瑜芬。

師父於董事會議中感慨地說，佛教團體興辦大學，我們是最早創議，也是最早付諸行動的；但由於土地取得困難，所以延遲了設校的時間，不過，師父還是非常感謝政府的支持與協助，以及各方居士菩薩的護持，使法鼓人文社會學院終於誕生了。（〈法鼓大學董事會成立〉，

《法鼓》，104 期，1998 年 8 月 15 日，版 1）

七月三十日，「中國宗教研究中心臺灣交流團」大陸代表訪問中華佛研所，並舉辦小型座談會，法師親自會見。來訪成員包括：國家宗教事務局副局長王作安、司長徐遠杰、助理研究員趙建政、中國社會科學院世界研究所科研處處長張新鷹、國務院臺灣事務辦公室處長李維一等，彼此交談甚為融洽，大陸代表對法鼓山教育設施及遠景，十分讚賞。（〈三七、前往國家宗教局〉，《兩千年行腳》，法鼓全集 6 輯 11 冊，法鼓文化，頁 216）

七月，《智慧一〇〇》由法鼓文化公司與聯經圖書公司同時出版。該書原為一九九六年元月至一九九七年七月《聯合報》副刊專欄，係以現代精神解說《法句經》、《華嚴經》、《法華經》、《大智度論》等經籍中之短偈。該書由名家朱德庸漫畫插圖。

八月一日至九日，中華佛研所副所長惠敏法師應達賴喇嘛之邀請，至印度參加重建西藏比丘尼僧團研討會。法師因接獲邀請函時，行程已排定，未克參加。（〈大事記〉，《1989-2001 法鼓山年鑑》，法鼓山基金會，2005 年 10 月出版，頁 169）

八月五日，緬甸內觀中心葛印卡居士由《慧炬》出版社發行人鄭振煌陪同至法鼓山上拜訪。適逢法鼓山僧團結夏安居，法師因邀請其向全體常住眾介紹內觀禪法。此為葛印卡居士第二度來訪，三年前來訪時曾與法師對談修行法門之異同。（〈內觀中心葛印卡參訪法鼓山〉，《法鼓》，105 期，1998 年 9 月 15 日，版 1）

八月七日，於農禪寺齋堂，對法鼓山全體僧眾及專職「精神講話」：「法鼓山的整體方向」。

八月九日，行政院院長蕭萬長在榮總接受手術治療期間，特來農禪寺拜訪。法師建議其多打坐以調助身心健康。（〈蕭萬長院長在病中到農禪寺禮佛〉，《法鼓》，105 期，1998 年 9 月 15 日，版 1）

八月十日至十七日，於法鼓山上主持第七十三期精進禪七，此期專為僧眾而舉辦。（〈大事記〉，《1989-2001 法鼓山年鑑》，法鼓山基金會，2005 年 10 月出版，頁 169）

八月十三日，於農禪寺會見藏傳宗薩佛學院大堪布滾葛旺丘仁波切等七位來訪貴賓。（〈大事記〉，《1989-2001 法鼓山年鑑》，法鼓山基金會，2005 年 10 月出版，頁 169）

八月十四日，帶領僧團全體常住眾及工程相關人員，為法鼓山第一期工程動工進行灑淨，祈求工程建設順利完

成。（〈二三、忙碌的行程〉，《兩千年行腳》，法鼓全集6輯11冊，法鼓文化，頁130）

八月十七日至二十四日，於法鼓山上臨時寮主持第七十四期精進（悅眾）禪七。（〈大事記〉，《1989-2001法鼓山年鑑》，法鼓山基金會，2005年10月出版，頁169）

八月二十三日，法鼓山護法會年度活動「法鼓傳薪」，擴大於臺北市成淵國中舉行，計有來自大臺北地區、及全臺各地五百餘位新勸募會員參加。法師開示，再次強調法鼓山使命為「提昇人的品質，建設人間淨土」，將以三大教育來承擔此大任：

以「大學院教育」培養建設人間淨土的高級專業人才；
以「大普化教育」推廣各項提昇人類品德的活動；
以「大關懷教育」普及各項溫暖人間環境的服務。

法鼓山推動的人間淨土的理念已經受到國際的肯定，這「一大使命、三大教育」正是建設人間淨土的基礎。（〈法鼓傳薪勝會擴大舉行〉，《法鼓》，105期，1998年9月15日，版1）

八月二十四日至九月四日，首度應邀至俄羅斯主持禪修。主辦單位為聖彼得堡佛法中心。三年前，由英國弟子約翰．克魯克至該地帶領禪七，為此次遠行弘化之遠因。（〈二四、前往俄羅斯的聖彼得堡〉，《兩千年行腳》，

法鼓全集 6 輯 11 冊，法鼓文化，頁 133-141）

八月二十四日，由果元、果谷兩位弟子及張光斗、攝影師郭重光兩位居士陪同，由臺北經荷蘭，於二十五日飛抵俄羅斯聖彼得堡。（同上）

八月二十六日晚，於該地一近百年歷史之唯一藏傳佛教古寺，以「佛教和禪的修行」為題公開演講，有六十六人與會。（〈二五、遊覽及演講〉，《兩千年行腳》，法鼓全集 6 輯 11 冊，法鼓文化，頁 146-149）

八月二十七日至三十一日，於聖彼得堡近郊舊皇宮度假中心主持五日禪修，詳盡介紹放鬆身心、體驗呼吸、數呼吸，並介紹默照禪之層次，以及系統佛法。禪眾計二十一人，多來自一南少林派武術學校。因有武術基礎，禪修效果甚佳。

因為聖嚴師父難得來到該地，參加的禪眾都很珍惜，相當用功，聖嚴師父也極盡善巧，將基礎佛學無常、無我、空的觀點，配合因緣有、自性空的基礎觀法。從呼吸法的隨息、數息而至默照禪的修行法，介紹得相當細膩，使不少禪眾能有身心統一乃至內外統一的體驗。最後也介紹了話頭禪的練習法，雖已沒有時間用來實修，卻讓彼邦人士第一次聽到了正確的話頭禪法。最後說明印度阿含佛教的緣起思想：見緣起即見正法，見正法即見空性，見空性即悟佛道。又介紹印度大乘佛法的三系：中觀、唯識、如來藏，都是圍繞著緣起有、自性空闡明佛法。

禪期圓滿日，每一位禪眾都受了三皈五戒。（〈聖嚴師父首度到俄羅斯主持禪修〉，《法鼓》，105 期，1998 年 9 月 15 日，版 1）

九月一日，聖彼得堡佛法中心為歡迎法師蒞臨，特別舉辦「佛教現代藝術畫展」，展出佛法中心負責人瓦丁姆（Vadim Druzhiuin）等人藝品，邀請法師於開幕典禮演講「從佛教、中國的禪談藝術」。聖彼得堡電視台特派專人採訪，並於當天夜間新聞中播出。（〈三〇、參觀功夫學校及禪畫藝術展覽〉，《兩千年行腳》，法鼓全集 6 輯 11 冊，法鼓文化，頁 176-180）

九月三日，訪問無極門武術學校，其負責人亞歷山大傑托米爾斯基夫婦皆為本次課程學員。法師再度鼓勵其成立一中國禪坐會，定期舉辦坐禪共修，法師並允諾越洋通訊指導。（〈三二、參觀博物館及武術學校無極門〉，《兩千年行腳》，法鼓全集 6 輯 11 冊，法鼓文化，頁 186-191）

九月四日，應聖彼得堡大學東方及非洲學院之邀請，前往訪問，參觀圖書館中國圖書收藏部，除應允捐贈漢文

《大藏經》一部，並討論與中華佛研所合作交流。《大藏經》後經接洽，由佛陀教育基金會免費提供。（〈三三、訪問聖彼得堡大學〉，《兩千年行腳》，法鼓全集 6 輯 11 冊，法鼓文化，頁 192-195）

九月五日，結束俄羅斯弘化活動，飛抵北京訪問三天。（〈三四、飛往北京〉，《兩千年行腳》，法鼓全集 6 輯 11 冊，法鼓文化，頁 196-199）

當晚，於北京宴請大陸學者，為法鼓人文社會學院明年（一九九九）三月召開之「人文關懷與社會實踐」兩岸學術會議邀聘學者至臺灣與會。（同上）

聖嚴師父一抵達北京，立即受到當地學術界熱烈的歡迎，並在中華佛學研究所所長李志夫、法鼓人文社會學院籌備處主任曾濟群的陪同下，與社會科學院副院長汝信、北京大學前後任副校長季羡林、郝斌、北京圖書館館長任繼愈，以及北大、人民大學等校沙蓮香、葛晨虹、方立天等著名教授，共進晚餐。席間學者們除表達對聖嚴師父學術地位與宗教情操的仰慕外，並對未來兩岸學術交流合作問題，廣泛而具體地交換了各種意見。（〈聖嚴師父兩岸佛學會議闡述佛教對東方文化的影響〉，《法鼓》，105 期，1998 年 9 月 15 日，版 1）

九月六日至七日，「海峽兩岸佛教學術會議」於北京社會科學研究院舉行，以「佛教與東方文化——紀念佛教傳入中國二千年」為主題，共有兩岸三十多位佛教學者發表論文。會議由法鼓山中華佛研所與北京中國社會科學院世界宗教研究所合辦，法鼓人文社會學院籌備處協辦。臺灣學者有中華佛研所所長李志夫教授及副所長惠敏法師等十餘位代表出席會議。（〈三五、兩岸學術會議主題演說〉，《兩千年行腳》，法鼓全集6輯11冊，法鼓文化，頁200-201）

九月六日，法師於開幕式，以「佛教對東方文化的影響」為題演說，從開新、創新觀念指出，文化承先啟後，須面對考驗、檢討創新、引進活水。佛教已為漢文化主流之一，如今亦受到歐美人士之歡迎，二十一世紀，佛學將成為世人注目一大新領域。子題如下：

一、佛教與東方文化的開展。

二、佛教成為漢文化的主流之一。

三、譯經助長了漢文化的發展。

四、憑藉教義內涵普遍弘傳。

五、佛學成為受人注目的新領域。（同上；講詞見〈佛教對於東方文化的影響〉，《中華佛學學報》，12期，1999年，頁1-9；今收《漢傳佛教的智慧生活》，法鼓文化，2000年2月）

佛教史專家、北京國家圖書館館長任繼愈於接續演講中贊同法師論點，說明以往對固有文化之猛烈批評為錯誤，目前大陸相當重視佛教發展。（〈三五、兩岸學術會議主題演說〉，《兩千年行腳》，法鼓全集 6 輯 11 冊，法鼓文化，頁 204）

下午，前往北京醫院探訪趙樸初老居士。趙老已年高九十二歲，由夫人陪伴接待，交談甚歡。見其用中楷毛筆抄寫《阿含經》。（〈三五、兩岸學術會議主題演說〉，《兩千年行腳》，法鼓全集 6 輯 11 冊，法鼓文化，頁 205-206）

九月七日，上午九時，至北京圖書館參觀。該館善本特藏部主任黃潤華特為開啟特藏室，得見原為熱河文津閣藏本《四庫全書》、宋明及敦煌石窟手抄經卷、明朝《永樂大典》手抄本，並得見明朝北京版《大藏經》原本，歡喜問訊頂禮。該館藏書量據稱為全世界排名第五。（〈三六、訪問北京圖書館及北京大學〉，《兩千年行腳》，法鼓全集 6 輯 11 冊，法鼓文化，頁 207-214）

上午十一時二十分，抵達北京大學，由前後任三位副校長季羨林、郝斌、何芳川以及校長助理兼國際交流合作處處長郝平接待，並參觀北大圖書館。雙方互贈禮品並於午宴時就雙方可能合作交流進行洽談。（同上）

當晚，分別接受中國中央電視台海外中心《中國報導》節目攝影訪問，以及中國佛教文化研究所副所長何云，為《佛教文化》雜誌所作採訪。（同上）

九月八日上午，由何云陪同，於九時二十分抵達國家宗教事務局，由局長葉小文、副局長楊同祥、外事司副司長郭偉共同接待。葉局長對臺灣中華電子佛典協會發展佛典數位化之成果，十分讚賞。（〈三七、前往國家宗教局〉，《兩千年行腳》，法鼓全集 6 輯 11 冊，法鼓文化，頁 215-217）

下午，飛離北京；於當晚九時，飛抵高雄國際機場，預備參加明日於高雄舉辦之典禮。（〈三八、回到臺灣〉，《兩千年行腳》，法鼓全集 6 輯 11 冊，法鼓文化，頁 218-219）

九月八日起，「法鼓山一九九八年當代藝術品暨珠寶義賣會」全臺巡迴展，在高雄、臺南、臺中、臺北展出。各展次之開幕禮，法師均一一出席。（〈四一、護持法鼓大學義賣會〉，《兩千年行腳》，法鼓全集 6 輯 11 冊，法鼓文化，頁 233-234）

九月十二日，於金山法鼓山主持「北海岸中元平安超度法會」。法會首次在金山舉辦，由北海岸三芝、石門、金山、萬里四鄉鎮聯合舉辦，四鄉長擔任籌備委員，鄉民代表主席、鄉民代表、村里長等地方士紳，為法會委員及顧問。四鄉鎮鄉長、民意代表提供資源與協助，並踴躍全程參與，二千多位居民參加。

為達成環保教育目的，勸導鄉民，一律素果鮮花簡單飲料祭拜孤魂；不燒冥紙、不燒棒香、不點臘燭。法師開示舉辦原則云：法會免費提供超薦牌位，並將法會結餘，留作四鄉鎮急難救助金及活動經費。法會以提昇人品，改善民風、導正民俗，以達成文化教育目的。（〈北海岸中元平安超度法會功德圓滿　達到心靈、禮儀環保教育功能〉，《法鼓》，106 期，1998 年 10 月 15 日，版 1）

九月十三日，佛基會與臺北市政府合辦佛化聯合奠祭，於臺北市立第二殯儀館舉行。

九月十八日，上午，於農禪寺齋堂，對全體僧眾及專職「精神講話」：「入禪修寶山」。

同日，象岡道場以二十萬美元再增購鄰近三十二英畝土地，與去年所購合計約一百二十英畝。計畫改建禪堂、新建大殿、齋堂、寮房等禪修建築。（〈大事記〉，《1989-2001 法鼓山年鑑》，法鼓山基金會，2005 年 10 月出版，頁 172）

九月十九日，北京大學國際交流處主任郝平，專程到農禪寺拜訪。本月初法師訪問北京大學時，曾受到郝平主任之熱誠接待。（〈北大國際處主任郝平來訪〉，《法鼓》，106 期，1998 年 10 月 15 日，版 1）

九月二十日，農禪寺舉行一年一度剃度典禮，計有十位青年求度出家，為取法名：果雲、果得、果賢、果見、果迦等。另有九位青年發心求受行同沙彌（尼）戒。（〈農禪寺剃度典禮　十九位菩薩發心出家〉，《法鼓》，106 期，1998 年 10 月 15 日，版 1）

同日，桃園大溪齋明古寺召開信徒大會，禮請法師擔任住持。原定今年十月晉山，法師為慎重起見，延至明年。（〈二三、忙碌的行程〉，《兩千年行腳》，法鼓全集 6 輯 11 冊，法鼓文化，頁 131-132）

九月二十一日，撰文〈悼念李恆鉞長者〉。（《人生》，183 期，1998 年 11 月 1 日，頁 54-56；今收《悼念．遊化》，法鼓全集 3 輯 7 冊，法鼓文化，頁 171-174）

案：李長者原任臺灣交通大學教授，著有《向智識分子介紹佛教》等書。晚年定居美國，今年八月二十日在美往生。法師閉關高雄期間曾兩度與其通信討論印順法師中觀思想受時人誤解等問題；任大覺寺住持時曾請其弘講，後更邀請其至東初禪寺擔任長期特別講座。

九月二十三日，第二十四次社會菁英禪修營共修會於農禪寺舉行，法師以「如何教育自己、感化他人」為題開示。

九月二十六日，法鼓山「我為你祝福——全民祈福平安大法會」，以及年度全球會員大會，在林口綜合體育館舉行，共有來自海內外兩萬人參加。蕭萬長院長夫人朱俶賢、行政院政務委員趙守博、桃園縣縣長呂秀蓮等多位貴賓參加。主持人由陳月卿擔任。

大會中舉行贈書儀式，將法鼓山信眾印贈之十萬本《念佛生淨土》提供各監獄、看守所，由法務部次長姜豪代表接受。

法師就祈福意義、法鼓山會員之責任與目標精闢開示：

我們相信：如果人心不正，行為乖張，便會引起鬼神的忿怒，以致於也為人間社會帶來疾病和災難等種種的不安。我們舉辦平安祈福法會的作用，固然是以佛法召請幽冥界的眾生，前來接受佛法的開導而放下心中的執著，或者往生佛國，或者轉生善道，接受了佛法的感召，至少也會成為保佑人間安寧的護法善神。再者，更重要的是，我們參加祈福法會的全體大眾，在祈禱諸佛菩薩及護法善神的加被之外，也應當學習諸佛菩薩的智慧和慈悲，來做觀世音菩薩的化身，以身作則，自度度人。

人人若能如此，我們的人間社會，必定平安，必定祥和。（〈以佛法祝福大家〉，《法鼓》，106 期，1998 年 10 月 15 日，版 2；另參見：《法鼓山的方向》，法鼓全集 8 輯 6 冊，法鼓文化，頁 421）

下午，法師再次重申，以三大教育來完成推動全面教育之使命，此一大使命三大教育正是建設人間淨土之基礎。此次開示，法師首度將創辦佛學院納入計畫，人間淨土理念之經證亦完整提出：

人間淨土的理念，我是依據許多佛經佛語的綜合研究而提出來的，主要的有：一、《增一阿含經》說：「諸佛皆出人間」。二、《四分律》有說佛陀初度五比丘，便叮嚀他們要分頭遊化人間。三、《維摩經》說：「隨其心淨，則國土淨。」四、《大般若經》說：「饒益眾生」，即是「嚴淨佛土。」五、《華嚴經》說：「初發心時，便成正覺。」六、《法華經》說：「若人散亂心，入於塔廟中，一稱南無佛，皆已成佛道。」七、《宗鏡錄》主張「一念成佛」之說：一念與佛的慈悲和智慧相應，此一念即已成佛；一念與佛相應，一念住於淨土；多念與佛相應，多念住於淨土；一人與佛相應，一人住於淨土；多人與佛相應，多人住於淨土；人人與佛相應，人人住於淨土。（〈繼往開來（下）〉，《法鼓》，112 期，1999 年 4 月 15 日，版 2；另參見：《法鼓山的方向》，法鼓全集 8 輯 6 冊，法鼓文化，頁 138-139）

九月二十六日至二十七日，「法鼓山會、團長及召集委員授證同心會」，假北投華僑會館舉行，法師於二十七日親自頒發新任召集委員證書。（〈凝聚悅眾力量　邁向法鼓山十週年〉，《法鼓》，106 期，1998 年 10 月 15 日，版 1）

十月二日，於農禪寺齋堂，對法鼓山全體僧眾及專職「精神講話」：「了解時代脈動」。

十月八日，江蘇鎮江焦山定慧寺住持茗山長老，以及蘇州寒山寺住持性空長老，蒞臨安和分院拜訪。茗山長老為東初老人法子，性空長老為東初老人剃度弟子；法鼓山僧俗四眾以大禮迎接。隨同前來者有大陸國家宗教局副局長楊同祥、蘇州靈巖山寺住持明學法師、南通狼山廣教寺監院月朗法師、南京市周學柏副市長等三十多人。（〈法脈同源　茗山、性空長老來訪〉，《法鼓》，107 期，1998 年 11 月 15 日，版 1）

十月九日，即日起一連三天，至法鼓山上參加護法總會舉辦之「勸募會員法鼓傳薪成長營」，勉勵大眾扮演好法鼓山鼓手角色。

十月十一日，「法鼓山一九九八年當代藝術品暨珠寶義賣會」，於臺北市新光美術館隆重舉行。法師於會前說

明舉辦義賣會之目的在於傳達法鼓山辦學之訊息、辦學之精神，同時籌措建校經費。

法鼓山舉辦這個義賣會的目的有三：

一、向社會大眾傳達「法鼓山要辦一所精緻的人文社會大學」的訊息。

二、希望藉義賣會來傳達法鼓大學教育的精神，那就是「重視人品的提昇」、「淨化社會、淨化人間」，法鼓大學要負起文化的使命和教育的功能。

三、籌措龐大的建校經費。至於能籌募到多少經費，則不預先設定目標，多多益善，哪怕只有一塊錢，也值得感恩、感謝。

法鼓大學著重在人文思想和社會關懷，以人文教育達成提昇人品的目的，以社會教育達成建設人間淨土的目的。

我們是以佛教的精神和悲願心來創辦這所大學，並不強迫所有師生都成為佛教徒。（〈分享宗教與藝術的善與美——專訪聖嚴法師談藝術品及珠寶義賣會〉，《法鼓》，107期，1998年11月15日，版6、8；收入《法鼓山的方向》，法鼓全集8輯6冊，法鼓文化，頁287-290）

義賣會總策畫由葉榮嘉建築師擔任，藝廊協會理事長劉煥獻擔任執行工作。義賣之藝術品及珠寶自九月八日至十月五日，分別在高雄、臺南、臺中巡迴展覽。義賣共計募得七千八百萬元。

當天之義賣分兩場次，上午的珠寶場次由高信譚主持，傳家拍賣總經理郭倩如主拍，下午的書畫場次，由張小燕主持，蘇富比前董事長衣淑凡主拍。這次義賣會，非常難得的是一五七件的珠寶全數賣出，而書畫藝術品則賣出了一五六件，超過了總數的四分之三。現場最令人感動的是有好幾位菩薩買了又捐出來再義賣，而主持人張小燕特別以二十萬元買下一幅名為「禪」的畫送給聖嚴師父；林惺嶽的「人間淨土」則以二百萬元賣出，購買者更當場將這件與法鼓山理念相合的作品轉贈師父，並希望師父帶著大家一起建設人間淨土。（〈結合藝術界力量　共同護持法鼓大學〉，《法鼓》，106 期，1998 年 10 月 15 日，版 1）

十月十二日，已有兩千家連鎖店之統一超商，在安和分院舉辦標竿學習講座，法師應邀為該公司一百六十多位中高階主管演講，主題為「大環境衝擊下，企業與個人如何運用佛法自我調適、改善體質」。另並指導簡單禪坐方法，練習如何放鬆身心，並期勉以佛法突破困境。

統一超商總經理徐重仁，為菁英禪修營的學員，也是法鼓山護法總會副會長，這次更在他的推薦下，促成了這場講座。

聖嚴師父以：「超越主觀與客觀就是智慧，放下自我與非我就是慈悲」，勉勵主管在面對事情的時候，以慈悲與智慧調整自己、處理事情，永遠不要以對立的心態與任何人相處。尤其身處複雜而多變的社會環境，強調唯有改善自己的品質，以佛法的因緣、因果、無常、慈悲、智慧，來處理不同的人事物，才會永遠保持警覺和開創的心。（〈聖嚴師父應邀統一超商專題演講〉，《法鼓》，107 期，1998 年 11 月 15 日，版 1）

十月十五日至十八日，於法鼓山上臨時寮主持第十四屆社會菁英禪修營。

十月十九日，赴美弘法。

十月二十三至二十五日，法鼓山北美分會第二屆年會，於象岡道場舉行，來自全美十一州及加拿大溫哥華、多倫多等地會員代表一百多人參加。法師親自為召集人授證，頒發獎牌，並重申大學院、大普化、大關懷三大教育目標以及四安、四環等運動。大眾就「關懷」及「勸募」課題深入研討，特別就各地區分會運作方向與基本精神凝聚共識。

法鼓山如同是一個專業的專賣店，不是能夠廣泛推銷一切商品的百貨公司，集中人力和物力，來做社會的啟蒙運動，當然沒有辦法平等普遍推廣顯密各宗各派所有的特色。我們的修行，是中國的禪和淨土；我們的生活，是依據戒律的倫理；而我們根本佛教思想的源頭，是《阿含經》的緣起性空。所以請大家不要把我們簡單的團體，帶失了方向，變成複雜化。有人希望我們樣樣都要兼顧，這是好高騖遠，不切實際，是我們所做不到的，也會變成樣樣要做，結果卻事事無法著力，那不是我們所希望的。（〈四三、北美法鼓山年會·專題演講〉，《兩千年行腳》，法鼓全集 6 輯 11 冊，法鼓文化，頁 250-251）

十月二十九日至三十一日，天主教教廷「醫療牧靈委員會」於梵蒂岡召開第十三屆國際醫療會議，法鼓山受邀為佛教界唯一代表，由中華佛研所副所長惠敏法師及法鼓山僧團代理都監果品法師出席；惠敏法師發表論文演說，題為「佛教對老年人問題的看法及其在我國的實踐情形」。（〈惠敏法師、果品法師代表佛教界出席國際醫療會議〉，《法鼓》，107 期，1998 年 11 月 15 日，版 1）

十一月一日起，一連四週，於東初禪寺週日特別講座宣講「四聖諦」，以四聖諦說明佛法總綱，並介紹四聖諦修行次第及其方法。（〈四三、北美法鼓山年會·專題演講〉，《兩千年行腳》，法鼓全集 6 輯 11 冊，法鼓文化，頁 251）

十一月一日，法鼓山第五屆佛化聯合祝壽，分別在農禪寺、嘉義分院、臺南分院以及高雄分院舉行。全臺共計四百多位七十歲長者接受祝福。（〈大事記〉，《1989-

2001 法鼓山年鑑》，法鼓山基金會，2005 年 10 月出版，頁 174-175）

十一月六日起，每週五晚上於紐約東初禪寺，主講《大乘起信論》。（〈四三、北美法鼓山年會．專題演講〉，《兩千年行腳》，法鼓全集 6 輯 11 冊，法鼓文化，頁 251）

十一月十二日，接受美國新澤西州羅特格斯大學英文系教授梅伊爾（Spell Meyer）及宗教系主任于君方教授之邀請，對該校禪坐團體演講「禪修之道」，果谷法師擔任英文翻譯。（〈聖嚴師父應邀至羅格斯大學講說禪修之道〉，《法鼓》，108 期，1998 年 12 月 15 日，版 1；講詞今收《動靜皆自在》，法鼓全集 4 輯 15 冊，法鼓文化，頁 179-186）

十一月十四日，紐約東初禪寺舉辦助念組成長聯誼會，法師蒞會開示「臨終關懷的意義」。與會者近百人。（〈紐約東初禪寺助念組聯誼會〉，《法鼓》，108 期，1998 年 12 月 15 日，版 1）

十一月二十七日至十二月五日，於象岡道場主持第八十二期禪七，首次以「默照禪」作為禪七專修指導，計有來自十一個國家七十位東、西方人士共同參學。（〈四四、不一樣的禪七．我又要得獎〉，《兩千年行腳》，

法鼓全集 6 輯 11 冊，法鼓文化，頁 253）

在以往每次禪七中，由於禪眾的程度不同，所以數息、隨息、話頭、默照配合著因人而異的指導，直到去年（一九九八）的十一、十二月，才有機會把禪七的內容精緻化，每一個禪七統一在同一類的方法上。（〈一、演講會與高峯座談〉，《抱疾遊高峰》，法鼓全集 6 輯 12 冊，法鼓文化，頁 11）

案：本期及翌年（一九九九）六月於象岡道場舉行之第八十五期禪七，法師詳細講授默照禪法修行與理論。講授紀錄經整理編輯，為 *The Method of No-Method: The Chan Practice of Silent Illumination*，於二〇〇八年由香巴拉出版公司出版。而後，由單德興中譯為：《無法之法——聖嚴法師默照禪法旨要》，於二〇〇九年由法鼓文化出版。

十一月二十九日，為籌募重建基金，法鼓山臺東信行寺舉辦「我為你祝福——祈福種福」園遊會，行政院院長蕭萬長、臺東縣縣長陳建年、立法委員饒穎奇等貴賓，均前往祝賀。（〈法鼓山臺東信行寺義賣園遊會〉，《法鼓》，108 期，1998 年 12 月 15 日，版 1）

十一月，《禪修菁華集》由法鼓文化出版。將法師禪修著作系統摘要、次第編輯，分為五部七冊菁華：《入門》、《觀念》、《法脈》、《方法》、《活用》；

其中《方法》又分為《公案・話頭》、《默照》、《五停心・四念處》。每冊均附相關禪法索引，可藉以深入研讀法師禪修指導之原作。全書由果毅法師、林其賢居士編輯。

十二月八日起，參考歷年於農禪寺講說《八識規矩頌》之紀錄稿，重新寫過。計費時十一日，於十八日完稿，題名為《探索識界——八識規矩頌講記》，交法鼓文化出版（參見二〇〇一年一月譜文）。（〈自序〉，《探索識界——八識規矩頌講記》，法鼓全集7輯9冊，法鼓文化，頁3-5）

十二月二十日，法鼓山一九九八年度佛化聯合奠祭，在臺北市立第二殯儀館舉行。（〈法鼓山一九九八年度大事記〉，《法鼓》，109期，1999年1月15日，版5）

同日，「中華電子佛典協會」於臺北慧日講堂舉辦成果發表會，除說明工作成果，並正式推出該協會完成之第一片電子藏經光碟，同時將資料公布上網。該協會係由中華佛研所及北美印順導師基金會共同支持成立。（同上）

十二月二十五日至明年一月一日，於象岡道場主持第八十三期禪七，首度以「話頭禪」作為禪七專修指導。

計有來自歐美、南美及亞洲諸地區禪眾七十二人參加，其中有屬於日、韓禪宗及南傳內觀禪法傳承系統老師級人員，亦有禪修經驗已三十餘年者。（〈聖嚴師父指導歐亞美人士話頭禪七〉，《法鼓》，109 期，1999 年 1 月 15 日，版 1）

本年，*Dharma Drum*（《法鼓禪風》）克羅埃西亞文及俄文譯本出版發行。該書原作於一九九六年由美國法鼓出版社出版。

Getting the Buddha Mind（《佛心眾生心》）波蘭文譯本在華沙出版發行。該書原作於一九八二年由美國法鼓出版社出版。

The Poetry of Enlightenment（《開悟的詩偈》）芬蘭文譯本由赫爾辛基 Basam Book 出版發行。該書原作於一九八七年由美國法鼓出版社出版。

民國八十八年／西元一九九九年

聖嚴法師七十歲

國內外重要大事

- 澳門政權移交中華人民共和國，建立澳門特別行政區。
- 九二一集集大地震，造成二千多人死亡，數萬人受傷。
- 法鼓山舉行「1999法鼓山第一屆全球僧團大會」，討論「法鼓山寺組織章程」。

法師大事

- 獲中華民國公益團體服務協會第一屆「國家公益獎」。
- 首度前往德國柏林舉辦禪七、指導禪修。
- 九二一大地震後，赴臺中、南投等地關懷，成立安心服務團，推動「法鼓山安心系列——關懷專案」，提倡「人心重建」工作。
- 增補出版《法鼓全集》，全套共七十冊。

訂定本年為「祝福平安年」，以平安祝福作為法鼓山年度活動重點。

一月四日，於返臺飛機上，為前教育部部長吳京居士新著《讓孩子快樂成長》撰序。敘述與吳教授論交因緣，並論及對終身教育之理念。

法鼓山教育園區第一期工程的奠基大典，吳京先生以部長身分前來致賀並主持儀典後，我向他提出教育工程的報告，認為教育並非僅靠學校教育的設施，宜將之延伸到人的一生中去，當由青年男女決定結婚之前，就要開始討論如何準備迎接孩子的來臨。父母有了健康的身心，才能孕育具有健康身心的孩子，接下來是父母共同努力的胎教、嬰教、幼教、家教，加入學校教育、社會教育、宗教教育、成人教育，乃至臨終教育，總名之為人的終身教育。（〈序吳京居士《讓孩子快樂成長》〉，《書序》，法鼓全集 3 輯 5 冊，法鼓文化，頁 122）

即日起，應邀於《中國時報》親子版開闢專欄：「我家有個菩薩」，為讀者解答親子關係之各種疑惑。專欄由林保寶採訪整理。

一月七日，於農禪寺齋堂，為法鼓山全體專職「精神講話」：「奉獻慧命，行菩薩道」。

一月九日，應邀至臺北市誠品書局敦南店講演。係為行政院文建會、《聯合報》以及立緒文化公司主辦之系列演講，系列主題為「臺灣社會的人文之美——知識分子的社會參與」，邀請李亦園、楊國樞、沈君山、蕭新煌、何懷碩、高希均、蔣勳、南方朔等著名專家學者擔任講席。法師為宗教界學者唯一代表，因以「知

識分子與宗教關懷」為題，從宗教學術立場，探討知識分子如何關懷宗教。略云：

我們的社會裡，有許多人沉迷於對宗教現象及信仰效果的追求，因而失去了自立自信的能力，也混亂了正常人的生活秩序，甚至招致族群之間的相互殺伐、家人之間的口角戰爭。

也有許多人認為：宗教信仰，僅是愚夫愚婦的行為，求神、拜佛、許願，無非是原始人類所殘留的風俗習慣及神話傳說，縱然有若干奇蹟的效應，也不過是出於信仰者本身的心理作用，充其量也是自然現象的巧合，根本沒有什麼鬼靈神明與佛菩薩的存在。

其實，這兩者都不是現代知識分子對宗教信仰所應有的態度。因為人類的高度文化及其智慧的產生，多是淵源於宗教，人類之有心靈生活與精神領域的開發，也多是來自宗教信仰的實踐。

宗教信仰之所以在我們的社會中，造成沉迷氾濫及否定排斥的兩種極端，乃是由於知識分子對於宗教所持的態度不明確，所做的正面關懷太少，對於宗教的常識不足，也無法給宗教信仰多做一些疏導性的工作，因此使得我們的社會大眾，若不是一窩蜂地盲從，便是一面倒地批判。加上政治人物的推波助瀾、新聞媒體的爭相報導，以致讓大家一方面錯認為宗教信仰非常發達，另一方面又誤以為宗教信仰是給社會帶來了更多不安的因素。這也正是現代知識分子們應該加以深思的一個課題。

（〈知識分子與宗教關懷〉，《聯合報》，1999 年 2 月 26 日，副刊）

一月十日，於臺北中正高中主持「祈福皈依大典」，近千人皈依三寶。

一月十一日，於安和分院召開記者會，向社會大眾公布法鼓山文教基金會主辦「十大傑出平安貢獻獎」活動訊息。法師說明舉辦目的在於感恩並宣揚長期奉獻耕耘者，更寄望其成為大眾學習典範。（〈十大傑出平安貢獻獎選拔開始〉，《法鼓》，110 期，1999 年 2 月 15 日，版 1）

一月十六日，第二十五次社會菁英禪修營共修會於農禪寺舉行，法師以「無事過時」為題開示。

一月十七日起，每週日於農禪寺講解《楞嚴經》。

一月十八日，至中央研究院出席「資訊電子化聯合會議」。會議由中央研究院、教育部主辦，結合「電子佛典協會（EBTI）」、「太平洋鄰里協會（PNC）」、「文化製圖協會（ECAI）」、「學者電子資源協會（SEER）」，共有來自十七國一百多位學者專家與會。法鼓山因中華佛研所協助成立之「中華電子佛典協會」（CBETA）研究成果突出，受邀為協辦單位。

法師應邀於開幕致詞，報告《大藏經》電子化之研究成果，並指出：中華佛研所將以電子佛典之製作、運用、研發，為重點特色。

中華佛學研究所大力支持「中華電子佛典協會」（CBETA）的成立，希望加快電子佛典的發展速度。該協會自去年二月成立以來，已完成六冊《大藏經》的電子化，預計今年年底將完成二十三冊，而整部五十五冊的《大正藏》，將在五年內全部完成。

中華佛學研究所在去年成立了「網路資料室」，網羅國內外優秀的佛典電子化人才，在軟、硬體上全力配合電子佛典的進行。相信透過這次的會議研討與互動，佛典電子化有突破性的開展，也可擴展我們的視野；未來，中華佛研所將會把有關電子佛典的製作、運用、研發，作為我們的重點與特色。（〈CBETA 協辦國際電子資訊聯合會議〉，《法鼓》，110 期，1999 年 2 月 15 日，版 1；另參見：〈三、學術會議——人的素質與電子佛典〉，《抱疾遊高峰》，法鼓全集 6 輯 12 冊，法鼓文化，頁 24-26）

一月二十一日，榮獲第一屆國家公益獎。該獎由中華民國公益團體服務協會主辦，選拔德業兼備，公益典範之人士。頒獎典禮於國家圖書館國際會議廳舉行，由行政院院長蕭萬長先生頒授，日後並接受李登輝總統及連戰副總統分別召見。法師因推動社會關懷、心靈環保受肯定而獲獎。（〈二、受獎和頒獎〉，《抱疾遊高峰》，

法鼓全集 6 輯 12 冊，法鼓文化，頁 19-20）

法師表示，此殊榮係來自法鼓山全體大眾，共同推動心靈環保、建設人間淨土。法師並發願，從此不再接受任何獎項，希望將榮譽及機會留給他人。（〈聖嚴師父榮獲國家公益獎〉，《法鼓》，110 期，1999 年 2 月 15 日，版 1）

一月二十二日起，法鼓山接掌桃園大溪齋明寺法務。交接典禮由桃園縣縣長呂秀蓮、桃園縣佛教會理事長如悟長老監交，由齋明寺第六任住持江張仁居士將印信交與法師。與會貴賓，另有立法委員朱鳳芝、朱立倫、呂新民、國大代表陳秀惠、大溪鎮鎮長曾榮鑑、大溪代表會主席蘇文生等。法師期許，將保留古蹟原貌，加強環境維護，使齋明寺發揮文化、教育、宗教三大功能。（〈法鼓山承續齋明寺法務〉，《法鼓》，110 期，1999 年 2 月 15 日，版 1）

案：齋明寺於清朝道光末年（西元一八四〇年）間創立。一九三九年由江張仁居士接任第六任住持；六十年後，今年（一九九九）一月二十二日交由法鼓山承接法務工作。

江張仁居士等十年來努力於齋明寺回歸佛教正統法脈，不斷尋覓恰當之正信佛教團體接續齋明寺法務，經了解法鼓山及聖嚴法師所推動之理念與作法，確定法鼓山為接續齋明寺法務最適合之佛教團體，因克服種種障礙，並親撰三封至誠懇切萬言書予法師，成就如此因緣。

一月，《人行道》由法鼓文化出版。該書輯自原刊於《自由時報》副刊之「人行道」專欄，以及《人生》月刊部分短篇講錄。

二月十一日，於農禪寺齋堂，對法鼓山全體僧眾及專職「精神講話」：「培養年輕人，吸收新知識」。

二月十六日，於農禪寺及法鼓山上主持新春普佛法會。

二月十九日至二十六日，於農禪寺主持第七十七期禪七。此期參加禪眾為悅眾，共有二百零六人參加。

二月二十三日，日本立正大學由庵谷行亨及松村嚴壽兩位教授代表來訪，邀請中華佛研所參加該校佛教部創立五十週年慶舉辦之國際學術會議。法師應允指派傑出學者出席，並以午宴招待，感謝母校如此慎重專人專程前來邀請。（〈日本立正大學派代表訪問法鼓山〉，《法鼓》，111 期，1999 年 3 月 15 日，版 1）

二月二十七日，法鼓山護法會新竹以北之北部六轄區、二十三地區之勸募委員，分區陸續返農禪寺向法師賀年並請法。

二月，隨身經典系列：《四弘誓願講記》、《四十二章經講記》、《普賢菩薩行願讚講記》等由法鼓文化出版。各書為歷年於農禪寺講經之記錄。

春節以來，健康惡化，又因治療牙病時誤傷舌頭，疼痛發炎幾一月。（〈自序〉，《抱疾遊高峰》，法鼓全集 6 輯 12 冊，法鼓文化，頁 3）

三月一日上午，至榮民總醫院檢查身體，接受治療。（〈一、演講會與高峰座談〉，《抱疾遊高峰》，法鼓全集 6 輯 12 冊，法鼓文化，頁 14）

下午，應邀至臺北市《中國時報》廣場，參加「新世紀科技與人文高峰會談」。活動由行政院文建會、《中國時報》、宏碁基金會共同主辦，邀請法師、中央研究院院長李遠哲、宏碁集團董事長施振榮以及臺南藝術學院校長漢寶德，分別代表宗教、學術、科技產業、及藝術等不同領域，展開「新世紀科技與人文高峰會談」，共同會診世紀末諸般現象。文化建設委員會主委林澄枝女士擔任引言人、《中國時報》社長黃肇松擔任主持人，台灣電視公司現場實況轉播。（〈一、演講會與高峰座談〉，《抱疾遊高峰》，法鼓全集 6 輯 12 冊，

法鼓文化，頁 12-14）

此為一年前，法師受邀參與《天下》雜誌主辦「飛越二〇〇〇年」座談會後，再度受邀參加高層次科技與人文對談。法師發言略云：

今日歐美科技發達的國家，都不會否認宗教的存在與需要，而身為宗教徒者，必須從人與自己、人與人、人與自然到人與宇宙的關係思考，才能觸及到宗教的本質。凡是人類的文化都叫作人文，科技也是人文的一部分，因此人文和科技是一體的兩面，如果科學少了人文的指導，就會帶來毀滅的危機，因此，全世界的人類都有責任，共同避免人文與科技對立的風氣。（〈一、演講會與高峰座談〉，《抱疾遊高峰》，法鼓全集 6 輯 12 冊，法鼓文化，頁 13-14）

三月三日，於中華佛研所「創辦人時間」，對研究生以「展望二十一世紀的世界佛教」為題開示：

我今天提出一個新的想法，大家未來也可以朝這方向去摸索、思考：二十一世紀的五十年代，佛教會是什麼面貌？請大家思考一下，我們如何創造、如何迎接？

現代佛教很明顯是藏傳、漢傳、南傳這三個大系統；……未來五十年以後的世界佛教則是整體的。

我們要有宏觀、有遠見，把釋迦牟尼佛整體的教理和教義整合，成為世界的佛教。

高層社會有一批人在思考、在釐清，從歷史源流、義理來呈現開、合的現象，而開合之後，世界上的人需要的究竟是什麼，逐漸形成一個趨勢，這個趨勢可以代表整體的、正統的佛法。（中華佛學研究所紀錄稿）

三月四日，於農禪寺齋堂，對法鼓山全體僧眾及專職「精神講話」：「做社會的動力火車」。

三月十二日，法鼓山受邀參加「臺北市一九九九春之邀約系列活動——眾樹歌唱」。開幕典禮中，法師應邀與李登輝總統、臺北市市長馬英九一起親手植樹。活動由臺北市政府與《中國時報》主辦，於大安森林公園舉行。法鼓山提供十二攤位指導禪修，在活動現場五十多個綠化、養生、資源回收環保團體中，以淨化心靈為訴求而顯得特別。（〈法鼓山受邀參與植樹節活動〉，《法鼓》，112 期，1999 年 4 月 15 日，版 1）

三月十四日，「法鼓山第五屆佛化聯合婚禮」於臺北市政府中庭舉行，五十對新人參加。婚禮由法師說法祝福，總統府資政吳伯雄擔任證婚人，臺北市市長馬英九及文化建設委員會主任委員林澄枝分別擔任男、女雙方主婚人，護法總會會長陳嘉男伉儷則擔任介紹人。（〈佛化婚禮締結菩提姻緣〉，《法鼓》，112 期，1999 年 4 月 15 日，版 1）

三月二十六、二十七、二十八日三晚，法鼓山於臺北市國父紀念館舉辦「平安開講——聖嚴法師與當代名人對談」系列活動，由法師與多位名人學者公開對談。對談主題為：「如何使得我們的社會平安？」中華電視台全程轉播。（〈一、演講會與高峰座談〉，《抱疾遊高峰》，法鼓全集 6 輯 12 冊，法鼓文化，頁 14-15）

案：原計畫為主持三場專題演講，因法師健康問題，於是籌備單位改採「祈福法會」、「名人對談」以減輕負擔。對談型態仿自《不一樣的聲音》，除貴賓之外，邀請中華電視公司資深主持人陳月卿女士串場發問。

三月二十六日，「平安開講」第一場，邀請與法師對談之特別來賓為臺北市市長馬英九，談論主題為「心靈環保對跨世紀社會安定之影響」。（〈一、演講會與高峰座談〉，《抱疾遊高峰》，法鼓全集 6 輯 12 冊，法鼓文化，頁 15）

同日，為曹敬三居士新著《中國佛教各山各寺》撰序。（〈序曹敬三居士《中國佛教各山各寺》〉，《書序》，法鼓全集 3 輯 5 冊，法鼓文化，頁 125-126）

三月二十七日，「平安開講」第二場，邀請與法師對談之特別來賓為現任青年救國團主任李鍾桂博士，談論主題為「新世代青少年如何安身、安心、安家、安業」。

（〈一、演講會與高峰座談〉，《抱疾遊高峰》，法鼓全集 6 輯 12 冊，法鼓文化，頁 15）

三月二十八日，「平安開講」第三場，邀請與法師對談之兩位貴賓為中央研究院院士：李亦園教授及楊國樞教授。李亦園教授現為蔣經國基金會執行長，楊國樞教授現任中央研究院副院長。談論主題為「現代人如何在世紀交替下安身立命」。

法師於對談中再度強調，社會大眾人人均應有宗教修養，俾從個體以達整體，更超越個體與整體。

人必須先跟自己的內心和諧相處，然後跟環境裡面的人和諧相處；進一步跟大自然和諧相處；再進一步以宇宙為自我，萬物與我同根，天地與我同體；最後必須超越個人的小我和宇宙的大我，那才是絕對的自在。所謂賢人和聖人的境界，也不是一般人做不到的。

只要能一念清淨、一念超越，就能在一念之間體驗到聖賢的心境。這是人人都可以試著體驗，如果大家願意體驗，常常體驗，那就是我們在提倡的「人間淨土」的實現，也就是大家所祈求的社會平安，那並不是一個空洞的信仰和理想。（〈一、演講會與高峰座談〉，《抱疾遊高峰》，法鼓全集 6 輯 12 冊，法鼓文化，頁 16-17）

三月二十九日至三十一日，法鼓人文社會學院籌備處假國家圖書館舉辦「人文關懷與實踐研討會」，共有來自海峽兩岸三地近百位學者，針對大會主題「人的素質」發表十八篇論文並進行研討。

大陸人文學權威季羨林、任繼愈等重要學者首度來臺與會。兩位教授，與前教育部長吳京教授並受邀擔任會議主題演說。

與會貴賓有：來自大陸北京，北大前副校長、現任北京大學教授之中國人文學泰斗八十八歲的季羨林先生；現任北京圖書館館長、北京大學教授八十一歲的任繼愈教授；中國社會科學院前副院長汝信及現任北大副校長的郝斌教授等二十位大陸學界代表，及三位香港中文大學的學者，專程趕至臺北參加這場盛會。

臺灣地區的與會代表，則包括前教育部長吳京先生、臺灣大學陳維昭校長、師大代理校長簡茂發博士、實踐大學謝孟雄校長、元智大學王國明校長、玄奘人文社會學院張凱元校長、東吳大學劉源俊校長、北師院吳清山校長等多人。（〈法鼓大學人文關懷與社會實踐研討會　季羨林等重要學者首度來臺〉，《法鼓》，112 期，1999 年 4 月 15 日，版 1）

案：季羨林先生，德國哥廷根大學哲學博士，原先專攻西洋文學，後主攻印度梵文，精通東西方八種語文，回國後擔任北京大學東方語文學系主任，於胡適先生擔任北大校長期間，已是備受尊崇之年輕學者。

任繼愈先生，為中國哲學史權威，對於中國佛教思想史研究，有其獨到成就，原為中國社會科學院研究中國佛教之領導人物。

法師於一九九一年四月訪問北京時，經冉雲華教授與季老初識，並邀得為其出版發行《季羨林佛教學術論文集》，列為「中華佛學研究所論叢」第四種。

去年（一九九八）九月六日及七日，中華佛研所與北京社會科學院聯合舉辦：「佛教與東方文化學術研討會」。會議期中，法師與季先生及任先生多次接觸，因邀約其出席在臺灣召開之學術會議。（參見〈三、學術會議——人的素質與電子佛典〉，《抱疾遊高峰》，法鼓全集 6 輯 12 冊，法鼓文化，頁 28-31）

大會籌備委員會由法師擔任主任委員，聘請李亦園、楊國樞、胡佛、喬健等中央研究院院士為籌備委員。會議重點在討論「人的素質」，一則配合法鼓人文社會學院辦學方針及理念，二則推廣法鼓山「提昇人的品質、建設人間淨土」理念。

法師於開幕典禮中致詞，特就大會主題「人的素質」進行闡釋，呼籲人文關懷。

聖嚴師父在開幕典禮中特別對「人文關懷」的意涵進行闡述，重點就在於以「人」為重心的思考方式，是對個人尊嚴與價值的尊重。但是現今科技的發展卻改變了人們的生活態度及思維方法，造成環境汙染，使生態失去平衡，甚至引發人與人之間、國與國之間的對立不安；而這種環境失調、人心不安的問題，恐怕在二十一世紀產生嚴重的影響。

有鑑於此，師父提出落實回到人的立場的作法，這也是法鼓山近年來推行的「四環」運動的主要理念，從每個人在心靈環保、禮儀環保、生活環保及自然環保的學習中，體現對人與自然的尊重與關懷。（〈法鼓大學人文關懷與社會實踐研討會　季羨林等重要學者首度來臺〉，《法鼓》，112 期，1999 年 4 月 15 日，版 1）

三月三十一日，於中華佛研所「創辦人時間」，對研究生開示：「法鼓山之整體運作與永續經營」。

團體的出現、團體的持續——所謂永續經營所應具備的條件是什麼？

中國二十世紀上半葉出現了太虛大師，可惜他只有思想，沒有形成永續的團體。而他的思想帶動後人的方向，影響中國的佛教，甚至也影響越南的佛教，但還談不上對世界佛教的影響。二十世紀下半葉有印順法師的出現，印順法師雖然也沒有帶出團體，但他有帶出思潮，影響了佛教的整個風氣。

在臺灣來講，從六〇年代，或更早從五〇年開始，星雲法師最早帶動風氣，至今約五十年。慈濟功德會約三十年。法鼓山也是一個團體，至今不到十年，甚至比香光寺還短。

團體的創始人去世後，此團體還會不會存在？若不存在，是因為此團體沒有制度、組織，沒有一定的理念，只以開創人為標準而做事，將他當神來看、當偶像來供養。

不斷回到法的源頭與本義，是一個團體不會滅亡的原因。

我們這個團體也一樣。當我逝後，我們這個團體應該還會存在，但應朝這些方向去準備：

一、榮譽：參加此團體的人，會不會感到光榮？就是以身為法鼓山的一員為榮。

二、成長：參與此團體，除了榮譽的分享之外，自己本身是否有成長？團體對自身有何助益？個人學到了什麼？若有成長的感覺就會感到值得。

三、成就：成就是從你個人的奉獻中而來。對團體、對社會、對自己的家庭等，將自己的價值奉獻出來。

很重要的是，一個團體，雖然創辦人逝世了，若能繼續保有此三者，則此團體不會垮台。

有救亡圖存的心，以及榮譽、成長、成就，是今天提出來給大家分享的。（中華佛學研究所紀錄稿）

三月，《中華佛學研究》第三期由中華佛研所發行出版。

法師有〈人間佛教的人間淨土〉發表。（《中華佛學研究》，3 期，臺北：中華佛學研究所，1999 年 3 月，頁 1-17）

今春以來，法師健康情形欠佳，至本月而更形嚴重，於是取消外國之預定行程，並自農禪寺遷至文化館，一以減少工作量，再則方便調養。

去年（一九九八）九月，在臺北榮民總醫院作定期健康檢查，發現白血球、紅血球、血小板指數偏低很多，而腎臟功能衰退，脾臟肥大，心臟瓣膜擴張、造血功能不良。

三個多月以後，回臺灣再度檢查，腎臟、脾臟、心臟都沒有惡化，可是發現紅血球、血小板、白血球的指數繼續下降，我也常常有疲倦的感覺，再加上緊密的日程，逼得我喘不過氣來。

而且，一顆臼齒，做根管治療時，不小心消毒液滲漏到舌頭右下方，造成嚴重傷口。不要說吃飯時會碰到，凡是開口講話，傷口就會被那顆臼齒摩擦，猶如刀割。

由於這一番折騰，身體上的其他毛病紛紛出現。本來每晚睡眠四至五小時之間，只要起身小解一次，到了這個階段，晚上小解的次數頻繁到五次之多，而白天每三十分鐘就要上一次廁所。經過超音波及各種腹腔內視鏡檢查的結果，發現攝護腺肥大，膀胱發炎鬆弛無力。有人建議我一勞永逸去做手術切除，據說老年人都會有類似的病症，以現在的科技，不需要大驚小怪。可是看到我的驗血報告，醫生勸我免了，以免造成流血不止，加上我的免疫系統也不夠強，很容易發生感染的病變，所以還是勸我充分休養，定時吃藥。（〈四、健康出狀況．

累及許多人〉，《抱疾遊高峰》，法鼓全集 6 輯 12 冊，法鼓文化，頁 32-34）

四月四日，法鼓山「社會平安——十大傑出平安貢獻獎」頒獎典禮於臺北圓山飯店舉行。由行政院院長蕭萬長頒獎。李登輝總統並於四月九日親自接見十位受獎代表，肯定其為社會平安所做貢獻。

該獎複審時邀請行政院副院長劉兆玄博士為主任委員，決審邀請總統府資政吳伯雄為主任委員，經詳細評審，選出四位個人獎、六項團體獎。各獲頒獎座一座、獎金二十萬元。

法師於頒獎典禮中致詞表示，法鼓山舉辦此活動目的在向這些對社會平安而奉獻者感恩，同時向為善不欲人知之社會平安貢獻者致敬。

得獎者包括比利時籍的潘爾溫神父、人稱「柯媽媽」的柯蔡玉瓊居士、創辦瑪利亞啟智學園的莊宏達醫師、在高雄消防隊設立愛心基金的歐國忠先生；團體部分則有嘉邑行善團、婦女救援基金會、陽光文教基金會、創世基金會、消費者文教基金會，以及救國團的張老師等六個團體。

其中，嘉邑行善團更將所獲得的二十萬元獎金又回贈給法鼓山，做為建校基金。（〈法鼓山平安貢獻獎　十傑

大愛照亮人間〉，《法鼓》，112 期，1999 年 4 月 15 日，版 1）

四月七日，於農禪寺齋堂，對法鼓山全體僧眾及專職「精神講話」：「法鼓山的存在價值」。

四月八日，藏傳四十世薩迦崔欽法王至農禪寺參訪。法師迎接其到訪，並就佛學院培養弘法人才課程與訓練方式交換意見。（〈藏傳四十世薩迦崔欽法王來訪〉，《法鼓》，113 期，1999 年 5 月 15 日，版 1）

四月十日，第二十六次社會菁英禪修營共修會於農禪寺舉行。

四月十五日上午，搭機赴新加坡，此為闊別十七年後再度至新加坡弘法。係應新加坡法鼓山會員周鼎華、朱盛華夫婦，新加坡佛教總會悟峰長老、明義法師，以及總理夫人等多年多次之邀請促成。（〈五、訪新加坡的因緣〉，《抱疾遊高峰》，法鼓全集 6 輯 12 冊，法鼓文化，頁 39-40）

案：本次行程原於三月已通知取消，因新加坡、德國等地殷勤勸請，法師於是勉行。所幸健康情形亦已趨好轉。

四月十六日晚，至新達城三樓禮堂參加信眾暨讀者聯誼會，以「日常生活中理性與感性的調合運用——祝福你平安」為題開示。原以法鼓山會眾約兩百人為限，而竟到場五、六百人。（〈六、連場爆滿〉，《抱疾遊高峰》，法鼓全集 6 輯 12 冊，法鼓文化，頁 41）

四月十七日，晚上，至東陵俱樂部劇院廳參加「政商界菁英座談會」，係由大專畢業生佛友會及法鼓山佛學圖書館聯合主辦。計有現任及前任國會議員、前任內閣部長、現任大使、總統私人助理、執政黨助理署長、各部高級官員以及企業界、學術界、教育界、宗教領袖等二百八十多人與會。為新加坡佛教界難得之盛會。法師以「如何以慈悲與智慧來處理問題」為題引言，而後接受來賓提問回答。（〈闊別十七年　聖嚴師父再度踏上新加坡〉，《法鼓》，113 期，1999 年 5 月 15 日，版 1）

四月十八、十九日兩晚，於威信史丹佛大飯店四樓萊佛士大廳舉行弘法大會及皈依典禮，分別以「智慧的人生」、「和樂的人生」為題，宣講近年所提倡四環、四安、四要、四感、四福等具體實踐方法。（〈迢迢千里傳法音　聖嚴師父新加坡弘法行〉，《法鼓》，113 期，1999 年 5 月 15 日，版 2）

四月十九日，專程至我國駐新國代表歐陽瑞雄官邸拜會。法師多年前於洛杉磯演講時，曾蒙歐陽代表接待，今特造訪，並為其夫人說法開示：應視車禍殘障為現身

說法之菩薩行。歐陽代表夫婦及在場好友等人因而求受皈依。

因果的道理，應該從兩個方向去認識：一般的佛教徒認為現在遭遇災難是由於過去造了惡業，所以罪有應得，自作自受，應該好好地懺悔。若從菩薩行的觀點來看，許多的不幸和災難，都是正面的慈悲行，正所謂現身說法。

對受災難的當事人來講，這是一份任務，為了使他有機會生起更大的慈悲心和精進心，使其智慧與慈悲成長得更多更快。對於四周相關的人來講，是幫助他們面對災難與困苦，然後學習如何解脫災難與困苦的問題。特別是親人，由於家中有了這樣的人，需要照顧關愛，使得他們都能成長成熟得更多一些，也沒有機會去浪費光陰、消耗金錢於無益身心健康的活動中，同時也會以同理心去看待社會上有同樣遭遇的人士和家庭。由於這樣的原因，所以說這是出於菩薩在過去世中所發的大悲願心，現身化作活生生的教材，來自利而利人。

因此我勉勵歐陽夫人，不要以為自己是前世做了壞事，今生才得這個傷殘的惡報，要相信自己是來現身說法，自利利人的，天底下有許多堅強樂觀的殘障人士，都是從絕望中走過來的。（〈九、歐陽代表官邸說因果〉，《抱疾遊高峰》，法鼓全集 6 輯 12 冊，法鼓文化，頁 59-61）

四月二十日上午，至靈峰般若講堂拜訪新加坡佛教總會會

長隆根長老；而後至淨宗學會拜訪戒兄淨空法師。

隆根長老是我的江蘇同鄉，早期先從香港到臺灣，也常常到中華佛教文化館看我的先師東初老人。他在編輯《海潮音》雜誌時，我也是他的作者之一，彼此關係匪淺，尤其這次弘法大會，原來說好是由佛總主辦，所以應該要去向他表示歉意。

一同受戒的戒兄淨空法師，雖然他提倡淨土宗，我提倡禪法，我們兩人在法義的認知上或有什麼偏重偏輕之處，但我一向對他很尊敬，因為他真是一位現代的法匠。近四年來定居新加坡，訓練了一批又一批的講經弘法青年人才。特別是在我閉關期間，他替我找全了《弘一法師三十三種律學合刊》借給我研究，這是我畢生感激的事，所以我應該去看看他。（〈八、拜訪兩位長老法師〉，《抱疾遊高峰》，法鼓全集 6 輯 12 冊，法鼓文化，頁 56-57）

晚，於法鼓山新加坡佛學圖書館，會見當地全體義工。以「智慧和慈悲」為題開示，並與全體義工分批合影留念。（〈七、在新加坡接觸到的菩薩們〉，《抱疾遊高峰》，法鼓全集 6 輯 12 冊，法鼓文化，頁 53）

四月二十一日，**撰文紀念名雕塑家楊英風居士及其二女兒楊美惠女士。**（〈我與現代雕塑大師楊英風先生——附楊美惠女士〉，《人生》，191 期，1999 年 7 月 1 日，頁 38-

41；今收《悼念．遊化》，法鼓全集 3 輯 7 冊，法鼓文化，頁 175-181）

晚十一時五十分，由新加坡搭乘德航班機，經德國法蘭克福轉飛德國首都柏林。係接受歐洲最古老佛學社團「柏林佛學社」（Buddhistische Gesellschaft Berlin E.V.）諾艾克（Rainer Noack）博士之邀請前往，為法師首度赴德國指導禪修。舉行一場演講、指導一期禪七。由果元、果谷兩位法師隨侍，張光斗及郭重光兩位居士隨同攝影。

我被他們邀請，是因為我有兩本書被譯成了波蘭文及德文，又因前年（一九九七）我去波蘭主持禪七，以及到克羅埃西亞指導禪修，也有幾位德國人去波蘭和克羅埃西亞跟我學過禪。這回是透過我的英國弟子約翰．克魯克博士邀請我的。（〈十、飛到德國〉，《抱疾遊高峰》，法鼓全集 6 輯 12 冊，法鼓文化，頁 63）

四月二十三日，參觀東柏林國立博物館，該館收藏有古希臘神殿以及巴比倫古城。法師於館旁一無名英雄紀念堂默禱，祈祝世界永久和平。（〈一五、柏林國立博物館〉，《抱疾遊高峰》，法鼓全集 6 輯 12 冊，法鼓文化，頁 88-91）

下午，前往柏林市郊之納粹集中營紀念館。法師祈祝於此捨生之一切眾生生起慈悲、放下怨恨。（〈一六、集中營紀念館〉，《抱疾遊高峰》，法鼓全集 6 輯 12 冊，法鼓文化，頁 92-100）

四月二十四日下午，於柏林佛學社舉行一場小型演講。原安排於昨日之大型演講，因顧及法師健康情形已於三月中旬取消，然為使該社及柏林佛教界菁英人士滿願，臨時加入此一場對少數聽眾之濃縮開示。主題為「中國的禪」。由果谷法師譯成英文，再由來自瑞士之麥克斯．卡林（Max Kalin）譯成德語。（〈一二、一場精簡的演講〉，《抱疾遊高峰》，法鼓全集 6 輯 12 冊，法鼓文化，頁 72-75）

四月二十五日至五月二日，於柏林東部境內一座古堡舉行禪七，指導禪修，共有來自十二個國家四十九位禪眾參加。

這次在柏林舉辦的禪七場地，是租用一座古堡，位於柏林東部境內，距離市區大約兩百多公里，兩個小時的車程。

這次禪七，實際報到了四十九人。其中除了十七位德國當地人之外，其他的人員分別來自於波蘭、美國、瑞士、英國、澳洲、沙烏地阿拉伯、南非、葡萄牙、以色列、克羅埃西亞、加拿大和臺灣，共十二個國家，包括了全球五大洲的人士。這是自從我主持禪七指導以來涵蓋區

域最廣的一次。（〈一三、在古堡中打禪七〉，《抱疾遊高峰》，法鼓全集 6 輯 12 冊，法鼓文化，頁 76-79）

因參加禪眾來自不同派系之佛教團體，故所指導禪修法門亦相應多元。惟仍應以佛法基本原則為依，否則無我、性空之認知即不相應。

我先介紹了修止修觀，入定發慧的基礎觀念，然後引導他們從心的集中、身心統一、內外統一而進入中觀的次第過程；用話頭也可以用默照，雖然這兩種都是頓悟的禪修法門，但介紹時，也都分成了幾個次第，所以讓禪眾各取所需，分別選用對他們適合而能用的方法。同時我也配合著方法，講出慚愧、懺悔、菩提心和出離心、感恩和迴向的修行觀念。

尤其為他們指出：修行方法，不論任何人、任何宗教信仰者，都可以練習，也都可獲得利益，唯其如果沒有依照佛法的原則和基本的因緣觀，便對無我、性空的認知不相應，即無從完成明心見性、頓悟成佛的目的，最多只可以經驗到統一心的大我境界而無法窺知無心境界。這是我反覆向他們一再說明的。

我又告訴他們：禪修最好當然是能開悟，但如果不能開悟，只要願意練習禪的方法，運用佛法的觀念，就可隨時隨地在日常生活中獲得平安的利益，也能長養慈悲心和智慧。同時，縱然在開悟之後，也不等於不必再修行了。「悟」是體驗到當煩惱脫落時，心非常的自在，但還是凡夫，需要繼續地修行，那是從明知煩惱、調伏煩惱、斷滅煩惱，才算轉凡成聖。

禪七的最後一天下午，也在古堡後庭草地上指導禪眾如何從直觀的觀法，進入中觀的觀法。因為不論用話頭、默照或數息等的哪一種方法，如果到了只有方法沒有妄念的程度，參話頭不見疑團，用默照不能到自我中心脫落，用數息到了無息可數、或無數目可數，而我執依然之時，最好是採用直觀而進入中觀。

所謂直觀是以心觀境之時，不給名字、不加形容、不做比較。這個自我和一切境界，本是非常平安的、了無差別的，直觀法便能使你把相對的境跟你合而為一。再進一步，用中觀法觀相對的境是空，觀與境合一的我也非真有，故中觀也就是空觀；雖有境，但既不把它當成與我對立，也不把它當成與我統一，境非真有，我是假相；一切都有，就是沒有我，也沒有非我，空去一切執著，便是觀空成就。它就是《金剛經》所說的「若見諸相非相，即見如來」，這裡所說的「如來」就是無我的大覺智海，是以般若的空慧，照見五蘊無我。（〈一四、如何指導禪修〉，《抱疾遊高峰》，法鼓全集6輯12冊，法鼓文化，頁80-84）

四月，隨身經典系列《金剛經講記》，由法鼓文化出版。

五月二日，禪七圓滿。來自波蘭三位禪修領導人請求法師

派遣出家弟子至華沙帶動中國禪法。法師以因緣尚未成熟，建議其多參加法師在歐、美主持之禪七，以學習推廣中國禪法。（〈一八、給歐洲禪修者的叮嚀〉，《抱疾遊高峰》，法鼓全集 6 輯 12 冊，法鼓文化，頁 109）

午後，參觀德國重要建築凱旋門及柏林圍牆舊界遺址。（〈一七、凱旋門與柏林圍牆〉，《抱疾遊高峰》，法鼓全集 6 輯 12 冊，法鼓文化，頁 102-107）

五月三日上午，指示英國法子約翰・克魯克博士訓練禪修人員應注意事項，並交付在歐洲推廣禪修之工作。

我指示了三個原則：一、傳授的一定是我所教的方法。二、不可以夾雜其他教派的任何方法來混同著談和用。三、中國禪法一定不會違背基礎的佛教思想：緣起性空、因果不空，同時絕對不可涉及神通、感應以及所謂特異功能的現象，否則就會誤入歧途，偏離正統禪法的宗旨。不然名字叫作西方人的中國禪學會，結果又弄氣功、灌頂、加持、神通，那就對不起我，也對不起中國禪宗歷代祖師了。因為中國禪法是非常乾淨、落實在正常人的現實生活中，過正常人的精進而有智慧的生活。（〈一八、給歐洲禪修者的叮嚀〉，《抱疾遊高峰》，法鼓全集 6 輯 12 冊，法鼓文化，頁 108-109）

晚，搭乘德航班機，從柏林經法蘭克福，轉機飛紐約。

抵紐約後，赴象岡道場靜養。（〈一八、給歐洲禪修者的叮嚀〉，《抱疾遊高峰》，法鼓全集 6 輯 12 冊，法鼓文化，頁 110）

五月九日、十六日，於東初禪寺講演「四念住」。

五月十七日，為梁寒衣居士新著《元曉・義湘傳》撰序。盛讚作者生動傳述新羅佛教史之重要佛學大師。（〈序梁寒衣居士《元曉・義湘傳》〉，《書序》，法鼓全集 3 輯 5 冊，法鼓文化，頁 128-130）

五月二十三日，於東初禪寺主持浴佛法會。仁俊長老，以及達賴喇嘛在美國紐約代表芎拉惹對仁波切均特地前來參加，並為大眾祝福。

下午，法師以「佛、心、眾生」為題演講。（〈東初禪寺浴佛　聖嚴師父為大眾祝福〉，《法鼓》，114 期，1999 年 6 月 15 日，版 1）

五月二十九日至六月五日，於象岡道場主持第八十四期禪七。接續前第八十三期，仍以「話頭禪」作為專修指導。

五月，隨身經典：《觀世音菩薩普門品講記》，由法鼓文化出版。

六月二日，法鼓山榮獲「捐資興辦公益慈善及社會教化事業」績優團體，由果品法師代表前往信義區公所，接受馬英九市長頒獎。（〈大事記〉，《1989-2001 法鼓山年鑑》，法鼓山基金會，2005 年 10 月出版，頁 186）

日本佛教大學校長中井真孝教授偕梅田巧總務部長，由楊林寶璧女士陪同至中華佛研所訪問。（同上）

六月七日，法鼓山再獲金壺獎肯定，法鼓山福田會參加「內政部八十七年度寺廟教會捐資興辦公益慈善及社會教化事業績優表揚大會」，由鑑心法師代表至國家圖書館，接受內政部部長黃主文頒獎。（〈法鼓山再獲金壺獎肯定慈善〉，《法鼓》，115 期，1999 年 7 月 15 日，版 1）

六月十四日至十六日，中華佛研所副所長惠敏法師、網資室杜正民主任及顧問維習安博士，參與中研院「電子古籍中的文字問題研討會」，並發表論文。（〈大事記〉，《1989-2001 法鼓山年鑑》，法鼓山基金會，2005 年 10 月出版，頁 187）

六月二十日，於紐約撰成《抱疾遊高峰》。有〈序〉述書名由來云：

此稿是寫我在抱病中的弘化經歷。

本書命名「抱疾遊高峯」，乃因這一陣子，算是我歷年來衰老病弱的頂點；接觸高層人物的機會之多，參與場面，往往就是標明為高峯（summit），都是我生平的首遇；多場暢談及演講，被視為具有國家層級乃至國際水準。在這期間，我有三本英文著述被美國香巴拉、雙日、牛津等三家名出版公司接受出版；增訂的《法鼓全集》共七十冊面世；林其賢編著的《聖嚴法師七十年譜》鉅著成書出版；施叔青為我撰寫的傳記《枯木開花》成為市面的暢銷書；到了十月底，又知道我得到行政院文建會頒發的「國家文化獎」，是對文化工作有傑出及終身貢獻者的肯定。類似的許多事件，都破了我生命史的紀錄。

曾有一位傑出的登山家，於聖母峯歷劫歸來後告訴朋友們說：「高峯絕無坦途」。我以老病之身，活到七十一歲，才經歷到人生的高峯，旁觀者可能覺得風光，而我自己，雖非攀登極峯與死神賭命可比，由於體力不濟、學問淺薄、德養未充、業障太重，所以一路顛顛沛沛。博得這些榮譽，對於佛法的普及當然有用，於我個人的幻軀來說，無非是虛名而已！（〈自序〉，《抱疾遊高峰》，法鼓全集 6 輯 12 冊，法鼓文化，頁 3-6）

六月二十三、二十四日，於象岡道場講解《佛遺教經》。

（《佛遺教經》，法鼓全集 7 輯 13 冊之 2，法鼓文化）

六月二十六日至七月三日，於象岡道場主持第八十五期禪七。此期為默照禪七。

六月二十七日，中華佛研所所長李志夫與執行祕書陳秀蘭，至新竹福嚴佛學院出席應屆畢業學僧畢業典禮，並致贈禮物予該學院新任院長厚觀法師。厚觀法師為佛研所第二屆學生。

六月起，美國東部第二十五教育電視台播出《大法鼓》弘法節目。該節目由法師主講，名主播陳月卿女士主持，原於臺灣中華電視台播出。今以製作英文字幕於第二十五教育電視台播出，每週一次，每次二至三集。美國西部亦有電視台錄下轉播，反應普遍良好。

六月，《慈雲懺主淨土文講記》、《心經新釋之一：心經禪解》、《心經新釋之二：心經講記》、《平安的人間》、《我為你祝福》有聲品，由法鼓文化出版。《平安的人間》收錄近年於臺、美各地有關四安、生命教育、面對未來之演講紀錄十二篇，配合法鼓山今年「祝福平安年」主題以為貢獻。

七月二日，於象岡道場講解《八大人覺經》。（《八大人覺經》，法鼓全集 7 輯 13 冊之 1，法鼓文化）

七月六日，返臺，旋至各事業單位關懷專職人員，展開弘化行程。

七月七日，至金山法鼓山上關心工程進度。

七月八日，於農禪寺齋堂，對法鼓山全體僧眾及專職「精神講話」：「正確的生命價值觀」。

天主教馬天賜神父陪同四位基督教神職人員至農禪寺參訪。（〈大事記〉，《1989-2001 法鼓山年鑑》，法鼓山基金會，2005 年 10 月出版，頁 188）

七月九日，杜維明、劉述先、涂經詒、李亦園、黃俊傑、李弘祺等國內外知名教授，由法鼓人文社會學院籌備處主任曾濟群安排，至安和分院與法師會面，交換人文思想及教育理念。（同上）

行政院院長蕭萬長前來文化館拜訪，請益安心之道與體驗禪法之利益。（〈蕭萬長、施明德、宋楚瑜、許信良相繼拜訪聖嚴師父〉，《法鼓》，116 期，1999 年 8 月 15 日，版 1）

七月十日至十七日，於金山法鼓山上臨時寮舉行第七十九期禪七。（〈大事記〉，《1989-2001 法鼓山年鑑》，法鼓

山基金會，2005 年 10 月出版，頁 189）

七月十、十一日，中華佛研所舉辦「佛學與資訊」作品研討會，共計發表十篇論文，探討數位化文獻、電腦在佛學之應用等專題。法師蒞臨開幕典禮並開示勉勵。（〈中華佛研所辦佛學與資訊研討會〉，《法鼓》，116 期，1999 年 8 月 15 日，版 1）

七月十一日，於農禪寺講解《楞嚴經》。（〈大事記〉，《1989-2001 法鼓山年鑑》，法鼓山基金會，2005 年 10 月出版，頁 189）

法鼓山護法總會於成淵高中舉行「新勸募會員授證暨法鼓傳薪」，為發心加入法鼓山勸募工作之新會員授證及鼓勵，約有五百人參與。法師親臨授證，期勉大眾共同推動理念，並頒贈法師著作《人行道》一書。（〈北五區勸募會員授證暨法鼓傳薪〉，《法鼓》，116 期，1999 年 8 月 15 日，版 1）

七月十二日上午，至臺灣大學，就中華佛研所與臺灣大學佛學研究中心合作網路計畫進行討論。

七月十三日早上，於文化館召開「教育院僧團教育會議」。

下午，至法鼓山基金會參加主管會報，及「獎助學術基金會籌備會議」。（〈大事記〉，《1989-2001 法鼓山年鑑》，法鼓山基金會，2005 年 10 月出版，頁 189）

七月十四日，中華佛研所舉行新生講習，法師親臨開示。

立法委員施明德來訪文化館，討論心靈環保議題，法師以佛經中「火宅清涼」期勉以平常心面對外境轉變。（〈蕭萬長、施明德、宋楚瑜、許信良相繼拜訪聖嚴師父〉，《法鼓》，116 期，1999 年 8 月 15 日，版 1）

七月十五日，於安和分院召開法鼓人文社會學院第一屆第二次董事會。籌備處主任曾濟群報告一年來校務推動以及未來計畫。多位董事提案，為校園軟硬體設施構思。

鄭丁旺校長提出校園規畫的建議案，李亦園院士則提出了師資儲備的建議案，陳伯璋校長則提出了招生的建議。另外則是普遍的如何與國外建立相關的交流計畫，以及及早規畫網路等問題。

聖嚴師父則期勉法鼓大學應積極與大陸和世界各國知名學府、機構，建立交流關係，以提昇該校學術地位。

最後，曾校長說明，圖書館為大學之心臟，為學校預作綢繆，公開接受各界捐贈圖書。目前已接受臺灣大學等機構或個人捐贈圖書超過二萬冊。今後繼續接受各界之捐贈，以充實未來之館藏。（〈法鼓大學董事會議　曾校長談校務〉，《法鼓》，116 期，1999 年 8 月 15 日，版 1）

七月十六日，故宮博物院院長秦孝儀、副院長昌彼得，以及前省立博物館館長，現任立法委員陳癸淼等一行，前來文化館拜會法師，並討論佛教文物相關問題。

七月十七日，至齋明寺出席「齋明寺古剎發展委員會籌備會」。

第二十七次社會菁英禪修營共修會於農禪寺舉行，由果品法師帶領共修，法師以「動與不動」為題親臨開示。

七月十八日，法鼓山於臺北中正高中主持「祈福皈依大典」，計有一千七百餘人皈依，為歷來人數最多者。法師開示「信佛、學佛的重要性」以及「皈依三寶之意義」，並指導大眾以四它：「面對它、接受它、處理它、放下它」來處事。（〈聖嚴師父返國首次皈依祈福法會盛大舉行〉，《法鼓》，116 期，1999 年 8 月 15 日，版 1）

七月十九日至二十七日，法鼓山香港分會舉辦系列禪修活動，包括兩期「初級禪訓班」、禪一、佛學講座「禪與現代生活」。由果竣法師前往主持。（〈大事記〉，

《1989-2001 法鼓山年鑑》，法鼓山基金會，2005 年 10 月出版，頁 189）

七月二十日，西藏五明佛學院女眾部院長札西旺迦仁波切至農禪寺拜會。（同上）

臺灣前省長宋楚瑜來訪文化館，與法師探討國內宗教信仰與人類心靈探索趨勢。（〈蕭萬長、施明德、宋楚瑜、許信良相繼拜訪聖嚴師父〉，《法鼓》，116 期，1999 年 8 月 15 日，版 1）

七月二十四、二十五日，赴南臺灣關懷。（〈聖嚴師父南臺灣關懷迴響熱烈〉，《法鼓》，116 期，1999 年 8 月 15 日，版 1）

七月二十四日，至高雄岡山主持榮譽董事授證典禮，為二十位新任榮譽董事授證，並感謝其護持。（同上）

七月二十五日上午，至臺南於臺南二中禮堂主持「皈依祈福法會」，計有來自屏東、高雄、嘉義地區者近二千人齊聚。（〈大事記〉，《1989-2001 法鼓山年鑑》，法鼓山基金會，2005 年 10 月出版，頁 190）

下午，主持南區信眾大會，為一百六十多位新勸募會員授證。當場亦有五十餘位臨時發願加入勸募行列。法師提出「心五四」運動，並期許勸募會員人數之成長。

聖嚴師父在開示時，不但說明了皈依三寶的意義，更提出了法鼓山所推動的「心五四」運動，亦即「四安、四要、四它、四感、四福」，希望大眾從自己做起，然後影響他人，共同推動淨化人心、淨化社會的運動。師父強調，要將每個人都當成菩薩看待，如此慈悲心會增長。師父更勉勵每個人，不要和自己過不去，也不要和別人過不去，只要人我之間沒有對立，那就是觀自在菩薩。

隨後，師父期許在場的菩薩「以每個人，接引十位新勸募會員」為目標，如此，公元兩千年時，就有兩千位勸募會員。師父鼓勵大眾發願，只要肯發願，行菩薩道，就有可能做到。師父更勉勵在場的會員，什麼時候臺南有五百位勸募會員接受授證，師父就什麼時候再來臺南。這番話讓與會者受到極大的鼓舞，也響起如雷的掌聲。（〈聖嚴師父南臺灣關懷迴響熱烈〉，《法鼓》，116 期，1999 年 8 月 15 日，版 1）

七月三十一日下午，至安和分院主持「榮董聯誼會暨授證」。

七月三十一日至八月七日，於農禪寺主持第八十期精進禪

七，此為繼去年主持專修默照禪七後，在國內第一次主持「專修話頭禪七」。（〈聖嚴師父展開弘化行程〉，《法鼓》，115 期，1999 年 7 月 15 日，版 1）

七月，隨身經典《心經新釋之三：心經實踐》由法鼓文化出版。

八月三日，大陸學者湯一介、國內佛教學者楊惠南、藍吉富等人，在中華佛研所所長李志夫陪同下至農禪寺拜訪。適逢季羨林教授八十八歲生日，法師提筆書贈「茶」字，祝賀季教授活到一百零八歲，並請湯一介教授轉達。（〈大事記〉，《1989-2001 法鼓山年鑑》，法鼓山基金會，2005 年 10 月出版，頁 190）

八月八日起，農禪寺開始啟用衛星傳訊直播系統，將法師週日上午農禪寺講經在各分院同步播出。先於安和分院、臺中分院試播，將漸次於各分支道場完成連線裝置。（〈衛星傳訊新啟用　可在各分院同步聽經〉，《法鼓》，117 期，1999 年 9 月 15 日，版 1）

八月十日，南海觀音基金會董事長吳天池居士，帶領各地分會會長拜見法師。

八月十二日，於農禪寺齋堂，對法鼓山全體僧眾及專職「精神講話」。因近日審閱《聖嚴法師七十年譜》書稿，如同回首生命歷程，因分享自我肯定、信心與願心，為生命不斷前進之動力。

八月十四日，法鼓山僧團指派兩位常住法師，代表參加於輔仁大學舉行之「天主教臺北總教區輔理主教劉丹桂晉牧典禮」。（〈大事記〉，《1989-2001 法鼓山年鑑》，法鼓山基金會，2005 年 10 月出版，頁 190-191）

八月十五日，行政院農委會主任委員彭作奎至文化館拜訪，請益禪坐方法，並就國家農業規畫、環保等相關問題交換意見。（〈農委會彭作奎主委輕鬆學禪〉，《法鼓》，117 期，1999 年 9 月 15 日，版 1）

八月十九日，應邀前往海明寺，以「人間淨土」為題為該寺舉辦之教師營學員演講。（〈大事記〉，《1989-2001 法鼓山年鑑》，法鼓山基金會，2005 年 10 月出版，頁 191）

八月二十日，立法委員謝啟大、韓選棠教授至文化館拜訪。韓教授專研德國建築，期望透過法鼓山帶動，使臺灣綠化、田園生活更加普及。（同上）

八月二十一日，中國石化董事長吳澄清夫婦、劉景義檢察長夫婦、張子源夫婦、興農企業楊天發總裁、程濤夫

婦等至文化館拜訪法師。（同上）

晚，「圓滿一〇〇〇——法鼓山榮譽董事十週年感恩聯誼會」假臺北新舞台舉行，為榮譽董事超越千人圓滿祝福。

榮董聯誼會召集人陳盛沺表示，「圓滿一〇〇〇」的目標是希望在八月二十一日前再接引七十五位菩薩發心加入榮譽董事的行列，讓原本的九百二十五位榮董人數能夠圓滿至一千位。而在此案全體工作人員的全力推動下，反應相當熱烈，人數很快就到達三百人，是原來預期的四倍。

晚會由名新聞主播葉樹姍、名演員陳亞蘭擔任主持人，她們兩位不但是新任榮董，更發心義務擔任主持人。前來參加盛會的貴賓還包括臺北市長馬英九、台視總經理詹春柏、中視總經理江奉琪、華視總經理楊培基、民視總經理陳剛信，名電視製作人周遊、楊佩佩、張光斗、陳麗華、趙大深，演員陳麗麗等人也都來共襄盛舉。（〈圓滿 1000 達成目標　再向圓滿 2000 邁進〉，《法鼓》，117 期，1999 年 9 月 15 日，版 1）

晚會同時舉行「法行會」成立大會，法師邀請政治大學校長鄭丁旺博士擔任第一屆會長。該會係由「社會菁英禪修營」歷屆參加會眾所成立之聯誼會。（〈法鼓山法行會〉，《法鼓》，117 期，1999 年 9 月 15 日，版 8）

案：自一九九二年，法鼓山首次舉辦「社會菁英禪修營」以來，迄已十五屆，接引八百五十位以上在社會上具有影響力的文教、企業、政商界的社會菁英。

這群社會菁英，其中女學員及男學員的眷屬，組成「法緣會」，除定期聚會、關懷之外，並在法鼓山許多重要活動擔任引禮工作。

一九九六年，禪修營的學員為了護持、推動法鼓山的理念，發願成立「法行會」，邀請每一位「菁英禪修營」學員加入，提供個人專長與人脈，作為法鼓山的支援與協助。

八月二十二日，「一九九九全球會員代表感恩大會」假林口體育館舉辦，感恩「開創」、「地區開拓」、「傑出勸募會員」等菩薩十年來護持，並共同分享法鼓山十年成果。

會議開始時，邀請貴賓副總統連戰、行政院院長蕭萬長以及多位貴賓、大會代表，共同揭示以心靈環保為主軸，以心靈改革為目標之「心五四」運動。總統府資政吳伯雄、省主席趙守博、桃園縣縣長呂秀蓮、勞委會主委詹火生、陸委會主委蘇起等貴賓並皆蒞會。

法師開幕致詞特就「心五四」運動內涵說明法鼓山團體之本質云：

今年是我們法鼓山成立第十週年。多年以來，我們為國家、社會，乃至於全球所做的奉獻，是以心靈環保來導正人的觀念，以禮儀環保來轉化人的氣質，以生活環保來鼓勵勤勞儉樸，以自然環保來愛惜自然資源。

我們是以「成就他人來成就自己」的奉獻精神，以終身學習、終身成長、終身奉獻的感恩的心態，來從事全面教育工作。如果有人要問：「法鼓山究竟是怎麼樣的一個團體？」我要簡單地告訴諸位：是「精神啟蒙運動的生活教育的團體」，也就是以心靈的淨化為主導的終身教育。

多年以來，我們在心靈建設方面，展開了一連串的實踐的活動，每一項活動都負有淨化人心的教育功能。把以往各項的活動整合起來，總名之為「心五四」運動，因為我們所提倡的「心五四」運動，是不分宗教、種族、年齡，所以適合於我們全世界的每一個人。（〈心五四運動——新世紀的生活標竿〉，《法鼓》，117 期，1999 年 9 月 15 日，版 2）

副總統連戰、行政院院長蕭萬長、桃園縣縣長呂秀蓮、前民進黨主席許信良、前臺灣省省長宋楚瑜等貴賓皆致詞肯定法鼓山為社會帶來無窮希望。

下午，舉行祈福法會，法師為大眾開示「心五四」運動時特別指出：民國初年「五四運動」為追求民主與

科學之啟蒙運動，法鼓山推展之「心五四」運動，則是淨化心靈之「精神啟蒙運動」。

法鼓山十年來，從佛陀的智慧出發，以心為主，推出了一系列淨化人心、淨化社會的理念。從「心靈環保」觀念的推展開始，法鼓山陸續推出了安身、安心、安家、安業的「四安」；需要、想要、能要、該要的「四要」；感化、感動、感謝、感恩的「四感」；知福、惜福、種福、培福的「四福」等心靈運動。加上法鼓山長期倡導：面對它、接受它、處理它、放下它的「四它」運動，成為五個「四」的心靈淨化運動，總結成為「心五四」運動。

從心靈環保開始，我們還提倡生活環保、禮儀環保、自然環保的「四環」運動，以「四環」來積極改善人類生活的品質。現在我們還要以「四環」來落實「心五四」運動的生活主張，以「心五四」運動來完成「四環」所推動的任務。（〈心五四運動　法鼓山揭示 21 世紀人類生活新主張〉，《法鼓》，117 期，1999 年 9 月 15 日，版 1；講詞見〈「心」五四運動── 21 世紀生活新主張〉，《人生》，194 期，1999 年 10 月 1 日，頁 18-21）

法師期許此「精神啟蒙運動」之推廣，能將人類自私自利、自害害人之價值觀，轉化為以成就他人作為成長自己之價值觀。此為法鼓山第二個十年之重點工作，亦為二十一世紀全球人類所共同需要之社會運動。日後，法師並特撰專文，說明「心五四」運動之發展因

緣及完整理念，指出：心五四運動為生活化之佛法、人性化之佛學、人間化之佛教。（〈心五四運動的時代意義（上）〉，《法鼓》，119 期，1999 年 11 月 15 日，版 2；〈心五四運動的時代意義（下）〉，《法鼓》，120 期，1999 年 12 月 15 日，版 2）

八月二十三日至二十八日，中華佛研所由杜正民與維習安兩位教師代表，至瑞士參加於洛桑大學（University of Lausanne）舉辦之「第十二屆國際佛學會議」，分別發表論文及展示說明〈中華電子佛典協會的藏經電子化現況〉與〈中華佛學研究所的佛學網路資料庫發展現況〉。（〈大事記〉，《1989-2001 法鼓山年鑑》，法鼓山基金會，2005 年 10 月出版，頁 191）

八月二十四日，於農禪寺主持「一九九九法鼓山第一屆全球僧團大會」，法鼓山海內外全體常住眾出席參加，共同規畫法鼓山第二個十年藍圖。會議邀請佛研所副所長惠敏法師主持，法師蒞會期勉全體僧眾：兼具內修外弘，以佛教慧命為己任，一起擔負起如來家業。會中並頒發聘書，任命果元法師擔任美國東初禪寺第二任住持。（〈第一屆法鼓山全球僧團大會召開〉，《法鼓》，117 期，1999 年 9 月 15 日，版 1）

八月二十六日，芬蘭第一位比丘大慧法師、義大利比丘太利法師，及義大利無門居士共同至農禪寺拜訪法師。兩位法師出家於韓國松廣寺。大慧法師將法師英文著作 *The Poetry of Enlightenment*（《開悟的詩偈》）翻譯成芬蘭文及義大利文，目前已出版芬蘭文版，義大利文版刻正接洽出版。（〈大事記〉，《1989-2001 法鼓山年鑑》，法鼓山基金會，2005 年 10 月出版，頁 192）

至文基會會議室出席法鼓山網頁發展會議，與各事業單位主管討論電子網路發展事宜。

八月二十七日下午，法鼓山與臺北市政府聯合於第二殯儀館舉辦中元普度法會，由法師與市長馬英九共同主持，總計三百多戶家庭參加。法會以鮮花素果代替三牲與燒紙錢之民俗，於隆重莊嚴誦經、佛號聲中圓滿。臺北市市長馬英九致詞肯定法鼓山多年來提倡「禮儀環保」運動。（〈法鼓山主持臺北市中元普度法會〉，《法鼓》，117 期，1999 年 9 月 15 日，版 1）

案：法鼓山自一九九四年起，與市政府合辦聯合奠祭，迄已二十多場次，並帶動風氣，影響其他團體和社會大眾對死亡觀念和處理方式。今則首度與臺北市政府合辦中元普度法會。

八月二十八日，南海觀音基金會董事長吳天池居士，率領一千多位會員前來農禪寺參訪，法師並為四百多位會員主持皈依典禮。(〈大事記〉,《1989-2001 法鼓山年鑑》,法鼓山基金會,2005 年 10 月出版,頁 192)

夏令心靈環保體驗營舉辦輔導員感恩茶會,共計八十多位輔導員參與,法師同時為尚未皈依三寶之學員舉行皈依儀式。

八月二十九日至九月五日,於法鼓山上舉行第八十一期精進禪七,以內部幹部為主,計有一百二十六位參加。(〈大事記〉,《1989-2001 法鼓山年鑑》,法鼓山基金會,2005 年 10 月出版,頁 192)

八月,隨身經典《八大人覺經講記》、禪修指引系列《動靜皆自在》由法鼓文化出版。《動靜皆自在》收錄法師一九九三年至一九九八年有關禪與禪修之講演紀錄,有〈序〉云:

中國的禪宗,不是宗教的信仰,不是哲學的理論,更不是神奇古怪的法術;乃是生活的智慧、身心的修養、開發精神領域的指導原則、影響環境淨化的不二法門。

中國正統的禪宗修行,不以神蹟顯靈作號召、不以身心的異象為著眼、不以急功好利作目標,乃以平實的人生為基礎、少煩少惱為宗旨、輕鬆自在過生活。對於過去,無怨無悔;對於未來,積極準備;對於現在,步步踏實。這些便是修習中國正統禪法的好處。(〈自序〉,

《動靜皆自在》，法鼓全集 4 輯 15 冊，法鼓文化，頁 3-4）

九月二日，法鼓山體系「專職菩薩關懷成長營」於農禪寺舉行，法師親自授課，講說：「如何提高工作效能」。（〈大事記〉，《1989-2001 法鼓山年鑑》，法鼓山基金會，2005 年 10 月出版，頁 193）

九月七日，於天母國際會議中心舉辦感恩餐會，宴請「圓滿一〇〇〇」活動相關工作人員，感謝其辛勞。

同日，於文化館與北投區區長劉錦興、議員魏憶龍、警察局北投分局長吳振吉、副局長李慶松等人餐敘，由農禪寺都監果品法師、文基會輔導師果肇法師等，向與會來賓介紹「心五四」運動。

同日，於農禪寺對法鼓山體系專職人員「精神講話」。法師特以「心五四運動的時代意義」為題，對「心五四」運動之根源、發展歷程、核心概念，有完整之說明與清楚之闡析。

法師指出：「心五四」運動為多年來提倡四種環保之整合落實，其精神內涵，即是佛陀本懷。然著眼將佛法深奧難懂之名相與學理，淡化宗教色彩，轉化為人人能夠理解、接受，並在生活中運用之觀念及方法。

切忌隨世流俗，而能入世化俗。是為「生活化的佛法、人性化的佛學、人間化的佛教」，以期「於人世間遍弘生活佛法、於火宅中建設清涼淨土」。

佛陀告訴我們的佛法，是不管有無學問、知識，任何人都可以用來開發自己的心智，轉化自己的觀念，改善自己的行為，以適應當下的生活環境。所以「心五四」運動就是將佛法深奧難懂的名相和學理，轉化為一般人都能夠理解、接受，並在生活中運用的觀念及方法。名詞雖是新創的，而其精神和內涵，依舊是佛陀的本懷。

「心五四」運動包含了「四安、四要、四它、四感、四福」五大要項，而每一要項又涵攝四種「心」的觀念和方法，故稱「心五四」。這是我們法鼓山多年來的努力所累積而成的具體教材。從最初只有一個「心法」，漸漸地有了「心靈環保」，再發展變成「心靈、禮儀、生活、自然」等四種環保。接著就慢慢地出現了「四安、四要、四它、四感、四福」。這些都是我歷年來佛學講座的內容主題，而這些主題的運用，就是要淡化佛法玄深化及神奇化的色彩，使佛法讓人一聽就懂，一懂就可以運用。（〈心五四運動的時代意義（上）〉，《法鼓》，119 期，1999 年 11 月 15 日，版 2）

九月八日，中國電視公司副總經理曠湘霞、港星呂良偉至文化館拜會。

九月九日，於農禪寺主持剃度典禮，計有十六位發心出家。其中七位求受沙彌（尼）戒，為取法名：果乘、果啟、果旭、果澔、果幸等。（〈十六位發心出家〉，《法鼓》，117期，1999年9月15日，版1）

同日，中華航空近日發生空難，歷劫空服人員至農禪寺拜會。

案：中華航空班機於今年八月二十二日降落香港機場時，因颱風影響發生意外。

九月十一日，晉任齋明寺第七任住持。典禮邀請中國佛教會榮譽理事長悟明長老擔任送位和尚，齋明寺信眾代表、總統府資政吳伯雄、桃園縣縣長呂秀蓮、桃園縣議長林傳國等桃園地區政界、教界數十位貴賓以及二千多位居士觀禮。

悟明長老推崇法師多年來從事心靈環保、淨化社會等工作，前任住持江張仁居士則感恩大眾長期來對齋明寺之護持，更歡喜由聖嚴法師接任，完成其將齋明寺回歸正信佛教本懷之心願。

法師感謝江張仁居士及信眾無私之奉獻，宣示將謹慎保存原有文化古蹟，並結合宗教、文化、教育功能，讓齋明寺從地方性寺院拓展為全國性，甚至世界性佛

教寺院。（〈繼往開來　開創新機〉，《法鼓》，118 期，1999 年 10 月 15 日，版 4）

案：齋明寺創建已一百五十年，被列為國家三級古蹟，今年一月二十二日由法鼓山承續法務。參見該條目。

九月十二日，法鼓山於臺北市立第二殯儀館舉行第二十次佛化聯合奠祭。

九月十三日至十月二日，法鼓山僧眾在法鼓山結夏。（〈大事記〉，《1989-2001 法鼓山年鑑》，法鼓山基金會，2005 年 10 月出版，頁 193）

九月十六日，東初禪寺住持果元法師，代表聖嚴法師出席聯合國宗教交流祈禱大會，為第五十四屆聯合國大會揭開序幕。（〈大事記〉，《1989-2001 法鼓山年鑑》，法鼓山基金會，2005 年 10 月出版，頁 194）

九月十八日，雲林科技大學創校校長張文雄夫婦、張守真教授，至法鼓山上拜訪法師談創校經驗。（同上）

下午，應邀至金山參加朱銘雕刻公園開幕典禮。（同上）

九月十九日，中華佛研所李志夫所長、杜正民老師及執行

祕書陳秀蘭，代表法師至慧日講堂參加厚賢法師晉山大典。（同上）

至臺北醫學院附設醫院加護病房探望齋明寺前住持江張仁老居士。（同上）

九月二十日，法鼓山「青年學佛營隊會議」於法鼓山上舉行，法師偕僧團法師與會關懷。

九月二十一日，臺灣發生百年來最嚴重之地震，造成兩千餘人死亡、數萬人受傷、以及數萬戶房屋倒塌，損傷之慘重引起全國震動。臺灣北部停電，電話、電力不通。

法師於基金會戚肩時祕書長趕來報告災情後，旋即趕至新莊「博士的家」大樓倒塌受災現場關懷受災民眾。而後赴臺北醫院，由黃世傑院長陪同，對傷患一一慰問祝福。隨後再趕至板橋殯儀館關懷罹難家屬。

上午九時，透過中華電視台代表法鼓山捐款五百萬元賑災，並將十月份法鼓山建設基金全數捐出。

晚，於法鼓山基金會辦公室召開救災會議，指示法鼓山全體會員動員投入救災。同時指示取消原訂近期舉辦之各項慶祝活動，改為念佛法會，超度震災罹難亡靈。法師呼籲全體國人以同體大悲精神積極投入救災工作，以及更重要之生活重建、人心重建等工作，並決定親自南下災區現場。（〈慈悲行腳　撫慰苦難大地〉，《法鼓》，118 期，1999 年 10 月 15 日，版 2）

法鼓山臺中分院當日於南投成立前進指揮所，設立三處生活用品發放站。另於東勢設立一處生活用品發放站。（同上）

九月二十二日，清晨七點，率同多位法師、護法總會陳嘉男會長、多位居士，備妥救災物資，出發南下，至設於豐原市警察局之臺中縣災害防救中心與臺中縣副縣長陳雨鑫會合後，至豐原醫院，關懷加護病房、停屍處之民眾。並婉拒媒體採訪。

在瀰漫著遺體味道的臨時停屍棚中，師父堅持在每一個靈位前分別為亡靈祝福，堅毅的腳步、微駝的背、凝重的神情、一顆救拔眾生苦難的大悲心，這一幕景象，讓旁觀的人都忍不住又掉下淚來，這時候有許多媒體記者希望師父接受採訪，但都被師父一一婉拒了，因為師父說：「我是抱著贖罪的心來的，我很慚愧能做的太有限了！」

走過一間間的停屍間，師父忍不住說：「一生從未見過這麼多遺體，看到他們的家人在一旁痛哭失聲，我雖然沒有流下淚來，但是，我的心也跟著哭了。」（〈慈悲行腳　撫慰苦難大地〉，《法鼓》，118 期，1999 年 10 月 15 日，版 2；〈附錄一：慈悲行腳．撫慰苦難大地〉，《台灣，加油》，法鼓全集 8 輯 7 冊，頁 128-129）

而後由法鼓山助念團臺中區小組長陳富傑陪同至臺中市立殯儀館慰助。時，臺中市政府社會局同仁正為愈增愈多之遺體處理問題而困擾，家屬或有土葬、火葬之選擇，或有擇日之期望，因求教於法師，法師告知：無需擇日，火葬為宜。各災區遺體處理，因亦奉此為原則辦理。（〈罹難者以火葬最好——給罹難者親屬〉，《台灣，加油》，法鼓全集 8 輯 7 冊，頁 54-55）

下午三點，一行人趕赴南投，至南投市立殯儀館、南投體育場、南投高中、中興新村等地關懷。而後於法鼓山南投辦事處委員詹秀玉居士家召開工作會議。連夜趕回臺北，主持明日召開之工作會議。（〈慈悲行腳　撫慰苦難大地〉，《法鼓》，118 期，1999 年 10 月 15 日，版 2）

即日起，法鼓山助念團配合臺北市殯葬管理處及臺北縣板橋殯儀館之安排，分別於臺北市立第二殯儀館、臺北縣板橋殯儀館，參與九二一地震助念關懷。

九月二十三日，於基金會辦公室召集基金會單位主管，以及法行會、法緣會專業人士，共同商討救災工作事宜。會中指示設立指揮中心、組織分工，以發揮更高救災效果。

除支援目前已進行之救災外，同時展開災後「人心重建」各項規畫作業。法師謂：「房子倒了，但是人心不能倒！」人心重建為法鼓山長遠而應著重之工作要項。

聖嚴師父於二十二日到災情最嚴重的中部各區關懷回來後，即提出了災後人心「心靈重建」的重要，並立即召集了相關常住法師、護法總會陳嘉男會長、葉榮嘉副會長、基金會祕書長戚肩時、法行會執行長劉偉剛、《廣告》雜誌董事長段鍾沂、《點燈》節目製作人張光斗、琉璃藝術家王俠軍、漫畫家朱德庸、東吳大學社工所教授楊蓓等不同領域的專業人士約二十多人，共同商討如何運用法鼓山多年在心靈、教育啟蒙的專長，以「四安」、「四環」的觀念，整合相關的資源，發起「災後人心重建運動」，一起為臺灣社會人心的重建工作努力。（〈心靈重建　你我的責任〉，《法鼓》，118 期，1999 年 10 月 15 日，版 3）

師父語重心長地告訴與會者，救災工作不只是物質援助、助念關懷和家屬的安頓，更重要的是「人心重建」的部分。「房子倒了，但是心不能倒！」地震後不只是物質的毀壞，還有人心的不安，這都要花很長的時間重建。硬體的重建，政府和專業人士會做，但是人心重建的部分，則是我們法鼓山的任務，法鼓山僧俗四眾要發揮自己的專長和資源，未來重建工程的時間是無限長遠的。（〈慈悲行腳　撫慰苦難大地〉，《法鼓》，118 期，1999 年 10 月 15 日，版 2；〈附錄一：慈悲行腳．撫慰苦難大地〉，《台灣，加油》，法鼓全集 8 輯 7 冊，頁 131）

案：法鼓山於災後十天內同步展開系列災後人心重建工作，包含：安心手冊、平安校園、臺灣生命日、心五四運動等十餘項心靈環保社會重建活動。詳後。

同日，齋明寺第六任住持江張仁老居士往生，享年八十二歲。僧團依寺院住持往生奠祭方式辦理佛事。法師親臨祝福。

江張仁居士法號會觀，民國二十四年畢業於臺北曹洞宗中學林（現今泰北中學前身）；民國二十八年九月十二日接任住持至今整整六十年。

為了感恩江老居士六十年來的奉獻，法鼓山僧團依寺院住持往生奠祭方式，為他處理這場佛事。除了停柩於大殿，由常住法師、蓮友為其助念八小時之外，並配合九月二十一日大地震往生者的超度法會，在農禪寺舉行一場三時繫念的佛事，由其家屬擔任齋主；聖嚴師父特別開示，江老居士慈悲，不忍地震往生的大眾，所以，在這場佛事中帶領所有的罹難者往生西方淨土。（〈圓

滿心願　無憾人間〉，《法鼓》，118 期，1999 年 10 月 15 日，版 4）

九月二十四日，中秋節。指示取消原定於農禪寺舉辦之中秋晚會，改為九二一震災罹難者及齋明寺前住持江張仁長者舉行「三時繫念法會」。下午五時，於法會開示後即再度趕赴臺中，坐鎮臺中分院指揮中心。（〈慈悲行腳　撫慰苦難大地〉，《法鼓》，118 期，1999 年 10 月 15 日，版 2）

九月二十五日，清晨六點，出發前往東勢鎮，進入大雪山區關懷。由救災指揮官蕭再發與農業局局長趙令熙陪同，問候各處服務單位及受災民眾，而後轉往法鼓山設置救災中心之東興國中，實地探看救災情況、慰問關懷。並帶領助念團於大雪山林務場第一、二停屍區，為罹難民眾舉行入殮法會，臺北樹林、土城區會眾支援中部各區一起助念。（同上）

九月二十六日至十月三日，法鼓山工務室陳洽由總工程師帶領多位工程技術專家，至中部地震災區臺中、南投、東勢、竹山、烏日、新社、大里、霧峰等地為法鼓山會員勘察房屋建築結構，勘察約三百間房屋。（〈大事記〉，《1989-2001 法鼓山年鑑》，法鼓山基金會，2005 年 10 月出版，頁 194）

九月二十六日至十月三十日，臺北助念團安排蓮友，至臺北、板橋、臺中、南投等地殯儀館為震災罹難民眾助念。（〈大事記〉，《1989-2001 法鼓山年鑑》，法鼓山基金會，2005 年 10 月出版，頁 195）

九月二十六日，於文化館主持災後心靈重建工作會議。（〈大事記〉，《1989-2001 法鼓山年鑑》，法鼓山基金會，2005 年 10 月出版，頁 194）

法鼓山助念團於晚間九點至十一點，參加臺北縣於板橋殯儀館舉行之震災罹難民眾超薦法會。團員兩百多位參加，並安排十位悲傷輔導人員關懷家屬。

九月二十七日，法師拍攝「台灣，加油——我們知道，我們永遠在一起」公益廣告影片，陸續展開人心重建計畫。隨即於各平面媒體刊載，由法師合十祝禱法相，配合法語以安定人心。此係由北市廣告公會、公共廣告製作協會合力製作。該系列廣告，後續擬再邀請花蓮門諾醫院院長黃勝雄以及中央研究院院長李遠哲等，具社會智者形象之公眾人物攝製影片。

我們什麼都損失的時候，你還有一口呼吸，表示你還非常的富有；在受苦受難當中，還能夠把自己的苦難放下，還能夠幫助他人，利益他人，那就是大菩薩。事情已經過去，我們一定要面對現實，樂觀奮鬥，這次在災

難之中，受苦受難的人都是菩薩們。（〈聖嚴法師人心重建法語之一〉，《台灣，加油》，法鼓全集 8 輯 7 冊，頁 19）

在一幅師父合十祝禱的公益廣告中，師父具攝受力的法相，配合著這則法語，對目前正處於悲傷、沮喪、焦慮、惶恐的臺灣民眾而言，既是鼓勵，也是一股深深的撫慰力量，真切的安定了許多的人心！（〈心靈重建　你我的責任〉，《法鼓》，118 期，1999 年 10 月 15 日，版 3）

另並邀請漫畫家朱德庸傳達法鼓山推動「災後人心重建運動」理念，製作平安卡。深入災區接觸受難者之「安心服務團」亦成立開始運作。

在利用廣告媒體傳達安定的訊息與心理輔導之外，法鼓山還印製了二十萬冊的《災後人心重建——安心手冊》與「安心卡」，透過 7-11 統一超商、學校、網路等媒體發送出去，以期幫助所有的人做自我的心靈重建。

而深入災區接觸受難者的「安心服務團」也已經成立，除了邀請專家、福田會和助念團原本受過訓練的一百多位慰訪員協助災民的心靈輔導之外，「安心服務團」還設計了義工菩薩成長研習營，持續的訓練義工成為慰訪員，並安排到法鼓山災區服務站和全省各分院，協助做個案的基本關懷與訊息轉介給專家處理，以能提供「心靈重建」的長期服務。除了國內專家的輔導之外，還將引進五年前阪神大地震的重建經驗，邀請日本的專家來協助。

除了藉由這一連串外在的協助之外，法鼓山佛教基金會並延續持誦〈大悲咒〉的祈福活動，印製了持咒卡，發起大家一起為臺灣祈福的持咒活動；因為，每個人都具有安定他人的力量，自我安定也會影響到他人的安定，所以，希望受難者藉由持咒的力量來照顧自己的身心，並可以迴向給法界一切眾生，也包括所有罹難的亡靈。（〈心靈重建　你我的責任〉，《法鼓》，118 期，1999 年 10 月 15 日，版 3）

法鼓山助念團於臺北市立第二殯儀館參加「九二一震災臺北市超薦法會」，上百位蓮友協助助念，並有十五位悲傷輔導人員至現場慰問關懷家屬。（〈大事記〉，《1989-2001 法鼓山年鑑》，法鼓山基金會，2005 年 10 月出版，頁 195）

九月二十九日，日本花園大學三位代表來訪中華佛研所，關懷震災並捐助慰問金及救難物資。法師指示悉數轉為賑濟受難災民之用。（〈來自國際友人的援手〉，《法鼓》，118 期，1999 年 10 月 15 日，版 3）

於文化館召開本學期中華佛研所所務會議。

九月，《48 個願望——無量壽經講記》、《空花水月》，隨身經典《佛遺教經講記》由法鼓文化出版。

《48 個願望——無量壽經講記》為法師近年於農禪寺佛七中開示《無量壽經》之錄記。

《空花水月》為法師第九種遊記。記述一九九七年一月至十一月經歷事。書名源自《圓覺經》、《維摩詰經》、《大智度論》，喻世界無實而仍做佛事化度眾生。〈序〉云：

菩薩都已知道空花水月似的一切世界現象，是幻非真，仍以菩提心大悲願，在做空花佛事、在建水月道場、用來利益眾生。我是何許人也，只是明知如幻如化，猶在多此一舉而已。（〈自序〉，《空花水月》，法鼓全集 6 輯 10 冊，法鼓文化，頁 3-4）

十月一日，接受《勁報》邀請，與漫畫家老瓊、蕭言中對談。強調：震災後之重建問題以心靈重建為最重要，提出安頓身心之四它要訣：面對它、接受它、處理它、放下它。法師並論及宗教信仰可使人心獲得安定，使人在遭逢劇變時轉換心境，建議當重視宗教教育。（〈面對它・接受它・處理它・放下它——與老瓊、蕭言中對談〉，《台灣，加油》，法鼓全集 8 輯 7 冊，法鼓文化，頁 75-80）

十月二日，接受 News98 電台主持人單小琳專訪，開示：「永

遠抱持希望」，以面對災難。（〈永遠抱持希望〉，《台灣，加油》，法鼓全集 8 輯 7 冊，法鼓文化，頁 92-100）

十月三日，上午，於農禪寺講解《楞嚴經》。下午起，一連兩日，前往埔里慈光山地藏院、中道學院、靈巖山寺，以及臺中萬佛寺等受災寺院關懷。對各道場常住法師放下個人，在當地協助救災，照顧大眾身心讚歎不已。（〈法鼓山僧俗四眾全力投入 921 救災行列〉，《法鼓》，118 期，1999 年 10 月 15 日，版 3）

十月四日，「法鼓山人文社會獎助學術基金會」召開第一次董事會議，法師獲推舉為董事長，並通過由法鼓人文社會學院籌備處主任曾濟群為執行長，董事會成立開始運作。董事會成員除法師外，有：惠敏法師（中華佛研所副所長）、王景益（勤益會計師事務所負責人）、李亦園（中央研究院院士）、吳俊億（大億集團總裁）、陳維昭（國立臺灣大學校長）、鄭深池（長榮航空董事長）。成立此會為法師多年之心願，寄望藉此培養人文教育之人才。（〈獎勵莘莘學子　開創運作先例〉，《法鼓》，119 期，1999 年 11 月 15 日，版 3）

十月五日，齋明寺江張仁老居士讚頌會，法師特為文讚頌。

於文化館召開第四屆中華國際佛學會議籌備會，會中決議於二〇〇二年初舉辦。

行政院院長蕭萬長夫人朱俶賢女士來訪，請教挖掘遺體事應如何做方稱「入土為安」。（〈讓挖掘不到的遺體真正入土為安〉，《台灣，加油》，法鼓全集8輯7冊，法鼓文化，頁56）

十月六日，接受《中時晚報》記者陳世財專訪，提出「災後台灣，安心第一」，呼籲從過去錯誤中學習，感恩所有罹難者。並對救災方法、優先順序提出反省。

九二一大地震的所有罹難者是大菩薩、是老師，用生命作教材，現身說法，代替二千二百萬的臺灣人受災受難，救了我們下一代；我們應該從過去的錯誤中學習重生、感恩，讓社會充滿祥和與善良。（〈二二、百年大地震〉，《抱疾遊高峰》，法鼓全集6輯12冊，法鼓文化，頁143）

案：十月十一日政府為全國罹難者舉辦追悼大會，李總統登輝先生特舉稱「一位宗教家」言，而引用本段文字致詞。（〈二二、百年大地震〉，《抱疾遊高峰》，法鼓全集6輯12冊，法鼓文化，頁143-144）

十月七日至十日，第十五屆社會菁英禪修營於金山法鼓山上臨時寮舉行，法師親自指導。（〈大事記〉，《1989-2001法鼓山年鑑》，法鼓山基金會，2005年10月出版，頁196）

十月十日，接受中國廣播公司客家電台主持人李純恩專訪，談如何落實心靈關懷。法師提出：把災難看成是人生歷練與經驗。（〈無常人生〉，《台灣，加油》，法鼓全集8輯7冊，法鼓文化，頁81-90）

拉脫維亞共和國里加市副市長瑞汀斯（Juris Ritins）、拉脫維亞兒童美術學院院長安曼尼斯（Janis Anmanis）參訪農禪寺及法鼓山。（〈大事記〉，《1989-2001法鼓山年鑑》，法鼓山基金會，2005年10月出版，頁196）

十月十三日，親至教育部，致贈十萬冊《災後人心重建安心手冊》，由教育部部長楊朝祥代表接受。安心手冊由插畫家朱德庸義務贊助插畫，並摘錄聖嚴法師關懷法語，提示災難發生後要學習如何面對、處理和放下。（〈大事記〉，《1989-2001法鼓山年鑑》，法鼓山基金會，2005年10月出版，頁196）

即起，發起「災後人心重建」運動，在南投、東勢等地區設置心靈重建站，並成立「法鼓山安心服務團」，派遣專業人員前往災區服務。同時發起「世人共祈願　持咒億萬遍」活動，邀請大家一起來持誦〈大悲咒〉，為九二一地震罹難及受災者祝禱。（〈安心服務團舉辦訓練課程〉，《法鼓》，119期，1999年11月15日，版1）

十月十四日，於農禪寺齋堂，對法鼓山全體僧眾及專職「精神講話」：「心五四運動的時代意義」，闡析「心」五四運動的根源、發展歷程、核心概念。

十月十五日，與臺北捷運公司共同發起「敲響平安鐘、全民來祈福——臺灣人心地標重建」活動，將於捷運臺北車站水景舞台與南投縣埔里地區設置永久性平安鐘，為九二一震災罹難者祈禱安息，並為臺灣全民祈祝平安。

法鼓山文教基金會昨日在捷運臺北車站水景舞台區舉行記者會，並邀請臺北市長馬英九、中華民國宗教與和平協進會神父馬天賜、聖母聖心會代會長侯發德等人，除宣布將創設和平鐘的計畫外，也為臺灣的未來祈福。

法鼓山文教基金會的精神領袖聖嚴法師在記者會中首先指出，平安的基礎在於人心的安定、社會的和諧及大自然的災變不起，只要人心安定、社會和諧，大家自然可以安居樂業，他感謝因為九二一集集大地震罹難的同胞，因他們的犧牲教導大家平安的重要，也祝福臺灣加油，不再有災難。（〈法鼓山、捷運公司　平安鐘祈福慰心靈〉，張國政，《中央日報》，1999 年 10 月 16 日，版 4；另參見：〈敲響平安鐘　記取 921 血淚教訓〉，邱恬琳，《中國時報》，1999 年 10 月 16 日，版 5）

同日，發表〈讓心靈平靜，讓苦痛不再〉，對罹難者、

家屬、以及社會大眾開示：面對災難以增長智慧慈悲。

兩千多位不幸往生的亡者，我一個一個為你祝禱，人間種種的苦難，原本就是逃不掉、躲不過的，但在地震發生的那一刻，我只盼你們沒有受太多苦，而如今離開塵世，一切的苦難也終告結束，願阿彌陀佛接引你們到佛國淨土，蓮花化生，早日成佛。

每一位罹難的亡者，我知道你們必定會不捨，你們在世的親人也頻頻問我，「他在哪裡？現在好不好？」你們一定也看到了生者的淚與悲，但是意外畢竟發生了，你們捨不得肉身也要捨，放不下人世也要放，唯有能捨、能放，生者和亡者才能繼續走未來的路；傷痕不要再去抓，愈抓會愈痛，只有讓它慢慢癒合，心靈才能真正平靜，苦痛才會停止。（〈能捨能放・走未來的路——給罹難的亡者〉，《台灣，加油》，法鼓全集 8 輯 7 冊，法鼓文化，頁 52-53）

在這場大災難中，我們大家都是受了重大傷害和慘痛損失的人，憂愁、悲傷是正常的，雖然是正常的，但是災難發生了，只有勇敢的面對它，才能真正增長你的智慧和發揮你的慈悲心。如果不能夠調整心的想法，就會受到第二次的傷害，好像是你的身體中了一箭，不要讓你的心再挨一箭。

正在災難中受苦的人，只要勇敢地處理災難，就會有無限的希望等待著你。遇到災害和苦難發生的時候，只要想到所有你自己的關係人都在關懷著你，諸佛菩薩以及你的先亡親友，都在為你祝福，你就會平安無事，度過難關。不論遇到多大的傷害和損失，只要你還有一口呼吸，就有無限的生機。心安就平安，用智慧處理事、以慈悲關懷人，就能心安。遇到危難的時候，只要臨危不亂，就能夠因禍而得福。（〈讓心靈平靜　讓痛苦不再〉，《法鼓》，118期，1999年10月15日，版1）

法師並指示，將九月建設法鼓山募化之捐款，移做賑災捐款。（〈第十五章　利益眾生建設人間淨土〉，施叔青，《枯木開花》，臺北：時報文化，2000年8月，頁394）

十月十六日，中華佛研所於北投華僑會館舉辦「法鼓山淨土專題研討會」，法師出席，並以「心佛相應當下即淨土」為題，詳細說明所提倡「人間淨土」之根據與內容。

最早提出「人間淨土」的，是太虛大師。這個思想、觀念，對我影響滿深的。

我這個思想主要的根據是《阿含經》、《維摩經》、《華嚴經》及《法華經》，不過仍根據《阿含經》所謂的「佛在人間」，也就是印順長老所說的佛在人間成佛，成佛以後，永遠是在人間教化眾生，以這一點來銜接的。

釋迦牟尼佛希望我們在這個人間行十善法，希望我們這個世界有一位轉輪聖王出現，來推行仁政行十善法，這個世間可以說就是太虛大師信仰中的人間淨土的實現。這一點就是我們法鼓山推廣人間淨土的根據。（〈心佛相應當下即淨土〉，《人生》，195 期，1999 年 11 月 1 日，頁 19-20）

下午，第二十八次社會菁英禪修營共修會在農禪寺舉行。

十月十七日，總統參選人陳水扁先生至農禪寺拜訪，與法師就災後「人心重建」計畫交換意見。（〈大事記〉，《1989-2001 法鼓山年鑑》，法鼓山基金會，2005 年 10 月出版，頁 197）

下午，護法總會於農禪寺舉行「護法會感恩餐會」，各地歷任召委、副召委以及各會團正副團長共一百七十多位參加。法師於傍晚蒞場開示，特就九二一大地震，法鼓山所做工作向大家說明。並再次強調：災後「人心重建」工作當配合今年所提「心五四」運動，此為法鼓山主要責任。（〈護法會感恩餐會首次舉辦〉，《法鼓》，119 期，1999 年 11 月 15 日，版 1）

十月十八日，赴美。

赴美前，中華佛研所與臺灣大學締約，將原來臺大佛學研究中心「佛學網路資料庫」擴大並更名為「佛學

數位圖書館暨博物館」，由雙方共同合作經營。中華佛研所由法師代表，臺大由校長陳維昭代表，簽約合作。將結合雙方專長，以一九九四年起發展至今多種佛學網路資料為基礎，豐富其內涵，提供更專業服務。（〈佛學數位圖書館暨博物館成立〉，《法鼓》，120 期，1999 年 12 月 15 日，版 1）

離臺前，接受《民生報》專訪，針對大災難會引發高自殺率說法提出澄清，並呼籲所有民眾面對自己，走出悲情。

自殺率有逐年升高的趨勢，這個情形在大地震發生之前就已經存在，並不是災難之後才突然出現的現象。自殺的人經常是沒有勇氣面對生活的人，缺乏安全感，認為沒有人了解他們，不願意自己的問題成為別人的負擔，而自己也不願擔負問題，所以才走向自殺一途。

事實上，根據研究調查，從來都沒有自殺念頭的人，其實是很少的，有自殺念頭的人反而占多數，只是理智強的人很快就轉過念來，還覺得自己真傻，其實，很多人從青少年時期開始，都曾有自殺念頭，但從來沒有這樣做。我認為現在的社會工作者、心理輔導機構應該要多多關懷這些在自殺邊緣的人。（〈走出悲情〉，《民生報》，1999 年 10 月 20 日，現代生活版）

十月十九日，於象岡道場撰成〈懷念狼山的育枚長老〉，

追悼本月十日於江蘇南通狼山祖庭圓寂之育枚長老。育枚長老與法師同出身於狼山，民國三十四年起任靜安寺佛學院教務主任。法師當年，即承此勝緣，得入靜安寺佛學院就讀，奠定佛學基礎。為法師少年時代之重要恩人。（〈追念狼山的育枚長老〉，《人生》，196期，1999年12月1日，頁50-53；〈育枚長老——狼山上的恩人〉，《悼念II》，法鼓全集3輯11冊，法鼓文化，頁9-16）

十月二十四日、十一月七日、十四日、二十一日，於紐約東初禪寺分四次講說「四正勤」。（〈結論〉，《四正勤》，法鼓全集7輯14冊，法鼓文化，頁42）

十月二十八日至三十日，法鼓山北美分會於佛羅里達州奧蘭多舉行本年年會。九十多位會員自各地飛抵參加。年會主題為「祝福與平安——生活佛法化」，法師蒞會開示，闡述推動祝福平安運動意義，以及將佛法落實於家庭、社會及學校之方法。並就九二一臺灣大地震災後人心重建，說明以佛法觀念幫助大眾，脫離負面思想之重要。（〈新世紀的邀約——一九九九北美年會紀實〉，《法鼓》，120期，1999年12月15日，版2）

十月，《台灣，加油》由法鼓文化出版。蒐集法師對九二一大地震以來相關講述，包括中華電視台《大法鼓》節目十集專訪，以及各大媒體採訪報導等。係以

「人心重建」為中心主旨，思考災區居民乃至全臺灣居民、全人類之長久需求。

弘誓學院落成，應昭慧法師請，書寫印順導師法語為賀。印順導師法語為：「本著精衛銜石的精神，做到哪裡，哪裡就是完成，又何必瞻前顧後呢？」象徵人間佛教精神之三代傳承。（〈一幅墨寶，見證著人間佛教的精神傳承：臉書留言錄之 101〉，釋昭慧，《佛教弘誓電子報》，277 期，2013 年 7 月 16 日）

十一月一日，法鼓山安心服務站同時於全臺十三所分院、辦事處掛牌正式成立，並於東勢、竹山、埔里、南投等四災區成立「安心服務站」，以持續服務心靈受創之災區居民，提供資訊、共修等人心重建服務。（〈東勢、南投、竹山、埔里設立安心站〉，《法鼓》，120 期，1999 年 12 月 15 日，版 1）

十一月二日，日本佛教大學校長中井真孝、總務長梅田巧蒞臨中華佛研所，並關懷臺灣震災情形。（〈11 月日誌〉，《法鼓》，120 期，1999 年 12 月 15 日，版 5）

十一月十二日起，每週五，法師於東初禪寺為常隨僧俗四眾開設佛學講師訓練課程。課程共計十堂，預定於二〇〇〇年五月舉行筆試及口試，獲通過結業者，即可

擔任弘法講師，推荐至各方講演。（〈二五、在美國的禪與生活〉，《抱疾遊高峰》，法鼓全集6輯12冊，法鼓文化，頁159）

十一月二十日，中國佛教會敦聘法師為該會長老委員會委員，由監院果東法師代表領取聘書。（〈11月日誌〉，《法鼓》，120期，1999年12月15日，版5）

同日，再度應邀至新澤西州羅特格斯大學演講。演講主題為「禪與生活」，由庫特・史貝爾梅耶（Kurt Spellmeyer）博士主持介紹，共有兩百多位聽眾前來聽講。會後並有二十餘位聽眾皈依三寶，包括七位年輕西方人士。（〈聖嚴師父第十度前往羅格斯大學演講「禪與生活」〉，《法鼓》，120期，1999年12月15日，版1）

十一月二十一日至二十九日，法鼓山僧團推廣院監院果舫法師前往新加坡開辦禪訓班，並假光明山舉行禪二。（〈11月日誌〉，《法鼓》，120期，1999年12月15日，版5）

十一月二十七日至十二月五日，於象岡道場主持美國第八十六期禪七，此係專修默照禪之第三期，共有來自九國五十四人參加。其中有七位來自東歐波蘭最受矚目。（〈聖嚴師父於象岡主持第三期默照專修禪七〉，《法

鼓》，120 期，1999 年 12 月 15 日，版 1）

十二月十五日，於象岡道場完成《絕妙說法——法華經講要》，計約十五萬字。該書原係一九九二年七月至一九九四年七月，以十五場次對農禪寺大眾講經。經三度修訂，最後仍由法師逐字重撰而完稿。將用為研讀、授課、修持等參考。（〈二五、在美國的禪與生活〉，《抱疾遊高峰》，法鼓全集 6 輯 12 冊，法鼓文化，頁 158）

十二月十七日，法師為四位西方弟子頒授禪修指導助理師資結業證書。自此，四位具有教授初級禪訓班及協助帶動禪修之資格。其中兩位已親近法師二十三年，另二位亦親近法師五年以上，四位原即具備教師及教授身分。（〈大事記〉，《1989-2001 法鼓山年鑑》，法鼓山基金會，2005 年 10 月出版，頁 200）

十二月十八日，紐約長島華人社區商界傑出人士三十餘位，連袂訪問東初禪寺，並請開示。法師以「學佛三要」為題，勉勵其：信仰、知見、實踐，三者並重，始為正信正行之佛教徒。並從「心五四」運動，闡明禪修之生活觀及入世與出世觀。（同上）

十二月十九日，中華電子佛典協會假臺北慧日講堂再度發表新作品成果，發行《大正新脩大藏經》第一冊至第三十二冊完整電子經文檔光碟。（〈中華電子佛典協會成果發表　完成藏經前32冊電子資料庫〉，《法鼓》，121期，2000年1月15日，版1）

十二月二十五日至二〇〇〇年元旦，於象岡道場主持北美第八十七期禪七，係為專修話頭之第三期。參加人士，除來自美國各州，尚有來自歐洲波蘭等國共五十九位。因係千禧年前最後一次禪七，且嗣後北美禪七將以法師錄影錄音代替親臨，是以會眾備感珍惜。（〈大事記〉，《1989-2001法鼓山年鑑》，法鼓山基金會，2005年10月出版，頁201）

十二月二十七日，撰〈七十自題〉四句偈，以為七十生辰感言。偈云：

七十年病弱奔波，懶得計得失功過；

三寶作指路明燈，隨緣建人間淨土。

（〈聖嚴師父七十自題〉，《法鼓》，121期，2000年1月15日，版1）

十二月三十日，法鼓山於臺北火車站廣場，與臺北捷運公司聯合舉辦一項「鐘響平安迎千禧——九二一百日紀念活動」，以敲鐘祈福儀式，邀請大眾為臺灣加油。臺北市市長馬英九、中華民國宗教與和平協進會理事長馬天賜神父、天主教聖母聖心會代會長侯發德神父等宗教精神領袖，共同到場為臺灣祈福。法師在美國透過視訊向國人關懷致意。（〈跨宗教人士　站前敲響平安〉，《法鼓》，121 期，2000 年 1 月 15 日，版 1）

十二月，法鼓文化出版《法鼓全集》，作為法師七十壽辰之獻禮。全套七十冊，一千五百餘萬言，蒐集法師一九九九年六月以前出版之著作，較之一九九三年出版四十一冊之《全集》，修訂增刪達一半以上。

本年，於《聯合報》、《民生報》、《中央日報》、《中國時報》，皆有專欄刊布。

至今年十二月止，於中華電視台播出《大法鼓》弘法節目，共計播出一千一百六十四集。該節目由法師主講，名主播陳月卿女士主持，每集一題，每週播出五集。

至今年十二月止，於中國電視公司播出《不一樣的聲音》弘法節目，共計已播出一百五十餘次。該節目由法師主講，每次邀請各界名流學者為特別來賓，以鼎談會方式進行。每週日一次，每集三十分鐘。

Subtle Wisdom（《禪門第一課》）由美國 Doubleday Publications（雙日出版社）出版發行。該書溯及法師

少年時代對佛法之體驗，並介紹佛陀、禪、禪修方法、開悟等主題。

Meeting of Minds（《心的對話》）由美國法鼓出版社出版發行。該書係一九九八年法師與達賴喇嘛於紐約舉行漢藏佛學對談之實錄。

Complete Enlightenment（《完全證悟》）荷蘭文譯本由 Asoka 出版發行。該書原作於一九九七年由美國法鼓出版社及香巴拉出版公司出版發行。

Catching a Feather on a Fan（《用扇捕羽》）波蘭文譯本由華沙 Domy Polskie 出版發行。該書為法師在英國之重要弟子布里斯托大學（University of Bristol）生物、心理學教授約翰．克魯克之禪七心得，內容介紹法師之禪七開示。原作於一九九一年由英國 Element Books 出版。

今年，身體狀況不佳，各項檢驗指標顯示腎功能、造血功能及血球數皆偏低。於是嚴格控制飲食。基金會祕書長戚肩時建議宜考量身後事，以為法鼓山體系之準備。

我在七十歲那年，身體狀況很差，身旁總有許多人擔心我一旦往生，法鼓山怎麼辦？當時法鼓山文教基金會祕書長戚肩時菩薩建議我準備後事，因為我隨時可能就走，屆時法鼓山這個團體怎麼辦呢？我也的確有了打算，也做了安排。事實上，我是隨時準備走的，還沒有走的時候，活著一天就做一天的事，該走的時候就走了。因此，我不只一次地講：「我自己的法鼓山已經建好，你們大家的法鼓山，還要不要繼續建呢？」那時醫院檢查出我的腎臟功能很差，造血功能很低，紅血球不足，而白血球和血小板也都偏低。因此，首先要控制我的飲食，凡是對腎臟有負擔的飲食全都禁止。從此，我的飲食和大眾不同了，太鹹、太油，油炸、生冷、涼性及燥性食物全都禁食，只能吃溫和的食物；又因我的脾臟與腸胃不好，經常好像有感冒的樣子。（〈一、我的病〉，《美好的晚年》，2010 年 2 月，法鼓文化，頁 16-17）

聖嚴法師年譜（第二冊）

Master Sheng Yen's Chronicle in Four Volumes, Vol. II

編著　林其賢
出版　法鼓文化

總監　釋果賢
總編輯　陳重光
編輯小組　郭惠芯・胡琡珮・李金瑛・劉芳杏・胡麗桂
釋常真・釋演化
封面設計　化外設計
地址　臺北市北投區公館路186號5樓
電話　(02)2893-4646
傳真　(02)2896-0731
網址　http://www.ddc.com.tw
E-mail　market@ddc.com.tw
讀者服務專線　(02)2896-1600
初版一刷　2016年2月
初版三刷　2018年1月
建議售價　新臺幣3000元（全套四冊）
郵撥帳號　50013371
戶名　財團法人法鼓山文教基金會—法鼓文化
北美經銷處　紐約東初禪寺
Chan Meditation Center (New York, USA)
Tel: (718)592-6593　Fax: (718)592-0717

法鼓文化

國家圖書館出版品預行編目資料

聖嚴法師年譜 / 林其賢編著 . -- 初版. -- 臺北市 : 法鼓文化, 2016. 02
冊； 公分
ISBN 978-957-598-692-6（全套：精裝）

1. 釋聖嚴　2.年譜　3.佛教傳記

229.63　　104027091